康　熙　传

蒋兆成　王日根 著

人 民 出 版 社

目　　录

第一章 幼童登帝位 少年显英才

一、幼儿生活

顺治十一年(1654年)三月十八日巳刻,从北京紫禁城景仁宫内传出了一阵呱呱的啼声,一个新生皇子降临人间。喜讯传来,宫内顿时洋溢着热烈而欢乐的气氛。谁能料到,这位皇子后来成为中国历史上赫赫有名的清朝皇帝,他就是康熙。

康熙姓爱新觉罗,名玄烨,是顺治帝(即福临)的第三个儿子。母亲佟氏系少保固山额真佟图赖的女儿。佟氏先世本是汉人,原居佟佳,世代经商。后佟家因经商多次迁居,最后定居抚顺。天命元年(1616年),佟氏叔祖父养性因暗通后金,被明朝官吏察觉,逮捕入狱。越狱后,养性就投奔后金,受到努尔哈赤的青睐。努尔哈赤将宗女嫁给他,养性一时身价倍增,被人们尊呼为"施吾理额驸"。随后,佟氏的祖父养真携全族男女老幼归附后金。天聪年间,皇太极创设汉军,号称"乌真超哈",提拔养性充任"昂邦章京"(即总兵、子爵),总理汉人军民诸政,命所有汉官一律受养性节制。同时,佟氏的祖父佟养真也因进击辽阳有功,被授予世职游击。后来,养真在镇守镇江(今辽宁丹东市东北)时,为叛将张良策所害,佟氏的父亲佟图赖因此承袭了世职游击。崇德七年(1642年)皇太极分汉军为八旗,佟图赖升任正黄旗固山额真。顺治间,佟图赖督师南征,战绩卓著。后被调充正蓝旗固山额真(都

1

统),晋爵至三等精奇尼哈番(即三等昂邦章京,为三等子)。顺治十三年(1658年)清廷又荣加佟图赖为太子太保。佟氏的祖、父两代与爱新觉罗氏这种密切的政治历史关系及其特殊的政治地位,使得佟氏有机会被应选入宫为妃。佟氏十五岁生下玄烨。玄烨即位后,佟氏被尊为皇太后,同时,玄烨为了推恩生母,令佟图赖子佟国纲一支从汉军抬入满洲镶黄旗,《清史稿》记载:"后家佟氏本汉军,上命改佟佳氏,后族抬旗自此始"①。所以,玄烨这位满族小皇子身上不仅流淌着汉族人的血液,而且生动地体现着当时满汉两族的结合,佟氏的家族史也正是满汉两族结合的产物。

玄烨作为皇子自然无限荣耀与尊贵。然而他却失去了一般幼儿理应享受的天赋母爱。按照清朝规矩,皇家子女不论嫡庶,一生下来,就由保姆抱走,交给乳母抚养。一个皇家子女,通常有四十个人服侍,除保姆八人、乳母八人外,还有针线上人、浆洗上人、灯火上人、锅灶上人等。所以玄烨出生后,就长期与生母分离,每隔累月,母子方得一见,见面时,生母不得任意逗孩子欢笑,待孩子稍长学话,母子见面也照例不许多谈。当时,儿童往往因感染流行性天花而夭折。为了避免天花感染,幼年的玄烨曾由乳母带领离开紫禁城,久居在北京西郊的一座寺庙中,并且依照古老的办法,接种疫苗,即用天花病人的脓液或用脓疮痂制成的粉末,吹进他的左鼻孔(女孩的右鼻孔)。如果反应正常,接种疫苗后,孩子就开始发烧,并伴发出轻微的水痘。但这种疫苗在玄烨身上却没有生效,玄烨仍然未能逃脱天花的侵袭,幸而,玄烨凭借顽强生命力,终于从死神中挣脱出来,侥幸地活下来了,只是在脸上留下了一些麻点。这期间,玄烨度过了与父母长期分离的孤独时光。日后,玄烨

① 《清史稿》卷二百四十,《孝康章皇后》。

曾回忆与生母的关系时十分感慨地叹曰："朕幼年时，未经出痘，令保姆护视於紫禁城外，父母膝下，未得一日承欢，此朕六十年来抱歉之处"①。

这样，在玄烨幼小的心灵中，乳母是他最亲爱、而且又是最早的启蒙老师。清朝规定，乳母是由大太监指令内务府包衣旗人的头子和监督人从包衣旗人的妻子中筛选出来的。包衣旗人的妻子一旦被选为皇家乳母，内务府照例要用不超过八十两白银的佣金另雇奶妈来喂养皇家乳母的亲生婴儿。乳母入宫，对皇家子女既要尽心护持，又要悉心教导。凡进食必饥饱适宜，穿衣必寒温应候；啼笑之间，曲意调和；至于言语行动，更须相机善导，务必适合皇家规矩。诸凡襁褓殷勤，无不周详。所以皇家乳母自然很受敬重。清朝承袭明代遗制，皇子一旦称帝，以前扶养他的乳母往往受封。玄烨曾照明熹宗之例，封世祖顺治的乳母朴氏为奉圣夫人，顶帽服饰全照公夫人样色。朴氏逝世时，玄烨还褒扬她说："保育先皇，恭勤素著，护朕冲幼，淑惠弥昭，提抱之殷，靡间于凤夜，恩勤之笃久，历夫岁时"②。他又谕令礼部对朴氏应得恩恤，"宜从优厚"，并要礼部"详察定例以闻"③。与玄烨相处最久的乳母是正白旗汉军包衣曹玺之妻孙氏。玄烨很怀念她，即位后，特授曹玺任江宁织造，封孙氏为一品诰命夫人。之后，又让她的长子曹寅接替乃父之职。玄烨南巡时，居住在江宁织造府内。有一天，他同乳母孙氏会见，十分熟悉而亲热地指着孙氏说："此吾家老人也！"说毕，当面给孙氏丰厚赏赐。这时，巧遇庭中萱花盛开，玄烨兴致勃勃地挥笔御书"萱瑞堂"三字，赐给曹家，以为留念。

---

① 《清圣祖实录》卷二百九十，康熙五十九年十二月癸卯条。
② 《清圣祖实录》卷九十六，康熙二十年六月丙申条。
③ 《清圣祖实录》卷九十六，康熙二十年六月丙申条。

玄烨离乳母之后,又增内监若干人服侍他,内监教他饮食、言语、行步和礼节,并伴同玄烨一起戏耍。

玄烨的成长主要依恃其祖母孝庄文皇后的钟爱与教育。孝庄文皇后姓博尔济特氏,是科尔沁蒙古贝勒寨桑的女儿,太宗皇太极孝端文皇后的侄女。她十四岁时,就嫁给皇太极,后被封为永福宫庄妃。皇太极病逝后,她以皇太后的身份辅佐六岁的儿子福临(顺治)治理国政,在清廷中很有权威。顺治十一年(1654年),佟氏到太后宫内问安,太后察知佟氏已怀孕在身,还听说佟氏有同自己怀孕时相类似的吉祥征兆,异常喜悦地对近侍说:"生子必膺大福"。玄烨出生后,孝庄就十分关注孙儿的成长。玄烨刚学步能言时,孝庄就照帝王的标准严格训练他,凡玄烨的"饮食、动履、言语,皆有矩度。虽平居独处,亦教以罔敢越轶;少不然,即加督过"①。玄烨不到五岁,孝庄就派侍女苏麻喇姑专门教他学习满语。苏麻喇姑敏慧灵巧,凡宫中后妃衣冠式样都由她手制,深得宫人们推重。她又知书达理,颇有学识,玄烨赖她启迪。平时,苏麻喇姑总是手把手尽心地教育玄烨,一丝不苟。玄烨八岁即位后,孝庄又以太皇太后的身份呕心沥血地辅佐和培育他。玄烨十一岁时,生母死去,孝庄就将他收养在慈宁宫,朝夕教诲。玄烨后来回忆说:"念朕甫八岁,世祖章皇帝即宾天,十一岁慈和皇太后又崩逝……仰赖圣祖母太皇太后鞠养教诲以至成立","设无祖母太皇太后断不能致有今日成立"②。所以祖孙二人的感情特别深厚。

玄烨从五岁开始上学读书。清朝前期的几代皇帝,家法很严,他们深深明白,把皇子们培育成深通学问、明达治理的英才,直接

①《圣祖仁皇帝御制文》第二集,卷四十,《杂著·庭训》。
②《圣祖仁皇帝圣训》卷一,《圣孝》。

关系着清朝宗庙社稷的兴亡。皇帝们认为"皇子年龄虽幼,而陶淑涵养的功夫,必自幼年开始学习"。所以从幼龄伊始,清朝皇帝就严格要求皇子们刻苦读书,练习武事。五岁后,皇子们都要上书房读书。宫中聘请的师傅,都是很有名望、学识渊博的饱学之士。师傅们受皇帝的重托,本着"严有益,而宽多误"的要旨,殚心竭力,谆谆教育皇子。

每当钦天监择日开学之后,皇子们必须遵时上学。清代紫禁城的神武门内城楼上设有更鼓,一夜五更,每更约两小时。每到一更,就有报更人敲鼓报时,五鼓打更,皇子们就得上书房。这时,天还没有亮,宫内只有几个供役的人,往来黑暗中,有的残睡未醒,伏在椅柱上假寐。在宫内一片寂静中,供役的人早就隐隐望见点点白纱灯慢慢移入隆宗门,在太监卫护下,年幼的皇子们进入书房。这时,师傅却早已正襟危坐,等候在宫内了。皇子们每日都按照规定课程诵读、写字、熟背诗文。至午时,侍卫给皇子们进午膳。膳后,他们没有休息,继续攻读。到了未时,约三时左右,侍卫端进点心。食毕,由侍卫教习骑射等武事。练习武艺,锻炼身体,以保持满族刻苦剽悍的尚武风格。至薄暮方散。

玄烨不论读书、骑射,都挺认真,又十分敏慧。他"日所读书,必使字字成诵,从来不肯自欺"[1],而且"凡事留意,纤悉无遗"[2]。如有不明白的地方就"询之左右",并经过自己"反复探索,必心与理会,不使纤毫扞格,实觉义理悦心"[3],方肯罢休。《清实录》说他"读书十行俱下,略不遗忘,自五龄后,好学不倦,丙夜披阅,每至

---

① 《圣祖仁皇帝圣训》卷五,《圣学》。

② 《圣祖仁皇帝圣训》卷三,《圣德》。

③ 《圣祖仁皇帝圣训》卷五,《圣学》。

宵分"。"凡帝王政治、圣贤心学、六经要旨,无不融会贯通,洞彻原委"①。他又善于骑射,虚心求教。玄烨在晚年时,曾回忆小时候跟一个叫默尔根的侍卫学习过骑马射箭,默尔根要求十分严格,凡是姿势、方法上有一点差错,就直言不讳地教正,从不马虎,这使玄烨受益匪浅。默尔根的忠实教练,深深铭刻在玄烨的记忆中,玄烨在回忆时,十分感慨地说:"朕于诸事谙练者,皆默尔根之功,迄今犹念其诚实忠诚未尝忘也"。

二、八岁践祚

顺治十七年(1660年)年底,正值新年即将来临之际,紫禁城内早已张灯结彩,宫女、太监穿梭往来,洋溢着迎接新春佳节的热烈气氛。这时,清朝皇帝顺治(福临)突然染上了天花。天花病在当时被视为不治之症,这在宫内引起了极大震动。顿时,节日的气氛一扫而光。宫中才挂上的全部门神、对联、彩灯、彩带被撤去了,礼部奉旨宣布免去一年一度的元旦大朝庆贺礼,早已做好准备进宫参加元旦盛宴的大臣们闻讯忐忑不安。正月初四日,朝廷正式向文武大臣宣布皇帝患病,传谕全国"毋炒豆、毋点灯、毋泼水",下令京城内除十恶死罪外,其余死罪及各类罪犯悉行释放,以祈求皇帝康复。

顺治病卧养心殿,自知危在旦夕,思虑万千,忧心忡忡,自己才二十四岁,膝下的几个儿子,都还年幼,究竟选择谁来继任? 又选谁来辅佐? 妥善处理好这两个重大问题,对于幼帝和平而稳定地渡过辅政到亲政的交替时期,无疑是有决定作用的,而且这直接关

---

① 《清圣祖实录》卷一,顺治十八年正月。

6

系着清朝统治的安危。

鉴于汉族嫡长子继位已被太祖努尔哈赤所否定,由是顺治吸取了汉族皇位传子制与满族君主推选制的特点,凭借自己所处的至尊地位,创立了由皇帝从众皇子中选择继承人的建储制度,这一建储制度后来成为有清一代的定制。玄烨继位就是这一建储制度的首次实践。

选定皇位继承人同皇子生母在皇帝心目中占有的地位有着十分重要的关系。顺治第一个配偶博尔济吉特氏,是蒙古科尔沁卓礼克图亲王吴克善的女儿,孝庄文皇后的侄女。顺治八年,博尔济吉特氏被册为皇后。博氏容貌佳丽,又极巧慧,可生活极其奢侈,而且妒嫉心极重,"见貌少妍者即憎恶,欲置之死"[1]。凡顺治帝的举动,无不猜防,以致结怨顺治,最后两人分居,不再相见。于是顺治特以"无能"为名,借口秉承孝庄皇太后的"慈命",毅然废了皇后,将博氏降为静妃,改居侧室。顺治十一年(1654年)顺治娶孝庄的侄孙女、科尔沁贝勒卓尔济之女博尔济吉特氏为第二后,博氏虽"秉性淳朴",但"又乏长才"。顺治同她很疏远。至于玄烨的生母佟佳氏,也不能得到顺治的爱恋。当时最受顺治宠爱的是满洲世族内大臣董鄂硕的女儿董鄂妃。董氏十八岁就嫁给顺治,深得福临欢心,宠冠后宫,先后被立为贤妃、皇贵妃。之后,顺治还企图再行废后,册立董妃为皇后,此举虽未实现,但凡宫中庶务,顺治都令董妃经理。董妃"虽未经后名,实后职也"[2]。顺治十七年(1660年)董妃不幸逝世。顺治痛不欲生,立即追封董妃为皇后,加谥"孝献",辍朝五日,"丧葬典礼,过从优厚"[3],又自撰《董妃行状》

---

① 《清稗类钞》第一册,《宫闱类·世祖自撰董妃行状》。
② 《清稗类钞》第一册,《宫闱类·世祖自撰董妃行状》。
③ 《清稗类钞》第一册,《宫闱类·世祖自撰董妃行状》。

数千言,以寄哀思,甚至还闹着要去五台山出家为僧。和尚虽没有当成,可顺治曾经削发,别取了"行痴"的法名。① 所以汤若望说顺治帝对董鄂氏"起了一种火热爱恋"②。董妃只生一子,排行第四,很得顺治的宠爱,据说顺治要指定董妃之子为未来的皇太子③,不料董妃子仅三个月就夭折了。顺治还特封他为荣亲王,并按亲王礼仪埋葬。如果此子尚在,皇位也就轮不到玄烨继承。

董氏的儿子夭亡后,玄烨在顺治心目中方取得了突出地位。顺治的长子牛纽二岁时就死了。玄烨是顺治的第三子,他以下的四个弟弟皆幼。这时只有宁妃所生的二子福全和玄烨年龄较大,他俩都是庶出。他们的生母都没有受到顺治的宠爱。但玄烨较福全有着更多的优势。他比福全灵敏。六岁时,有一次,他同福全和皇五子常宁去向父亲请安。顺治逐个面问三人的志向。皇五子常宁刚三岁,还不懂事,默默无言。福全表示"愿以贤王对"④。玄烨却机灵而大胆地答道:"待长而效法皇父,黾勉尽力"⑤。一个六岁的幼童就有了效法皇父的远大抱负,而且表示将竭尽全力去实现这个目标。顺治帝听了十分赏识,心底有了个谱。《实录》载:"世祖皇帝于是遂属意焉"⑥。所以,在卧床之时,顺治帝特地派人去征询平时很受自己尊敬而信赖的钦天监监正、德国传教士汤若望的意见。汤若望认为玄烨比福全略小,不过已出过天花,有免疫能力,福全却未曾出过天花,很有可能发生类似眼下顺治这样的悲剧。顺治鉴于自己的病状,觉得汤若望说得很有道理。尤其是玄

① 耿先:《续指月录·玉林琇》。
② (德国)魏特:《汤若望传》,杨丙辰译。
③ (德国)魏特:《汤若望传》,杨丙辰译。
④ 《清圣祖实录》卷一,顺治十八年正月。
⑤ 《清圣祖实录》卷一,顺治十八年正月。
⑥ 《清圣祖实录》卷一,顺治十八年正月。

烨一直受到祖母孝庄文皇后的深爱,在孝庄文皇后的全力支持下,顺治帝经过深思熟虑,最后决定立玄烨为嗣。

顺治十八年(1661年)正月初六日夜半,顺治预感生命垂危,急命太监传呼原任学士麻勒吉与学士王熙两人赶赴养心殿。顺治对王熙说:"朕出痘,势将不起,尔可详听朕言,速撰诏书"。于是顺治帝就口授遗嘱。这时,王熙却跪伏榻前,泣不成声,只是呆呆地握着笔杆发抖,久久不能下笔。顺治又无限深情地安慰王熙道:"今事已至此,皆有定数,君臣遇合,缘尽即离,尔不必如此悲痛,此何时?尚可迁延从事,致误大事"①。王熙强抑悲痛,立即在御前先草拟好第一条,奉交顺治,顺治支撑着病体,阅毕时,已瘫在床上,动弹不得。麻勒吉与王熙立即奔到乾清宫西朝房遵照顺治帝的意旨,连夜起草了遗诏,然后由侍卫贾卜嘉迅速送到养心殿,交皇帝过目。顺治挣扎着将遗诏反复修改,"进呈者三,皆报可"②。于是,顺治叫麻勒吉怀收遗诏,同贾卜嘉一起去奉知皇太后。据《王熙自订年谱》所述,他当时深明遗诏有秘密,不敢直言。这透露出遗诏是经过皇太后改定的。次日半夜顺治帝死于养心殿。初八日颁布遗诏,明确指定玄烨为自己的继位人。遗诏说:"太宗创垂基业,所关至重,元良储嗣,不可久虚,朕子佟氏妃所生,年八岁,岐嶷颖聪,克承宗祧,兹立为皇太子,即遵典制,待服二十七日,释服即皇帝位"③。

正月初九日,八龄幼童玄烨即皇帝位。清廷分别遣官员告天、地、宗庙、社稷。玄烨穿上孝服在顺治帝灵位前,敬读告文,行三跪九叩礼,接受诏命。然后,他换上礼服,到皇太后宫行礼毕,走向太

---

① 《王熙自订年谱》。
② 《国朝先正事略》卷四,《王文靖公事略》。
③ 《清圣祖实录》卷一百四十四,顺治十八年正月丁巳条。

和殿,登上皇帝宝座,君临天下,做了清朝第二个皇帝。王以下文武百官穿上各式朝服,整齐肃穆,一排排序立在八龄幼皇面前。当玄烨令免去宣读贺表之后,各官一齐叩头行礼。而后布告天下,颁诏大赦,以明年为康熙元年。

玄烨能继承帝位,是满族君主的传统继位制与汉族嫡长子世袭制相结合的产物,是清朝以皇权为核心的封建专制政体进一步强化的结果,也是顺治帝对满族继位制历史发展的总结;同时,这同玄烨取得祖母孝庄文皇后的全力支持、自身的优势与机遇是分不开的。

三、四臣辅佐

为了进一步削弱诸王贝勒的权力,避免宗室结党专权,顺治遗诏改变了幼主由宗室辅佐的传统,特命内大臣索尼、苏克萨哈、遏必隆、鳌拜等四位异姓"勋旧重臣"为辅佐,以"保翊冲主,佐理政务"①。

索尼姓舍里氏,隶满洲正黄旗,为清朝开国功臣。早在努尔哈赤时,索尼因通晓满、蒙、汉文字,被安置在文馆内理事,赐号"巴克什"。后索尼被授予一等侍卫,"出入扈从,随军征讨"。皇太极天聪五年(1631年),索尼任吏部启心郎。天聪八年(1634年)授骑都尉(正四品)世职,并且日值内院,宣示谕旨,察审功罪,从此,索尼深得皇太极信任,参与机要。崇德八年(1643年),索尼因功提升三等甲喇章京。据传皇太极临死前,曾将幼子福临(顺治)托付给他。皇太极死后,索尼坚定拥立福临(顺治)。顺治五年

---

① 《清圣祖实录》卷一百四十四,顺治十八年正月丁巳条。

（1648年）多尔衮以索尼先前曾谋立肃亲王豪格之罪,将索尼处以免死赎身,革职为民,徙置昭陵。顺治亲政后,索尼方被召还,恢复世职。后累进一等伯世袭,擢内大臣兼议政大臣,总管内务府。因索尼为"四朝元老",又系"两朝顾命之臣",所以他在四辅臣中列于首位。

苏克萨哈姓纳喇氏,满洲正白旗人。父苏纳早年随努尔哈赤创业,深得努尔哈赤喜爱,被招为第六驸马。苏克萨哈依靠驸马之子的贵戚身份与自己的才干,仕途一帆风顺。他初授牛录额真(即备御),崇德六年(1642年)因功授牛录章京世职(即备御世职),晋升三等甲喇章京(即游击)。顺治七年(1650年)升为三等阿思哈尼哈番(即梅勒章京,为副都统,从二品),并"以材辩"得到多尔衮的赏识,不久授议政大臣,进一等,加拖沙喇哈番(一等公)。多尔衮逝世后,苏克萨哈因率先告发多尔衮"阴谋篡逆"的罪行而得到顺治的重用,被提升镶白旗护军统领。后围剿农民军屡立战功,又被晋升领侍卫内大臣加太子太保。在顺治弥留之际,苏克萨哈跪于御床前,向顺治表示愿以身殉。顺治寄予厚望,语重心长地说:"尔不知死事易,守主事重"①。尽管遏必隆、鳌拜都以公爵比苏克萨哈先列为内大臣,但苏克萨哈以驸马子入侍禁廷,与清皇室有着更密切的裙带关系,因此,他的班行列于遏必隆、鳌拜之前,而仅次于索尼。

遏必隆姓钮祜禄氏,满洲镶黄旗人。他是清朝开国勋臣额亦都第十六子,其生母系和硕公主。天聪六年(1632年),遏必隆以军功承袭其父总兵官世职。天聪八年(1634年),又袭一等昂邦章京(一等总兵,子爵),授侍卫管牛录事。顺治五年(1648年)四

---

① 《清世祖实录》卷五十三,顺治八年二月癸巳条。

月,因亲侄诬告他在皇太极死时有"变乱"之举,被多尔衮革除官爵及籍没一半家产。顺治亲政后,遏必隆冤案得伸,官复原职,还并袭其兄图尔格的二等公爵,提升为一等公。不久,遏必隆进授议政大臣,擢领侍卫内大臣,累加太傅兼太子太傅,在辅臣中名列第三。

鳌拜姓瓜尔佳氏,满洲镶黄旗人,勇谋有余,战功卓著。初以巴牙喇壮达从征,屡次立功。天聪八年(1634年)授牛录章京世职(即备御世职),任甲喇额真(参将)。崇德二年(1638年)授三等梅勒章京(即三等副将,爵为三等男),赐号"巴图鲁"(意为勇士)。崇德六年(1642年),封一等梅勒章京(一等男),提升护军统领,位列大臣。崇德八年(1644年),封三等昂邦章京(三等子)。顺治初,随大军攻灭农民军,进封一等昂邦章京(一等子)。顺治五年(1648年),被多尔衮以前此谋立肃亲王豪格之罪,夺取世职,免死赎身。顺治亲政后,鳌拜得到重用。授议政大臣,累进二等公,予世袭,擢领侍卫内大臣,累加太傅兼太子太傅。在辅臣中,位列第四。

四辅臣在开创清王朝的基业中,都立下了汗马功劳。其中索尼、遏必隆、鳌拜等三人都属于黄旗人,在皇太极逝世时,因拥立皇子继位,曾遭到多尔衮的压抑,受过免死、解职的惩罚。苏克萨哈属于正白旗人,于多尔衮死后,反戈一击,从拥护多尔衮转到支持顺治的立场上来,因此,他们都得到顺治的信赖。

顺治一反传统,破除旧习,没有经过同诸王、贝勒和文武大臣商量,就决定让异姓四大臣辅政,这不能不引起四辅臣的忧虑。当麻勒吉向诸王、贝勒、贝子、公、大臣、侍卫等宣读遗诏之后,四辅臣首先跪告诸王、贝勒等说:"今主上遗诏,命我四人辅佐冲主,从来国家政务,惟宗室协理,索尼等皆异姓臣子,何能综理,今宜与诸王贝勒等共任之。"①以此来探测宗室诸王贝勒的态度。诸王贝勒等急忙答复道:"大行皇帝深知汝四大臣之心,故委以国家重务,诏旨甚明,谁敢干预,四大臣其勿让。"②索尼等人就将诸王贝勒拥护遗诏的态度奏知皇太后。于是四辅臣与王以下文武大臣先后分别在顺治灵位前和大光殿各立誓言。四辅臣宣誓说:"尼等誓协忠诚,共生死,辅佐政务,不私亲戚,不计怨仇,不听旁人及兄弟子侄教唆之言,不求无义之富贵,不私往来诸王贝勒等府受其馈遗,不结党羽,不受贿赂,惟以忠心仰报先帝大恩。若复各为身谋,有违斯誓,上天殛罚,夺其凶诛。"③王以下文武大臣发誓说:"冲主践阼,臣等若不竭忠效力,萌起逆心,妄作非为,互相结党,及乱政之人,知而不举,私自隐匿,挟仇诬陷,徇庇亲族者,皇天明鉴,夺算加诛。"④誓言明显地针对以往君主逝世后,宗室诸王贝勒为争夺君权,各自同朝廷大臣结成党羽,私挟怨仇,彼此进行生死博斗的严酷历史教训,强调四辅臣、诸王贝勒和文武大臣,不得利用亲戚、亲族关系,从个人恩怨出发,互结党羽,以致"乱政",尤其是四辅臣应共同执政,不受诸王贝勒干预,不得单独同诸王贝勒等府私相往来,以竭尽全力稳定幼主的统治地位。

四辅臣在一定程度上代行皇帝职权。凡一切军政命令,均以"辅臣称旨"名义谕诸王贝勒大臣遵行。但真正把持政权的是孝庄博尔济特氏。以前孝庄曾扶持顺治渡过辅政时期,在朝廷诸王大臣中享有一定威望。玄烨即位后,她以太皇太后身份扶植皇孙。从顺治逝世到玄烨即位的一切措施和安排,诸如顺治在遗诏中以

① 《清圣祖实录》卷一,顺治十八年正月辛亥条。
② 《清圣祖实录》卷一,顺治十八年正月辛亥条。
③ 《清圣祖实录》卷一,顺治十八年正月丁巳条。
④ 《清圣祖实录》卷一,顺治十八年正月甲子条。

自责形式,列举"自亲政以来,纪纲法度,用人行政,不能仰法太祖、太宗谟烈"等十四款过失,引为己罪;遗诏草成即谕令奏知皇太后,经皇太后改定,并同四辅臣商定后宣诏;诸王贝勒对遗诏指定四大臣辅政表示拥护的明朗态度,四辅臣当即向皇太后上奏;随后,孝庄召诸王、贝勒、贝子、公、内大臣、侍卫、大学士、都统、尚书及文武官员等,谕令他们务必偕四大臣"同心协力,以辅幼主",等等,无疑地都出自孝庄的授意和决定。同年三月,有个汉族人安徽桐城县秀才周南特地赶到北京,"诣阙条奏十款",其中一款为"请垂帘,以勤盛治之隆"①。而孝庄却不愿"垂帘听政",甘愿辅助孙儿,让玄烨在实践中增长治理国家的才干。

康熙一直在孝庄的直接教诲与勉励下治理国政的。他即位不久,孝庄问玄烨有什么欲望,玄烨答道:"惟愿天下乂安,生民乐业,共享太平之福而已。"②孝庄则亲笔书写条幅告诫康熙:"古称为君难,苍生至众,天子以一生临其上,生养抚育,莫不引领,必深思得国得众之道,使四海咸登康阜,绵历数于无疆,惟休"③。康熙的初愿与孝庄的为君"必深思得国得众之道"的教诲,成为玄烨后来治国的出发点和归宿。至于军国大事,康熙总要向孝庄禀报,直至康熙亲政后,孝庄仍继续过问国事。如笔帖式出身的图海,在顺治时曾获罪免死削职。三藩变乱时,蒙古察哈尔部布尔尼乘机作乱,孝庄向康熙推荐说:"图海才能出众,盍任之"④。康熙立召图海"授以将印"⑤,领兵前往,最终平定布尔尼叛乱。所以《清史

① 《清圣祖实录》卷二,顺治十八年三月甲子条。
② 《清圣祖实录》卷一,顺治十八年正月。
③ 《清史稿》卷二百十四,《孝庄文皇后》。
④ 《清人逸事》卷五,《图文襄用兵》,见《清朝野史大观》。
⑤ 《清人逸事》卷五,《图文襄用兵》,见《清朝野史大观》。

稿》说:"太后不预政,朝廷有黜陟,上多告而后行"①。后来康熙一直怀念着祖母对他的关注与培育,说了一番发自肺腑的真诚感人的话:"忆自弱龄,早失怙恃,趋承祖母膝下三十余年,鞠养教诲,以致有成"。"设无祖母太皇太后,断不能有今日成立"②。

同四大臣辅佐政务同时并存的,还有议政王大臣会议。这是清初特设的权力机构。清初,军国大政都要交议政王大臣会议讨论决定,它的权力很大。"诸王大臣会议既定,虽至尊无如之何"。议政王大臣会议亦称"国议",其成员都由满洲贵族组成,"半皆贵胄世爵"③,即多系宗室亲王贝勒。所以不论孝庄文皇后和四辅臣的权力也都要受到议政王大臣会议的限制。

就这样,康熙八岁幼龄登位,以孝庄文皇后为中心,四异姓大臣为辅佐,在诸王贝勒的监督下,行使着封建中央集权制的统治权。康熙依恃太皇太后的全力支持与培育,通过实践,逐步了解和熟悉国家的政务活动以及各类代表人物之间的矛盾和斗争,从中增长自己的知识和才干,为由辅政过渡到亲政积极创造条件。

四、智除鳌拜

四大臣号称辅佐政务,实际上他们代行着皇帝的权力。凡是由四辅臣已定的或未定的国家要事,都以"辅臣称旨"名义,或是谕令诸王、贝勒、大臣会议与各部院和地方督抚定议奏上,或是命他们执行,因此"辅臣称旨"如同诏令,不得违抗。不过任何国事

---

① 《清史稿》卷二百十四,《孝庄文皇后》。

② 《圣祖仁皇帝圣训》卷一,《圣孝》。

③ 昭梿:《啸亭杂录》卷二,《军机大臣》。

必须由四辅臣集体讨论决定后,共同向皇帝上奏,个人是不能上疏或朝见皇帝的。当时年幼的康熙帝还没有能力处理国家事务,孝庄不行垂帘听政,平时自然由四辅臣行使国家最高权力。在形式上,四辅臣的班行有先后之别,都又以共同辅政、集体制约的方式,保持权力平衡。但是,随着四辅臣各自的权势、能量和地位的变动,以及彼此之间利害关系不同,而形成的相互结合或对立,不可避免地会出现个人操纵政局,从而形成擅权的局面。

苏克萨哈原隶属于多尔衮率领的正白旗,后来,凭借首告多尔衮谋篡帝位的反戈一击,受到顺治重用。与此同时,多尔衮统率的正白旗也同正、镶两黄旗一起,都归之于"上三旗"。但是,黄、白两旗之间在历史上形成的积怨并没有消除。多尔衮执政期间,索尼、遏必隆、鳌拜等两黄旗大臣,曾先后遭到贬斥,顺治亲政后,鳌拜等三人备受宠信,他们很自然地结合在一起,而同正白旗出身的苏克萨哈相对立。

在四辅臣中,索尼资望最高,位列班首。但他年老多病,精力不足。遏必隆阘弱,缺乏主见。苏克萨哈班行第二,才器开敏,能力超出三辅臣之上。他善于广泛结交,凡有杰出才干的汉官,他都虚心结纳,收为门下,并把结纳的汉官,一一记述于文札,收藏起来,"积之盈箱"。鳌拜为三朝重臣,战功显赫,他自恃功高,"意气凌轹",朝中大臣"多惮之"①。他有强烈的权欲,然而班行却排在最末位,心里很不平。他与苏克萨哈虽有姻娅之谊,但议论政事,两人往往抵牾,终于结成怨仇。康熙四年(1665年)九月,孝庄皇太后想册立内大臣噶布喇的女儿、索尼的孙女赫舍氏为康熙皇后,

---

① 《清史列传》卷六,《苏克萨哈传》。

"苏克萨哈嗔怨年庚不对,曾经掣肘"①,同索尼又添仇隙。更何况三辅臣原来把苏克萨哈视为异己。鳌拜十分清楚,在四辅臣中,唯有苏克萨哈是横在政途上阻挡他爬上更高权位的绊脚石。他要利用自己在辅臣中所处的绝对优势,打击以苏克萨哈为代表的白旗势力,达到扳倒苏克萨哈,逐步实现个人擅权的目的。

于是,鳌拜抓住以往多尔衮在关内分定圈地一意偏袒正白旗、竭力压制御前黄旗这件不平事为突破口,煽风点火,千方百计蓄意重新挑起黄白两旗之间的矛盾和斗争,来制裁白旗势力和苏克萨哈。

清兵入关后,曾在京畿五百里内圈地,分配给东来的诸王勋臣兵丁人等,原定八旗地土,各照左、右翼次序分给。当时,睿亲王多尔衮打算驻在永平,下令留下永平的地土未圈。同时又将镶黄旗应得左翼而靠近河北省永平的蓟、遵化、迁安等州县较好土地,分配给隶属自己的正白旗;而把原该属于白旗的右翼之末的保定府(治所在今保定市)、河间府(治所在今河间县)、涿州府(治所在今涿县)所属雄县、大城、新安、河间、任丘、肃宁、容城等县的较差土地,分给御前镶黄旗。这件事曾经引起黄旗上下官兵的不满。多尔衮一死,在镶黄旗中,就有人议论他分地偏袒不均。出身于白旗的苏克萨哈听到一些黄旗人的议论,默不作声。鳌拜却认定有机可乘,立意将早已分定的黄、白两旗的土地,再行调换分配。索尼与遏必隆两人顺水推舟,一同附和鳌拜的主张。于是鳌拜暗中唆使旗人向户部呈文诉请将蓟、遵化、迁安的正白旗诸屯庄改拨镶黄旗,把保定府、河间府、涿州府的镶黄旗诸屯庄换给正白旗。如所换的地土不足,别圈民地补充。大学士兼管户部尚书苏纳海阅览

---

① 《明清史料丁编》,第八本,第713页。

旗人的诉讼后,立刻上奏说:圈地分定已历二十余年,旗人安业已久,且康熙三年,又奉旨不许再圈民地,请将八旗移文驳回,立罢换地之议。

苏纳海是正白旗人,他的奏疏立时激起了鳌拜的怨愤。鳌拜决意凭借自己的权势和有利地位,用合法形式,挑起更大规模的旗地纠纷,造成巨大声势,步步紧逼,以构陷苏纳海抗旨罪行,图谋先将苏纳海置于死地。

于是,辅臣鳌拜等将换地的主张与苏纳海的奏疏一并谕令议政王、贝勒、大臣、九卿、科道会议议定奏闻。康亲王杰书等议复,旗地有沙压水淹地十五万四千晌余,先前佐领尚未踏勘明白,待踏勘后造册再议。

接着,辅臣鳌拜等遣八旗满洲、蒙古、汉军都统、户部满汉尚书,及满侍郎一员,都察院左都御史及满左副都御史一员、文科给事中或满或汉每科各一员,一同前往实地踏勘。之后,鳌拜根据都统固山贝子温齐等踏勘奏闻的情况,以"辅臣称旨"名义谕令户部说:今各旗以地土不堪具控。据都统踏勘复奏,镶黄旗不堪尤甚。如换给地亩,别旗分已立界截圈,不便易换。惟永平府周围地亩未经圈出,应令镶黄旗移住。且世祖章皇帝遗诏,凡事俱遵太祖、太宗例行。今思庄田房屋应照翼给与,将镶黄旗移于左翼,仍从头挨次配给。至各旗不堪地亩,作何分别,圈占土地,作何补还,镶黄旗移出旧地,作何料理,著户部一并酌议①。户部只得遵照"辅臣称旨"的指令,议定了八旗圈换地土的两条建议。一议:镶黄旗近圈顺义、密云、怀柔、平谷四县之地毋庸拨完外,其在左翼之涿州、雄县、大城、新安、河间、任丘、肃宁、容城等处地,应照旧例,从此挨次

---

① 《清圣祖实录》卷十八,康熙五年三月辛丑条。

拨换;将正白旗通州、三河迤东大路北边至丰润县地、永平府周围留剩地拨给镶黄旗,如不敷,将遵化至永平路北夹空民地圈给。其正白旗所撤通州迤东之地,亦应以永平周围地内拨补,不敷,将北夹空地、滦州、永定县民地圈给。一议:镶黄旗既有顺义等四县地,应将所移涿州壮丁,即于顺义等处民地圈给,其河间等七县所移壮丁,应将正白旗、蓟州、遵化等地拨给,不敷,将夹空民地拨给。其通州、三河、玉田、丰润等处地仍留正白旗。奏入,辅臣鳌拜等称旨:镶黄旗涿州壮丁移于顺义等县,依后议。其前议将正白旗通州迤东大路北边给与镶黄旗,南边留与正白旗之处,俟秋收后,差员将正白旗满洲地、投充人地、皇庄地丈量明白,取具实数,酌议分拨,余俱俟镶黄旗迁移事竣具题请旨①。

换地圈地的条款一经确定,鳌拜立即遣苏纳海、侍郎雷虎,会同直隶、山东、河南总督朱昌祚和巡抚王登联酌议圈换。苏等四人受命之后,立刻前往蓟州等处,履亩圈丈。他们露处帐房,每日督率属僚,会同户部官员及旗下章京,在野外忙碌圈丈将近一月,仍然"茫无头绪"。当时,不论旗人、汉民一闻圈地换地,"人心惶惶,旗下原来得到好地的,更害怕迁移",拨换以后的地亩,"或因新圈地土瘠薄,反不如旧得原地肥美者;或因本旗旧地不堪,今圈得新地,仍最不堪者"②。各旗官丁视择肥薄,"皆呶呶有词",终日相持不绝。当时已届隆冬,各旗官员率领所属沿乡绕村,栖止庙宇草舍,守候行圈,穷苦百姓则被迫离弃庐井草舍,在冰天雪地中流涕转徙,"号泣之声,闻于数里"③。更为严重的,是拨换令颁布之日,正值秋耕季节,蓟州、遵化等地方圆四、五百里内的旗民百姓,风闻

① 《清圣祖实录》卷十八,康熙五年四月己未条。
② 《八旗通志初集》卷一百八十九,《人物》,《宋昌祚传》。
③ 光绪《高唐州志》卷五,《朱昌祚传》。

即将拨换土地,就把待耕土地"尽抛弃不耕"①,史载:"圈地议起,旗民失业者数十万人"②。一时,"勘地之扰"甚嚣尘上。流言传到禁中太皇太后那里,太皇太后严责四辅臣勘地扰民。这时,直隶、山东、河南总督朱昌祚、巡抚王登联相继奏请皇上停止圈换地土。朱昌祚声称:"臣等履亩圈丈,将近一月,而两旗官兵,较量肥瘠,相持不决,且旧拨房地,垂二十年,今换给新地,未必尽胜于旧,口虽不言,实不无安土重迁之意。至被圈夹空民地,百姓环恳失业,尤有不忍见闻者。"③他在奏疏中,还特地指出:"若果出自庙谟,臣何敢越职陈奏,但目睹旗民交困之状,不敢不据实上闻。仰祈断自宸衷,即谕停止。"④显而易见,奏疏矛头直指鳌拜。直隶巡抚王登联亦奏称:"旗民皆不愿圈换。自闻命后,旗地待换,民地待圈,皆抛弃不耕,荒凉极目,亟请停止。"⑤

鳌拜得疏大惊,又目睹差去换地的镶黄旗户部官员与旗下官员都已归来,户部尚书苏纳海下去一月有余,也没有着手调换地土,尤其疑虑苏克萨哈同苏纳海等结党直通宫掖,深怕自己的谋划受挫。他暗下思忖,苏纳海是满洲正白旗人,朱昌祚是镶白旗人,两人"与苏克萨哈系一体之人"。若先将他俩"灭戮",坏去苏克萨哈一手一足⑥,然后向苏开刀,事必有成。鳌拜主意一定,就急忙以"辅臣称旨"的名义,谕令:总督、巡抚俱各有专任职掌,这地土之事,但应照所委料理,将已定之事,越行干预,纷更具奏,事属重

① 《清史列传》卷六,《朱昌祚传》。
② 《清史稿》卷二百四十九,《苏克萨哈传》。
③ 《清圣祖实录》卷二十,康熙五年十一月丙申条。
④ 《清圣祖实录》卷二十,康熙五年十一月丙申条。
⑤ 《清圣祖实录》卷二十,康熙五年十一月丙申条。
⑥ 《明清史料丁编》,第八本,第713页。

大,著吏、兵二部会同议处。紧接着,他又迫不及待地著吏部、兵部速差人将尚书苏纳海、总督朱昌祚和巡抚王登联等三人逮治。同时,另派侍郎巴格前去办理圈换地土这件大事。吏部、兵部秉承鳌拜的旨意,将苏纳海等三人逮捕,并立即作出以下决定:大学士兼户部尚书苏纳海专差拨换地土之大臣,一再观望延误,总督朱昌祚、巡抚王登联将奉旨已定之事,不钦遵办理,委行纷更,应将三人一并革职,并交刑部议处。鳌拜等即刻同意,就将三人提交刑部判罪。刑部判处苏纳海、朱昌祚、王登联俱不准折赎,鞭一百,除妾以外,家产籍没,照兵丁留给财产。

自换地议起,康熙眼看前前后后发生的情状,阅毕了刑部的判决,心里已明白苏纳海、朱昌祚、王登联等始终坚持不圈换地土,极力阻止推行鳌拜的意图,引起了鳌拜的愤懑,鳌拜必欲置三人于死地而后快。为此康熙特地召见四辅臣,赐坐问询。鳌拜坚奏苏纳海应置重典,索尼和遏必隆附和,苏克萨哈深知鳌拜挑起黄、白两旗换地事端,严惩苏纳海等人,镇压白旗势力,而矛头是直指自己的。他默坐在康熙面前,始终不发一言。最后,康熙终于"未允所请"[1]。

鳌拜煞费苦心,掀起换地这场轩然大波,朝廷内外,沸沸扬扬,尽人皆知。他绝不能顺从这黄毛幼帝的决定,使惩办政敌和换地之议终止,让个人权势受挫。他不顾康熙的反对,竟然强奸帝意,加苏纳海等三人"迁延藐旨"、"妄行具奏"等罪名,矫诏将三人"俱著即处绞,其家产籍没"[2]。矫诏下来,苏纳海正系在刑部,他一眼见二披甲,凶神恶煞地停立在身旁,虎视眈眈地逼视着自己。苏纳

---

① 《清圣祖实录》卷二十,康熙五年十二月丙寅条。
② 《清圣祖实录》卷二十,康熙五年十二月丙寅条。

海轻蔑地朝二披甲瞟了瞟说:我是大臣,本有礼仪,快取酒来! 他痛饮饱餐后,呼唤家仆把布垫在地上,自己脱下衣服躺下,盖上被单。两披甲掀掉衣服、被单。苏纳海拿起弓弦自勒而死。朱昌祚和王登联两人同时处绞。

与此同时,鳌拜关于调换旗地的意图也由拨地侍郎巴格贯彻执行了。镶黄旗迁移壮丁共四万六百名,该地二十万三千晌,将蓟州、遵化、迁安三处的正白旗壮丁分内地、民地、开垦地、多出地、投充汉人地派给;不敷,将延庆州民地拨补。其正白旗迁移壮丁二万二千三百六十一名,该地十一万一千八百另五晌,将玉田、丰润二处民地、多出地、开垦地、投充汉人地和永平等处投充汉人地派给;不敷,将永平、滦州、乐亭、开平民地,酌量取拨①。

鳌拜打着遗诏所示"纪纲法度、用人行政","应仰太祖太宗谟烈"的旗号,依恃黄旗在统治权力上占有绝对优势的地位,利用"辅臣称旨"这把利剑,既不理睬孝庄文皇后停换土地的旨意,也无视康熙对严惩苏纳海等人所持的反对态度,肆无忌惮地指令诸王、贝勒、大臣以及吏、兵、刑、户各部执行自己的既定方针,将二十年前业已分定的黄、白两旗的圈地,进行重新调换,擅自诛戮逆己而行的苏纳海、朱昌祚和王登联三大臣,真可谓专权横行,气焰嚣张,不可一世。

索尼眼看鳌拜权势日张,又与苏克萨哈水火不容,而自己却年老多病,心中十分忧虑。当康熙届临十四岁的亲政年龄时,他就策动三辅臣与他一起于康熙六年(1667年)三月共同奏请皇上亲政。康熙自思"年尚幼冲,天下事务殷繁,未能料理",要四大臣继续辅政数年。索尼等人仍屡行陈奏,康熙只将奏疏"留中未发"。六

---

① 《清圣祖实录》卷二十,康熙五年十二月己巳条。

月,索尼病逝。七月,康熙才把索尼等多次呈请皇上亲政的奏疏向臣下宣布,并上奏太皇太后。经过太皇太后允诺"择吉亲政"之后,康熙于是月至太和殿接受王以下文武官员的庆贺礼,同时"布告天下,咸使闻知"①。从此,十四岁的康熙就定期亲临乾清门听政,令鳌拜等人仍以辅政大臣身份处理国家军政事务。

康熙亲政后,经过一段时期的磨练,在观察问题或处理政务方面,都有了一定的主见与能力。如当时,朝廷已明令冯溥调任左都御史,这在内阁有皇上批示的红本,而且调令的文件也已抄发。鳌拜仗着自己的权势,力图取回改批,冯溥坚持不同意,且理直气壮地阻止说:"本章既批发,不便更改"。鳌拜听了大怒,欲加罪于冯溥。这时,康熙连忙出来支持冯溥,严肃地告诫鳌拜:辅臣待人处事理应"详慎"。盛京缺一兵部侍郎,朝廷一再更换人选,不到十日,奉旨三易其人。冯溥上疏说:"朝廷处理国事,当慎重于未旨之先,不当更易于已奉旨之后"。大学士班布尔善把冯溥的奏章压下不发,康熙知道了,随即要了冯溥的奏章,阅览后,"称善,饬部施行"②。

但是,鳌拜权重势大,康熙的旨意大都无法遵行。苏克萨哈重大冤案的不可阻止与发生,即其一例。

苏克萨哈深感自己同鳌拜结怨日深,为了保全自己,他乘康熙"躬亲大政"之际,上疏恳请解职,并一吐心中积郁说:"令臣往守先皇帝陵寝,如线余息,得以生全,则臣仰报皇上鞠育之微忱,亦可以稍尽矣!"③鳌拜览毕奏疏,立刻以"辅臣称旨"名义,斥问苏克萨哈有何逼迫之处? 在此何以不得生? 守陵何以得生? 并借康熙的

① 《清圣祖实录》卷二十三,康熙六年七月己酉条。

② 《清史稿》卷二百五十,《冯溥传》。

③ 《清圣祖实录》卷二十三,康熙六年七月乙卯条。

权威，"著议政王大臣会议具奏"①。接着，鳌拜与他的同党班布尔善等，在遏必隆家的马圈内密谋，罗列苏克萨哈"怀抱奸诈、存蓄异心、欺藐主上"、"不愿归政"等二十四条罪状，将苏克萨哈与其子查克旦凌迟处死；余子一人、孙一人、兄弟子十一人，无论已到岁数或未到岁数，皆处斩；家产籍没；族人、前锋统领白尔赫图、侍卫额迩德、乌尔巴皆斩；其他一等侍卫穗黑塞黑里、二等侍卫台布柱等三十七人，郎中那赛、候补赛克精额、侄图尔泰等俱革职。

康熙清楚地意识到，苏克萨哈罪案纯然是鳌拜与苏克萨哈"数与争是非，结以成仇"②，而与其党班布尔善等罗织罪名、必欲置之极刑的一桩冤狱。因此，当鳌拜上奏苏案与判决书时，康熙果断地"坚执不允所请"③。然而鳌拜要除掉苏克萨哈蓄谋已久，他自恃大权在握，势倾朝廷，竟然气势汹汹地"攘臂上前，强奏累日"④，最后，不顾康熙反对，将苏克萨哈处绞，苏子查克旦及其他涉及的人犯，一律照原议处置⑤。甚至连当时因怀孕免死而被系在狱中的苏克萨哈之儿媳分娩后的胎儿，也没有幸免，仍被斩首于市。

从此，鳌拜愈益嚣张。平时，起坐班行，鳌拜原居遏必隆之左，遏必隆则居鳌拜之右，两人位列照旧。遏必隆对此不免心惊胆战。一天，上朝时，遏必隆特意后退数步，低头哈腰地向鳌拜卑让说："我怎好上座！"⑥鳌拜闻言，不禁粲然而笑，随即昂首上前而坐。

---

① 《清圣祖实录》卷二十三，康熙六年七月乙卯条。
② 《清圣祖实录》卷二十三，康熙六年七月己未条。
③ 《清圣祖实录》卷二十三，康熙六年七月己未条。
④ 《清圣祖实录》卷二十三，康熙六年七月己未条。
⑤ 《清圣祖实录》卷二十三，康熙六年七月己未条。
⑥ 《明清史料丁编》，第八本，第715页。

鳌拜的党羽于列名启奏时,索性将鳌拜放在遏必隆前面。趋炎附势的人也愈来愈多。有人上奏,一再肉麻地吹捧"鳌拜为圣人",鳌拜的爵位也一加再加。康熙六年(1667年)八月,授鳌拜一等公,原所有二等公命其子那摩佛袭替。康熙七年(1668年)正月,加鳌拜太师。

鳌拜同亲弟都统穆里玛、侄塞本得、领侍卫内大臣、秘书院大学士班布尔善、吏部尚书阿思哈、兵部尚书噶褚哈、兵部侍郎泰璧图等结成死党,把持了议政王大臣会议和各部实权,滥用康熙皇帝的权威,专横跋扈。朝廷的文武官员,多出鳌拜门下。"一切政事,先于私家议定,然后施行",甚至各部院衙门上朝启奏的官吏,鳌拜也常带往私门商酌①。对于下属,"所喜者荐举,所恶者陷害"②。如户部尚书职位缺员,鳌拜立意让他的亲侄玛迩赛补任,康熙却委任了玛希纳,鳌拜就引顺治间曾经设过满尚书二名的旧例,将玛迩赛安插在户部,又通过大学士、内大臣班布尔善把精明练达熟悉部务的户部尚书王弘祚票拟革职,令玛迩赛充任户部尚书,独揽大权。内院缺满学士一人,康熙主张提拔礼贤下士、在朝廷内外很有些名气的奉天国子公来院任职,鳌拜力持不可,结果只得让内院满学士的一个职位长期空着,无人顶替。相反,蒙古都统俄呐、喇哈达、宜理布等在议政时,不肯随流附和,鳌拜立即撤掉他们的都统职务与议政资格。内大臣费扬古与鳌拜有积怨,鳌拜就诬陷他怨望,将他处死,还杀了费扬古的两个儿子,并把费家籍没的财产赐给亲弟都统穆里玛。这样,康熙几乎成了傀儡。

鳌拜欺君专权,堵塞言路,威慑群臣,而且举止粗暴,从不遵守

---

① 《清圣祖实录》卷二十九,康熙八年五月庚申条。
② 《清圣祖实录》卷二十九,康熙八年五月庚申条。

朝仪。康熙亲政后,下诏谕令臣下陈述时政得失,而鳌拜却明令禁止科道陈言,杜绝官员揭发情弊,甚至拦截奏章,堵塞下情上达。平时,他视康熙为幼儿,动不动就在康熙面前呵叱部员大臣。康熙曾在谕旨中十分愤慨地指出:"鳌拜于朕前办事,不求当理,稍有拂意之处,即将部臣叱喝。又引进时,鳌拜在朕前理宜声气和平,乃施畏震众,高声喝问……又凡用人行政,鳌拜欺朕专权,恣意妄为"①。

这一切,确是年轻有为的康熙皇帝无法忍受的。康熙从切身体验中已清楚地认识到不除掉鳌拜,他就不能整肃朝纲,也不可能按照自己的旨意推行政务。

康熙八年(1669年),康熙刚到十六岁,他亲政还不满二年,资力尚浅。可是,他的对手鳌拜是三朝元老,经过多年培植,私党盘根错节,他们已严密地控制着中央各个要害部门,针插不入,水泼不进,无怪康熙暗下深叹"其力难制"!康熙感到要从鳌拜手里夺回权力,这绝不是轻而易举的,而是需要经过周密考虑和巧妙安排的。他经过反复思虑,决意力避打草惊蛇,采用特殊的斗争方式来清除鳌拜。

于是,康熙智擒鳌拜这一富有戏剧性的一幕出现了。

为了麻痹鳌拜,康熙用了古人的韬晦之计。他竭力装作酷爱戏耍,无意于政事的样子,精心选出一批年轻力壮的侍卫,天天和他们一起耍弄练习掼跤的一种布库戏。即使鳌拜上朝奏事,康熙也照常同小侍卫们戏耍,从不回避。鳌拜屡见这般情景,真以为康熙年少幼稚,好耍武艺,还没有把心思用在政务上。从此鳌拜"心益坦然",他常在宫中进进出出,从不戒备。

---

① 《清圣祖实录》卷二十九,康熙八年五月戊申条。

康熙亲督侍卫们练习掼跤,既提高小伙子们的擒拿技能,又麻痹了鳌拜。眼看时机成熟,一天,康熙面对小侍卫们问道:"汝等皆朕股肱耆旧,然则畏朕欤,抑畏鳌拜也?"众曰:"独畏皇上"。[①]康熙心中大喜,含笑点了点头。

一天,鳌拜旁若无人,大摇大摆地独个儿入朝上奏,康熙来了个冷不防,急用眼神暗示,蓦地小侍卫们一拥而上,擒住鳌拜。一时鳌拜被弄得昏头昏脑,当他还没有明白过来时,小侍卫们早已七手八脚迅速地把他捆绑起来了。之后,康熙立即命议政王大臣等勘审鳌拜罪行。

其实,这颇有戏剧性的一幕,是事先经过精心策划的。参与策划的是康熙最信得过的人即索尼的第二个儿子、皇后的叔父索额图。当时,索额图已做了吏部侍郎。就在捉鳌拜的这年月,即康熙八年(1669年)五月,索额图自请解任,效力左右,复为一等侍卫。昭梿《啸亭杂录》卷一也记载,康熙为鳌拜故,以弈棋召索相国额图入谋,同时委派亲信控制了京师的卫戍权。数日后,鳌拜入见,召羽林士卒立擒之。八月,索额图便升任大学士。

康熙对鳌拜结党专权一案的处理,是通情达理、很有策略的。经议政王大臣康亲王杰书等勘问议定:鳌拜罪行三十款,遏必隆罪行十二款,班布尔善罪行二十二款,那麻佛罪行十二款,塞本得罪行六款,均处死刑。随后康熙特召鳌拜亲自审问,鳌拜承认情罪俱实。虽然鳌拜自知罪行深重,但他仍企望能免去一死。他面对康熙,突然揭开衣服,袒露身体,暴出以往为救康熙的祖父皇太极而留下的累累伤痕。康熙一瞥,油然萌生怜悯之情。他深情地望了望鳌拜,下笔批示说:"鳌拜理应依议处死,但念效力年久,虽结党

---

① 昭梿:《啸亭杂录》卷一,《圣祖拿鳌拜》。

作恶,朕不忍加诛,著革职,籍没拘禁。"①这样,鳌拜总算保住了性命,死刑改为终身监禁。最后他死在狱中。其子那摩佛亦免死,著革职、籍没拘禁。

内大臣大学士班布尔善、鳌拜弟都统穆里玛、侄塞本得、吏部尚书阿思哈、兵部尚书噶褚哈、户部尚书玛迩赛、吏部侍郎泰璧图等人,"皆依附权势,结党行私,表里为奸,擅作威福,罪在不赦"②,依议处死。

遏必隆虽知鳌拜结党乱政,不预行纠劾,但他未曾结党,"其咎止于因循瞻顾"③,特著免罪,革去太师和后加公爵。其原有一等公爵仍留给他的儿子。

一时苟图进用,同该案稍有牵连的那些"微末之人",一律予以免死,从轻治罪。至于内外文武官员或有"畏其权势"、或有"身图幸进",而依附鳌拜的,一律宽免,"自后务须洗心涤虑,痛改前非,遵守法度"④。

鳌拜的亲戚没有重大罪行的,康熙一律根据实情给予宽大处理。如鳌拜胞弟、内大臣巴哈、姻亲理藩院左侍郎绰克托、亲侄侍卫苏尔马等人,经康亲王杰书等议政王大臣议定处死,并籍没家产。康熙都予免去死刑,宽其籍没,判处革职。

鳌拜一手造成的一批冤案也得到平反昭雪。康熙亲自批示:恢复故辅政大臣苏克萨哈原有二等精奇哈番(即昂邦章京,子爵)世职,由他的儿子苏常淑承袭,又给还籍没家产。苏克萨哈族人、故前锋统领白尔黑图原有一等阿思哈尼哈番(即梅勒章京,一等

---

① 《清圣祖实录》卷二十九,康熙八年五月庚申条。
② 《清圣祖实录》卷二十九,康熙八年五月庚申条。
③ 《清圣祖实录》卷二十九,康熙八年五月庚申条。
④ 《清圣祖实录》卷二十九,康熙八年五月庚申条。

男)世职,命他的儿子白尔肯承袭。原任太子太保、户部尚书苏纳海、直隶总督朱昌祚和直隶巡抚王登联等并无大罪,纯系鳌拜"诬陷",而被无辜处死,其冤案理应昭雪。故特赐苏纳海谥襄愍、朱昌祚谥勤愍、王登联谥悫愍,并且各按照法定的礼仪祭葬,又送三大臣的儿子入监读书,并分别以通政使司左右通政、大理寺少卿、督捕左右理事官等缺用。至于受人妒嫉或因诬陷而被鳌拜撤职的官员,查实后,也一概予以复职。如正白旗二等精奇尼哈番(即昂邦章京,二等男)硕塔于拨地案内,无辜革职,命复还原职,镶黄旗奉国将军巴尔堪,于康熙七年(1668年)六月,因被博博尔代倚仗亲家鳌拜权势,横遭诬陷,受到降爵处分,康熙给还巴尔堪原爵,博博尔代则因诬告罪而被革去议政大臣和罚俸一年的处分。

在智斗和处理鳌拜专权案中,年轻的康熙皇帝已开始显示出机智、沉着、勇敢与正直的本色。在他缔造未来的伟业中,终于跨出了成功的第一步。

第二章　运筹帷幄灭三藩

一、藩地似王国　尾大不掉势难制

康熙除掉了鳌拜集团,消灭了朝廷内部侵夺皇权的势力,自己虽已亲自执政,但是国内仍然存在着不安定因素。尚可喜(子尚之信)、耿仲明(子耿继茂、孙耿精忠)、吴三桂等"三藩",在国内统一战争的过程中,逐步发展成割据一方的封建军阀势力,对清朝构成了严重威胁。

尚可喜,辽东人。父学礼,明东江游击,后战殁于楼子山。崇祯初,可喜为明广鹿岛副将,在率兵平定皮岛的兵乱后,因皮岛总兵沈世魁的疑忌和倾轧,于天聪八年(1625年)正月率领所部携带大量军器、辎重,渡海归降后金。皇太极召他至盛京(今沈阳市),亲授总兵,其军营旗纛用皂镶白,号"天助兵"。崇德元年(1636年)四月,封智顺王。崇德七年(1642年)从征锦州,其所率部众被编入汉军镶黄旗。顺治元年(1644年)四月,可喜随睿亲王多尔衮入山海关,追剿李自成起义军,经山西、陕西、湖南直至九江,后闻李自成死于九宫山,才班师回京,还镇旧地海城(今辽宁鞍山市南面)。顺治三年(1646年),大顺、大西农民军余部突起,并联合桂王政权,掀起了反清高潮。可喜奉命随清军平定湖南。顺治六年(1649年)五月,因功进封平南王,赐金册金印。随后,他统率将士击走桂王部队于广东,继而,又打败大西余部与桂王联军于广西。

顺治十六年(1659年)三月,清廷令他分镇广东。康熙十年(1671年)十一月,可喜因年老多病,奏请入侍在京的长子尚之信回粤,代理军事。

耿仲明,辽东人,初与孔有德同为明总兵毛文龙部属。毛文龙被袁崇焕所杀。耿仲明随有德投奔登州巡抚孙元化,任步兵左营参将。崇祯四年(1631年),孔有德自称都元帅,耿仲明为总兵,窃据登州,四出攻掠。明廷遣军合围登州(今蓬莱),仲明与有德不能守,遂率舟数百,载将士、枪炮、辎重,投降后金。之后,耿仲明同有德一起,其军营纛旗亦以皂镶白,号"天祐兵",随军出征,屡败明军。崇德元年(1636年)四月,封怀顺王。崇德七年(1642年)八月,所部编入八旗汉军,隶正黄旗。顺治元年(1644年),耿仲明随睿亲王多尔衮入山海关,击败李自成起义军。接着,紧跟大军由河南征陕西,破李自成于潼关,进取西安,直至李自成败死,才班师回京,还镇辽阳。顺治三年(1646年),清廷又命仲明随同孔有德征湖南,至长沙,击败桂王总兵杨国栋于牛皮滩,攻克衡州(今湖南衡阳)、祁阳(今湖南祁东县)及武冈。顺治六年(1649年)清廷赐以金册金印,改封靖南王,并命他携带家属同平南王尚可喜帅兵二万征广东。后因部属犯隐匿逃人罪,法司议削王爵、罚白金五千两。耿仲明畏罪自缢。部众在其子耿继茂率领下,与尚可喜协力,攻下广州。顺治八年(1651年)清廷令耿继茂承袭靖南王爵。耿继茂同尚可喜继续合作屡败桂王与大西联军于广西诸郡。顺治十七年(1660年)七月,耿继茂移镇福建。子耿精忠授一等子爵,又同肃亲王豪格女结为夫妇,封和硕亲王。康熙十年(1671年),耿继茂因病,乞以长子耿精忠代治藩政。不久,耿继茂死,耿精忠承袭为靖南王。

吴三桂先祖原籍徽州,后迁江苏高邮,再定居辽东。父吴襄,天启二年(1622年)中武举进士,历任都指使、总兵、都督同知、中军府都督等官。母亲是辽西望族、征辽前锋祖大寿的妹妹。吴三桂在这个世将家门的薰陶下,在十六、七岁时,就考取武举人,承父荫,初授都督指挥。依靠父亲与舅父的提携,吴三桂在实战中逐步锻炼成为一位很有指挥军事才能的战将。到了崇祯十七年(1644年),他已是征守宁远(今辽宁兴城)一方的总兵官,开始跻身于封疆大吏、朝廷显官的行列了。为了随时应付农民起义军进攻北京,并监视关外清兵,明廷令吴三桂撤出宁远,驻守山海关,又进封他为平西伯。由此,吴三桂成了明朝举足轻重的一员镇将。其时,李自成起义军正以秋风扫落叶般地摧毁明军,迅速攻入北京,崇祯帝自缢于煤山,明政权宣告崩溃。吴三桂就乘势接受了李自成招降之后,立即率领部队向北京进发。当他抵达永平时,获悉在北京的大批勋戚与文武大臣,悉被农民军抓捕,惨遭拷掠追银,他的父亲吴襄亦不能幸免。阶级的本能使他不由地对起义军憎恨起来,他决意抛弃投靠李自成以图飞黄腾达的打算;尤其是当他听说爱妾陈圆圆被李自成部将刘宗敏所掠时,勃然怒目圆睁,吼叫起来:"大丈夫不能保一女子,何面目见人耶!"他像发了疯似地立刻旋转身去,挥众返回山海关,真是"恸哭六军俱缟素,冲冠一怒为红颜"。他凭藉手下一支劲旅,马上派副将杨坤、游击郭云龙拿着信,去翁后向清廷"泣血求助",并许诺"将地以酬"。摄政王多尔衮得信后,喜不自胜,立刻复信给吴三桂:"伯若率众来归,必封以故土,晋爵藩王"①。于是吴三桂潜入清营,由早先降清的洪承畴、祖大寿引见,同多尔衮密约,让清兵"直入山海,首尾夹攻",如此

---

① 《清世祖实录》卷四,顺治元年四月癸酉条。

"逆贼可擒,京东西可传檄而定"①。这时,起义军正同吴军激战,清兵出其不意从吴军阵右突然冲出,袭击起义军。起义军"首尾不相顾,遁走燕京"。多尔衮即令关内军民一律剃发,封吴三桂为平西王。清军进入燕京(今北京),吴三桂随清军紧追李自成至望都,才班师返京。顺治帝亲临皇极门,授予平西王敕印。随后,吴三桂又尾追农民军,直至李自成败死,清廷命吴三桂还镇锦州。后来,清军大举南下。由于满洲本身兵力不足分配,又兼八旗大都是马兵,不惯山林沼泽地区作战,因而明降军便成为清廷依靠的武装力量。顺治五年(1648年)吴三桂奉命携家西征,他随大军连续攻克山、陕两省五十八城,战功显著。顺治八年(1651年),清廷授给他金册金印,命他征四川。他挥师进占成都、嘉定(今乐山市)、叙州(今四川宜宾市)、重庆等地,击退孙可望与猓猡众五万于保宁。因功岁增俸千两,子应熊同公主联姻,荣称和硕额驸,授爵三等子。不久,加少保兼太子太保。顺治十四年(1657年),李定国随桂王朱由榔(永历)入云南,清廷授吴三桂为平西大将军,同定西大将军国翰进征贵州。次年,败李定国于石壶关诸险,下遵义,克开州。国翰死,三桂迁驻遵义。顺治十六年(1659年),吴三桂同征南将军卓布泰、安远大将军信郡王多尼分兵三路攻取云南城。桂王朱由榔奔永昌。三桂率军下永昌(今云南保山)、占南宁(今云南曲靖)。朱由榔逃至缅甸。清廷命三桂驻镇云南。吴三桂上疏屡请发兵入缅,指出:"渠魁不殄,有三患二难……唯及时进剿,净尽根除,乃一劳永逸计"②。清廷即命内大臣公爱星阿为定西将军,率领禁旅随同吴三桂进征。顺治十八年(1661年)十二月,大兵进至

---

① 《清世祖实录》卷四,顺治元年丁丑条。
② 《清史列传》卷八十,《逆臣传·吴三桂》。

33

离缅甸六十里的旧晚坡。吴三桂等逼令缅甸擒获朱由榔,缅人震惧,就诓骗朱由榔说:晋王李定国来人,请送帝到他那里去。朱由榔满心喜悦,毫不疑迟,坐上竹椅,任人抬入舟中,渡到对岸,水浅搁船,船上的人过来背朱由榔登岸。朱由榔询问他的姓名,他回答说:"平西王前锋高得捷也"! 朱由榔吓得出了一身冷汗,说:"平西王吴三桂今来此乎!"遂默然。到了旧晚坡,吴三桂就拥朱由榔急速班师,返回云南城。朱由榔仪观甚伟,头戴马鬃瓦楞帽,身穿纯绢大袖袍,腰束黄丝带,举止有度。有位甲士前去观看,见朱由榔端坐不动,亦不问其姓名,甲士不禁赞叹道:"此真皇帝也!"①朱由榔在云南居了四十日,内大臣爱星阿提议送他到北京去处置。吴三桂怕道远恐有不虞,力主当地"骈首"。爱星阿以为不可,安南将军卓罗厉声道:"一死而已,彼亦曾为君主,全其首领可也"。吴三桂默然。随后,就命令部将杨坤、夏国相给永历送去一条丝带,让他自缢于滇城篦子坡。李定国转到广东,听说永历身亡,"遂哀愤成疾死"②。

　　吴三桂为清廷最终埋葬南明政权与镇压农民军余部,立下了汗马功劳,受到清廷的高度赞赏。清廷破例加封他为亲王。康熙元年(1662年),辅政大臣为加封吴三桂为亲王向礼部下了一道谕旨说:"平西王吴三桂,镇守秦、蜀,绥辑滇、黔,抚顺剿逆,茂著勋劳……并于顺治十八年十二月内,直抵缅甸,擒伪永历及其眷属,此皆王殚忠奋力,运筹谋略,调度有方,遂使国威远播,逆孽荡平,功莫大焉。……著进封为亲王"③。

　　另外,定南王孔有德在广西桂林被李定国包围时,自杀,因无

　　① 刘健:《庭闻录》卷三。
　　② 刘健:《庭闻录》卷三。
　　③ 《清圣祖实录》卷六,康熙元年四月癸未条。

子袭爵,所部由其婿孙延龄统率。

这样,平南王尚可喜王广东(后由子尚之信承袭)、靖南王耿继茂(子耿精忠)王福建、平西王吴三桂王云南,称为"三藩"。

按照清制,不论同姓王或异姓王,都是一种爵位。他们既没有被分封土地,也无管理政事的权力,只是在诸王奉命率军出征时,清廷才给予暂时的军事指挥权。但是,清朝是以满族作为统治民族的,又是通过战争来实现全国的统一与统治的,因此,清朝在镇守广东、福建、云贵等特殊战区中,不能不借助"三藩"等汉族地主阶级的势力,给以军事、政治、经济等方面特权。

"三藩"各自拥有庞大的军事力量。

耿、尚二藩所属各十五佐领,"计五丁出一甲,甲二百设一佐领",以此计之,十五佐领共有甲兵三千名,其藩下丁口各有一万五千口。吴三桂的军力更厚,他共有五十三佐领,计甲兵一万另六百人,其藩下丁口应有五万三千。这些都是按照规定编制计算的。实际上,"三藩"都在拼命扩充自己的势力。许旭《闽中纪略》载:"时王府额兵有万余,而旗下畜养甚众。府中男子年十四岁,悉给弓矢,督骑射,鸣剑之心,已非一日"①。吴三桂的部将吴国贵,"其所部将卒,正甲一名,副甲五、六人不等,皆以年二十以外,四十五以内者充之"②。这类佐领编制下的军兵,是由藩王直接掌握的"藩属"军队,是构成藩王所统军队的核心力量。他们同藩王有着严格的封建隶属关系。吴三桂的父亲吴襄在回答崇祯帝询问其父子的兵力情况时,有这么一段对话。崇祯帝问:"卿父子之兵几何?"吴襄说:"臣兵按册八万,核其实三万余人"。崇祯又问:"此

①　许旭:《闽中纪略》,见魏源《圣武记》卷二。
②　刘健:《庭闻录》卷六,《杂录备遗》。

三万人皆骁勇敢战乎？"吴襄说："若三万人皆战士，成功何待今日，臣兵不过三千人可用耳！"崇祯很惊讶地究问："三千人何以当贼百万？"吴襄急忙回答说："此三千人非兵也，乃臣襄之子，臣子之兄弟。臣自受国恩以来，臣所食者粗粝，三千人皆细酒肥羊；臣所衣者布褐，三千人皆纨罗绫绮。故臣能得其死力"。而此"三千人皆有数百亩庄田"①。吴襄所述说明，在吴三桂父子的军队内，血族关系盘根错节，并以优厚的经济待遇为基础，从而形成了同自己有着严格依附关系的"能得其死力"的一批亲属子弟为骨干的子弟兵。在吴三桂投降清朝以后，这批子弟兵按佐领制编制，成为吴三桂掌握的"藩属"部队的核心部分。而随着国内战争的发展，这支"藩属"部队也随之不断壮大。这样，这支"藩属"部队及其家属，实际上成为吴三桂的私人武装。由佐领制组织编制的其他两藩的"藩属"部队，亦具有同样的性质。

"三藩"尚有庞大的绿旗兵和投诚兵。耿、尚二藩各有绿旗兵六、七千，而吴三桂兵力雄厚，"绿旗兵丁复屯数万"②。而且随着战争的发展，兵员亦在逐步扩大中。这类绿旗兵和投诚兵统属于朝廷，同直接隶属于"藩下"或"藩属"军队虽有明显区别，但他们一概听从"藩王"的指挥。不但军队的编制与部署出自"藩王"的意图，而且重要将领亦由藩王题名。如顺治十七年（1660年）十月，吴三桂请在云南的楚雄、祥云（大理白族自治州中部）、武定（云南楚雄彝族自治州中部）、曲靖等四个重要地区设置前、后、左、右援剿四镇，分别由四川右路总兵官、右都督马宁、都督同知杨武、四川左路总兵官署都督金事沈应时和湖广益阳总兵官署都督

①　吴伟业：《绥寇纪略》，《补遗》卷上。
②　《清世宗实录》卷一百三十六，顺治十七年六月上，甲申条。

同知王辅臣等四人充任镇地的司令官。每镇驻三千人，四镇共兵一万二千人。在设置四镇的同时，吴三桂又将明朝与农民军的投诚官兵，编制为"忠勇营"与"义勇营"，各自分设中、前、右、左、后五营，总共十营，每营置马步兵一千二百名，十营共一万二千名，统领各营的十名总兵官，如马宝、李如碧、高起隆、刘起复、塔新策、王会、马惟新、吴子圣、杨威、刘称等人都是永历政权属下孙可望、李定国和白文选等部属。凡上述诸部队的编制、部署及军官的选择，都由吴三桂决定后，报请朝廷给予承认批准。这样，经过吴三桂重新编制的此类军队，就成了他所统率部队的重要组成部分。当时有人说："云南之兵，皆系孙可望旧人，非随征员役也，此辈在明朝为积贼，在逆藩为叛党……"①后来这类投诚官兵都参加了吴三桂的叛乱活动。

　　"三藩"对军队的编制、驻防地区的部署以及军官的选择调任，形式上虽要报清廷和兵部批准，实际上是藩王说了算。尤以吴三桂为突出。康熙四年（1665年），吴三桂征服水西、乌蒙（云南昭通）等少数民族地区之后，即疏请水西设流官，改水西十一则溪为三府，建府治于比喇（即平远，今织金）、大方（今大方）和水西城（今黔西）。他调遣云南广罗总兵赵良栋为贵州比喇总兵官，云南忠勇右营总兵官刘之复为贵州大方总兵官，云南忠勇前营总兵官李如碧为贵州水西总兵官，又调云南忠勇后营总兵官塔新策为贵州定广总兵官，云南义勇中营总兵官王会为广罗总兵官，贵州思南总兵官王平为安笼总兵官。即使兵部任命下去的军官，吴三桂也可以通过自己率先安插，加以抵制。康熙五年（1666年）兵部就向朝廷建议："云贵两省，武职员缺，臣部推升之后本官未经到任，随

---

① 　刘昆：《南中杂说》，《兵制》，见《丛书集成》初编。

经平西王吴三桂另题有人,以致部推之官,中途往返,似若苦累,请照吏部例,将此两省武职员缺,悉听该藩题补,如无可补之人,该藩题明,臣部再行推升。从之。"①

藩属将领都是三藩的亲信。平西王吴三桂藩下的都统吴应期是他的侄儿,都统夏国相、胡国柱以及后来的云南留守郭壮图、右将军卫模都是他的女婿。有些将领则是他在辽西的旧部,如都统吴国贵、副都统杨坤等。吴藩就是依靠这批亲信来控制其属下军队的。

三藩拥有并操纵着庞大的军事力量及任其指挥、调动的军权,这是实现地方割据的重要支柱。

"三藩"具有管理地方的行政权。广东布政使胡章自山东赴官途中上疏:"臣闻靖南王耿继茂、平南王尚可喜所部将士掠辱士绅妇女,占据布政使官廨,并擅置官吏"②。尤其是吴三桂管辖的地区和权力最大。康熙三年(1664年)十一月朝廷谕令吏部、兵部说:"贵州接壤云南,皆系严疆要地,且苗蛮杂居,与云南无二,其一切文武官员兵民各项事务,俱照云南例,著平西王管理"③。康熙二年(1663年)吴三桂自向清廷提出云贵的总督、巡抚听其节制,经兵部议准:将云贵二省总督、巡抚敕书撰入"听王节制"四字。康熙四年(1665年),吏部命江南江西总督驻扎江宁府,直隶、山东、河南三省总督驻扎大名府,山西、陕西总督驻扎西安府,"唯独云南、贵州总督驻扎之处,令平西王吴三桂确议适中之地,具题到部再议"④。康熙五年(1666年)二月,吴三桂提出云贵总督宜

---

① 《清圣祖实录》卷二十,康熙五年九月辛未条。
② 《清史稿》卷二百三十四,《耿仲明传》。
③ 《清圣祖实录》卷七,康熙三年十二月辛酉条。
④ 《清圣祖实录》卷十五,康熙四年五月己巳条。

驻贵阳,吏部就照例"应如所请"。

吴三桂不但操纵着云贵地方官员的调动和升迁大权,而且还任其调迁别省官员来云贵任职。顺治十七年(1660年)十二月,经吴三桂提名,由朝廷同意,从湖南、四川、陕西、北京、山东、安徽、江苏等地调来胡允等九名官员来云南充任行政、监察、交通、水利等职,且不论上述文职官员同吴三桂的关系如何,仅此就足以反映出吴三桂在用人方面具有超越吏、兵两部的权力。魏源《圣武纪》说:"其所除授号曰西选,西选之官几满天下"①。对此,四川道御史杨素蕴曾上奏章批驳说:"臣阅邸报,见平西王恭请升补方面一疏,以副使胡允等十员,俱拟升云南各道,并奉差部曹亦在其内,臣不胜骇异。夫用人国家之大权,惟朝廷得主之,从古至今未有易也……从未闻以别省不相干之处及现任京官,公然坐缺定衔,如该藩今日者也! ……不亦轻名器而蒙国体乎! 夫古来人臣忠邪之分,其初莫不念一念之敬肆,在该藩敭历有年,应知大体,即从封疆起见,未必别有深心,然防微杜渐,当慎于机先。伏乞天语申饬,令该藩嗣后……一切威福大权,俱宜禀命朝廷"②。吴三桂得悉杨素蕴弹劾他,立即上疏反驳,"请旨诘问"杨素蕴,要杨素蕴对"防微杜渐"等语意,作出解释。杨素蕴遵旨回奏,指出吴三桂"题补方面官","有碍国体,是以具疏驳正",那"不过据理而陈,非别有意见"③。朝廷明知杨素蕴的奏疏是完全从维护中央集权出发的,也是符合实际的,但不仅不敢开罪吴三桂,反而借杨素蕴回奏"含糊巧饰之名",予以解职与另调他处的处分。杨一气之下,回了陕西

① 魏源:《圣武记》卷二,《康熙戡定三藩记》上。
② 《清世祖实录》卷一百四十二,顺治十七年十一月壬申条。
③ 《清圣祖实录》卷五,顺治十八年十一月己丑条。

宜君故乡,闭门不出十余年,直到三桂叛清后,才重新起用①。可见吴三桂当时权势之大。

三桂还用"散财结士"来笼络人心,广植私人势力。他不仅以重金赠给士人、同僚、部属、师友等人,而且还用重金收买官员,使之成为忠实于自己的仆从。当时,来到云南莅任知县以上的新任官员,必须先到王府拜谒,吴三桂都要亲自接见,细问家世履历。有才望素著及仪表伟岸者,百计罗致,令投身藩下,蓄为私属,并且立有卖身契。楚雄府知府冯某的卖身契这样写道:"立卖身婚书楚雄府知府冯某,本籍浙江临海县人,今同母某氏,卖到平西王藩下,当日受身价银一万七千两"。后署媒人三桂的亲信、都统胡国柱②。这些投身到平西王藩下的官员,就同吴三桂结成了主仆关系。同时,他们"皆师事胡国柱"。所以说:"滇中有三好,吴三桂好为人主,士大夫好为人奴,胡国柱好为人师"③。

吴三桂利用清廷给予独特的行政权力、以散财结士和封建宗法关系等手段,培植了一大批追随自己的封建文人与文武官员,人人得其死力,从而把持着云贵地区的政治局面。耿、尚二藩同样操纵着其藩属地区的政治,同吴三桂相比,只是程度不同而已。

在经济上,三藩更是竭尽搜刮之能事。他们霸占关津,私设商税,垄断工贸,放债取利,拼命增殖藩属财富,以巩固自身的统治基础。康熙六年(1667 年)左都御史王熙,揭露闽广、江西、湖广等省各官,"或自贸货场,售于属下,或巨舸连樯,装载他方市易,行同商贾,不顾官箴,甚者指称藩下,挟势横行,假借营兵,放债取利"④。

---

① 《清朝先正事略·郝雪海中丞事略》,《附杨素蕴传》。
② 刘健:《庭闻录》卷四,《开藩专制》。
③ 刘健:《庭闻录》卷四,《开藩专制》。
④ 《清圣祖实录》卷二十二,康熙六年五月乙酉条。

尽管清廷对王公以下文武大小各官与家人"强占关津要地,不容商人贸易"等非法行径,作出按不同等级处以不同刑罚的规定,如纵容家人的藩王,就得罚银一万两①,而实际上藩王及其所属官员家人照样我行我素,权比法大。福建盛产渔盐,"其利为天下最,百姓藉以为生"。耿藩令其部人私充盐商,据津口立总店,并横征盐课,垄断盐利,遣商"潜行海外,肆行无忌"。他更以"税敛暴于闽"②。其抽税谓之总牙,凡各处市镇关隘所在,悉系王人总管。米每担一分,柴半分,果子、丝、布、纸、竹、木料、棕、油等类,照例科税。乡间山县,挑负一、二担杂货,非受税后不得行。当铺、牙行、盐商,诸色店铺买卖,皆王人共分,或出本,或充伙,以至脊挑背负之类亦无不为。又有代王做买卖人,或当店、绸店、布店,每人分十余间。藩下所属私市私税,每岁所获银两,不下数百万③。至于牟利子母,单词陷人,田庐之劫夺,子女之掠卖,不知其几。另又凿山、开矿、煮海、鬻盐,并遣列群之税吏,通达外洋之贾舶,无不穷极其利,以是藩府之富几甲天下④。

平西王吴三桂的经济活动范围更为广泛。他藉口云南地方荒残,米价腾贵,家口无资,尽括故明国公沐天波庄田七百余顷为藩庄,役使壮丁二千人,每丁给地六日(一日土地合六亩,部议给田五日)⑤。康熙六年(1667年),在早已停止圈地之后,为解决平西王藩下兵丁口粮,清廷特允许三桂在云南圈占土地。于是藩下官兵侵占民田,擅为己利⑥。当地百姓被逼他徙,生活无着。巡抚袁

---

① 《清圣祖实录》卷二十三,康熙六年七月甲辰条。
② 魏源:《圣武记》卷二,《康熙戡定三藩记》上。
③ 《清圣祖实录》卷九十一,康熙十九年八月丙戌条。
④ 《清人逸事》卷五,《跛金》,见《清朝野史大观》。
⑤ 《清世祖实录》卷一百三十五,顺治十七年五月己巳条。
⑥ 《清圣祖实录》卷九十四,康熙二十年二月癸巳条。

懋功上疏奏称："滇服极薄，百姓极贫，今一旦驱役别境，穷困颠连，不可尽状，请令其佃种原佃，照业主例纳租，免其迁移"①。这样，云南大批自耕农沦为藩下官兵的佃户。吴三桂还广开鼓铸。一方面停铸云南厘字钱，一方面按康熙钱的式样，铸行汉字制钱。当新制样钱刚颁发，云南方兴鼓铸时，清廷就传令停铸。三桂立即向清廷提出，云南市肆所信唯钱，一日无钱，即称不便。于是，鼓铸新钱，给散行使，以利交易。同耿、尚二藩一样，吴三桂亦遣"其藩下旗员多领资贸易四方"②，或贩卖私盐，大发横财。他又在西藏与云南交界处的北胜州，与西藏和蒙古开展茶马互市，"西蕃、蒙古之马，由西藏入滇者，岁千万匹"③。吴三桂又利用辽东的老关系，将四川巴蜀所产的黄连、附子等名贵药材，贩往东北，而将辽东的人参贩回云南，此项贸易，均由藩府垄断着。此外，吴三桂在水陆要冲地区，安插亲信，榷敛市货，僭积硝磺诸禁物。

三藩的俸禄兵饷开支浩大，给清政府带来沉重负担。顺治末、康熙初，国内战争主要集中在云贵和闽浙地区，军费开支猛增，尤以云南为突出。当时，云南是桂王政权联结农民军余部抗清的根据地，是清军进攻的重点地区。这里聚集着大量清兵，除吴三桂的"藩下"军队外，又有满洲、绿旗兵丁，复屯数万；尤其是云南地区偏僻，其间更番往来，经历数省，各省挽输，困苦至极，运输困难，费用昂贵，导致该省米价每石增至二十多两；而吴三桂"功最高，兵最强，受朝廷恩礼亦最多"，在用财方面，朝廷就对他采取"户部不得稽迟"的优容态度，"绌则连章入告，既赢不复请稽核"④。凡此

①　刘健：《庭闻录》卷四，《开藩专制》。
②　刘健：《庭闻录》卷六，《杂录备遗》。
③　魏源：《圣武记》卷二，《康熙戡定三藩记》上。
④　魏源：《圣武记》卷二，《康熙戡定三藩记》上。

种种,造成兵饷以千万计,闽浙兵饷以百万计。顺治十七年(1660年),户部奏疏中说:"国赋不足,民生困苦,皆由兵马日增之故……合计天下正赋止八百七十五万余两,而云南一省需银九百余万,竭天下之正赋,不足供一省之用"①,加上福建、广东二省岁需饷银二千余万两。正赋不足供应,只得加派,所以康熙即位后,业已免除明末的练饷又重新征派。顺治十八年(1661年)七月,户部遵旨议定:"复查明季加增练饷,并无旧案,止有遗单一纸,每亩派征一分,直隶、山东、河南、江南、山西、浙江、江西、湖广、广东、福建、陕西、广西、四川等十三省,共计五百七十七万一千余顷,每亩一分派征,计银五百余万两,请敕该抚于十八年为始,限三月征完解部。至云贵系新辟地方,无旧案可查,敕该抚于见征田地内,照数征派,汇册报部"②。直到康熙五年(1666年),云南兵饷的负担仍然十分沉重,左都御史王熙指出,"直省钱粮,半为云、贵、湖广兵饷所耗。就云贵言,藩下官兵岁需俸饷三百余万,本省赋税不足供十一"③,"致天下财赋,半耗于三藩"④,"边省挽运不给,一切仰给于江南"。所以当时人这样感叹:"天下财富莫盛于东南,亦莫竭于东南","不独云南困,而数省俱困矣"!

不但军饷费用浩繁,而且三藩更藉此横征暴敛。康熙五年(1666年)七月,广东巡抚上奏说:"粤东武职各官,借名军需,发银州县,采买谷米、稻草、牛皮、牛角、弓弦、箭竹、木炭等项,所发之价,十仅四、五,州县不敢动其分文,照数缴还,谷米等项,俱派里排

---

① 《清圣祖实录》卷一百三十六,顺治十七年六月乙未条。
② 《清圣祖实录》卷四,顺治十八年七月甲寅条。
③ 《清史稿》卷二百五十,《王熙传》。
④ 魏源:《圣武记》卷二,《康熙戡定三藩记》上。

备完,仍用民夫民船装运交纳"①。他们还"滥派民夫,折征银两,又有棍徒,假冒营旗,串同蠹役,私出牌票,勒索银两,恣行逼索,稍迟鞭责,小民日见剥削"②。清廷为此曾于前一年特发出密谕指责尚藩说:"近闻广东人民为属下兵丁扰害甚苦,失其生理,此皆所属将领不体王意,或倚王为亲戚,以小民易欺,唯图利己,恣行不法之故……后将所属官兵,严加约束……勿仍纵容属员"③。耿继茂在福建亦肆意掠夺。他从广东移至福建,带去家眷与大批仆役、官兵、商人、工匠、戏子、妓女、吹鼓手以至和尚、师尼各色人等,随藩府安置于福州。为了运送耿藩及其扈员,沿途强征夫役,搜尽民船。而耿藩一到福州,就大规模地圈占整片居民住房和田地,分给藩下各色人等居住。其时,"匡城外屋……六千间",不足,将圈内田园尽填作地起盖。凡是被圈占的地方,立即驱逐居民离屋别住。藩属左右两镇兵各住城内外。城内住兵名曰"包",城外驻兵名曰"镇"。妓女、戏子榜曰"靖藩",他们和花鼓人统为王课户,全都圈占民房,分别住在经巷院、开元寺和龙山巷。王和尚千余人,师尼四、五百人,各占住寺庵。又有代王做买卖的,每人分店房十余间。此等人占屋既多,把房转租给本地人居住开店,每月一堵房租银三两。城中房屋被圈占大半,民商不得已,只得高价租来。苛剥夫役也十分沉重。每日用夫一千三百名,只用其半,半令折银,城中每名一钱,乡间二钱四分,日日如是,时刻不宽,此项夫役称为坐派。所以耿藩到福州后,人民受尽骚扰,真可谓"船取尽,买卖做尽,人夫用尽"。各类货物也随之倍贵④。至于田赋更是不胜负荷,"正

---

① 《清圣祖实录》卷十九,康熙五年秋七月甲申条。
② 《清圣祖实录》卷十九,康熙五年秋七月甲申条。
③ 《清圣祖实录》卷十四,康熙四年三月乙未条。
④ 海外散人:《榕城纪闻》,见《清史资料》第一辑。

供之外,催课多名,民以田听兵饷,所收不能什一"①,因此,百姓竟以田为累。福州有兄弟两人,家富田多,赔粮甚苦。一日,弟死,弟妇要想改嫁,长兄对她说:"嫁由汝,只要将二千银田带去,不然嫁不成"。② 吴三桂在云南遍设藩庄,管庄员役尽属豺狼,杀人夺货,毫无畏忌。讼牒、命盗两案,甲兵居其大半,更勒平民为余丁,不从,就威逼说:"是我逃人也!"诱人称贷,责其重息,稍有毫发负欠,亦诬以逃人,平民因此被拘禁的,就有数百人,"有司俱不敢问"③。他又恣意搜括少数民族地区的赋税与财富。顺治十七年(1660年),将临安府属枯木、八寨、牛羊、新县四处,编征粮米本色差役课程,户口食盐银两,一概编入蒙自县经制全书④。顺治十八年(1661年)又将元江府土民粮差照以往税则,连同酋长私庄,应征钱粮,也一律编入元江赋役全书⑤。对土酋百般勒索。《庭闻录》载:"滇中土酋多于财,三桂每年勒助饷,金银以皮盔为量,又勒助兵,土酋不堪命",甚至"籍没诸土酋财物"⑥。他还纵容地方官吏胡作非为,敲诈勒索,以致那些"秩满及藩下往来者,"明目张胆地"皆取赢于负贩驿卒,不给,辄金派里民,谓之协夫,征发无虚日"⑦。因此,云贵"村落凋零,民苗困惫"⑧。

三藩位尊权重,他们拥有军事、政治、经济方面的种种特权,长期专制一方,逐步形成同中央相对抗的封建割据势力;同时,三藩

① 乾隆《福建通志》卷七十,《艺文》。
② 海外散人:《榕城纪闻》,见《清史资料》第一辑。
③ 刘健:《庭闻录》卷四,《开藩专制》。
④ 《清圣祖实录》卷四,顺治十八年十一月辛巳条。
⑤ 《清圣祖实录》卷四,顺治十八年七月壬子条。
⑥ 刘健:《庭闻录》卷六,《杂录备遗》。
⑦ 钱仪吉辑:《碑传集》卷一百十八,王熙《甘文焜神道碑》。
⑧ 乾隆《贵州通志》卷三十五,《艺文》。

的倒行逆施,也给社会带来不安定因素。随着农民军余部和南明政权的覆灭,三藩与中央的对抗性矛盾就开始突现出来,一场国内的动乱是不可避免了。

二、假戏真做——撤藩

康熙皇帝目睹三藩势焰日炽,已逐步形成尾大不掉的态势。鉴于历代因藩镇势力强大,而屡屡出现举兵作乱,以致危及国家存亡的严重历史教训,他对此不能不引起高度警惕。因此从少年伊始,尤其是亲政以后,康熙就一直把解决三藩问题当作头等重要的大事,绞尽脑汁。他说:"朕自少时,以三藩势焰日炽,不可不撤"①。又说:"朕听政以来,以三藩及河务、漕运为三大事,夙夜廑会,曾书而悬之宫中柱上"②。

清廷一些官员早就提出要削除三藩权力。康熙六年(1667年)四月,王熙特别指出:"宇内甫平定,而三藩各拥重兵,吴三桂尤强,擅署置官吏,寖骄蹇,萌异志,子应熊以尚主,居京师,多聚奸人,散多钱交通四方"③。他认为三藩势力的日益扩大,必将对清廷构成威胁,请裁兵减饷,"则势分而饷亦裕"④。

其实,在上述王熙奏疏前,御史杨素蕴、郝浴、甘肃庆阳知府傅弘烈等,已先后向朝廷密陈三藩尤其是吴三桂的专擅不法情状。由于当时清廷尚需利用三藩来维护其所辖地区的统治秩序,又慑

---

① 《清圣祖实录》卷九十九,康熙二十年十二月癸巳条。
② 《清圣祖实录》卷一百五十四,康熙三十一年二月辛巳。
③ 《国朝耆献类征初编》卷四,宰辅四,《王熙传》或《清史稿》卷二百五十,《王熙传》。
④ 《国朝耆献类征初编》卷四,宰辅四,《王熙传》或《清史稿》卷二百五十,《王熙传》。

于三藩的权势,担心解除三藩的职权,会引起动乱。为了安抚三藩,清廷竟将弹劾三藩的官吏,一一治以重罚。杨素蕴被降调,已如上述;御史郝浴一再遭到三桂倾轧,最后被流徙盛京(今沈阳),但到了铁岭,郝浴就"租屋潜居,如是者十有八年",直到三桂反,才"起补原官"①。康熙七年(1668年),傅弘烈密告三桂,竟被"逮治、坐诬、论斩",后来,康熙"特命减死,戍梧州(今梧州市)"②,他才得幸免于难。凡此种种,足以反映出三藩势焰之嚣张。

不过,在四辅臣执政时期,清廷已在逐步削弱"三藩"职权。吴三桂受命征云贵时,顺治帝曾授予"大将军印",执掌征伐大权。云贵平定后,按照规定,三桂即应上缴大将军印,而他却迟迟不交。康熙二年(1663年),有一内大臣对留在京师的驸马、三桂的长子吴应熊说:以前,永历在缅甸,边疆多事,所以才给你父亲将军印,为的是重事权,便于集中号令。如今天下大定,你父亲仍据大将军印不还,这是为什么?吴应熊心里明白这番话显然不是出之于这位内大臣的私见,而是朝廷的意图。于是他立刻向他的父亲通报情况,三桂无可奈何,只得忍痛奏还"大将军印",心里却闷闷不乐。

康熙五年(1666年),朝廷裁除三藩的用人题补之权。凡云贵、广东、福建文武官吏的升降、调动,一概归吏、兵两部管理。对此吴三桂虽"具疏佯谢,中实怨望",以至将云南任职的部选官员一概"指为外人"。

在财政方面,亦给以一定限制,"转饷虽如故,额不得仍前之多"③。

---

① 《清人逸事》卷五,《郝浴出处之恢奇》,见《清朝野史大观》。
② 《清史稿》卷二百五十二,《傅弘烈传》。
③ 刘健:《庭闻录》卷四,《开藩专制》。

为了牵制三藩的权力，康熙亲政后，就委派大吏出任云、贵、广东、广西和福建等省的总督、巡抚。康熙六年（1667年）五月，吴三桂为了麻痹清廷对自己的戒备，曾借"目疾"为名，要求清廷解除其云、贵两省事务。康熙立即下旨，表彰他"久镇岩疆，总理两省，勋劳茂著"的业绩，并表示对他"因事繁过瘁"，以致"两目昏瞀，精力日销"之情的深切关怀，特恩准其解除云贵两省事务的请求。随后经部议定该两省事务按照其他各省规例，由总督、提督和巡抚管理。同年九月，吴三桂的亲信云、贵总督卞三元、云、贵提督张国柱、贵州提督李本深就联合上疏说："苗蛮叵测，非任三桂，恐边衅日滋"①，公开要求清廷收回成命，让吴三桂仍管理云贵事务。按照规例，卞三元等的这一违旨罪行，应受到法律的严厉制裁。但鉴于吴三桂势大根深，康熙只得以极大的耐心，委婉地解释说："该藩以精力日为销减奏请，故照所请先行。今地方已平，若令王复理事务，恐其过劳，以致精力大损"。尔后又许诺继续保持三桂的军权，"如边疆地方遇有军机，王自应料理"②。次年十二月，康熙委任甘文焜为云南、贵州总督。康熙九年（1670年）二月，康熙任命金光祖为广东、广西总督，马雄镇为广西巡抚。康熙十年（1671年），调原任江宁巡抚朱国治为云南巡抚。康熙十一年（1672年）十月，命范承谟为福建总督。康熙对调往三藩所辖地区任职的这些边疆大吏，寄以厚望，十分信赖。康熙十一年（1672年），甘文焜因母病亡，先后两次向朝廷疏请解任葬亲，康熙以文焜威望素著，能与吴三桂相颉颃，特命"在任守制"，直到甘文焜第三次请假，康熙因爱怜他的孝思之情，方才允诺文焜归家治丧，但要他一办完丧

---

① 《清史列传》卷八十，《逆臣传·吴三桂》。
② 《清圣祖实录》卷二十四，康熙六年九月己巳条。

葬,急速返回云南赴任。甘文焜到了京城,康熙立即遣一等侍卫"至其家,慰问之"①。康熙十一年(1672年),耿继茂的姻亲范承谟被委任福建总督时,他曾上疏婉辞,未获康熙允准。次年七月,康熙令范承谟进京,面商机宜。当时,范承谟患病未愈,康熙就派御医前往诊视,而且送药给他。待范承谟的病好转,康熙就催他去福建上任,又赐给冠服、鞍马。这样,康熙把三藩的部分行政、军政大权收归到中央。

另一方面,康熙竭力做出信赖三藩的样子,来笼络他们。顺治间,吴三桂、尚可喜和耿继茂南下时,三桂把长子吴应熊、尚可喜把三子尚之隆、耿继茂先后把二子昭忠、三子聚忠,送京师入侍。康熙七年(1668年)六月,尚可喜又主动将长子尚之信送京入侍。这些入侍皇帝的三藩亲子,实际上是做人质的。但明里,朝廷却给予优厚地位,招他们为驸马,提升他们的爵位。如康熙七年(1668年),吴应熊被提拔为少傅兼太子太傅,耿聚忠、尚之隆、耿昭忠俱为太子太傅。在某些场合,康熙还放宽对做人质的三藩亲子们的监视。康熙九年(1670年),康熙帝特遣吴应熊往云南省视他的父亲吴三桂;甚至当三藩请求调回入侍的长子承袭代理军务时,康熙也毫不犹豫地允准。康熙十年(1671年)正月,靖南王耿继茂上疏说:"(臣)旧疾日剧,闽省滨海重地,寇盗蠢动不测,病躯岂能料理。臣长子耿精忠,侍从多年,在臣军前阅历又经四载,尽堪报效,伏祈恩赐管理军务"②。康熙当即批复,准许耿精忠暂管军务。同年十一月,平南王尚可喜以疾上疏,请其子尚之信回粤暂管军务,康熙亦从之。此外,康熙还御赐贵重物品给三藩,以示清廷对他们

---

① 《清圣祖实录》卷四十,康熙十一年十二月丁巳条。
② 《清圣祖实录》卷三十五,康熙十年正月戊辰条。

的关怀。康熙十二年（1673年）二月，清廷遣一等侍卫吴丹、二等侍卫塞扈立带御用貂帽、团龙貂裘、青蟒腋袍各一袭，束带一围，往云南赐平西王吴三桂。派一等侍卫古德、二等侍卫米哈纳带御用貂帽、团龙天马裘、蓝蟒狐腋袍各一袭，束带一团，往广东赐平南王尚可喜①。

但是，在中国历朝的开国史上，不断重演的"飞鸟尽，良弓藏，狡兔死，走狗烹"这一幕幕历史悲剧，不能不在三藩心中投下阴影。为了保存自己，他们各有各的戒备，并有意识地在一定范围内，做出交权的种种姿态。

平南王尚可喜曾想趁着自己功成名就的时候，及早引退，为子女请得良田美宅，以度过安逸闲居的晚年生活。早在顺治十年（1653年），他就以东西底定、痰疾时作为理由，向清廷请求解兵还京。顺治帝给予婉留，劝他"不必遽以病情"。顺治十二年（1655年），可喜又以积劳多病和子女众多为由，奏请赐给山东故明鲁王的虚悬地亩，或在辽东海城旧地筑居安插。对于尚可喜的这一请求，清廷虽首先肯定他"图安根本，情理允协"②，但由于当时广东时局还没有安定，清廷未予允准，只许诺他以后再议。不言而喻，尚可喜前后两次要求解兵归耕，足以反映出他对清廷的疑虑，生怕自己权重位尊，有朝一日，会惹来不测之祸。吴三桂则在平定云贵以后，曾向经略洪承畴请教如何巩固自己的权位。洪承畴教他不要使边疆一日安事，吴三桂心领神会，就不断制造边衅事件，以引起朝廷对边防的重视。

康熙即位后，云贵一直处于征剿少数民族的战争状态中。康

---

① 《清圣祖实录》卷四十一，康熙十二年二月甲辰条。
② 《元功垂范》卷上，顺治十二年。

熙二年(1663年),吴三桂遣总兵王会等剿陇纳山蛮,捣毁他们的巢穴,擒斩他们的首领。不久,遣总兵刘之复、李世辉,由大方、乌蒙分剿水西土司安坤、乌撒土司安重圣等。事平之后,吴三桂就将安坤、安重圣——斩首。又在水西地区设立府治,改比喇为平远(今织金),大方为大定(今大方),水西为黔西(今黔西),乌撒为威宁(今彝族、回族、苗族自治县),改土司为流官。康熙四年(1665年),云南省城以东诸土酋王耀祖、禄昌贤等联合反清,攻城夺地,滇南大震。吴三桂急遣部属,同云南总督卞三元、云南巡抚袁懋功、提督张国柱等分兵进剿。至康熙五年(1666年),这场较大规模的少数民族的反清活动方被镇压下去,首领悉被擒戮。只有王伯、王龙、李六天、李柏年等,或窜匿深箐,或逃奔交趾。三桂遣左都统吴国贵、总兵官马宁等,分路搜剿,俱就诛擒。康熙六年(1667年),吴国贵、马宁等又率兵进剿乌撒,生擒女酋陇氏及其党万余。云贵的局势安定下来。

但吴三桂同他的部属仍然不断谎报边衅,制造紧张局势。康熙六年(1667年)六月,三桂向朝廷谎报蒙古干都台吉进兵丽江(府治在今丽江纳西族自治县)中甸地(今中甸),声称敌人阑入边境,不惟省城动摇,全滇土司未免各怀幸乱之心,一旦变从中起,内外受敌,兼办殊难,计宜先发制人。于是吴三桂要求亲自率军前往,相机堵剿。其实当时蒙古只要求同云南通商互市,并无入侵之事,吴三桂却虚张其事。之后诓骗清廷,奏称蒙古已撤兵,隆冬冰刀已深,敌人料不能至,已分布各营官兵分守门户,自己暂时回师洱海(在云南大理与洱源间)。在此次骗局中,吴三桂一面极力渲染事态的严重性,做出亲征姿态;一面私割旧隶丽江府之中甸,与番众屯牧,通商互市,可谓一箭双雕。康熙七年(1668年),甘文焜出任云贵总督,驻地贵阳。三桂忌恨甘文焜不依附自己,诡称土番康东入寇,哄骗文焜移师进剿,而在暗地里,却唆使剅里等苗族首领乘文焜出师不备时,准备从背后袭杀他。甘文焜接到三桂的通知,估量土番康东不会有多大作为,倒是剅里近在肘腋,如果不予制服,他的势力会蔓延开来。于是先督兵捣毁了剅里的老巢。随后,文焜约三桂发云南兵共同剿灭康东。三桂恐怕他的欺诈行为被泄,连忙制止文焜,骗说康东已远遁,不必进兵征剿①。三桂的部属也十分明白他的意图,常常妄报边警。康熙十年(1671年),巡抚都御史朱国治巡边北州,镇将赵某就向朱国治谎报西番人入寇。关于三桂屡次挑起边衅事端的这些诡行,《庭闻录》作了如下评述:"云南自土酋平后,内地宁谧。诸番部落治兵构怨,不过自相仇杀,初无有犯中国心,边将生事挑衅,番人游骑间至边外,亦未尝大举深入也。赵某辈阿三桂意,妄报边警。三桂挟封疆以重张皇边事,自负万里长城。镇将欺督抚,三桂欺朝廷,怀藏弓烹狗之虑深,市权固位之念重,劳王师伤财所不顾矣!"②

为了迎合清廷的心意,吴三桂还向清廷做出交还权力的种种姿态,希图解除清廷对他的疑虑。如交还大将军印,辞去云贵总督事务等,已如上述。在平定水西、乌蒙之后,康熙四年(1665年)五月,吴三桂又提出裁汰云南额兵,兵部立即表示同意,并经康熙批复准行。由是各营镇共裁去兵七千二百名。其中有一千八百名作为广罗、蒙景二镇,云州、马龙二营的添设兵额,实际裁去兵五千四百名。除总兵以下官另行改补外,被裁官员计副将一员、参将一员、游击一员、千总二员和把总四员。此外,忠勇等五营亦被全部裁去。自然,这次裁兵不会根本损害到吴三桂的军事实力。

---

① 《清史稿》卷二百五十二,《甘文焜传》。
② 刘健:《庭闻录》卷四,《开藩专制》。

尽管清廷在逐步削弱三藩的权力,三藩也在不损害自己根本利益前提下,做出了让步,但核心问题即军权却没有受到真正触动,因此藩区依然是个独立王国,这对清朝的统一构成了严重的威胁。尤其是在康熙前期,国内尚存在着诸多不安定因素的情况下,彻底解决三藩的兵权问题,已是十分必要的了。

　　平南王尚可喜上疏归老辽东的请求,正符合康熙亟须解决三藩问题的宿愿。

　　可喜的长子尚之信返粤署理军务之后,肆无忌惮,益加骄横,连自己的父亲也不放在眼里。平时,他父亲的部属同他有宿怨的,"小则鞭,大则杀"。每逢亲自向他父亲上报重要事务时,他总是表露出很不耐烦甚至讨厌的样子。对此,可喜十分恼怒,忧闷不乐,"然以嫡长子故,又爱其才,终不忍有他意。"[1]可喜有个幕僚叫金光,富有谋略,甚得可喜器重,倚为股肱心膂,凡有计议,必先向他咨询。然而金光很自负,不愿久屈人下。一天,金光乘间潜逃,可喜获悉后,立即遣健卒将金光追回,命人当场挑出金光的脚筋,使他成为跛足,从此人们呼金光为"跛金"。此后可喜待"跛金"益加敬爱,益加尊重。"跛金"目睹之信的专横,异常担心之信日后会闹出害及全家的祸事来,于是向可喜献计,说:"朝廷方嫌尾大,计莫若率诸少子及左右亲信归耕辽东,避俺答去,朝廷必大喜,则君臣父子之好,可两全无祸。"[2]可喜听从了"跛金"的劝告,于康熙十二年(1673年)三月上疏说:"臣年七十,精力已衰,愿归老辽东,有旧赐地亩房舍,乞仍赐给,臣量带两佐领军兵,并藩下闲丁孤寡老弱共四千三百九十四家,计男妇二万四千三百七十五名,其归途

---

① 王钺:《世德堂文集》,附《水西记略》。

② 王钺:《世德堂文集》,附《水西记略》。

夫役口粮,请敕部拨给"①;又提出了长子之信可承袭藩王爵位,留镇广东。

康熙接读可喜奏疏,自然大快心意。他立即批复,除表彰尚可喜"自航海归诚,效力累朝,镇守粤东,宣劳岁久"的汗马功劳外,特别赞扬他归老辽东的奏疏"情词恳切,具见恭谨,能知大体,朕心深为喜悦"②。但广东业已底定,藩下的官兵家口究竟作何迁移安插,还须经议政王大臣会同户、兵二部"确议后再定"③。着吏部以"藩王见存,子无承袭"的律例,否定了尚可喜疏请长子尚之信承袭王爵的要求。议政王大臣等则以之信置镇广东,会造成该藩及藩下官兵父子兄弟宗族分离为藉口,议定"粤省已经底定,似应将该藩家属兵丁,均应议迁。惟广东左右两营绿旗官兵,仍留该省,作何归并之处,交兵部另议"④。随后,兵部决定平南王父子迁移后,藩下向有绿旗官兵,仍驻扎广州府,归广东提督管辖,其官员升转亦照各省绿旗官员规则办理。以上各议完全符合康熙的旨意,康熙欣然同意。他随即命令尚可喜率诸子、家口及藩下十五佐领官兵,迁移辽东海城。至于沿途所用钱粮具有户部支给。康熙又特遣两位侍卫专程前往广东宣读谕旨,并赐给可喜貂皮帽、天马裘、四团龙挂腰带。

藩王一撤,尚可喜的军权被剥夺了,藩王的根基被拔掉了,原图个人引退而把藩地和王爵留给长子之信的打算统统成了泡影。这是尚可喜未曾想到的。但事已至此,尚可喜也无可奈何。

尚可喜归老辽东和康熙撤藩的决定迅速地在朝廷内外传开,

---

① 《清圣祖实录》卷四十一,康熙十二年三月壬午条。
② 《清圣祖实录》卷四十一,康熙十二年三月壬午条。
③ 《清圣祖实录》卷四十一,康熙十二年三月壬午条。
④ 《清圣祖实录》卷四十一,康熙十二年三月丁酉条。

吴三桂和耿精忠得到这个消息后，惶惶不可终日。他俩从来没有像尚可喜那样萌发过功成引退的想法。然而，严酷的问题已摆在他们面前，要不要像尚可喜那样上疏自请撤藩？倘不，清廷是不会允许两藩继续存在的，待清廷逼令撤藩，自己反而会陷于被动；如自请撤藩，一旦清廷同意，权力丧尽，这又非所自愿，但也无可奈何。最后靖南王耿精忠只好走一步看一步。先上疏奏请撤藩，说："臣袭爵二载，心恋帝阙，祗以海氛叵测，未敢遽议罢兵。近见平南王尚可喜乞归一疏，已奉谕旨，伏念臣部下官兵，南征二十余年，仰恳皇仁，撤回安插"[1]。

　　吴三桂的儿子吴应熊在得悉平南王尚可喜上书请解职东归时，早就派人送信告诉他的父亲，现在又获悉耿藩自请撤藩，赶忙疾书催促说：朝廷对王已久存疑虑，现尚、耿二藩都上了辞职疏，而王独无，这使朝廷之疑愈深，请王急速拜疏使人来京，或许可以消除朝廷对你的疑虑。吴三桂斟酌再三，他自恃是云贵边防的"长城"，势力强大，估计清廷还不敢动他。如自请撤藩或许会像儿子吴应熊所言，可以消除朝廷对他的疑虑。但他一心希望自己能"世守藩封"，如明朝沐氏故事，"永踞滇中"[2]。原先云、贵是明朝黔国公沐氏世守的故地。早在洪武十五年(1385年)，沐氏始祖沐英授命镇守云南。云贵在沐英的统治下，局势很稳定，朱元璋对沐英十分信赖。洪武二十五年(1395年)，沐英逝世后，明廷追封他为黔宁王，并由他的儿子沐春、沐晟相继袭爵，永乐三年(1405年)沐晟始封为黔国公，此后，沐氏子孙都世代承袭公爵，镇守云南，直到永历时的沐天波，前后经过十二代。随着南明灭亡，沐氏的爵位

---

①　《清圣祖实录》卷四十二，康熙十二年七月丙子条。

②　刘健：《庭闻录》卷四，《开藩专制》。

与世镇云南的历史才告结束。清军平定云贵之后，经略洪承畴亦向清廷建议："岩疆难靖，援明黔国公沐英世镇例，请（吴三桂）移藩久镇"①，获得清廷准许。自此，吴三桂梦寐以求想做个清代的"黔国公"，寄希望于"朝廷挽留，如明沐英世守云南故事"②。他请幕僚刘玄初具疏撤藩时有过一段生动的对话。刘玄初说："上思调王，特难启口，王疏朝上而夕调矣。彼二王辞者自辞，王永镇云南，胡为效之耶！不可"。吴三桂听了，十分恼怒地说："予疏即上，上必不敢调予，具疏所以释其疑也。"③于是吴三桂抱着试探和侥幸的心理，于同年七月三日，无可奈何地向康熙上了一道自请撤藩的奏疏，他说："臣驻镇滇省，臣下官兵家口，于康熙元年迁移，至康熙三年（1664年）迁完。虽家口到滇九岁，而臣身在岩疆，已十六年，念臣世受天恩，捐糜难保，惟期尽瘁藩篱，安敢遽请息肩。今闻平南王尚可喜有陈情之疏，已蒙恩鉴，准撤全藩，仰恃鸿慈，冒干天听，请撤安插"。此外，他还提出增赐土地"较世祖时所给锦州、宁远诸处倍广，俾安辑得所"④。

　　吴、耿二藩的奏疏如出一辙。一个说："臣身在岩疆，已十六年"，为报答"天恩"，只期望"尽瘁藩篱"，哪里敢"遽请息肩"呢！一个说："臣袭爵二载，心恋帝阙"，而"臣部官兵，南征二十多年"，只因"海氛叵测"，所以也不敢"遽议罢兵"。他们之所以上疏请撤安插，都是出于平南王尚可喜乞归一疏，已获康熙准撤全藩的缘故。很清楚，二藩的奏疏共同表述了自己一心为国，护卫边疆的"一片忠心"，既委婉曲折地表达了疏请撤藩非所自愿的心情，又

　　① 《清史列传》卷八十，《逆臣传·吴三桂》。
　　② 魏源：《圣武记》卷二，《康熙戡定三藩记》上。
　　③ 《清史逸事》卷五，《刘玄初》，见《清朝野史大观》。
　　④ 《清史列传》卷八十，《逆臣传·吴三桂》。

解释了自己何以没有及早引退的缘由,用心亦可谓良苦。

吴、耿二藩请撤安插的奏疏,给康熙提供了一揽子解决三藩问题的途径。康熙欲用最大的人力物力,迅速而妥善地安插三藩,换取三藩手中的兵权,以达到撤藩的目的。

但是,当康熙将吴三桂自请撤藩的奏疏交给大臣讨论时,在朝廷内部立即掀起了一场激烈争议。以图海为代表的多数大臣认为,"滇、黔苗蛮反侧,若徙藩必遣禁旅驻防,劳费,不如勿徙。"①惟户部尚书米思翰、兵部尚书明珠、刑部尚书莫洛以及苏拜及塞克德等少数大臣则认为,苗蛮既平,三桂不宜仍镇云南,应如所请,"力主徙藩"②。康熙又命议政王、贝勒、大臣讨论,议政王大臣等会议仍持二议:一种意见认为平西王吴三桂具题请撤安插,应将王本身并所属官兵家口,均行迁移在山海关外,酌量安插;云南地方有土司苗蛮杂处,不得稍疏防御,应暂迁满洲官兵戍守,俟戍守官兵到日,该藩方可启程;另一种意见认为吴三桂镇守云南以来,地方平定,总无乱萌,倘若将他迁移,不得不遣兵镇守,兵丁往返与王之迁移,沿途地方民驿苦累,且戍守之兵,系暂居住,骚扰地方,亦未可定。应仍令吴三桂镇守云南③。康熙早有撤藩打算,他认为"三藩俱握兵柄,日久滋蔓,驯致不测"④;况且"三桂子、精忠诸弟皆宿卫京师,谅无能为变"⑤。这才断然下令撤藩。他对王大臣会议作了如下批复:"吴三桂请撤安插,所奏情词恳切。著王率领所属官兵家口,俱行搬移前来,其满洲官兵不必遣发,如有用满兵之处,该藩

① 魏源:《圣武记》卷二,《康熙戡定三藩记》上。
② 魏源:《圣武记》卷二,《康熙戡定三藩记》上。
③ 《清圣祖实录》卷四十三,康熙十二年八月癸卯条。
④ 《清圣祖实录》卷九十九,康熙二十年十二月癸巳条。
⑤ 魏源:《圣武记》卷二,《康熙戡定三藩记》上。

于起行时,另行奏请,然后遣发。俟官兵到后,王来亦不至迟误。余依议"①。

接着康熙就着手部署迁藩事宜。他连续向兵部、吏部、户部发出指令,命令他们做好迁藩的善后工作。他谕兵部说:凡有关三藩搬移的地方应行事务及兵马机宜,"必筹划周详"。另外,"应各遣大臣一员前往,会同该藩及总督、巡抚、提督商榷,究竟作何布置官兵防守地方,如何照管该藩等起行,以及应差官员职名等,均应一一开列具奏"②。又谕吏部、兵部说:云南地属远疆,撤藩后,应专设云南总督一员,添设提督一员,责成专管料理,吏、兵二部应"速议具奏"③。他指令户部说:凡三藩及各官兵家口,安插地方,"所需房屋田地等项,应预为料理,务令到日,即有宁居,以副朕体恤迁移至意"④。之后,康熙遣户部侍郎达都前往,会同盛京户部侍郎和奉天府府尹等实地查看安插三藩的地方,且作了如下指示:凡属贫民劳苦开荒的田地及其所建房屋和当地驻守官兵分内的土地与房屋一概不许察看。除此以外,凡有开垦田地、皇庄、马厂、王与大臣和侍卫等庄田房屋以及空闲之地,务必尽行勘查。在上述范围内,经查勘后,倘安插三藩的土地还不够,可在就近地区,直至山海关九门边墙内,酌量查看,又不足,应于他处边墙外查看。勘察的结果,应立即向他奏报。

与此同时,康熙特差礼部左侍郎管右侍郎事折尔肯、翰林院学士兼礼部侍郎傅达礼往云南;户部尚书梁清标往广东;吏部右侍郎陈一炳往福建,经办各藩撤兵起行事宜。他派侍卫传谕福建总督

①　《清圣祖实录》卷四十三,康熙十二年八月癸卯条。
②　《清圣祖实录》卷四十三,康熙十二年八月丙午条。
③　《清圣祖实录》卷四十三,康熙十二年八月乙卯条。
④　《清圣祖实录》卷四十三,康熙十二年八月乙卯条。

范承谟："福建边疆重地,海氛未靖,尔其益加勉励,副朕委任"①。并于常例赏赐外,加赐衣帽及内厩鞍马一匹,以表示对范承谟的信赖和对福建的重视。另外特遣侍卫将自己所佩刀一口与良马各一匹送给前往云南料理迁移事务的折尔肯和傅达礼,表示对他们寄以厚望,让他俩带着亲笔手诏,去向吴三桂传谕。

诏谕称颂吴三桂"夙笃忠贞,克摅猷略,宣劳戮力,镇守岩疆,释朕南顾之忧,其功懋焉!"高度评价了吴三桂的功绩和一片忠心。诏谕也表达了康熙撤藩的思想和政策,明确指出:自古帝王平定天下,无不依靠军队和武臣的效力,一旦海内安定,"必振旅班师,休息士卒",使封疆重臣,得以"优游颐养,赏延奕世,宠固山河",这是历代王朝的"盛典"。而今平西王"年齿已高,师徒暴露,久驻遐荒,眷怀良切",加以云贵业已底定,王又上疏恳请"搬移安插",故特开皇恩,"允王所请"。最后诏谕平西王率其所属官兵,"趣装北来"。这样,既可以"慰朕眷注,庶几旦夕觐止,君臣偕乐",又能保持王的荣誉和王爵世世代代承袭下去,"永保无疆之休。"至于一应安插事宜,已督令地方政府周详安排,务必使王到日,"必有宁宇"②。

随后,康熙又特遣户部郎中席兰泰、兵部郎中党务礼、户部员外郎萨穆哈,前往贵州料理有关搬移所需的夫役、船只、人马和粮草。通令各地,凡藩王搬移所经过的水路,务必立即供应船只,不得延误。并告诫有关方面,在搬移中,慎勿骚扰。

康熙布置撤藩工作可谓具体而细致。他确实准备付出最大的人力和物力来搬移三藩,尽力满足三藩在生活上的要求。当吴三

---

① 《清圣祖实录》卷四十三,康熙十二年八月乙卯条。

② 《清圣祖实录》卷四十三,康熙十二年八月辛酉条。

桂提出"赐拨安插地方",要比顺治帝"所拨关外至锦州一带区处更加增廓"的要求时,康熙毫不犹豫地立即批复允准:"王所属官兵家口,迁移远来,自应安插得所,俾有宁居,以副朕怀,此所请增偿地方,著速议具奏"①。至于迁藩所需的人力、物力是十分浩大的。以福建总督范承谟安排搬移耿藩的计划为例,据《闽中纪略》记载,靖南王奏报移家人口约计十三万五千,随经核减,去掉虚冒与闽人不愿北迁的,还有十一万余。搬移所需的装载船只,过岭兜桥,以及扛抬夫役,需至四、五十万。这样巨大的人力、物力和庞大的费用,不唯一时地方无措,而所经地区,要想歇脚,也没有宽广之地可容。可以想见,当时仅仅藩王的搬运工作就十分艰巨而繁重。所以范承谟自从上任福建总督后,就忙于办理迁藩事宜。他无日不在咨报邻省,檄行各属,想方设法筹措水陆搬运经费,公函之外,又有私函。而吴三桂所迁的官员兵丁和家口的数额远远超过耿藩,其所花的人力物力更加浩大。

　　暗地里,有关督抚还担心着迁藩会引起变故。湖广总督蔡毓荣早先就有公文给范承谟,告知他平西王藩旅计划春初起行,昼夜筹划,估计三藩之众,会集当在仪扬之间,其时地方必有变动②。

　　正当清廷积极进行迁藩之时,吴、耿二藩特别是吴三桂正在策划着武装反叛清廷的活动,一场旷日持久的三藩之乱终于不可避免了。

三、吴藩倡乱

　　康熙撤藩令一下,"全藩震动",吴三桂"愕然气阻",顿时瘫软

---

① 《清圣祖实录》卷四十四,康熙十二年十一月己巳条。
② 许旭:《闽中纪略》,见魏源《圣武记》卷二。

下来,呆若木鸡。他自恃凭着自己的汗马功劳和强大的军事实力,只要自请"撤藩安插"的奏疏一上,摆弄一下忠于清廷、并无异志的样子,就可以消释清廷对自己的疑虑,取得康熙信任,让他永镇云贵,世袭藩封。他没有料到,康熙竟同意他的请求,结果弄假成真。

吴三桂在极度悲愤和慌乱中慢慢地缓过气来,他深感自己已处在生死攸关的时刻,严酷的事实逼他亟须作出回答:要么顺从康熙意旨,撤藩安插;要么抗旨谋反,孤注一掷。他明白,军权与军队是他拥有权位、荣誉和财富的支柱。他戎马一生,浴血疆场,凭藉牢握军权和统率劲旅,铲除农民军与桂王政权,方得爬上藩王这个尊位与占有云贵这块藩地。为了避免重蹈"藏弓烹狗"的历史覆辙,他费尽心机,采取种种手段,保护自己,并从政治、军事、经济、文化等各方面,巩固自己的独立王国,维护自己的既得利益。撤藩意味着解除他的兵权,剥夺了他为之苦苦经营的云贵这块藩地上所拥有的一切。他更怕一旦权力全失,他只得顺从清廷摆布,前途难以预料。这条路是吴三桂万万不愿走的。举兵反叛虽有顾虑,但他"自负才武不世出";况且滇中形势,"南扼黔粤,西控秦陇,财用富饶,兵革坚利"①;其所属亲军与西迤诸镇将健卒,都是从孙可望、李定国和张献忠所部投顺过来的身经百战的劲旅,他们一心追随自己,且"素得其死力"②;平时,自己"治军整严,号令肃然,屯守攻战之宜,无不毕具"③。他的党羽遍布各省,如云南十镇大帅、贵州提督李本深、四川总兵吴之茂、陕西提督王辅臣等,全是他的心腹,一旦举兵反清,部下无不从命。清廷呢?开国老将大都先后死

---

① 《四王合传》,见《荆驼逸史》。
② 刘健:《庭闻录》卷四,《开藩专制》。
③ 《四王合传》,见《荆驼逸史》。

亡,康熙年轻,乳臭未干,本不足虑。他的儿子吴应熊虽在北京,但是他"自恃角距已成",应熊又刚娶公主,"朝廷必不杀,以为之招"①。他愈想愈觉得自操必胜之券,于是选择了谋反的道路。

　　三桂周围如左都统吴应麒、右都统吴国贵、副都统高得捷、婿夏国相和胡国柱等核心人物,也都愤愤不平。他们追随吴三桂,个人争得了权位,有了土地、房屋、奴仆,有一大群妻子儿女,今一旦撤藩,离开了云南这个安乐窝,到辽东那个偏僻的地方,去重新建立家园,谈何容易!他们纷纷向三桂进言:"王威望兵势举世第一,戎衣一举,天下震动"。只要把世子(指吴应熊)、世孙(指吴世霖)设法从北京弄回来,可与清朝"划地讲和",这就是"汉高祖(刘邦)分羹之计也"。如果就迁于辽东,"它日朝廷吹毛求疵",我们只能"引颈受戮!不如举兵,父子可保全。"②这番话说到了三桂的心坎。

　　虽然如此,但吴三桂还有些疑惑不决。他求教于谋士方光琛。方光琛善弈能诗,多游谈,又很有谋略,他自比管仲、诸葛,和吴三桂是世交。他的父亲在总督蓟辽时,曾是吴三桂的老上司,眼前在吴三桂幕下充任其孙儿吴世璠的老师。平时俩人常常议文讲武,评论世务,彼此有很深的交情。吴三桂十分器重他。吴三桂第一日上门去见方光琛时,向方稍透露准备谋反的心意,方不言。次日吴三桂上门向方明示了谋反的意向,征求方的意见,方又不说。第三日,天色朦胧,吴三桂就去拜访他,方还没有起床,吴三桂就坐在他的床沿,低声细语而又十分焦虑地问及谋反的事,方窥视三桂的反意已决,就起身纵论形势,申述意见,指出"闽、粤、楚、豫、秦、

---

　　① 《畿辅通志》卷二百二十七,《王熙传》。
　　② 《辛巳丛编·平滇始末》。

蜀,传谕可定状,余战胜攻取,如指之掌。""三桂跃然"①。于是吴三桂拜方为学士中书,专主运筹帷幄。

随后三桂派亲信扼守云南各关口。凡来往车马行人,只许进,不准出,严密封锁消息。他明里装作听命诏旨,派人带着二起勋庄庄民在归化寺前迎接钦差大臣折尔肯等人,还向折尔肯等人佯示起行日期,又令云南知府高显辰到交水备办迁移所需夫马、刍粮。暗地里却唆使部属令庄民们向折尔肯请愿,挽留自己继续驻镇,并以种种借口一再拖延迁移行期。

为了顺利策动谋反,吴三桂多方挑动部下将士。他特意设宴,大会诸将。酒过三巡,三桂慢慢地立起身来,扫视一周,长长叹了口气,然后悲声地说:"老夫与诸君共事将近三十年,今日四海安宁,我辈已没有用武之地了。现圣上立意要将我们迁移远方,今天当与诸君尽情畅饮,叙叙旧情,不知异日还能相见么"!说毕,老泪纵横。在座的这批都统、佐领官员长期追随吴三桂,都是吴三桂依为心膂的亲信。他们同吴三桂一起,已扎根在云南这块藩地上,他们的切身利益同吴三桂的权位紧密相连,一荣俱荣,一损俱损。自撤藩令下,他们也终日惶惶不安,不知所措。眼下瞥见此情此景,不禁黯然泪下,场内静寂,只听得一片泣声。一时将领们满腔激愤,大家霍然站立起来,向三桂宣称:愿听吴王旨令,约期待变。吴三桂暗暗心喜。

以什么名义举兵反清呢?三桂的谋士刘茂暇建议:明亡没有多久,人心思旧,宜立明朝后裔,奉以东征,如此老臣宿将,无不愿当前驱。可是老谋深算的方光琛却认为以前吴三桂因兵力不足,出关乞师,人们尚可谅解,后来明永历逃往缅甸,吴三桂奋力穷追,

① 《辛巳丛编·平滇始末》。

擒而杀之,这已不能释疑于天下,让人原谅了。眼前从吴三桂的兵势而论,恢复明朝的旧土易如反掌,但不知事成之后,吴三桂果能像赤松子那样,超脱凡俗,遨游于四方么? 或为事势所逼,吴三桂不能终守臣节,蓖子坡杀永历的事,只可行一次,难道还想再行一次么?三桂听后,不寒而栗。他接受了方光琛的意见,决定自立名号。

不过吴三桂很明白,他要举兵反清,就得借用复明这面旗帜,去激发潜在于汉族官兵和广大汉族人民中间的民族感情,吸引他们到反对满洲贵族统治的浪潮中来。在会宴诸将之后,吴三桂亲临教场,面对诸将,以极其愤懑的口吻,煽动性的语言,对诸将道:"行期紧迫,朝廷的严谴是不可避免了。近来使臣屡屡催逼,令诸君马上迁移,不然,诸君定会遭受使臣的侮辱"①。话音刚落,诸将激愤地答道:"走就走吧! 何必交相逼迫呢?"三桂进而挑动说:"朝廷的命令,确是不可延缓的,诸君在云南已经立了家,有了安享富贵的立足地,请诸君细细地想一想,这一切是从那里来的?"诸将都叩头异口同声说:"这是靠殿下的洪福!"三桂急忙挥手一摇,断然回答说:"不是!"诸将应声改正道:"那是靠君上的恩赐"。三桂十分严峻而狡诈地答道:"是呀! 可又不完全是这样。以前我受先朝(明朝)厚恩,待罪东陲,正值李闯构乱,为保卫京城,不能两全,只得乞师清朝,以复君父之仇,继而平滇属,方得栖息于云南。今日之富贵都是明朝的余荫啊! 故君(永历)的陵墓尚在,一旦我们撤走,难道可以不向故君告别么?"②于是卜日谒陵,预先约期复集诸将,并嘱咐他们于启行前,在永历墓前举行告别仪礼。最后他面对诸将,装着明朝遗臣的一副忠心不二的姿态,指着自己的

---

① 刘健:《庭闻录》卷四,《开藩专制》。
② 刘健:《庭闻录》卷四,《开藩专制》。

头问道:我先朝曾有这样的帽么? 指着自身的衣服问道:我先朝曾有这样的衣服么? 他当即宣布,老臣必将穿戴先朝的衣帽,以祭故君,诸君也一定要准备改装,当以穿戴先朝的衣帽相见①。诸将齐声应诺。接着下令三军,择定十一月十八日启行,并通知使臣领先出发。

到了行期的这一天,诸将各具汉官威仪,会集于永历的陵墓前。三桂改换方巾素服,酹酒三呼,再拜,一时悲潮涌起。他私自暗忖,自投奔清廷后戡除内乱,追擒永历于缅甸,戎马一生,战功累累,一心冀求永镇云南,到头来却落得个撤藩搬迁,利权丧失,而且自己陷入汉奸的污泥而不能拔,一家三、四十口又被农民军杀死。撤藩令下,使臣巡抚借诏谕之威,三日一催,逼令自己离滇起行,巡抚朱国治甚至当面呵责,说什么"无意迁移,三大人自去回旨",言词咄咄逼人。眼前,他吴三桂还手握藩权,尚且受尽属下如此侮辱,一旦失去权力,进了京城,落入廷尉手中,难道还会有生路么?他越想越气愤,越悲痛,不禁放声痛哭,伏地不能起。三军皆哭,声震如雷②。这样,在官兵之间,不由地煽起了一股反对清廷统治的情绪。

将行,三桂下令属下将吏,在郊外举行阅兵典礼。霎时,鸣鼓角,整队伍,军容肃然。三桂披甲上马,扬鞭疾驰军中,连发三箭,箭箭中靶。长枪、大剑、画戟、雕戈,罗列左右。三桂每驰马一回,即于马上接一器,连续挥舞,风驰雨骤,显示出自己老当益壮,武艺体魄犹不减当年的气概,藉以鼓舞士气。

十一月二十一日,三桂命前队起程先行,自拥大军殿后。这天

---

① 刘健:《庭闻录》卷四,《开藩专制》。
② 刘健:《庭闻录》卷四,《开藩专制》。

日色惨淡,凛冽的寒风吹起了层层尘土。三桂婿吴国柱率领藩府兵弁,"裹甲露刀,矢在弦,马塞道"[1],整个云南省城弥漫着杀气腾腾的恐怖气氛。突然,吴国柱紧急命令藩兵飞速包围巡抚官署,巡抚朱国治猝不及防,当场被藩兵擒获。吴国柱立即将他碎剐于市,割下他的头颅去见吴三桂。三桂佯作顿足失声,以头碰地,异常焦急地说:"尔辈杀我! 尔辈杀我! 我三百口死不旋踵! 即尔辈也必遭灭族之罪!"[2]诸将听罢大声呼喊:"反了! 反了!"至此三桂暗喜。三桂妻张氏闻变,边哭边骂婿、侄等说:"朝廷有什么地方亏待你们? 你们竟敢做出这等反叛逆举来"![3] 三桂赶快命郭壮图将张氏扶进帐内。

其实,早在吴三桂举兵反叛前,云南府同知刘昆就从清军厅吏毕某的儿子铸工那里,获悉吴三桂已在铸造"天下都讨兵马大元帅"印鉴的信息。刘昆立刻将这个秘密转告朱国治,建议朱国治说:"事急了,速同折宗伯(折尔肯)商议,立刻上疏请宽限行期,以缓冲吴藩谋反;并赶快遣重兵扼川西、镇远、常德等处,将吴兵压挤在山中,使其不得出谷。押猛虎纵有不测之祸,不过亦容易制服"。但朱国治不能用其谋[4],终遭惨杀。

于是,吴三桂一面遣人将折尔肯和萨达礼两位钦差大臣软禁起来,同时,急遣飞骑赶往交水,以迅雷不及掩耳之势,执获正在负责置办迁移藩下所需物资的高显辰。一面命官兵蓄发,改换衣冠,旗帜全用白色,步骑一律以白毡为帽,又将朱国治的头祭旗纛,他自称"天下都讨兵马大元帅"。下设金吾前、后、左、右四将军,以

---

① 刘健:《庭闻录》卷四,《开藩专制》。
② 刘健:《庭闻录》卷四,《开藩专制》。
③ 刘健:《庭闻录》卷四,《开藩专制》。
④ 刘健:《庭闻录》卷四,《开藩专制》。

下依次置左右、两翼将军、骁骑前、后、左、右将军,又有奋威、从威、亲威、建威、广武、勇略等将军,以及各路总管征朔、讨朔、复朔、灭朔、珍朔、破朔、剿朔、靖朔等八大将军。封郭壮图为留守云南路总管将军,料检云南府属印信,催征银两充饷,以胡国柱为金吾左将军,夏国相为金吾右将军,吴国贵为金吾前将军,吴应麒为金吾后将军,马宝为铁骑总管将军。其余四镇十营总兵高起隆、刘之复、张足法、王会、王屏藩等俱令挂将军印随征。此外,以方光琛为吏曹、来度为户曹、钱点为礼曹、韩大任为兵曹、冯甦为刑曹、吕黍子为工曹、郭昌为云南巡抚。同时,遣人持信札赴黔、蜀、楚、秦等处,秘密联结同党与旧部,并致信给耿、尚二藩和台湾郑经,策动他们举兵伐清。随后,发布了一道讨伐清朝的檄文,号召天下各方起兵响应,檄文是这样写的:

原镇守山海关总兵官,今奉旨总统天下水陆大师兴明讨虏大将军吴,檄告天下文武官吏军民人等知悉:

本镇叨明朝世爵,统镇山海关。一时李逆倡乱,聚贼百万,横行天下。旋寇京师,痛哉毅皇烈后之崩摧,惨矣! 东宫定藩之颠踣,文武瓦解,六宫恣乱,宗庙瞬息丘墟,生灵流离涂炭,臣民侧目,莫可谁何。普天之下,竟无仗义兴师,勤王讨贼,伤哉! 国运夫曷可言?

本镇独居关外,矢尽兵穷,泪干有血,心痛无声,不得已歃血订盟,许虏藩封,暂借夷兵十万,身为前驱,斩将入关,李贼逃遁,痛心君父,重仇冤不共戴,誓必亲擒贼帅,斩首太庙,以谢先帝之灵。幸而贼遁兵消,渠魁授首,政(正)欲择立嗣君,更承宗社封藩,割地以谢夷人,不意狡虏遂再逆天背盟,乘我内虚雄踞燕都,窃我先朝神器,变我中国冠裳,方知拒虎进狼之非,莫挽抱薪救火之惧(误),本镇刺心呕血,追悔无及。将欲反戈北逐,扫荡腥气,适值周、田二皇亲,密令太监王奉抱先皇三太子,年甫三岁,刺股为记,寄命托孤,宗社是赖。故饮泣隐忍,未敢轻举,以故避居穷壤,养晦待时,选将练兵,密图恢复,枕戈听漏,束马瞻星,磨砺竞惕者,盖三十年矣!

兹彼夷君无道,奸邪高涨,道义之儒,悉处下辽(僚),斗筲之辈,咸居显职。君昏臣暗,吏酷官贪,水惨山悲妇号子泣。以至彗星流陨,天怨于上;山崩土震,地怨于下;官卖爵,仕怨于朝;苛政横征,民怨于乡;关税重征,商怨于涂;徭役频兴,工怨于肆。

本镇仰观俯察,正当伐暴救民,顺天应人之日也。爰率文武臣工,共勷义举,卜取甲寅年正月元旦寅刻,推奉三太子,郊天祭地,恭登大宝,建元周启,檄示布闻,告庙兴师,刻期进发,移会总统兵马上将耿(精忠)、招讨大将军总统世子郑(经),调集水陆官兵三百六十万员直捣燕山。长驱潞水,出铜驼于荆棘,奠玉灼于金汤。义旗一举,响应万方,大快臣民之心,共雪天人之愤。振我神武、剪彼燥氛,宏启中兴之略,踊跃风雷,建划万全之策、啸歌雨露。倘能洞悉时宜,望风归顺,则草木不损,鸡犬无惊;敢有背顺从逆,恋目前之私恩,忘中原之故主,据险扼隘,抗我王师,即督铁骑,亲征蹈巢覆穴,老稚不留,男女皆诛;若有生儒精谙兵法,奋拔岩谷,不妨献策军前,以佐股肱,自当量材优擢,无靳高爵厚封;其各省官员,果有洁己爱民、清廉素著者,仍单仕;所催征粮谷,封贮仓库,印信册籍,赍解军前。其有未尽事,宜另须条约,各宜凛遵告诫,毋致血染刀头,本镇幸甚! 天下幸甚①!

---

① 《华夷变态》卷二。

很清楚,檄文力图解脱吴三桂勾引清兵入关的罪责,极力渲染他在"李逆倡乱",明朝业已崩摧,"普天之下,竟无仗义兴师、勤王讨'贼'",而自己又处于"矢尽兵穷"的逆境下,不得已乞师于清,终于取得"'贼'遁兵消"、"渠魁授首"、为明君雪了不共戴天之仇的业绩。以此说明吴三桂勾引清兵入关是不得已的。

檄文强调清军雄踞燕都,入主中原,乃是清廷"逆天背盟"的结果。原来吴三桂曾以获许藩封为条件与清军歃血为盟,共同对付李"逆"。在剪除李"逆"之后,吴三桂正欲割地以谢清军,清军却乘内虚,窃取明朝政权。由此说明清帝是窃国大盗,而吴三桂自己只不过是犯了"拒虎迎狼,抱薪救火"的失误而已。

为了挑动人民的反清情绪,檄文极力夸大清朝统治无道,以致天怨、地怨、仕怨、民怨、商怨、工怨,从而宣称他的反清乃是"伐暴救民"、"顺天应人"的正义之举。檄文更胡诌"推奉先皇三太子恭登大位",建元周启,决心以"剪彼獠氛","宏启中兴"为宗旨,藉此骗取广大汉族人民的信任。

尽管檄文用尽委婉曲折、慷慨激昂的言词,极力宣称吴三桂深藏着一片对明朝忠贞不二的丹心,但是,"留发不留头"或是"留头不留发",是当时反清或降清的明显标记。吴三桂允诺剃发易服。充当了清军的马前卒,在最终剿灭农民军和扫除南方反清复明的势力中,竭尽全力,因此在他平西王这顶贵冠上,不是闪耀着民族志士的光辉,而是沾满了农民起义军和汉族人民斑斑血迹。毫无疑问,吴三桂叛明反清的一系列活动,已在广大汉族人民中间刻下了很深的烙印,这是任何谎言磨灭不了的。虽然,檄文杜撰吴三桂躬奉乌有的"先皇三太子"作为号召兴明反清的招牌,但他图谋实现个人君临天下的努力,最终是徒劳的。从本质上说,檄文显得苍白无力。

不过,檄文对挑起满汉之间民族矛盾仍然具有一定影响。尤其是国内局面尚不安定、清廷又没有防备的情势下,吴三桂一举反清,"天下骚动,伪檄一传,在在响应"①。

云贵是吴三桂多年经营的根据地,这里密布着他的党羽。在他反清后,云南提督张国柱、永北总兵杜辉、鹤庆总兵柯铎、布政司霍之英、提学道国昌等人,都纷纷降附,吴三桂一一授予官职。对于异己势力,吴三桂给予制裁或予以消灭。云南按察使白兴元、知府高显辰和同知刘昆等抗拒不屈,三桂就将他们充军腾越卫,高显辰最后服毒自尽。

云贵总督甘文焜是康熙安插在云贵地区的钉子,吴三桂处心积虑地想拔掉他。早在甘文焜请假回京葬母时,三桂就乘机向清廷请准将云贵总督印信兵符暂交云南巡抚署理,又借训练为名,把督标五营兵丁尽调云南,唆使藩下将官,以卑词厚币结纳督标兵丁,并亲加赏赉,从中离间督标兵丁同甘文焜的关系。文焜返回贵阳不久,得悉吴三桂起兵谋反,他立即调集本标兵符,但官兵前受吴三桂煽惑,不听调遣,纷纷逃散。他又急速部署抵御吴军。他致书川湖总督蔡毓荣,通知他有关吴三桂的反叛情状,敦促他赶紧集兵沅州(今湖南芷江)声援;传檄贵州提督李本深进兵普安,扼守盘江上游,堵住吴军由滇入黔之道;又传檄威宁、大定(贵州大方)、黔西、平远(今贵州织金)、安龙(今贵州黔西南布依族自治州安龙县)等各镇总兵,"同心同德、共勤王事"。他催促经管移藩的郎中党务礼、员外郎萨穆哈、主事辛珠、笔帖式萨尔图等去北京告变,自己与贵州巡抚曹申吉熟筹坚守。贵州提督李本深早已阴附吴三桂,他接到甘文焜的檄令,反而写信劝文焜投降。文焜则希望

---

① 《康熙起居注》,康熙二十年十二月辛酉条。

与李本深"联镳并辔,剿灭妖氛",并严辞答复:"即复寇孽猖獗,孤城受困,本部院任两省封疆,惟有效张巡,南霁云以身殉国,即身无马革裹还,断不稍存携二也"①。李本深知文焜志不可夺,便发兵占据安顺府,随即率军长驱直入,袭击贵阳。

这时,文焜眼看贵阳已成为一座空城,唯有镇远一营尚有阻险可据,那里外可号召荆楚之兵,内可抚扼滇黔之隘,近可系黔中各郡之人心,远可通川粤二省之声势。于是令妻室七人各个自缢,自己带着第四子国城及两笔帖式与从骑十余人,星夜驰赴镇远。镇远守将江义已归顺三桂,正在反戈以待。文焜自度不免于死,遂挥鞭渡河,到了吉祥寺前下马。江义随即派兵包围。文焜等皆自尽。

其时,吴三桂统率二十万大军,遣马宝为先锋,直指贵阳。途中听说甘文焜已死,三桂大喜。巡抚曹申吉等出郭迎接,三桂兵不血刃地进入贵阳。

之后,吴三桂率军急趋镇远,向湖广挺进。

四、全面周密的战略部署

差往贵州备办吴三桂搬迁所需夫役粮料和船只的兵部郎中党务礼、户部员外郎萨穆哈、席兰泰、主事辛珠、笔帖式萨尔图等人,由云贵总督甘文焜首先告知吴三桂叛乱的消息,他们立即偷偷奔出贵阳,上京告变。行至镇远,镇远守将已奉三桂密令,严禁出入,不给驿马。萨穆哈、党务礼暗地里弄到二匹马,火急驰至沅州,脱离了吴三桂的控制区,进入湖南境内,方得乘驿马急往京师,经过十一个昼夜连续奔驰,于十一月二十一日到达北京。他俩直奔兵

---

① 刘健:《庭闻录》卷四,《开藩专制》。

部衙门,下得马来,一时气厥,连忙抱着柱子,开口不得。营吏们见状,急忙奔前把他们扶住,有人端来两大碗水,拨开他们的嘴巴,将水灌下去。过了好久,两人缓缓苏醒过来,竭尽气力,拼命喊吴三桂反了! 紧接着他们便把吴三桂杀云南巡抚朱国治,以所部官兵叛乱,以及折尔肯等被软禁等情况,向上奏报。

户部郎中席兰泰因没有马匹,自镇远乘小船到常德换乘驿马到京。兵部主事辛珠、笔帖式萨尔图因来不及逃脱,为叛兵逮住,被杀身死。

十二月二十二日,四川湖广总督蔡毓荣一面详细地奏报了有关吴三桂反叛后的情况,一面调遣沅州总兵崔世禄等疾赴贵州守御,命令彝陵总兵官徐治都、永州总兵官李芝兰各率兵继进,橄南汝总兵官周邦宁赴楚应援①。

清廷连续接到吴三桂举兵反叛的奏报之后,"举朝震动"②。大学士索额图代表多数大臣的意向,奏请诛杀建议撤藩的一些大臣,试图用谢罪罢兵的方式谋求同吴三桂和解,立即遭到康熙拒绝。康熙认为撤藩是他亲定决策,不能因撤藩诱发出吴藩叛乱,就诿罪于建议撤藩的大臣,更何况在王大臣会议上讨论有关撤藩问题时,并没有人提出撤藩会导致吴三桂举兵反叛的意见。后来,康熙曾对这场风波回忆说:"忆尔时惟有莫洛、米思翰、明珠、苏拜、塞克德等言应迁移,其时并未言迁移吴三桂必致反叛也,议事之人至今尚多,试问当时曾有言吴三桂必反者否? 及吴逆倡叛,四方扰乱,多有退而非毁,谓因迁移所致。若彼时诿过于人,将令议言应撤者,尽行诛戮,则彼等含冤泉壤矣。朕素不肯诿过臣下……岂因

---

① 《清圣祖实录》卷四十四,康熙十二年十二月丁巳。
② 魏源:《圣武记》卷二,《康熙戡定三藩记》。

吴三桂反叛,遂诿过于人耶!"①吴三桂的猝变,确是康熙与诸大臣未曾料及的。但康熙力图铲除三藩割据势力的决心是坚定的,没有动摇。他面对朝廷诸大臣要求诛戮建议撤藩大臣的偏激情绪及其震慑于吴三桂气势汹汹的军事势力的恐惧心态,镇定自若,冷静思考,既保护了坚持撤藩这一正确主张的少数大臣,又能集思广益,从容地做出军事、政治等方面的一系列决策,充分地显示出年轻皇帝的清醒、坚定、果断和胆略。

康熙决定调派八旗劲旅前往荆州(治所在湖北江陵)阻截吴军渡江,并把荆州作为征剿吴军的大本营和前哨阵地。康熙认为荆州是长江南北的咽喉之地,关系最大,具有十分重要的战略地位。他任命多罗顺承郡王勒尔锦为宁南大将军,统领多罗贝勒察尼、都统觉罗朱满、觉罗巴尔布、护军统领伊尔度齐、额尔泰、前锋统领硕岱等一大批满洲八旗及部分汉将前往荆州。为了应付湖广告警和安定该省的人心,先遣前锋统领硕岱带每佐领前锋一名,兼程前往,保卫荆州。然后,由荆州挺进常德,以逼叛军。接着,又命都统觉罗巴尔布、护军统领伊尔度齐、额尔泰等率领护军骁骑赶赴荆州,同硕岱共同防守。

康熙又调动各方军力,防守各个战略要地。

广西邻近贵州,原由孙延龄驻守。孙延龄系孔有德女婿,孔有德殉死桂林后,康熙任命延龄为镇守广西将军,统辖有德旧部,驻军桂林。三桂叛乱后,康熙特授孙延龄为抚蛮将军,以线国安为都统,令统兵固守广西。

四川与云南省接壤,吴军必然进犯。康熙命西安将军瓦尔喀率军星夜驰赴四川,并交代瓦尔喀说:"凡自滇入川险隘之地,俱

---

① 《清圣祖实录》卷九十九,康熙二十年十二月癸巳条。

行坚守,大兵不日进剿云南,俟我师临境,贼势渐分,倘有可乘之机,尔即与提督相继进讨"①。随后,又命都统赫业为安西将军,率兵同将军瓦尔喀等由汉中入蜀,护军统领胡礼布为副将军,偕署前锋统领穆占、副都统颜布同往。康熙部署清军由汉中入蜀的意图十分明显,退可以阻抑吴军由四川向陕西进军,进可以乘机向云南征讨。

康熙对西北这一战线是十分重视的。除了重兵防守四川外,还特别重托陕西总督哈占、提督张勇和王辅臣,要他们严密防守西北边陲,切勿给敌人以可乘之机。

康熙也注意江南、江西等江防要塞。康熙说:"江南沿海滨江,甚属紧要,俱应有备;江西水陆皆与楚闽接壤尤宜固守"②。当江南、江西总督阿席熙疏请调集所属官兵,以应付楚省告警时,康熙指出两省官兵不必遣发,命阿席熙饬令镇将整顿兵马,于封疆扼要之处,加意侦探严防。又安庆为江南上游要地,指令江宁将军额楚、镇海将军王之鼎,各遣副都统一员领兵千名,由水陆分路先经安庆防守,敕将军尼雅翰率领精兵六百名速抵安庆,总统诸师。

应该说,清军固守江南、江西是有战略意义的。这可以阻止吴军东犯江、浙,保卫东南财赋地区,使军需物质的征集有可靠来源。尤其是在后来耿精忠叛变,吴三桂企图同耿藩打通一气、合力夹攻江西时,幸赖清军早有准备,切断耿、吴两军的联合,把耿军限制在浙赣交叉地带,不得向长江伸展,使吴军不能东出活动,有利于各个击破。

康熙又在兖州(今山东境内)、太原(今山西境内)屯驻重兵,

---

① 《清圣祖实录》卷四十四,康熙十二年十一月丁巳条。

② 《清圣祖实录》卷四十五,康熙十三年正月壬申条。

作为调遣军力应援各方的机动力量。如果进征楚、蜀,若需援兵,自京发遣,难以骤至,且致士马疲劳。"兖州地近江南、江西、湖广,太原地近陕西、四川,均属东西孔道,可发兵驻防秣马以待,所在有警,便即时调遣"①。如"楚急,则调安庆兵赴楚,河南兵移安庆,又调兵屯河南以继之;蜀警,则调西安兵援蜀,而太原兵移西安,又调兵屯太原以继之;闽警则调江宁、江西兵赴闽、浙,调兖州兵赴江宁,又调兵屯兖州以继之"②。这样一来,可以做到兵力源源不断地支应前方,无鞭长不及之虑,且无远征劳顿之苦。后来,随着军事发展的需要,又增设河南府为屯兵据点,因"河南乃四达之地,距潼关、郧、襄皆近,驻师其地,则所在有警,俱可策应"③。

此外,康熙还命诸路设笔帖式,驰递军情。为了保证各地军事情报能迅速无误地送达京师,随时掌握各个战场的形势,便于提出正确的作战策略和计划,更好地指挥战争,康熙令兵部于驿递之外,每四百里,置笔帖式、拨什库各一,以速邮传、诘奸宄、防诈伪,更番代递,昼夜遄行。驿递每一昼可行千里,每日军报三、四百疏,康熙手批口谕,"指麾臂使于数千里之外","上下畅达,事无稽迟"④。

在政治上,康熙始终把倡乱的祸首吴三桂作为主要敌人,对于倡乱的追随者、胁从者,或受牵连的无辜者,根据具体情况和当时形势的变化制定不同的对策,予以分别对待,争取团结更多的动摇者,分化瓦解敌人,以达到最大限度地孤立吴三桂,加速消灭敌人的目的。

---

① 《清圣祖实录》卷四十四,康熙十二年十一月庚申条。
② 魏源:《圣武记》卷二,《康熙戡定三藩记》上。
③ 《清圣祖实录》卷五十,康熙十三年十一月庚申朔条。
④ 《平定三逆方略》卷四。

在获悉吴三桂叛乱以后,康熙立即下令停撤平南、靖南二藩,召回派往广州、福州履行撤藩的梁清标、陈一炳。又因广西境邻贵州,授孙延龄为抗蛮将军,以线国安为都统,令统兵固守①。力图稳定这三股独霸一方的割据势力。

考虑到陕甘等是西北地区的重镇,这里主要由汉将汉军驻防,其中有些汉将同吴三桂有着密切关系,为了防止吴三桂的策反和叛乱势力的渗透,康熙特谕陕西总督哈占、提督张勇和王辅臣等说:"逆贼吴三桂倘有伪札、伪书潜行煽惑,当晓谕官兵百姓,令其举首上闻,尔等皆朕擢任股肱之臣,扞御边境,绥辑军民,惟尔等是赖"②。谕令既告诫镇守陕甘等西北边疆的汉军统帅,务必警惕吴三桂的策反;又把他们视为朝廷的心膂,给予充分信任,这对抵制吴三桂反叛势力的渗透蔓延,巩固以陕西为中心的西北边防,起了重大作用。

对于同吴三桂及其反叛势力有牵连的官吏与人民,康熙一再发布谕令文告,反复强调绝不株连。在吴三桂倡乱后,前此曾是吴藩下属、现在直隶各省任职或退职闲住的文武官员,大都"心怀疑畏,致罗法网"。为此,康熙命吏、兵两部通行晓谕,明白宣布:"吴三桂叛逆之事与伊等并无干涉,虽有父子兄弟见在云南,亦概不株连治罪,自今以后,各宜安心守职,无怀疑虑"③。在下诏削除吴三桂王爵的谕令中,康熙宣谕云贵文武官员军民人等"各宜安分自保,毋听诱胁,即或误从贼党,但能悔罪归诚,悉赦已往,不复究治",并重申"其父兄子弟亲族人等,见在直隶各省出仕居住者,俱

---

① 《清圣祖实录》卷四十四,康熙十二年十二月丁巳条。
② 《清圣祖实录》卷四十四,康熙十二年十二月壬戌条。
③ 《清圣祖实录》卷四十四,康熙十二年十一月丁巳条。

令各安职业,并不株连"①。对于陷落地区的文武官员军民人等,有"割辫去缨,以图幸免"的,康熙则从"事起仓卒,情可矜愿"出发,"特布宽典,予以自新",并"一概赦免不究,官俱照旧供职,兵丁各归原伍,百姓各安生理"②。

康熙把斗争的主要锋芒对准倡乱祸首吴三桂及其死硬派。吴三桂叛乱不久,康熙就下诏削除他的爵位,在向云贵文武官员军民人等宣谕中,康熙历数清廷对他的"殊恩",而叱责吴三桂却"径行反叛,逞鸱张之势,横行兇逆,涂炭生灵",可谓"理法难容,神人共愤"。因此,清廷刻意用军事手段,扑灭吴三桂。康熙宣布:"其有能擒斩吴三桂头献军前者,以爵爵之,有能诛缚其下渠魁……论功从优叙录"。对吴三桂在京的儿子吴应熊及其随从,原本康熙没有按照律例立即惩办,都给予宽宥。只是在议政王大臣等奏请在京的吴应熊之随从官员与在外官员不同,"不便从宽,应请拿问"之后,康熙才将他们"暂行拘禁"起来③。之后,诸王大臣又提出"吴应熊系反逆子孙,理应诛戮,以彰国法"。但康熙仍然"未忍加诛"。一是,吴应熊系康熙的亲姑丈。康熙与他年龄不相上下的亲姑母自幼常在一起,彼此较为亲密,因有这层关系,康熙还不能同吴应熊决绝;二是,康熙留下吴应熊让他"束身待罪",藉以牵住吴三桂这颗疼儿的心,希望吴三桂有朝一日能"悔祸自新"。但是随着吴三桂军事势力的扩张,促使康熙更进一步地同吴三桂决绝。而吴应熊在京也蠢蠢欲动,《清史稿》记载:"当三桂反,京师闻变,都城内外,一夕火四起,皆应熊党为之"④。翌年三月,王熙就向康

① 《清圣祖实录》卷四十四,康熙十二年十一月庚申条。
② 《清圣祖实录》卷五十三,康熙十四年,二月壬寅条。
③ 《清圣祖实录》卷四十四,康熙十二年十二月己未条。
④ 《清史稿》卷二百五十《王熙传》。

熙密奏,请求把吴应熊正法。他说:"大兵已抵荆南,元憝旦夕授首,逆子应熊,素凭势位,党羽众多,大寇在外,大憝在内,请速正法,传首湖南四川,以塞逆贼之胆,以绝群奸之望,以激励三军之心"①。而诸王大臣又都以吴三桂"怙恶不悛,其子孙即宜弃市,义难宽缓"。康熙考虑到"乱臣贼子,孽由自取,刑章俱在,众论佥同",终于毅然割断亲属的一线丝情,将吴应熊及其子吴世霖处绞②。这表示出康熙平叛的决心。当吴应熊被诛的消息传到吴三桂那里,吴三桂正在进食,闻讯大惊,他始知自己低估了康熙,一时"惊悸发疾,竟以似死人"③。

康熙这一系列具有战略性的措施,对平定三藩动乱起了重大作用。但是,由于事起仓促,没有预先进行适当防范,以致吴三桂的反叛势力,一时得以迅速发展。

吴三桂占领贵阳后,迅速进兵湖南,吴兵逼近沅州,湖广总督蔡毓荣预先派遣总兵官蔡世禄镇守。康熙思虑"沅州为滇、黔门户",非蔡世禄一人能守,立即命湖广提督桑峨率兵疾赴沅州救援,援兵未到,沅州陷落,总兵官蔡世禄被执。巡抚卢震弃长沙,逃奔岳州(今岳阳市)。为了严肃军纪,康熙立即命吏、兵二部即行拿获,将卢震处以死刑。

接着,康熙迅速采取应变措施,以为常德为水陆要冲之地,令护军统领硕岱率前锋兵士移赴常德扼守。同时,考虑到武昌为省会要地,命都统朱满等率兵防御,并于武昌、汉阳一带的沿江要害之地,多筑墩台,设立江汛战船,配备火炮,派诸军更番汛守。如武昌无警,即于岳州以北,水路要地驻防。康熙还虑及长沙乃武昌咽

① 《畿辅通志》卷二十二,《王熙传》。
② 《清圣祖实录》卷四十七,康熙十三年四月丁未条。
③ 钱仪吉:《碑传集》卷十二,《王文靖公墓志铭》。

喉之地,更为武冈(今武冈)、宝庆州(治所在今邵阳市)水陆要地,且与粤西联结,命朱满等调兵进驻长沙,既可兼防水陆之冲,更可壮粤西之势。

但是,都统巴尔布、朱满、前锋硕岱等行军迟缓,他们于康熙十二年(1673年)十二月底、十三年初(1674年)出发,分别于正月下旬、二月上旬方至荆州、武昌。这时,常德、澧州(澧县)还在清军手中,理应稍事休整,速赴常、澧,安辑军民。但他们"畏贼势盛不敢进"。吴三桂乘机亲至常、澧督战,吴军兵锋所指,清军即举城投降。吴总兵杨宝应犯常德,以其父亲、原广东提督杨遇明为内应,又策动知府翁应兆叛变。清提督桑峨援兵赶到,被翁等拒之城外,桑峨被逼退回澧州。吴军轻而易举地拿下常德,接着马不停蹄进兵澧州。澧州城守官兵亦以城应吴军。提督桑峨、总兵官周邦彦自常德退至澧州城下,孤军不敢攻,又不得不退回荆州。

随后,吴将张国柱攻陷衡州(今衡阳市),迅即向长沙进军。这时,巡抚卢震早已弃长沙逃跑,城内人心惶惶,官兵也无心守城,长沙副将黄正卿、参将陈式衡就将城献给吴军,兵船亦尽为吴军所获。接着吴将吴应麒与张国柱分别率领水陆两军乘势进攻洞庭湖之滨重镇岳州,该城参将李国栋"私行纳款",吴军进据岳州。

吴三桂从康熙十二年(1673年)底,到康熙十三年(1674年)三月,短短三个月时间,连陷沅州、常德、辰州(沅陵)、长沙、衡州、岳州等战略重镇,将湖南全境迅速地控制在自己手中,前锋直抵湖北境内、长江南岸的松滋(今松滋北),沿江与清军大本营荆州相望。

与此同时,吴三桂到处散布伪札,四出诱煽,"是时三桂蓄力已久,天下皆震其威声"①,"兵锋甚锐,是以四方响应"。四川巡抚

---

① 《皇朝武功记盛》卷一,《平定三逆述略》。

79

罗森、提督郑蛟麟、总兵谭洪、吴之茂等据四川叛附三桂,孙延龄叛于广西,耿精忠据福建反清,以后陕西提督王辅臣、广东尚之信等也相继反叛,形势岌岌可危。

此时,清军未集,江北已是风声鹤唳,吴军如能乘这一有利形势,渡江北上,清军将难以收拾局面。但吴军进至松滋,屯驻三个多月,顿兵不进。三桂的谋士刘玄初给三桂写了一封信,促他渡江,同清军展开决战,可吴三桂却置之不理。

战争是政治的继续。长期以来吴三桂就蓄意割据云贵,并为之付出不少心血,康熙撤藩令一下,粉碎了他独霸一方的政治企图。于是,他试图通过战争来实现他的政治宿愿。他的侄儿、女婿等在劝吴三桂带兵谋反时,就曾提出"汉高分羹之计"的谋略,认为"戎衣一举,天下震动",其时可凭借兵势,一来可"画地讲和",二来"可索世子世孙于北方"。吴三桂正是接受了这一谋略而举兵反清的。现在,他已控制了云贵和湖南全境,兵势已达长江南岸的湖北松滋,且四方响应,他自忖凭借自己的兵威足可同清朝分庭抗礼。他企图以停止北进为条件,通过和谈,以实现割据长江以南和取回一子四孙的目的。况且,吴三桂又"素悉满洲骑兵利害,平阳不可敌",因此不敢渡江,驻兵虎渡口。

吴三桂一方面将兵推进长江南岸,顿兵不进,一方面将原先来云南办理迁移藩府家口而被扣留的礼部侍郎折尔肯、翰林院学士傅达礼携带自己的奏章,遣返武昌。防守武昌的清将军尼雅翰立则将折尔肯、傅达礼带来的吴三桂奏章和两人抵达武昌的情况,上报朝廷。当吴三桂的奏章还没有送达北京时,康熙以为吴三桂的上疏是乞降,他立即上谕宁南靖寇大将军多罗顺承郡王勒尔锦说:"朕思吴三桂素多狡诈,此中疑有诡计,如吴三桂服罪请降,王及将军仍议招致之,益加警备,毋堕奸谋。即吴三桂束身归命,王等但以礼受降,其官属当益加严防,不可分散兵力,急于前进,务相机而行"①。后来,康熙接读吴的奏章后,才知三桂并无降意。实录虽没有记载奏章的具体内容,但从康熙对刑部、兵部的上谕中提出"近览吴三桂奏章,词语乖戾,妄行乞请"的话,再联系吴三桂打下湖南、兵抵长江南岸之后顿兵不进,以及遣人与达赖喇嘛通好,并通过达赖喇嘛向康熙提议"三桂穷蹙乞降,可宥其一死,倘竟鸱张,不若裂土罢兵"②等情况来看,奏疏的内容很可能涉及到吴三桂图谋"划江而国"和要清廷遣还吴应熊等要求。也就是要实施他在举兵谋反时提出的"汉高分羹之计"即"画地请和"与"索世子世孙于北方"的既定方针。这一切很自然地受到康熙的严斥,并绝了康熙对吴三桂归降的期望。

吴三桂很迷信神灵。据说,吴军到澧州时,正遇着雷电交作,一声霹雳,闪电击中三桂乘坐的那辆车子,连车夫的衣帽须眉都烧焦了,三桂心畏天儆,有些胆寒甚至禁止人们谈及这桩事。后来,他又听说衡山有座岳神庙,庙里藏着像铜钱那样大小的一只小白龟,当地人奉它为神灵,放置在帏中,人们按时敬祀它,向它占卜吉凶祸福,十分灵验。三桂听了亲自前往衡山岳神庙,虔诚地向龟问卜。他把全国山川地图铺放在神座前,将龟置于地图上,然后,默默祝祷,全神贯注地注视着龟的走向。小龟在地图上蹒跚而行,始终不出长沙、岳州、常州之间,最后回转到云南停止。如此占卜了三次,都是一样,三桂更相信自己以云贵为根据地,实现割据长江南端的设想是符合天意的。

就这样,吴三桂失去了战机,康熙则凭借占据全国统治的优势

① 《清圣祖实录》卷四十七,康熙十三年四月丙申。
② 魏源:《圣武记》卷二,《康熙戡定三藩记》上。

地位,积极部署兵力向岳州、长沙发动了强大的攻势。

五、平息耿藩反叛

在福建总督范承谟秉承诏旨进行迁藩工作的同时,靖南王耿精忠于康熙十二年(1673年)八月,就密与麾下诸将计谋,差黄镛到台湾,策动郑经共同反清。信中说:"(王)孤忠海外奉正朔而存继述,奋威中原举大义以应天人,速整征帆,同正今日疆土,仰冀会师,共成万古勋业。"①郑经得书大喜,十月率舟师到澎湖等待。吴三桂反叛后,清廷停撤平南、靖南二王。康熙十三年(1674年)正月,京师赍诏到福建,诏令靖南王"固守地方,不必搬家"。隔了两天,清廷又派大臣赴闽,令原属靖南王所辖两翼官兵仍归靖南王管理。精忠奉诏后,立刻遣黄镛再赴澎湖,转告郑经,稍缓行动,伺机而行。

与此同时,兵部照诏令所示先后两次发出密札,转知福建总督范承谟。范承谟奉命即时中止撤藩,并将业已收归总督统领的藩府左右两翼七千官兵的文籍,由原翼总兵曾养性、江元勋领去转交耿精忠。精忠拒绝接收。范承谟只得憋着闷气,无可奈何地亲自前往藩府,精忠不予理睬。范承谟十分气愤地据理直言:"我奉兵部密咨,理无不交;而王既奉手诏,亦断无不受之理"②。精忠嘿然,"无言以对,始领其众"③。

之后,形势越来越紧张,精忠心怀鬼胎,疑虑重重。他私下忖度,范承谟身受皇上"殊恩",京差又接连两次来闽,必有密旨暗算

---

① 江日昇:《台湾外纪》卷十五。
② 许旭:《闽中纪略》,见魏源《圣武记》卷二。
③ 许旭:《闽中纪略》,见魏源《圣武记》卷二。

自己。他不能坐待。这时,从藩下传来了福州街头巷尾窃窃私语着的图谶,云:"七星再拜真天子,分明火从耳边起,杀尽三山牛出血,身骑白马军中止"①。意思是福建省城为防火灾在布政司直街前有七井,这里是藩府所在地,所谓"七星再拜真天子"是影射福州要出真天子;真天子是谁呢?"分明火从耳边起",火耳合并是个耿字,即是姓耿的,也就是耿精忠了;杀尽三山牛出血,"三山,福州别号"②。这图谶正应着耿精忠要当真命天子,他应该顺天起兵。精忠听了,不意自己日夜图谋的,竟与天意吻合。他不禁忘乎所以,决心起兵反清了。

其实,耿精忠"鸣剑之心,已非一日"。自从奉诏以后,精忠就命令阖府披甲三日,自己全身武装。康熙十三年(1674年)正月十五日元宵晚上,总督府大开筵宴,幕客毕集,张灯结彩,莺歌燕舞,闹至夜半,突然传闻精忠披甲巡行城中,砍死二名百姓,总督范承谟急速传令复掩尸体,罢了筵席,送散宾客。之后,精忠猜疑益深,甚至屡次唆使下属夹杂在总督府内的匠役中,密察总督府的动静。城中百姓无不猜度着藩、督两府必相兼并。

范承谟已预感变乱会随时发生。为了缓和矛盾,安定人心,他一面发布安民告示:"朝廷虑海疆多事,靖南王免撤,今方同心共事,尔民毋得惊疑"③;一面乘着藩府周夫人病危,本着旧戚的一点情谊,单骑亲往藩府探病。他身边只带一人相随,一人持帖,到了藩府,承谟随精忠进入府内。这时室内卫士罗列,守卫森严,阴冷的氛围中暗流着一股杀气。当两人刚拱手行揖,精忠蓦地面露怒容,厉声责问承谟道:"你打算什么时候除掉我? 我不怕"。承谟

---

① 江日昇:《台湾外纪》卷十五。
② 江日昇:《台湾外纪》卷十五。
③ 许旭:《闽中纪略》,见魏源《圣武记》卷二。

却不以为意,一如往常,谈笑自若,精忠才稍稍放容。从此,精忠又不断挑起衅端,制造紧张局势。按照规定,如藩府进行军事演习,应事先通知督抚,晓谕居民,而精忠却一反常规。一日,天还没亮,藩府炮声轰起,一直响至夜晚,满城百姓惊骇万分;范承谟疑有变乱,差人侦问,方知藩府洗炮。又一日五更,城头突然角声齐动,巡捕官急去查探,乃是精忠亲下教场操演士兵。之后,或一更,或半夜,或昼,或晚,忽操忽止,弄得人心惶惶。

承谟愈来愈觉得耿精忠言行反常,心有异态,萧墙之祸,变生肘腋。他自度军力悬殊,省城周围四十里,总督衙门偏在西隅,与王府相距不及五里,王府额兵万余,私下又多有兵员扩充,凡府中男子年十四岁,全给弓矢,练习骑射①;而总督标兵名义上虽有三千,实际不过二千而已,况且标兵涣散颓靡,又与藩下将卒素有勾连,声气相通,名具实亡,督标难与藩下匹敌。范承谟经过再三考虑,决意出离虎穴。闽安镇系闽省门户,他准备带数十名兵弁出走,以巡视海口为名,同海澄公、提督以及兴、漳、泉三府各镇官兵,联络声势。他背地里已发出邮符,潜约各镇,会于兴化,藉此整饬兵马,进行防范。

承谟的措施还来不及实行,耿精忠却已抢先发难了。康熙十三年(1674 年)三月十五日,耿精忠派人到督署,诈称海寇来犯,邀请总督前往王府,会商"护内防外"的策略。不一会儿,巡抚刘秉政也赶来促行。承谟虽已觉察到变起非常,其部下请求武装卫护,他却断然回绝说:"众寡不敌,备无益焉!"②说毕,就随同刘秉政启行。这天,愁云漫漫,冷雾漠漠,阳光惨淡,天色茫茫。这时的靖南

---

① 许旭:《闽中纪略》,见魏源《圣武记》卷二。
② 《清史稿》卷二百五十二,《范承谟传》。

王府正张着血盆大口,准备吞噬即将到来的督府首脑。然而,身负朝廷重托的范承谟早已置生死于度外,他踏着沉着稳健的脚步,跨入靖南王府,顿觉邸内杀气腾腾,自知陷落虎口,绝无生还。他挺身向前,仰天痛斥耿精忠,霎时,众兵丁蜂拥而上,迅速擒住承谟,把他捆缚起来。这时有一二个不知底细的士兵,冲上前去,夹住刘秉政两臂,耿将马九玉斥责道:"不干巡抚事!"刘秉政低着头,连忙乘隙斜趋奔出。精忠命部下将承谟系上刑具,关进幽室,并派兵士严密环守。随后,精忠遣刘秉政前去劝降,没等刘秉政开口,承谟奋足将秉政踢倒在地,刘秉政狼狈逃出。承谟冷笑说:"贼就僇当不远,我先褫其魄!"①

耿精忠幽禁总督范承谟及其家属五十余人后,"自言其祖仲明入山海关时与三桂有成约"②,随即举兵反清,与三桂相呼应。他自称"总统兵马大将军",以曾养性、白显忠、江元勋为将军,原福建巡抚刘秉政为兵曹尚书,在籍清御史萧震为布政使,掌粮饷事。文武官员各加一级。铸钱曰"裕民通宝"。又效法吴三桂,令官民一律剪辫蓄发,"所有官帽、员领、带绶、儒巾小帽,一切悉照汉人旧制",毋得混淆③。又移檄各府、县,以"反清复明","除暴救民"相号召,檄文声称:"共奉大明之文物,悉还中华之乾坤,期与天下豪杰,共定中原,复华夏之冠裳,救生民于水火……务期除残去苛,省刑薄敛,疮痍立起,乐利再逢。凡我绅士兵民,宜仰体本藩吊民伐罪之心,率先归顺。自当分别录用,恩赉有加,毋或逆我颜行,自取诛戮"④。

---

① 《清史稿》卷二百五十二,《范承谟传》。
② 魏源:《圣武记》卷二,《康熙戡定三藩记》下。
③ 陈鸿:《清初莆变小乘》,见《清史资料》第一辑。
④ 陈鸿:《清初莆变小乘》,见《清史资料》第一辑。

与此同时,曾养性、白显忠、江元勋诸将率师分陷福建延平(治所在南平)、邵武(治所在邵武)、建宁(治所在建瓯)、汀州(治所在长汀)等府,并传檄远近,迅速地掌握了福建全省。

为了扩大占领区域,耿精忠积极策动各方分击清军。他主动约请吴三桂进军江西,与之密切配合作战;煽动潮州总兵刘进忠,骚扰广东;遣使渡海,诱引郑经进攻福建沿海郡邑。从而在东南沿海燃起熊熊战火,逼使清军在军事上陷于被动,疲于应付。

接着耿精忠布置主力部队,分兵三路,出击浙江、江西。东路由左军都督曾养性率领,连陷福宁诸州县,进兵平阳。平阳游击司定猷等发动兵变,逼该地总兵蔡朝佐迎降。随即潜师飞云江,攻瑞安不下,转攻温州,温州守城总兵祖弘勋出降。接着分兵略取乐清。之后,台州府的天台、仙居、太平(今温岭)、黄岩,宁波的象山、嵊县、诸暨以及严州、处州的缙云、松阳、遂安与龙游等地,即被一一占领。又从处州进犯义乌、浦江、东阳、汤溪等州县。

中路由骁骑将军马九玉率领,出仙霞岭北上,攻陷浙江江山,进兵金华、衢州。耿精忠命都督徐尚朝等率兵五万在金华府城外列营二十多里,不时出击。马九玉则驻兵衢州河西,遣林福等扎营大溪滩,挽运粮饷。副将李廷魁率兵数千,屯驻衢州府北元口山上,断清军粮道。在沿河的大埂余村、上路源、峡口、汤溪及周寮等重要路口,扎营驻兵,时时窥测方向,谋夺衢州。浙江总督李之芳闻报立即驰往衢州,当时部下劝阻李之芳说:"会城重地,不宜轻委"。之芳斩钉截铁地回答:"衢居上游,无衢,是无浙也,今日之事,义无反顾"①。

西路由后军都督白显忠、副都尉范时荣、开元将军王缙等率

---

① 《清史稿》卷二百五十一,《李之芳传》。

领,进犯江西。广信城守副将柯昇,率部反叛。耿军连下广信(上饶)、玉山、永丰等处①。挥师进击建昌的杉关,占新城,破石城,直犯赣州、宁都。继而分兵占领吉安府的龙泉(今遂川县)、万安,九江府的潮州、彭泽,饶州(今波阳)、南康(星子县)和吉安亦相继陷落。随后,分兵进犯浙西州县,进攻常山,连陷开化、寿昌、淳安、遂安(今并入淳安县)等县,另遣军攻取徽州(歙县)、婺源、祁门。势日猖獗。

耿军进兵十分顺利,兵锋所指,"守兵或降或遁"②。也有里应外合,攻占城邑的。如康熙十三年(1674年)六月,清江西南瑞总兵官杨富"隐匿官方甲胄,私置竹炮器械,暗招闽兵千余,练习滚牌,与贼潜通为内应"③。尤其是浙江、江西各地"土寇蜂起","土寇"几乎遍及于金、衢、绍、宁、温、严、处等整个浙东地区,更助长了耿军的气焰。康熙十三年(1674年)五月,衢州一路"闽兵屯聚清湖,海上贼踪出没,内地山寇复起,各地标兵四应不给"④。八月,耿军"兵连土贼,从处州进逼金华"⑤。九月,耿军都督陈重"带领闽贼,招集土寇,伪总兵朱老四等结巢金华之郑店"⑥。十月,耿军一万五千犯遂安,遂安"土贼"王应茂等率兵四千,"沿河傍山,遥为犄角"⑦。同年八月,黄岩、宁海、象山、新昌、余姚等县,"土寇蜂起"⑧。嵊县、诸暨等"不逞之徒,所在窃发,漫山贼垒,逼于郡

① 《清圣祖实录》卷四十八,康熙十三年六月辛亥条。
② 《四王合传》,见《荆驼逸史》。
③ 《清圣祖实录》卷四十八,康熙十三年六月癸酉条。
④ 《清圣祖实录》卷四十七,康熙十三年五月壬午条。
⑤ 《清圣祖实录》卷四十五,康熙十三年八月癸巳条。
⑥ 《清圣祖实录》卷四十五,康熙十三年九月甲申条。
⑦ 《清圣祖实录》卷五十,康熙十三年十月壬辰条。
⑧ 《清圣祖实录》卷四十九,康熙十三年八月己酉。

南"①。其他如嘉兴、湖州"土贼猖獗"②。江西的广信、玉山、永丰等处,"叛兵土寇,勾合闽贼,进犯常山、开化"③。一时,闽军所向皆捷④。

精忠叛乱给清廷以重大压力和巨大危害。但康熙始终把斗争矛头主要指向吴三桂。对于精忠,康熙采取征剿与招抚交替使用的两手策略,以便在政治上分化瓦解敌人,最大限度地孤立吴三桂。在策略上,则采取先剪除侧翼,最后集中力量消灭吴三桂。

针对精忠的军事动向,康熙命令定南将军希尔根、平南将军赖塔、平寇将军根特巴鲁,分别由江西、浙江、广东三面进剿;遣扬威将军阿密达、镇西将军席卜臣、安南将军华善、镇东将军剌哈达等各统领大兵驻扎江南京口等处,以备调度征剿;并敕杭州、镇江水师分防海疆。为了充分发挥前线统帅"指挥调遣,无至牵制,守御征剿,足增威重"⑤的作用,康熙特遣懿亲王、贝勒、公、贝子前往统帅征剿。他授予和硕康亲王杰书为奉命大将军,固山贝子傅喇塔为宁海将军,并调驻守江南的喀喇心、土默特兵征浙江,又命安亲王岳乐统师驻南昌,简亲王喇布驻江宁。

对于敌人营垒中的人,康熙根据不同的具体情况,分别对待。他一面下诏削除精忠王爵,收禁其在京兄弟;一面发布文告,宣布胁从者不问,立功者受赏,不行株连的政策。诏令说:"凡被贼迫胁之官员兵民,有能擒斩精忠投献军前者,优加爵赏;或以兵马城池纳款者,论功叙录;或力有不逮自投来归者,亦免罪收用;其原系

① 乾隆《绍兴府志》,卷二十四《武备志》。
② 《清圣祖实录》卷四十八,康熙十三年六月辛巳条。
③ 《清圣祖实录》卷四十八,康熙十三年六月辛亥条。
④ 《四王合传》,见《荆驼逸史》。
⑤ 《清圣祖实录》卷四十八,康熙十三年六月戊午条。

所属之人、见为直隶各省文武官员者,概从宽宥;虽有父子兄弟见在福建者,亦不株连"①。

即使耿精忠本人,只要投诚,也给予宽容。康熙向兵部与平南将军赖塔、浙江将军图喇、浙江总督李之芳等反复指出,耿精忠同吴三桂虽然都是叛逆,但各自具体情况又不尽相同,要分别对待。他认为耿精忠自其祖父以来,效力清廷,经历三世,积四十余年,而吴三桂则是中途投诚,同清廷的历史关系,没有耿精忠那么深厚;其次耿精忠的谋叛"必系一时无知,堕人狡计",是附从,吴三桂则是首倡变乱,附从不能同"素著逆谋,首倡叛乱者比";所以,清廷将吴三桂子孙正法,而耿精忠在京诸弟,照旧宽容,其所属官兵亦未加罪。因此,对吴三桂必须实行坚决征剿,耿精忠如能"革心悔祸,投诚自归,将侵犯内地海贼,进剿图功,即赦免前罪,视之如初"②。康熙还特遣工部郎中周襄绪同精忠护卫陈嘉猷一起携带敕文,赴福建招抚耿精忠,耿精忠却将周、陈二人扣留下来,拒绝投降。

六月,康熙再谕兵部和康亲王,耿精忠祖父投诚效力,系累世旧勋,不能因精忠之罪牵连他的祖先,一旦大兵平定闽省,"其祖父骸骨仍许收葬"③。七月,康熙又给精忠弟等平反。他指令吏部、兵部说:"昭忠、聚忠及族人等与精忠道路远隔,实未同谋,一律从宽释放,官复原职"。八月,康熙又遣聚忠去精忠军前,传达谕旨,精忠若能悔罪率众归诚,许以恢复王爵,仍旧镇守福建,所属人员各守原职,兵民人等照前安插。倘能消除"海寇",优加爵赏。先前钦差大臣周襄绪等被扣留于闽,亦不追究。但聚忠至衢州,精

---

① 《清圣祖实录》卷四十七,康熙十三年四月辛酉条。
② 《清圣祖实录》卷四十八,康熙十三年六月甲午朔条。
③ 《清圣祖实录》卷四十八,康熙十三年七月辛卯条。

忠不纳,反命部属江元勋、徐文耀等扼守关隘,肆虐如故。

不过,康熙实行招抚政策,是同军事征剿结合进行的。应该说,政治是不流血的斗争,招抚是征剿的继续。不论征剿与招抚,其目的都是为了消灭敌人。为此,康熙特别提醒将军督抚,招抚不能脱离军事征剿,招抚必须结合军事征剿同时进行,切不可因实施招抚政策,"而误进剿事宜"①。耿精忠"若仍执迷,肆逆不悛,其藩下官兵有心存忠义者,或擒斩耿精忠,或率众来降,俱优加赏赉,即只身自归者,亦收留抚恤"②。

康熙十三年(1674年)七月,曾养性率兵数万,进攻衢州。浙江总督李之芳、将军赖塔率总兵官李荣、副都统胡图直逼敌人营垒。之芳亲冒矢石,执刀督阵,部属请他稍避敌锋,之芳大声疾呼:"全军司令在吾,退即为贼承,今日胜败,即吾死生矣!"守备程龙畏怯,之芳立斩军前,麾众越壕拔栅。自七月十二日至十八日,前后五次会战,大败敌兵,乘胜收复义乌、汤溪、寿昌、淳安。十月,耿军都督周列、副总兵秦明又率兵二万,由常山进犯衢州,清副都统喇哈达、胡图等统兵大败耿军于焦园等地。

与此同时,耿军连续数次组织兵力进犯金华,亦被清军一一击退。九月,结巢于金华郑店之耿军都督陈重不时派兵攻击清军。康亲王杰书遣副将陈世凯会同副都统马哈达等击溃陈军,随即分兵三路,连夜穷追,斩敌五千余人,焚毁郑店敌巢与蓬厂二百余处。十月,清军在金华城外列营二十余里,打败耿军都督徐尚朝等马步兵五万人的进攻,斩敌三万余人。紧接着清军又在积道山、竹园村、马涧等地,连续击退耿军,大破木城,杀敌万余人。

---

① 《清圣祖实录》卷四十八,康熙十三年六月甲午条。
② 《清圣祖实录》卷四十八,康熙十三年六月甲午条。

康熙十四年（1675年），康亲王遣都统马哈达由金华进军处州。清军在通向处州的要道桃花岭上，击败耿军守将总兵沙有群部，占据处州。曾养性率部退守仙居，在城外扎立十三营盘。清副都统穆哈林分兵三路，亲率先头部队攻入第一营，后续部队迅速挺进，耿军节节败退。清军兵临城下，曾养性坚守城池，屡招不降，清兵架上云梯，三面攻城，耿军不能抵挡，打开西门遁逃，清军收复仙居。曾养性退据黄岩。黄岩凭山带江，耿军水陆扼险，清兵不能飞渡。贝子傅喇塔令人探得从土木岭逾茂平山，可达县境。于是组织兵士悄悄地伐木运石，开通栈道，出敌不意，突然出兵破敌二十五营，飞速围困黄岩。曾养性惊慌失措，乘夜突围，从水路逃到温州。贝子傅喇塔从枏溪沿山至青田渡江抵温，耿军赴上塘抵御。傅喇塔预先在绿嶂的宝胜寺埋伏甲兵，然后遣兵与耿军交锋佯败，诱敌尾追，退至绿嶂，号炮一响，伏兵俱出，耿兵首尾不能相顾，溺死及被杀伤者无算。养性闻报，就在温州城周围加强防御工事，令温州西南城外房屋尽行拆毁，把屋柱运到西城，从陡门头至三角门一带，构筑木城；又运粗石墙于陡门头，隔河一带筑造石城；从陡门头起至三角河止，离石城掘河数丈，将泥运入笔中，筑起泥笔城。这时，傅喇塔已发大兵直至郡西山，屯营于君子峰上。君子峰中有瓯浦岭，其东南角三峰连续，直达温州护国寺，称万丈平山。傅喇塔常常登上顶峰，相度形势，俯视温州城，了如指掌。他每日令各旗兵丁用大炮轰击城中，耿兵惊慌。康熙十五年（1676年）二月七日夜，曾养性部署兵力在西山邻近的阳岙、吕家岙、净屿寺等山下埋伏，于二更时分，潜出三角门，水陆并进，投强火烧清军各营盘。傅喇塔立命夸兰达丹母布、总兵陈世凯等迎战，用大炮打沉不少耿军船只。傅登高瞭望，一面用诱敌计，故意让下营烧毁，移居上营，谨守要隘；一面亲督大军，下山杀敌。一时耿军溃乱大败，清军追至将军桥及灰桥等处,扼其归路,耿军大都堕入水中,被斩首二万余,将军桥、姑娘庄、新桥一带大河内,积尸填溢。曾养性堕马,浮水逃入温州城中,浚壕增郫固守。城之四周皆水,清军不能陆攻,久围不下。

驻扎在衢州的耿军马九玉部也不断失利。康熙十四年(1675年)二月,赖塔遣总兵王廷梅分路冲杀,打败屯兵于衢州南山一带的耿部运粮军。五月,清兵分路击败耿部分扎在衢州的大堰村、上路源、硖口、汤溪、周寮和黄塘等沿河各个据点的驻军。八月,又在衢州北元口山区击溃专门破坏清军粮运的李廷魁部,焚毁他的木城。衢州危急。

耿藩与郑经的联盟维持不久,由于郑经向精忠借漳州、泉州招募军队,遭到耿精忠拒绝,郑、耿关系迅速恶化。康熙十五年(1676年)五月耿精忠因郑经夺取漳州、泉州、汀州诸府,突然撤走江西建昌的耿继祚部。康熙获悉,马上指令康亲王杰书说:"耿精忠撤建昌诸贼,其为海寇所逼无疑,我兵宜乘机前进,其令大将军杰书……酌量招抚,勿坐失事机"①。并命令杰书等撤除温州围军,移师攻取福建。

浙督李之芳向杰书建议:"进取之路,不在温、处,而在衢。马九玉死守河西,难猝破。然其南江山,西则常山,皆间道可袭。我兵一进,使彼首尾受敌,即河西之全,不能独完。"②康亲王采纳了李的意见,同傅喇塔合军直捣仙霞。清军先击溃驻扎在衢州大溪滩的林福部,切断耿军饷道,乘胜收复复江山县之后,康亲王密谕随征福建的左总镇兵刘显芳、满洲副都统胡图,乘夜出兵,向九龙山

---

① 《清圣祖实录》卷六十一,康熙十五年六月己卯条。
② 《清史稿》卷二百五十一,《李之芳传》。

挺进。刚巧,马九玉亦遣军来劫寨,两军相遇江上,彼此莫辨,清军连发大炮攻击,耿军仓皇溃退。原来马九玉立营在九龙山顶,山下密布梅花桩,用来阻挡清军,出兵时,仅开一径,兵士鱼贯而行,兵一出,随即闭关。这时,耿军兵溃关闭,败卒散处山下,进不能越江以劫营,退不能归营以自守。清军奋力进杀,连发大炮攻击,耿军精锐尽被歼灭。次日,清军火焚九龙山的耿军营垒,马九玉仅以三十骑逃遁。清军收复常山后,长驱奔向仙霞关,分路夹攻,耿军参将金应虎等献关迎接清军。清兵急遽进军福建。

蒲城石塘系由浙入闽的要隘,耿精忠命都尉连登云等重兵盘踞,阻扼清军入闽。傅喇塔令副都统倭申巴图鲁、总兵陈世凯、温处道姚启圣等分路进剿,自辰至晚连破九营,直抵石塘,焚毁木城,攻拔蒲城县。

耿精忠军事上节节失败,政治上又陷入内外交困的境地。由于军饷匮乏,恣意剥削,军士逃亡,百姓怨讟,部下不听指挥的事件屡有发生。如张存拥兵八千屯戍顺昌,不听精忠调遣,邵武总兵彭世勋按兵不动①。而台湾郑经又乘虚逼其后,"闽地半入郑氏"②。

康熙鉴于百姓"遭罹战乱,困苦已极",在大兵压境、敌人内部分崩瓦解的有利条件下,指令康亲王杰书,"其以时事晓谕耿精忠速降",以"安辑生民"③。康亲王秉承康熙旨意,一面致书耿精忠,敦促其投降,他说:"今大兵屯仙霞岭,长驱直入,攻拔蒲城,蒲城乃闽省财赋要地,咽喉既失,粮运不通,建宁、延平旦夕可下,如其挈颈受戮,不如率众归诚,仍受王爵,保全百万生灵;况郑经与尔有

①　《清圣祖实录》卷五十八,康熙十四年十二月壬戌条。
②　魏源:《圣武记》卷二,《康熙戡定三藩记》下。
③　《清圣祖实录》卷六十三,康熙十五年九月丁酉。

不共戴天之仇,攘夺郡邑无异时,尔当助大兵进剿立功,何久事仇人为?"①耿精忠得书,犹豫未决,答书道:"自愿归诚,恐部众不从,致滋变患,望奏赐明诏,许赦罪立功,以慰众心,乃可率属降"。②康亲王不给耿精忠以喘息机会,迅速进军延平。耿藩守将耿继美乞请投降。

　　这时,耿精忠已濒临绝境,他决意归降。但是,被耿藩幽禁在囚室中的福建总督范承谟尚顽强地活着。范承谟自耿藩叛清之日陷入囚室的二年半以来,备受折磨,他每日作七言绝句,撰成《百苦吟》,对耿精忠百般讥刺。他又以炭画笔成文,自述生平大概,倾吐孤忠血泪,作就《画壁遗稿》。因他辫发已断,困居隘室,自号"髡翁",别号"蒙谷"。这些都表示出他对清王朝的忠贞不二和对耿精忠的极度愤懑。耿精忠十分明白,他同范承谟是死不两立的,又非常担心投降后,"恐范承谟暴其罪"。为了杀人灭口,他就对承谟狠下毒手,亲自派部下逼承谟自缢,同时将承谟的幕客、从弟和隶卒等五十三人统统杀害,并将他们全部焚尸弃野。看守狱卒许鼎因历来感佩承谟,乘着夜深人静时,来到荒野,拣得承谟的一些烬毁剩骨,暗地收藏起来。后来许鼎潜行万里,奔赴京师,将承谟的死讯上报。康熙得悉,深为震悼。清廷用隆重的礼仪祭葬,并加赠承谟为太子太保、兵部尚书,颁赐御书碑文。此外,康熙还特地为承谟的《画壁集》亲自写了序言③。

　　耿精忠在处死范承谟后,立遣精奇尼哈番刘蕴祥等赴延平献总统将军印,派他的儿子显祚迎清军到福州。耿精忠率领文武官

　　① 《清史列传》卷八十,《逆臣传·耿精忠》。
　　② 《清史列传》卷八十,《逆臣传·耿精忠》。
　　③ 《清史稿》卷二百五十三,《范承谟传》。

员出城投降。康熙即命精忠仍留靖南王爵,随大军征剿郑经,图功赎罪。另外,授耿昭忠为镇平将军,赴福州驻守。

因守温州的曾养性获悉耿精忠投顺的消息,随即率兵归清。于是景宁、遂昌、庆元、政和、松滨等地和温、处二府相继收复。浙江总督李之芳亦乘机攻取江西的玉山、铅山、德兴等县。

康熙十六年(1677年)清、耿联军将郑经逐回厦门,尽复兴化、泉州、漳州诸府。刘进忠亦以潮州降清,福建略定。

六、削除尚藩从乱

康熙十三年(1674年),户部尚书梁清标、郎中何嘉祐奉命到广东,传令撤藩。尚可喜等人以为来催他们起行,他们与梁、何见面后,默然相对,不发一言,气氛十分紧张沉闷。夜晚,藩府甲兵露刃注矢,环守使馆四周,如临大敌。郎中何嘉祐翻来覆去睡不着觉,俟至三更,忽从使馆近处不时传来马蹄声,他一跃而起,小声唤醒梁清标,说有异常情况。梁清标急忙起床,两人警惕地注视着周围的动静。天刚破晓,他们就望见尚可喜带领之信及诸统领来到使馆。尚可喜等人面对两位使者,齐声道:"启行艰难,我们愿守广东,来报效朝廷。"[1]梁清标温和地答道:"诏令还没有宣读,怎么言及启行呢!我离京辞别皇上时,皇上私下交待,平南王劳苦功高,与诸藩不同,当永镇南疆……我向你们奉告,今所撤者,独平西藩王,王不必启行。"[2]随后,梁清标当场宣诏。可喜即命部属具案鼓乐。顿时,藩部内载歌载舞,热气腾腾,洋溢着一片欢乐的景象。

---

① 《四王合传》,见《荆驼逸史》。
② 《四王合传》,见《荆驼逸史》。

可喜忙领着诸将上前拜谢使者。这时,尚之信却徘徊不前,可喜愤然咬了一下之信的手指,恨恨地说:"几负圣朝!"①

不久,吴三桂派人送信给可喜,劝他举兵响应,可喜毫不犹豫,拿下来人,将书札呈奏,另筑"尽忠楼"以表示对清廷忠心不二。接着耿精忠踞福建反清,广西将军孙延龄亦叛。当时,延龄的檄文中有"三藩并变"之语,可喜获悉,又怕、又恨、又急,连忙上疏向康熙表白道:"臣与耿精忠本系姻娅,今精忠反,不能不跼蹐于中,窃臣叨王爵,年已七十有余,虽至愚极陋,岂肯向逆贼求功名富贵乎!唯知捐躯矢志,极力保固岭南,以表臣始终之诚。"②康熙览奏,深为喜悦,赞扬可喜"累朝旧勋,性笃忠贞",激励他"殚心料理,相机御剿"。同时,谕令兵部两广一应军机调遣,及固守地方事宜,"著尚可喜与总督金光祖,同心合力,务酌万全而行"③。其时,潮州总兵刘进忠已归降耿藩,可喜命次子尚之孝率兵讨伐,他还向清廷推荐之孝继袭己职,康熙马上同意之孝承袭平南王。特别是军兴之际,急需独当一面的将才,康熙更予可喜很大信任,委以重任,下令凡是督抚提镇以下,俱听王节制,文武官员听王选补奏闻,一切调遣兵马及招抚事宜,亦听王酌行。康熙十四年(1675年)正月,康熙又封可喜为平南亲王,授之孝为平南大将军,之信为平寇将军。

当时,广东的形势十分危急。粤东的连州(今连县)、惠州、博罗、河源、长宁(今新丰)、龙门、增城、从化等地,"土贼蠢动"。可喜发兵征剿,虽屡次奏捷,但刘进忠引台湾郑经万余人入据潮州,击败尚之孝部。耿精忠进犯江西建昌(今南城)、抚州、赣州,同侵占袁州(今宜春)、吉安的吴三桂军互为犄角,从而切断清军在江

① 《四王合传》,见《荆驼逸史》。
② 《清圣祖实录》卷四十七,康熙十三年四月癸卯条。
③ 《清圣祖实录》卷四十七,康熙十三年四月癸卯条。

西和广东之间的联系。同时,吴三桂乘机使广西军与高州的叛军祖泽清勾结起来,连续攻陷广东的雷州(今海康)、德庆、开建(今封开县)和电白等县,迅速进逼肇庆,击败尚之孝部后,乘势向惠州挺进。继而,广西军下东莞,入南海,清水师副将赵天元、总兵孙楷,相继归降。可喜接连向清廷告急。康熙屡催简亲王喇布由江西进援广东,但江西通向广东的道路已被耿、吴联军截断,清兵不能进粤。这时,"广东人情汹汹,无有固志",可喜不胜忧愤,急得老病加重,卧床不起,不得不让之信代理军事。

尚之信对他的父亲、兄弟怀有一肚子怨愤。他作为长子,理应承袭父爵。但长期为可喜赞谋划策倚为心膂的谋士金光,却常常以之信凌虐藩属阻止他袭封。可喜接受了金光的告诫,奏请自己的职位由之孝接替。因此康熙先后下诏令平南王、亲王的爵位让之孝袭封,并加封之孝为平南大将军,而之信仅仅得了个讨寇将军衔。对此,之信愤愤不平,他对金光更是恨之入骨。在两粤东西交讧、一筹莫展的危急形势下,吴三桂又千方百计收买尚之信,许诺事成之后,封之信为王,世守广东。

于是尚之信于康熙十五年(1676年)二月二十一日发动兵变,接管平南王职权,杀了金光,报了私仇,接受了吴三桂的"招讨大将军"印。两广总督金光祖、巡抚佟养钜、陈洪湖等亦跟着降吴。随后,之信派兵看守王府府第,封锁内外消息。

尚可喜闻讯,一时愧恨交加,无地自容。他自吴、耿变乱以来,立意忠于清廷,积极剿御,岂料逆子之信,竟乘他重病卧床之际,利用长子与代理军事的特殊地位,引导藩下走上叛逆的道路,弄得他身败名裂。他自知身临绝境,孤单只身,已无回天之力。他思虑万千,痛心疾首,自忖唯有一死,尚可表明自己的清白。于是,他用尽死力,拼命挣扎着起来,投环自尽。这事恰恰被属下发现,左右忙将他急救过来,自此,可喜病势日重。临终前,他强力张视,看着守护在他身旁的几个儿子说:"吾受皇朝隆恩,时势至此,不能杀贼,死有余辜!"他示意众子给他穿上清帝所赐冠服,扶着他北向叩头毕,又交待众子说:"吾死后,必返殡海城,魂魄有加,仍事先帝"。言毕即逝,年七十二。后来尚之孝将骸骨运往京师,康熙遣内大臣、学士、侍卫各一员往奠,赐白金八千两,用隆重礼仪葬可喜于海城,立碑墓道,表彰可喜的忠诚。

可喜死后,之信执掌了藩府兵权,让之孝"闲居广州。"吴三桂趁机授予之信辅德亲王。之信又同台湾郑经协定和议,减轻了沿海的军事压力。他采取坐山观虎斗的策略,力图保存自己的实力,名义上之信已降附吴三桂,实际上他坚持不让吴军进入广州,不听吴三桂的调动。当清廷从江西调兵遣将,对长沙加强攻势时,吴三桂屡次催促之信亲率所部越过大庾岭突袭赣南,以达到牵制清军主力的目的,然而之信却按兵不动,但又怕得罪吴三桂,最后,不得不"贿以库金十万两乃已"①。

康熙十五年(1676年)十二月,之信遣人往杨威大将和硕简亲王喇布军前乞降。信中声称:"父子世受国恩,断不敢怀异志,愿立功赎罪,来迎大帅"。为了孤立吴三桂,康熙特降旨嘉奖之信说:"以往之罪,概行赦免,果能相继剿贼,立功自效,仍加恩邀请优叙"②。

康熙十六年(1677年),尚之信密邀清军迅速进粤。康熙急命驻军江西的镇南将军莽依图率军向广东韶州挺进。这时吴三桂正催促踞肇庆总督董重民、定海将军扶厥合兵抵拒清军。清军乘董

① 《清史列传》卷八十,《逆臣传·尚之信》。
② 《清史列传》卷八十,《逆臣传·尚之信》。

重民部下缺粮之际,煽动董部内乱,然后乘机擒获了董重民,击败了扶厥,顺利地进抵广东韶州。之信遣都统尚之瑛等赴韶迎接清师。五月初,之信率省城文武官员及兵民人等归降,康熙令尚之信袭平南亲王爵。

之信获取亲王爵位与执掌王爵兵权后,千方百计保存自己的军队实力,力图使广东成为自己的世袭领地。他依然我行我素,不听康熙指挥。康熙十六年(1677年)六月,康熙命之信进军湖南,之信以潮州总兵刘进忠尚未投降为由,拒不应命。七月初,吴军数万攻占湖南永兴、郴州(今郴县)和宜章,准备进犯广东乐昌、韶州(韶关市)等地,康熙再次催促之信速赴韶州,协剿湖南吴军,之信仍不予理睬。七月初,吴军围攻韶州,康熙连续两次严令之信以其文到日,即亲统官兵速赴韶州,与将军莽依图等并力剿灭吴军。但之信先以刘国轩部占据惠州,直逼省城,继以粤地土寇尚多,潮州人心未定等为托辞,仍不听令,坚持宜留镇省城。十月,广东略定,十一月,之信为迷惑清廷,故作姿态,佯奏:"粤东平定,臣请量留标兵守广东省城,尽率余兵赴广西图贼"①。但时过多日,不见行动。康熙十七年(1678年)二月,康熙命之信取湖南的宜章、郴州、永兴,之信以高州等处报警与海寇突犯,所属官兵不能分应为由,军至清远,又撤兵返省城。

这时,清镇南将军莽依图在韶州击败胡国柱。马宝等奉命移师梧州。康熙命之信速发船至韶州接应,"之信却未具舟舰,师行濡滞"。康熙十分恼火,严斥之信"不亟发船至韶,致误军行,不可谓非王失机也"②。之后,广西巡抚傅弘烈率所部万余攻梧州(今

---

① 《清圣祖实录》卷七十,康熙十六年十一月甲申条。
② 《清圣祖实录》卷七十一,康熙十七年二月甲辰条。

梧州市)、浔州(今桂平)和郁林(今玉林),因新兵缺少战马和大炮,向之信求借,之信竟不予理睬。康熙十七年二月,将军莽依图率军深入广西,康熙谕令之信说:"事机所系甚重,且广西早定,则湖南之寇不能自存,王其亲往广西策应,毋误军事"①。之信则借口"高、雷、廉三郡初定,人心尚未宁戢,恐复为逆贼煽惑,不得不留镇省城"②,坚持拒不出兵。后来,梧州势危,康熙命尚之信不必赴湖南,往梧州与将军莽依图等并力剿贼,以靖地方。康熙还委婉地指令说:如王断不可离省,即速遣精兵驰赴梧州。之信仍置若罔闻,不遣一兵一卒。将军莽依图心急如焚,催促之信火速率兵赴援,之信却谎称现赴湖南会剿,无兵可遣。

吴三桂死后(见后述),战局突变,吴军众叛亲离,清军全面出击,谁胜谁负,已经分明。于是,之信一反常态,立即奏请"进定广西"。康熙马上允准,并授之信为奋武大将军,配合永兴大兵并进。康熙十八年(1679年)二月,之信率部从封川进入广西,追敌至横川(今横县)。正当清廷对吴军进行剿抚并施的关键时刻,之信却因患痔日剧,自作主张,把部队交给总兵时应运统率,自己就返回广州医治。康熙急命之信所部受将军莽依图调遣,随大军进定广西。

为了集中力量消灭吴军,康熙对之信没有寄予厚望,只谋求能稳住他,使他不再向反面转化。因此之信若即若离的行动,康熙没有追究。但是,随着吴三桂反叛势力的接近灭亡,之信立意割据一方的图谋,必然会受到清廷严厉处置。同时,也将促使藩府内部各派之间的矛盾复杂化、表面化,从而为自己的灭亡准备了条件。

---

① 《清史列传》卷八十,《逆臣传·尚之信》。
② 《清圣祖实录》卷七十二,康熙十七年三月壬午条。

之信心持两端且越来越加专横跋扈,他不把康熙放在眼里,他对总督金光祖说:"上欲我出兵,乃不予我一黄顶带"①。所以他屡次抗旨不从,怒责盐驿道佥事李毓栋:"尔甫来此,事事与我违拗,我一刀砍尔,上亦无奈何我"②。在一次宴会后,他私下吓唬巡抚金儁说:"非我归正,尔安得至广东,凡事当顺我,不独吴三桂能杀巡抚朱国治也!"③金儁严肃地斥责他,之信即以酒醉自解。之信有三个儿子已成人立家,金儁劝他送子入侍,之信断然回绝说:"天下未定,岂宜令孩童远行"④。叛将孙楷宗归降,康熙宽宥他的罪行,之信反而将他杖毙,护卫张存为之信上京呈送奏疏,因召对称旨,康熙以总兵擢用,之信故意阻抑,还多次侮辱张存。护卫张士选因言语之间冲撞他,竟被之信射残双足,由此引起诸护卫不平。

藩下都统王国栋原系旗下逃人,因受之信宠爱,倚为心腹,平时国栋与副都统尚之璋、总兵宁天祚谈及之信的专横跋扈时,常常愤形于色。巡抚金儁发觉之信已是众叛亲离,他就勾结王国栋等,图谋夺取藩府权力。他们乘着莽依图击败吴世琮,准备进征桂林之际,上疏奏请之信率军西剿,而留国栋、之璋、天祚等守广州。康熙十九年(1680 年)三月,之信奉命率兵西征,再入广西,驻兵武宣。

这时,藩府护卫张允祥、张士选上京首告尚之信"跋扈怨望,弗顾剿贼,縻兵饷,擅杀人诸状"⑤。康熙命刑部侍郎宜昌阿、郎中

① 《清史列传》卷八十,《逆臣传·尚之信》。
② 《清史列传》卷八十,《逆臣传·尚之信》。
③ 《清史列传》卷八十,《逆臣传·尚之信》。
④ 《清史列传》卷八十,《逆臣传·尚之信》。
⑤ 《清史列传》卷八十,《逆臣传·尚之信》。

宗俄托等,以巡抚海疆为名,到广东调查之信的罪行,又交代他们说:你们携带张允祥、张士选同往,暗地里询问都统王国栋、副都统尚之璋,倘之信罪迹有据,可传谕王国栋等如能执获之信,"许便宜行事,并以罪不株连,宣谕藩属"①。五月都统王国栋以平南王尚可喜妃舒氏、胡氏的名义,上疏说:"逆子尚之信怙恶不悛,酗酒肆暴,杀害良善,凌虐官吏,甚至奉命出师,顿兵不进,私回东省,迟误军机,不臣之心久萌,谋逆之变可虑,恐祸延宗祀,不禁饮泣寒心,密令都统王国栋等选员擒之,请旨正法"②。接着都统王国栋、广东、广西总督金光祖、广东巡抚金儁,亦相继揭发之信罪行。八月,康熙帝遣刑部侍郎宜昌阿等调查后,巡抚金儁、都统王国栋、总督金光祖等奉康熙之命派兵包围武宣,将之信擒获,押回广州,拘留在五仙门地方,派兵严密防守③。之信不服罪,上疏辩,谓允祥、士选"以责惩私怨,捏款诬陷"④。康熙命令解京对簿公堂。

这时,在广西随大军征剿的平南王藩下官兵听说尚之信被捕,清廷将分调他们往云南安置,藩下八千官兵群起鼓噪,拔营遁归。康熙即命将军赖塔、侍郎宜昌阿、总督金光祖等设法安抚逃兵,发回广西。都统王国栋即遣总兵宁天祚率兵剿抚。但鼓噪逃亡之兵依然聚众妄行。为了安定军心,康熙特谕兵部,并指令将军赖塔、侍郎宜昌阿亲自向尚之信所部官兵宣布上谕,释解疑虑。上谕说:"前因尚之信属员张永祥等首尚之信诸不法事,朕欲明其虚实,故令尚之信来京,非以张永祥所言皆实,必欲治尚之信以法也。平南藩下官兵,本朝豢养四十余年,世受国恩,最为深厚,初无欲行解散

① 《清史列传》卷八十,《逆臣传·尚之信》。
② 《清圣祖实录》卷九十,康熙十九年五月丁丑条。
③ 《四王合传》,见《荆驼逸史》。
④ 《清史列传》卷八十,《逆臣传·尚之信》。

之心,且诸官兵,尚属尚之孝,何嫌何疑,以致逃避。嗣后诸官兵宜常念国恩,释去嫌疑,各保身家妻子,以副朕恩养保全至意,其令将军赖塔、侍郎宜昌阿等宣布朕意,咸使闻之"①。终于把这场风波平息下去。

这时,藩下都统王国栋乘之信羁留之际,夺了藩府职权,收纳了藩府库财。尚氏子弟愤愤不平,总兵李天植密与之信母及其弟副都统之节、之璜、之瑛等商议,认为"安达公(尚之信)通款伪周,(国栋)曾无一言谏阻,亦授辅翼将之秩。今公已反,袭正封,宵小拘诿,至见羁执,(国栋)不能剖肝沥胆,力白其诬,反欲卖主以求富贵……而使全家骨肉危如累卵,国栋之肉,其足食乎!不若诱而杀之"②。于是伏武士于藩府西廊,传尚太夫人之命,驰召国栋。国栋奉命方入见,被伏兵执缚杀害。将军赖塔获悉,急忙率领禁旅包围藩府,收捕尚之节等人,凡副都统、参领、佐领至校卒共计百余人。赖塔立即审问,李天植自认造谋,之信强辩不知,护卫田世雄证明之信欲杀国栋,使告天植③。而舒氏、胡氏却翻案,咬定尚之信无谋叛迹,"前告变乱,皆王国栋为伪也"④。后经王大臣集议,尚之信当依谋反律,母、母弟以及凡同谋的人,一律弃市,家产籍没,其诸弟尚之孝、尚之璋、尚之隆等虽不同谋,法应革职枷责。康熙最后决断,尚之信不忠不孝,罪大恶极,法应立斩,姑念曾授亲王,从宽赐死;其余逆党尚之节、尚之璜、尚之瑛等人革去副都统,并与李天植等人俱即处斩。康熙考虑到平南王尚可喜,航海归城,

---

① 《清圣祖实录》卷九十一,康熙十九年八月戊辰条。
② 《四王合传》,见《荆驼逸史》。
③ 《清史列传》卷八十,《逆臣传·尚之信》。
④ 《清圣祖实录》卷九十一,康熙十九年八月甲申条。

效力行间。镇守粤东,著有劳绩,三桂叛乱后,又能坚守臣节,不肯从逆①。而且大军入粤时,打开可喜棺木,官服都遵守国制。所以,可喜其余家属都从宽处理。舒氏、胡氏从宽免死,并免籍没,尚之孝、尚之璋、尚之隆俱免除革职枷责,之信妻不许凌辱,护送来京。其藩下所收私税、每年所获银数百万两,尽充国赋。

七、陕甘兵变　辅臣就抚

吴三桂叛乱不久,四川巡抚罗森、提督郑蛟麟、总兵官谭弘和吴之茂等相继叛附吴三桂,并同三桂将王屏藩结合起来,从四川经汉中(今汉中市)谋攻陕西。

陕西具有重要的战略地位,不仅是"边陲要地,西控番回,南通巴蜀,幅员辽阔,素号严疆",而且西北地区的重要将领,多系汉族,其中有些人与吴三桂一向串连在一起,"万一奸徒摇惑,以致人心不宁",一旦有变,吴三桂就可以把陕西等地的反清势力汇集起来,从侧面进攻北京,这无疑会给清廷造成严重威胁。所以康熙十分关注西北边疆的局势。

康熙先后多次派遣重臣率领满汉官兵由汉中或由秦州向四川进军,征剿吴三桂。康熙十二年(1673年)十二月,康熙命西安将军瓦尔喀领兵星夜驰赴四川,"凡自滇入川险隘之地",令他"俱行坚守"。接着任命赫业为安西将军,护军统领胡礼布为副将军,偕署前锋统领穆占、副都统额布率兵继瓦尔喀之后,由汉中入蜀。随后,又调驻防西安的副都统扩尔坤往汉中,跟将军瓦尔喀同进四川。指定陕西总督哈占、巡抚杭爱专督粮饷。并命令都统席卜臣

---

① 《清圣祖实录》卷九十一,康熙十九年八月甲申条。

为镇西将军,与副都统巴喀、德业同往保守西安,接应进川大兵。

康熙十三年(1674年)二月,康熙特谕吏、兵二部,必需专选大臣,假以便宜,相机行事,方可绥靖中外,保固边疆。他考虑到刑部尚书莫洛,在山西陕西总督任内,深得军民爱戴,又熟悉当地情况,特选定他为陕西经略,率领清兵,驻扎西安府,并会同将军、总督,统一指挥以陕西为中心的西北边防军政。凡"巡抚、提、镇以下,悉听节制;兵马粮饷,悉听调发;一切应行事宜,不从中制;文武各官,听便选用,吏、兵两部不得掣肘;邻省用兵,当用援者,酌量策应;如有军机,将军总督领兵而行"①。为了提高经略的地位,吏、兵两部议定加莫洛为武英殿大学士,仍以刑部尚书官兵部尚书事,兼都察院右副都御史,经略陕西。康熙十三年(1674年)六月,又命陕西道府以下官听经略莫洛提补,并令莫洛率军由秦州入川。这样,作为山陕总督巡抚之上的陕西经略莫洛,实际上已成为山陕等地方的皇权代理人。

为了提高指挥官的权威,康熙传谕兵部说:"浙江、四川两路,宜遣王、贝勒、贝子公等前往剿贼。所以遣王等者,非谓诸将才能不足,念诸王贝勒皆朕懿亲,指挥调遣无可牵制,守御征调足资威重"。② 六月,命贝勒董额为定西大将军,负责指挥整个西北战场,另派固山贝子、都统温齐,辅国公绰克托率贝子准达所属的骁骑之半,继莫洛之后,进军四川。

同时,康熙还指示陕西总督哈占、甘肃提督张勇和陕西提督王辅臣等,要加强西北边疆的防卫,密切关注吴三桂煽动变乱的逆行。康熙十二年(1673年)十二月,上谕说:"逆贼吴三桂倘有伪

① 《清圣祖实录》卷四十六,康熙十三年三月辛酉条。
② 《清圣祖实录》卷四十八,康熙十三年六月戊午条。

札、伪书，潜行煽惑，当晓谕官兵百姓令其举首上闻，尔等皆朕擢任股肱之臣，扞御边境，绥辑军民，惟尔等是赖"①。

于是，清廷与吴三桂在西北战场上展开了一场军事、政治的激烈搏斗。给予这场搏斗以巨大影响，并直接关系着西北战局变化的，则是陕西提督王辅臣这股军事势力的转向。

王辅臣，河南人，本姓李，后被王进朝收为义儿，改姓王。顺治五年（1648年），辅臣随大同总兵姜壤降附李自成，任副将。他作战勇猛，所向不可当，故号"马鹞子"。顺治六年（1649年），清兵围大同，辅臣常骑黄骠马，突入清兵营中，掠人归营，清军无人敢于阻挡。之后，清兵只要远望黄骠马驰骋而来，就大声惊喊："马鹞子至！"立即逃退。大同陷落，辅臣降清，隶正白旗汉军，授御前侍卫一等衔。洪承畴经略河南，辅臣随从承畴左右，奉侍勤敏谦恭，每遇险阻，必下骑自执其辔，逢山道泥滑难行，则背负承畴而过，深得承畴怜爱。云南平定后，洪承畴推荐辅臣为右营总兵，驻曲靖府，隶属于平西王吴三桂藩下。自此吴三桂亦尽心结纳辅臣，凡有绝好的衣食器用等物，他人不得，必赐辅臣。

辅臣个性倔犟，很傲气，然而能怜惜部下。在征乌撒时，有一天，他同吴应麒等诸将在马一棍营中会餐，众将喝醉了酒，正要吃饭，有个王总兵发现辅臣饭盂内有一只死蝇，突然大喊起来："饭有蝇！饭有蝇！"其实，这只蝇辅臣早已发觉，他不说，只因马一棍是个东道主，马待下属很酷厉，谁稍有过失，就一棍击毙，所以号称"马一棍"。辅臣一听王总兵喊叫，生怕厨师会被马一棍杖毙，连忙遮掩说："我等身冒矢石，吃饱饭就满足了，那里有闲心讲究吃食，匆忙之际，吃只死蝇何足惊奇。"王总兵不明白辅臣说这番话

---

① 《清圣祖实录》卷四十四，康熙十二年十二月丁巳条。

的用意,竟冲着打赌说:"你真把这死蝇吃下去,我愿将坐骑输给你!"辅臣自思一言既出,驷马难追,只得硬着头皮,勉强将死蝇吞食下去。旁坐的吴应麒一见此情,就打趣说:"王兄如此贪爱坐骑,今天王某与兄赌食死蝇,兄便吞食死蝇,倘与兄赌食粪,兄亦将食粪么!"辅臣听罢此言,十分羞恼,顿时涨红着脸,指着吴应麒的鼻子怒骂道:"吴应麒,你仗着吴王亲侄子的势位,当场侮辱我,别人惧怕你这个王子,我就不怕什么王子王孙,我将食王子王孙的脑髓,吃他的心肝! 挖他的眼珠!"说毕,举拳猛击饭桌,咣啷一声,桌上十二只磁簋、茶碟、饭盂、酒杯一股脑儿应声破碎,饭桌的四只脚也随声折断。众将惊得呆了,左右侍从都被吓得不由自主地倒退,吴应麒乘乱连忙溜走。后来,大家劝辅臣回营。第二天,辅臣酒醒气平,左右批评辅臣说:"昨天吴应麒这番话,实出无心,主帅詈骂太过分了,以致彼此伤了和气,不如向吴应麒道个歉。"辅臣点了点头,接受了大家的意见。刚出门,吴应麒已飞骑奔来,见了王辅臣,急忙下骑,亲热地执着王辅臣的手,同辅臣一起进入屋内。吴应麒立即拜伏于地,十分抱歉地说:"昨因酒醉,出语伤兄,望兄见谅"。王辅臣亦拜,双手扶起吴应麒,惭愧地答道:"我醉后出语骂兄,兄不记罪于我,何必反而自责呢!"于是王辅臣召诸镇来开筵痛饮,极欢而别。从此王、吴两人相好如初。

后来,一些拨弄是非的人却将王辅臣痛骂王子王孙的恶言恶语,加油添醋,传给吴三桂。吴三桂听了很生气,他乘曲靖差官来省领取饷银向他辞行的机会,带着责备的口吻对差官说:"前征乌撒时,辅臣与应麒酒后争嚷,少年兄弟,使酒骂座,是常事,但不该牵引老夫,胡说什么要食王子王孙的心肝脑髓,旁人听了这话,必掩口嘲笑于我:吴三桂这老子,平日爱惜王辅臣如珍宝,今一旦想食其脑髓,可不令人寒心! 你归去后务必告你统帅,今后再不要讲这等使人寒心的话。"差官回到曲靖,就将吴三桂这番话,如实地告诉辅臣。辅臣听了怏怏不乐,愤愤地说:"我与你吴三桂都是朝臣,岂是你的家人,怎肯受制于你,你袒护自己的侄儿,把我看成外人,天下无不散的筵席,我那能郁郁久居此地。"于是,辅臣密遣心腹去京城,托人图谋调遣,巧逢缺一平凉提督,康熙因边镇需材,特点王辅臣应缺。吴三桂获悉辅臣要离开云南,如失左右手,叹息不止。辅臣到省里去辞行,三桂隆重接待他,临行时,三桂拉着他的手,流着眼泪,动情地说:"你去平凉不要忘了我,你家资贫乏,吃口又多,万里迢迢,那能受得起这趟远行的沉重经济负担,这里二万两银子,给你做路费。"辅臣接过三桂的馈赠,心中十分感激。凡此种种,足见王辅臣与吴三桂之间的情谊是很深的。

康熙对王辅臣亦很器重,曾多次接见他。有一次,康熙恳切地对辅臣说:"我很想留你在朝廷,朝夕相处,但平凉重地,非你不可。"时值岁暮,辅臣将行,康熙又召见辅臣说:"行期接近,我实在舍不得你走,上元节日近在眼前,你陪我看灯后再起行。"于是康熙就命钦天监另择上元后的一个吉日离京。起行前,辅臣去拜见康熙,康熙若有所思地望着辅臣,并向四周扫视了一下,最后把眼光落在放置在御座前的一对蟠龙豹尾枪上。康熙立起身来,随手取来一支,亲自赐给辅臣,又意味深长地说:"这对枪是先帝送给我的,我每次外出,必列此枪于马前,表示不忘先帝,你是先帝的臣下,我是先帝的亲子,他物不足珍,唯有这支枪你拿着他去镇守平凉,你见到枪如见到我一样,我看到留下的这支枪亦像见到你一样"。辅臣听了康熙这番肺腑之言,拜伏于地,泣不能起,万分激动地道:"圣恩深重,臣即肝脑涂地,不能稍报万一,敢不竭股肱之力,以效涓埃"。辅臣流着眼泪,辞别康熙,满怀激情去平凉上任。

同康熙看重陕西的重要战略地位一样,吴三桂亦视陕西为天下之脊。而他的老部下王辅臣与张勇都在西北边境实握兵柄,辅臣尤为亲密,如能策动两将从平凉、甘肃起兵,控制西北,自己在湖南攻战,东南沿海则藉耿藩协助,这样,以自己为中坚,凭藉东西两翼夹击,就可以置清朝于不能自拔的绝境。吴三桂选定辅臣的亲信、云南援剿右营标下听用官汪士荣,带着二封信与任命札二道,从间道赴平凉(今甘肃平凉市),送交王辅臣,托辅臣将其中的一封信和一委任札转交给张勇,图谋策动他俩随己叛乱。

辅臣接到吴三桂的书札,曾想到吴三桂的显赫权势与对他的深情厚意,不禁有所触动,但转念康熙对他的天恩与器重,吴三桂的情意就不能同日而语了,特别是吴三桂要他走上叛逆的道路,这无论从感情上讲,还是个人利害得失上权衡,都是不能接受的。他毅然地执行康熙先前的指令,立刻派人拘执汪士荣,特命义子王继贞将汪士荣连同三桂的逆书逆札一并解送京城,交给清廷处理。辅臣忠于清廷的显明态度,使康熙不胜喜悦。康熙立令处死汪士荣,又谕兵部说:"陕西提督王辅臣,久历戎行,劳绩素著,近举首反贼吴三桂所送逆札,遣子奏闻,坚守臣节,益见忠贞,朕心深为嘉悦,前已有旨,事平之日,从优议叙,今应即行加恩,以彰激劝"①。随授王辅臣三等精奇尼哈番,授其子王继贞为大理寺少卿。

不久,归附吴三桂的四川总兵吴之茂派人给甘肃提督张勇送去劝降书,张勇把来使同逆书一起解交给康熙处理。康熙命"从优议叙"②。并指令张勇固守甘肃,密切注意陕西方面的情势。

康熙调王辅臣随莫洛征四川,王辅臣要求进京,密陈韬略。康熙虑及当时军事征剿繁重,劝谕辅臣不要上京,如有重要建议,可

---

① 《清圣祖实录》卷四十六,康熙十三年二月戊戌条。
② 《清圣祖实录》卷四十六,康熙十三年三月己巳条。

与经略面谈。于是辅臣自平凉飞奔西安,向莫洛陈述了有关征剿的几点想法。莫洛不但听不进去,反而认为"其意忏谬"。从此,辅臣对莫洛产生了怨恨和嫌猜。他再次上奏康熙表达了愿去湖南出征的意向,他说:"昔年随经略洪承畴出师湖南,于土俗民情,颇悉其概,及任云南总兵,凡地形险要,苗倮种类知之最详,愿往湖南随征立功"①。康熙答复辅臣无论到湖南,还是到四川,都可立功。辅臣内心快快,只得随莫洛调遣。

康熙十三年(1674年)五月,安西将军赫业与西安将军瓦尔喀等统领大兵克复七盘、朝天等险关,率军直抵保宁(今四川阆中)。吴三桂将吴屏藩与郑蛟麟等力拒固守,大量吴军又在广元所属百丈关诸处盘踞着,清、吴两军彼此相持不下。六月,康熙命莫洛遣副都统马一宝、将军席卜臣赴汉中,副都统扩尔坤赴广元,因恐扩尔坤兵力单薄,令副都统吴国正在马一宝到达汉中后,立即率师去广元协助。

由于清军与吴军在保宁相持不下,莫洛恐运馈日久,陕西人民难以支撑,他奏求亲赴汉中,酌量分路进发四川,并奏请康熙增添绿旗兵万余,以资战守。康熙同意后,莫洛就于九月十一日统率官兵由秦州(今甘肃天水)进川。接着康熙命四川总督周有德、巡抚张德地及副都统扩尔坤等固守朝天、广元诸处,并要他们在莫洛未到之前,将广元所有粮米运送军前。敕安西将军赫业等坚守阵地,以待大兵,催促定西将军董额迅速进兵四川。

这时,王辅臣亦应命随莫洛出征。王辅臣请求增兵,莫洛给他增添二千骑兵,同时,却将辅臣所属的好马尽行调去,而把疲瘦茶马拨给辅臣。辅臣十分气愤,他就在军中广泛散布说:"经略尽调

---

① 《清史列传》卷八十,《逆臣传·王辅臣》。

我良马他往,以疲瘠者予我,欲置我于死地"①。王辅臣对莫洛怨恨之深已经溢于言表了。

十月,吴军郑蛟麟部分兵三路进攻宁羌(今宁强)。宁羌地处陕西,且为大兵后路,康熙急命莫洛速宜救援,莫洛遣部将陈应套等夜袭立营于宁羌州文庙山的何德成部,吴军大败,逃归南山。康熙命辅臣与副将雷继忠固守宁羌。

这期间,进川大军粮饷匮乏。康熙对此十分关注。他早就指令莫洛:"保宁未能即复,则我师益致劳顿,挽运粮饷,实为要务,其源流接济,毋令匮乏"②。康熙特令户部发库银十五万两,择能员解至西安采办,接济大军。但是,西北地瘠民贫,粮饷难征,四川地险,运粮艰难,而清军在嘉陵江上的粮艘突遭吴军郑蛟麟部的袭击劫掠,陆运栈道又被吴军截断,因此清军进军四川的饷道梗塞,以致缺饷二月。总兵王怀忠属下四千标兵因粮匮逃散,军心惶惶。

水陆粮运被阻,军粮难继,且吴军又窥伺阳平诸处,清军进征四川,困难重重。康熙即令大将军贝勒董额、经略莫洛、四川总督周有德、巡抚张德地等,暂时撤去围攻保宁大兵,退回广元,令莫洛等亲自殿后,并调广元兵返回汉中,固守阳平等处,歼除宁羌诸敌,然后"整顿士马,再图恢复"③。

同时,康熙考虑到莫洛所统军队,都是新召募的绿旗兵,战斗力不强,而巴蜀山路险恶,满洲大兵若不相继进发,一旦遇上吴军首尾夹攻,就难以策应。于是康熙马上传谕董额,催促他"兼程而进,会同经略莫洛,速定昭化,接济大兵,勿得延缓,贻误军机"④。

①　《清史列传》卷八十,《逆臣传·王辅臣》。
②　《清圣祖实录》卷四十八,康熙十三年六月壬子条。
③　《清圣祖实录》卷五十,康熙十三年十一月庚申朔条。
④　《清圣祖实录》卷五十一,康熙十三年十二月丙申条。

但董额行动迟缓，直到十二月初，才率军从汉中绕道，经由栈道向四川边境进发，致经略孤军遇变。

康熙十三年（1674年）十二月初，莫洛率兵至宁羌州，驻南教场，与王辅臣营相距二里许。十二月初四日，王辅臣突然发动兵变。他一面暗地里部署枭悍健卒，截住各处险隘，一面纠集部众鼓噪"马羸饷缺"，向莫洛营地进击。莫洛猝不及防，幸赖他的亲随满兵奋起抵抗，拼力射退乱兵。不料王辅臣亲自督战，指挥部属冒矢猛攻，砲矢齐发，莫洛被一颗鸟枪流弹击中，当即死亡，营地被毁，莫洛所部章京、笔帖式及士兵有的逃走，有的死于乱阵之中，剩下的二千多标兵和运粮兵全被辅臣收降了。但是，这二千余兵士都不愿叛乱，他们趁辅臣率军从宁羌州撤到沔县（今陕西勉县西侧）的途中，纷纷逃窜，以致辅臣所部仅存数百人。辅臣深感势单力薄，急忙率军北上略阳。这时，董额率军已到了沔县，闻悉王辅臣兵变，吓得不敢领兵进剿，借口兵阻不能前进，急速退回汉中，并将辅臣变乱的消息向朝廷奏报。此时，大家还不知道莫洛的下落和变乱详情，直到莫洛标下中军官吴石栅自栈道逃回，向当局报告目睹情况之后，才由陕西总督哈占上奏朝廷。

辅臣的叛变给康熙以极大震动，问题的严重性，不仅在于打乱了康熙原定由四川出击云南的战略部署，而且势必促成吴三桂与王辅臣两股势力的结合，引起西北局势的大动荡，给北京构成严重威胁。康熙想到这里，忧心如焚，急欲亲赴荆州，到前线指挥战争，以期尽快消灭吴三桂，从根本上解决问题。他立即上谕大学士等说："今王辅臣兵叛，人心震动，丑类乘机窃发，亦未可定，前者各将军大臣，不遵指授，互相观望，迁延不进，以致逆贼得据大江之南，贼渠未灭，故又有此变。朕欲亲至荆州，相机调遣，速灭贼渠吴三桂。若吴三桂既灭，则所在贼党，不攻自息，生民得安，尔等与议政大臣密议以闻"①。后来,大学士等与内大臣劝奏"皇上不宜轻出",康熙才暂止亲征,并且,对西北局势立即采取了应变措施。

康熙遣发大兵前赴西安,"保固秦省"。他先后命署副都统鄂克济哈、将军坤巴图鲁和驻襄阳的副都统德业立等各率兵奔赴西安驻守。虑及西安兵力不足,又命理藩院员外郎拉笃祐、图尔哈图等人往调蒙古兵三千五百和归化城土默特兵七百,同驻江宁扬威将军阿密达等一起,率军赴西安,驻守备征。

康熙又命兵部从驻北京的八旗兵中调出每佐领三名,接应广元,将保宁大兵,撤回汉中,同时,因陕西兴安州"西近汉中,北接潼关,东南直逼郧、襄,最为要地"②,特遣云贵总督鄂善、副都统希福率兵至兴安(今安康),保固汉中诸要隘。

在部署兵力保固陕西的同时,为了避免西北的大动乱,康熙又力谋和平解决王辅臣的叛乱问题。康熙认为清廷与王辅臣之间有较深厚的关系,王辅臣对清廷历来是忠心的,不久前,辅臣还将吴三桂招降他的书札连来人一并送交朝廷处理。辅臣的猝变,是康熙万万没有想到的。在得到董额疏报王辅臣兵叛的消息之后,康熙感到突然,他认为王辅臣兵变,很可能出于一时迫胁。他谕令兵部对辅臣的妻子"俱善存抚,勿遽加害",并将此谕转知总督哈占知之。③

随后,康熙召见辅臣子王继贞。继贞一进内庭,康熙就似告似问地道:"你父亲反了!"继贞一时摸不着头脑,不知所措,随之应声说:"我一点也不知道!"康熙把宁羌猝变的奏疏交给继贞,继贞边看边战栗,脸色青一阵、白一阵,吓得话也说不出来。呆了一会

①　《清圣祖实录》卷五十一,康熙十三年十二月庚子条。
②　《清圣祖实录》卷五十一,康熙十三年十二月戊申条。
③　《清圣祖实录》卷五十一,康熙十三年十二月庚子。

儿,继贞把莫洛与辅臣之间的私隙、猜嫌告诉康熙,康熙抚慰他说:"不要害怕,我知道你父一向忠贞,决不至于做出谋叛的事,大概由于经略莫洛不善于调解抚慰,才有平凉兵变,以致胁逼你父亲不得不从叛,你应迅速前往,向你父亲宣告我的命令:你父亲无罪,杀经略,罪在众人。你父必须竭力约束部众,破贼立功,我可以赦免一切罪行,决不食言"。① 在这里,康熙仍然相信辅臣不会背叛他。他认为宁羌猝变很可能是叛兵裹挟所致。于是继贞奉命带了敕谕立即前去招抚辅臣。

随后,康熙又派遣科臣苏拜同陕西总督哈占共同商酌,或亲自前往,或选择能员,招谕王辅臣,并迅速"安抚乱兵"。康熙指示哈占等说:陕西老兵们戍守著劳,新招募的士兵又骤经调遣,要他们随征四川,而四川道险路远,粮饷不继,以致随征官兵,"畏死情逼,频生变乱",由于"倡乱官兵","变起仓卒,情非得已"。命哈占等不要马上加之于罪,应立即速行招抚:"愿归营者,随便入伍;愿归农者,加意安插,前罪一概不究。其官兵人等,父母妻子见在原籍者,俱行宥释,并不株连"②。康熙对辅臣所部的倡乱给予任择出路的宽容政策,可谓体贴备至。

至于招谕王辅臣的专敕既不同于征讨吴三桂的檄文,也有别于招降耿精忠的抚谕,通篇敕文无一责备之词,委婉恳切,体贴入微,处处以情、以理动之。敕文写道:

近据总督哈占奏称:进剿四川,军中噪变,尔所属部伍溃乱,朕闻之,殊为骇异。朕思尔自大同隶于英王,后归入正白旗,世祖章皇帝知尔斌性忠义,才勇兼优,拔于俦伍之中,置之

---

① 《清人逸事》卷五,《记马鹞子六则》,见《清朝野史大观》。
② 《清圣祖实录》卷五十二,康熙十四年正月癸酉条。

侍卫之列,命尔随经略洪承畴进取滇黔,尔果能殚心抒忠,茂建功绩,遂进秩总戎,宠任优渥。迨及朕躬,以尔勋旧重臣,岩疆攸赖,特擢秦省提督,来京陛见,面加讯问,益悉尔之忠贞天禀,猷略出群,朕心深为嘉悦,特赐密谕,言犹在耳,想尔犹能记忆也。去冬吴逆叛变,所在人心,怀疑观望,实繁有徒,尔独首倡忠义,举发逆札,擒捕逆差,遣子王继贞驰奏。朕召见尔子,面询情形,愈知尔之忠诚纯笃,果不负朕,知疾风劲草,于今见之。后尔奏请入觐,面陈方略,朕以尔忠悃夙著,深所倚信,且边疆要地,正资弹压,是以未令来京。经略莫洛,奏请率尔入蜀,朕以尔与莫洛和衷共济,毫无嫌疑,故令尔同往建功。兹兵变之后,面询尔子,始知莫洛于尔,心怀私隙,颇为猜嫌,致有今日之事,则朕之知人未明,俾尔变遭意外,忠荩莫伸,咎在朕躬,于尔何罪?朕之于尔,谊则君臣,情同父子,任寄心膂,恩重河山,以朕之惓惓于尔,知尔之必不负朕也。至尔所属官兵,被调进川,征戍困苦行役艰辛,朕亦悉知,今变起仓卒,情非得已,朕惟加矜恤,并勿致谴。项已降谕,令陕西督抚,招徕安插,并遣尔子,往宣朕意,恐尔尚怀犹豫,兹特再颁专敕,尔果不忘累朝恩眷,不负平日忠忱,翻然悔悟,敛戢所属官兵,各归队伍,即令率领,仍还平凉原任,以往之事,概从宽宥;或经略莫洛,别有变故,亦系兵卒一时愤激所致,并不追论。朕推心置腹,决不食言,勿心存疑畏,有负朕笃念旧勋之意①。

在专敕中,康熙一开头就指出他对辅臣所部噪变,"殊为骇异"。接着,康熙追述了清廷累朝都很器重和信赖辅臣,辅臣对清

① 《清圣祖实录》卷五十一,康熙十三年十二月壬子条。

廷亦是"忠贞天禀,猷略出群"。至于宁羌猝变,康熙无一言责备辅臣,反而把事件的起因归咎于自己未能知人善任所致。对于随从辅臣倡乱官兵,康熙则从其"征戍困苦,行役艰辛,变起仓卒,情非得已"出发,给予充分谅解和宽大处理,即是"惟加矜恤,并勿致谴"。最后康熙殷切期望王辅臣能翻然悔悟,许诺他率领所属官兵,仍还平凉原任,已往之事,概从宽宥。他表明自己的态度是:"推心置腹,决不食言"。

王辅臣跪听敕书之后,留下儿子王继贞,派遣莫洛部属原任郎中祝表正赴京转上奏疏,向康熙表述宁羌兵变,皆由莫洛"控驭失宜,军心不服"所致,自己誓死不从。等到变局既成事实,自己亦无可奈何!但廷臣必将经略莫洛的死因加于自己身上,自己虽死亦不能自明。他恳请朝廷派使臣前来抚慰,宣布圣意,使官兵可得以生全,这样,即使自己粉骨碎尸,也心甘情愿。

其实,关于倡乱官兵与辅臣本人的处理,康熙在敕谕中已有明确指示,实行"往事一概不究"的宽容政策,并作了具体规定。而辅臣不但没有作出约降的具体行动,反而要康熙再派使臣重申保证宽免其罪。鉴于此,康熙感到辅臣的悔罪是不可靠的。他采取了两手政策,一方面,谕令定西将军贝勒董额和陕西总督哈占说:"王辅臣虽具疏悔罪,正恐借此以缓我师,乘间为固守计,若王辅臣果听命待罪,我兵但守疆界,脱或扬言投诚,而仍肆扰害,势将蔓延,尔等即相机剿御"①。另一方面,复遣祝表正持敕往抚,重申"往事一概不究"的宽容政策。具体确定凡是原来辅臣所部官兵,俱行宽宥,照旧归伍效用,由辅臣率领,仍回平凉防守;莫洛标下原带官员,也各免罪,作何委用,令辅臣与总督酌量提补;其余兵丁愿

---

① 《清圣祖实录》卷五十二,康熙十四年正月乙亥条。

归农的,由地方官加意安插,原定在辅臣标下充任的,与总督商酌补入,务令得所。最后,康熙希望辅臣尽释疑虑,以图后效①。

正如康熙所思虑的,辅臣的悔罪书是一种缓兵策略,康熙的敕谕,自然不会使辅臣转变态度。宁羌兵变不是如辅臣自我表白的那样,非其本意,而事实是这一兵变恰恰出之于辅臣的同意和谋划的。莫洛对辅臣等汉族官兵的歧视与压抑,像辅臣那种具有桀骜不驯和暴烈性格的人,是很难忍受的,因此,辅臣对莫洛早已埋下了积怨。当吴三桂的叛乱战火迅速烧遍长江以南的半个中国,作为曾经是吴三桂宠信的老部下、与吴三桂有过深情厚谊的王辅臣,已被吴三桂这种貌似强大的汹汹气势迷惑了,由是滋长起投降吴三桂的思想意识,使得长期郁积在心中的、对莫洛的怨愤情绪很快地转变为反清行动,从而诱发了宁羌兵变,酿成莫洛之死。其实辅臣心里十分明白,莫洛是清廷重臣和西北战场的主要指挥者之一,莫洛之死,他是逃脱不了罪责的,尽管康熙一再向他解释和保证说宁羌兵变与莫洛之死,同他无关,以后也决不追究,但谁敢保证这种诺言能如实兑现呢?辅臣思虑及此,就绝了重归清廷的意念。他留下祝表正,不再奏报。祝表正屡屡责备他,辅臣就把祝表正杀了。

吴三桂得悉辅臣叛乱,喜不自胜,立即派巴山纲送犒师银二十万两给辅臣,封辅臣为"平辽大将军陕西东路总兵",又令王屏藩、吴之茂等由汉中出陇西应援,王辅臣迅速投入吴三桂的怀抱。

与此同时,康熙下令贝勒董额说:"陕西重地,栈道关系尤急,沔县、秦州乃通汉中要路,栈道如何踞守,沔县、秦州如何保固,务必作速部署,使叛兵不得侵犯,以保固全陕"。可是董额畏战,对

---

① 《清圣祖实录》卷五十二,康熙十四年正月癸酉条。

康熙的指令置若罔闻,使得辅臣在吴三桂的军事力量配合下,得以从容地展开反清的军事活动。他策动秦州副将陈善反叛,顺利地进兵移据秦州;拆除了陕甘两省边界的偏桥;指使所部王好文等领兵守住秦州(今甘肃天水市)栈道,使汉中清军粮饷不继。董额在吴、王两军配合进攻下,急忙分兵留守汉中,自己从汉中退回西安。随后,王屏藩等占据汉中、兴安,辅臣则留部队官兵驻守秦州,自己率领旧部回归平凉。

吴三桂广泛散布书札,煽动陕甘各地官兵反叛。固原道陈彭、定边副将朱龙等率先归降,随后甘肃的巩昌(今陇西)、阶州(今武都)、文县、洮州(今临潭)、岷州(今岷县)等地官兵纷纷举城叛附辅臣。辅臣乘势进攻兰州,游击董存己等献城投降。兰州一失,西北震动。许多城镇或叛或陷,有些地方如陕西的三水(今旬邑)、淳化、白水、蒲城等县,"土寇蜂起,掠劫乡村"①。同州(今大荔)游击李师膺踞神道岭,杀韩城知县翟世琪,陷洛川、宜川、鄜州(今富县)之后,延绥镇属之响水、鱼河、波罗各营,葭州(今佳县)及吴堡、清涧、米脂等县,庆阳、绥德、延安、花马池等地,先后降附。这样除了甘肃提督张勇、总兵孙思克、西宁总兵官陈福没有叛变,陕甘绝大多数地方将吏纷纷叛附辅臣。陕西只剩下西安一府,邠(今彬县)、乾(今乾县)二州,甘肃仅保有河西走廊,整个西北形势处在危险之中。

固然,西北战局的骤变,是由王、吴两股反清势力合流所引起的,但是,作为西北战场的主要指挥者董额的畏战退却,则是促成这种变化的重要因素。为此,康熙严厉指责董额说:"前贝勒董额等至西安,不即随经略取道秦州,由栈道进,托言马瘦,竟驻汉中,

---

① 《清圣祖实录》卷五十三,康熙十四年二月戊午条。

致宁羌告变;王辅臣回秦州时,又不追蹑剿杀,急回汉中;及保宁兵旋,仅留将军席卜臣等守汉中,亲统大兵,辄返回西安;知栈道险要,不多设兵防守,致狡寇阻截,俾广元、朝天等处复为贼踞,皆董额等退缩迟延所致。理应解职,但正值临敌,仍令董额统兵,往定平凉、秦州诸处,勿仍前逗留,有误军机"①。康熙还加派贝子温齐、将军阿密达前往支助。

董额在西安接到康熙指令,经过商议,决定分兵留守西安、潼关外,另派将军哈密达率兵攻平凉,自己与固山贝子温齐统兵往秦州。康熙十四年(1675年)二月二十八日,董额统兵至凤翔府离陇州(今陕西陇县)四十余里的关山,遇叛将高鼎等领兵四千在关山河岸立营拒守。董额分八旗兵为三队,前后两队同敌接战,相持不下。这时,都统赫业率领就近应援后队,突入助战,合力冲击,叛军败遁,清军夺取了关山。董额立即率兵继续前进,于三月包围秦州。康熙认为围困秦州所关最重,倘秦州可虑,西安亦且难保。他慎重地部署秦州战役,除调将军佛尼勒应援外,又令陕甘总督哈占、四川总督周有德各率所部星夜驰赴秦州,并命都统图海率兵护送红衣炮应援,不料,送炮队伍到了陇州仙逸关受阻,康熙立遣防守栈道的都统德业立往关山,开道送炮。

同年四月,吴三桂与王辅臣合遣军兵万余,分别从四川、平凉出发,救援秦州,两军屯兵于城外南山。这时困守在秦州内的八千余叛兵突然从城内冲出,同城外援兵合力攻击清军。董额立刻派遣将士分道迎击,大败吴、王联军。正当清军屡战屡捷之际,清总兵官孙思克又率军从巩昌赶来增援,叛兵惊惧万分,总兵官陈万策连忙率兵出降,叛将巴三刚等见势不妙,乘隙逃走,从四川、平凉来

---

① 《清圣祖实录》卷五十三,康熙十四年二月辛卯条。

援的叛军亦纷纷溃逃。清军进入秦州。董额随即派遣振武将军佛尼勒、内大臣坤巴图鲁、总兵官孙思克等追剿败敌,礼县、清水(今甘肃清水)、伏羌(今甘肃甘谷)、西和等县相继收复。

王辅臣集精锐及秦州逃兵于平凉,准备继续顽抗。康熙迅速向董额下达紧急指令,要乘"大兵克取秦州",敌人"正在惊扰"之际,各路清军宜速"乘胜长驱,攻取平凉"。

于是,各路清军向陕甘发起全面进攻。靖远将军、甘肃提督张勇,在攻取洮州、河州两城之后,迅速进兵围攻巩昌。王辅臣遣副将任国治等领兵三千,由巩昌东门潜入城内应援,叛军总兵陈科、郑元经等乘势率领六千余兵丁从四门分兵出击,直扑清营,清将张勇率军奋勇剿杀,叛军伤亡严重,狼狈退入城内。董额急调安西将军穆占、总兵孙思克奔赴巩昌会战,并乘胜派遣投诚官陈万策、谢辉等入城晓谕,叛军总兵陈科等率众出降,巩昌收复。

西宁总兵官王进宝率军用革袋结筏渡过黄河,大破叛兵于新城,随即挥师围困兰州。清军连营环攻,叛军拼命死守,相持一月有余。一天,千余叛军从东门突围,遭到清军阻击,叛兵大败,清军乘势进入东门瓮城。叛军粮运断绝,急忙赶造木筏百余,企图偷渡黄河逃遁,不料王进宝早在城外沿河岸边设置伏兵,叛军偷渡不成。王进宝乘机向守城叛军宣谕朝廷招抚政策,总兵赵士升与原任布政使成额率百余官员、五千余兵丁献城投降,兰州收复。

接着,甘肃的静宁、陕西的绥德、延安以及陕甘边界重镇定边相继恢复。

随秦州、兰州、巩昌、延安等相继平定,清兵云集,平凉危在旦夕。康熙虑及"克城之日,必多杀戮",为减少战争灾难,他对王辅臣继续采取招抚政策。康熙多次敕谕王辅臣,促他"自新",以此"洗涤前非,勉图后效"。而王辅臣仍然采取边谈边打的策略,妄想通过和谈，争取时间，以进一步扩大战争。他借口敕谕虽"念及兵民，概从赦宥"，但"如何按抚，天语未及，在事兵将未免瞻顾"①为由，要求康熙再颁明谕。康熙窥知王辅臣明系"借端推诿，希冀缓兵"的伎俩，立即命令张勇前赴秦州，会同大将军贝勒董额等商酌，留兵防守秦、巩等处，急速率军攻取平凉。康熙特别传谕董额要关心士兵疾苦，尊重汉将汉兵，注意军内团结，他指出八旗同绿营兵云屯一处，"须不时存念，恤其劳苦，非紧要必节其劳，无大过则宽其罚"，尤其是对于张勇等汉族将领，"切不可藐忽视之，生彼愤懑"②。

但是，董额没有完全克服畏战情绪。他统领的八旗兵和绿营兵并未形成对平凉城的严密包围，同时，他仍寄希望于和谈来解决平凉问题。王辅臣则利用董额的畏战情绪，一面伺机出城攻击，一面继续使用和谈，来麻痹清兵。他派遣亲信王起凤投书于董额军前，要董额代行上奏，"乞颁敕午门，仍遣威望大臣受降。"康熙立即指示："彼乞降诈也，特缓我师为苟延日月计耳，尔等急宜攻取平凉"，"慎毋因其诈言，以误攻取之机"③。不久董额又收到王辅臣的书信，他立刻向康熙上奏说：王辅臣派遣王起凤赴省已逾两月，尚未遣还，以致士卒皆怀疑畏，提请皇上再下谕旨，免去辅臣及其所属官兵之罪，仍令驻守平凉，遣归王起凤，这样一来，"彼无不倾心来归"，否则，敌兵"势穷突围，难保王辅臣不脱去也"④。

董额的奏疏一上，就遭到康熙严厉斥责。康熙指出：逆贼王辅臣诱我缓兵，其计显然，贝勒董额不乘势迅速率兵剿灭，反而奏请

①　《清圣祖实录》卷五十六，康熙十四年六月丙午条。
②　《清圣祖实录》卷五十六，康熙十四年六月甲辰条。
③　《清圣祖实录》卷五十七，康熙十四年九月戊子条。
④　《清圣祖实录》卷五十七，康熙十四年九月壬寅条。

宽宥王辅臣的罪行,仍然让他驻守平凉,如果川敌侵犯秦州,兴安敌兵进逼西安,清兵势必分路进剿,这时,贝勒董额能保证王辅臣不乘隙复叛么?现大兵云集,孤城被围,董额犹恐贼众突围,难保王辅臣不逃脱,董额如此疑虑,这恐怕只是预先为自己设置他日容身之地的遁辞①。康熙进一步指明,贝勒董额不与贝子、公、参赞等合词奏请,这正是董额"一意专主招降",而"贝子、公、参赞等惟董额退缩之意"是从罢了。最后,康熙严肃地申斥说:"至今不攻取城池,尚复何待?"下令"务期速灭逆贼",并著王起凤遣还平凉②。

王辅臣一面与清军谈判,一面从平凉遣兵万余突围出城,攻陷固原(今宁夏回族自治区南部),清军副将太必图阵亡。接着,他又派周养民率军围困庆阳。与此同时,兴安(今安康)游击王可成再次叛乱,进犯商州(今陕西商县),吴三桂也乘机遣王屏藩、吴之茂进犯秦、陇,以便分散清军兵力,并力图与平凉兵会合。形势逆转。

康熙从容地分析敌情,认为兴安、四川之敌分别进犯,都因王辅臣的势力未被扑灭,如果攻破平凉,王辅臣的势力被消灭,那么"敌人应援之念绝,而窥伺商州之计亦沮"。所以关键在于"作速攻取平凉"。但董额一直拖延时日,康熙十分恼火,他严厉指责董额既不急速攻取平凉,又没有乘平凉城内敌兵出击之际,乘虚攻城,延误时机。明确指令董额等,"速夺南山,攻取平凉"。

在康熙的严令督促下,董额才督兵攻击平凉,一举克服第一关厢。于是在离城三里的对面南山屯营,但因城下沟深地险,难以下

① 《清圣祖实录》卷五十七,康熙十四年九月壬寅条。
② 《清圣祖实录》卷五十七,康熙十四年九月壬寅条。

垒,平凉久攻不下。康熙又指出:逆贼久踞平凉,皆因有粮可恃,倘断绝其饷道,则贼自穷困。平凉西北通固原,应急速切断通往固原的饷道,以困毙敌人①。十二月二十二日,宁夏提标兵变,提督陈福遇害,康熙又敦促董额与将军张勇、总督哈占等"速定平凉,断贼饷道,绥靖地方"②。

尽管康熙屡次催促董额速攻平凉,董额却仍迟迟不进,以致平凉被围达一年不下,严重地影响西北战局和三藩之乱的平定。康熙十五年(1676年)二月,康熙断然决定,任命才智出众的大学士图海为抚远大将军,率每佐领护军二名,迅速前赴陕西,总辖全省满汉大兵,贝勒董额以下,悉听图海节制。③ 凡一切军机大事,命董额等一面奏闻,一面报大将军图海知之,在图海到达陕西之前,"宜加警备"④。另外特发银五万两,赐给平凉满汉军士。这一决定实际取消了董额的大将军职权。

五月,图海到达平凉后,"明赏罚,申约束",诸将勇气倍增,请乘势攻城。图海没有同意。他说:"仁义之师,先招抚,后攻伐。今奉天威讨叛竖,无虑不克。顾城中生灵数十万,覆巢之下,杀戮必多,当体圣主好生之德,俟其向化。"⑤同时,图海又遵照康熙的意图,首先断绝其饷道。平凉城北有座山冈,叫虎山墩,高数十仞,登临其上,可俯视全城,这里是通往西北饷道的咽喉。王辅臣部署万余精兵,护守这座山冈,保障粮饷的安全运送,所以图海说:"此平凉咽喉,得此,则饷道绝,城不攻自下矣。"⑥于是命将士向虎山

---

① 《清圣祖实录》卷五十八,康熙十四年十二月戊午条。
② 《清圣祖实录》卷五十九,康熙十五年二月辛卯条。
③ 《清圣祖实录》卷五十九,康熙十五年二月壬戌条。
④ 《清圣祖实录》卷五十九,康熙十五年二月辛巳条。
⑤ 《清史稿》卷二百五十一,《图海传》。
⑥ 《清朝先正事略》卷二,《图海传》。

墩并力仰攻。叛军前为步兵,后为骑兵,布列火器挨牌迎战。图海立即指挥清军分路步步进击,战斗十分激烈,从早上一直到午时,叛军大败。敌总兵二人被斩,众多敌兵被杀伤及坠崖而死,获马匹器仗不可胜计。清兵占据了虎山墩。接着清军运大炮到冈上,向城内发射,城内兵民一片惊慌。

辅臣困守城内,势穷粮绝,杀马为食。图海乘机要幕客周昌设法劝降。周昌系荆门诸生,善设计谋,他与辅臣标下总兵黄九畴是同乡人。周昌通过黄九畴劝导辅臣说:"粮绝矣,何不贷粮于敌?"辅臣答道:"彼与我为对,焉肯贷我?"九畴说:"不然,公昔陛见时,与图相识,但得与一见则事济矣!"辅臣沉思良久,颇有动情地说:"得彼来见乃可!"①黄九畴立刻将此情况通过周昌,转告图海。周昌当场向图海提出自愿冒死进城劝降。图海特授以恭议道名义前往平凉城内同辅臣联系,许以给粮接济。周昌入城由黄九畴引见辅臣,辅臣听了周昌的劝告,便遣他的副将谢天恩随周昌至图海军前表示投降。图海立刻上奏。康熙马上颁发诏令,赦免辅臣等罪行,又加以抚慰。图海再遣周昌至平凉城内,当场宣布康熙谕旨,并且给粮数万斛和馈饷数万两,救济平凉城内军民。这时,平凉军民"合城欢忻庆更生"。于是,辅臣遣荣遇率领士民向图海献上军民册籍,又派他的儿子王继贞与总兵一人缴上三桂所授敕印。但辅臣还是忧心忡忡,未释疑虑。图海再次派他的侄儿前铎侍卫保定一起入城,极力开导、慰抚辅臣。辅臣为图海的真诚所感动,顿解疑惧,亲至图海军营,图海"见辅臣颜瘦削,抱持大恸曰:'诚不意君枯瘠至此',辅臣亦泣下"②。辅臣又愧悔又悲怆地对图海道:

---

① 《辛巳丛编·平吴录》。
② 《辛巳丛编·平吴录》。

"我负国至此,朝廷决不相恕!"①图海就当场与辅臣"钻刀设誓,保其无他"②。辅臣心悦诚服,回营就剃了发,率众来降。图海命副都统吴丹入城抚定。接着,固原巡抚陈彭、庆阳总兵周扬名、嘉峪关总兵王好问、关山副将孔萌雄及云南土司总兵陆道清等各率所属兵丁相继来降。

平凉归降的捷音奏报到清廷,康熙不胜喜悦,他大力夸奖图海能"宣布恩威,剿抚并用,筹画周详,布置神速,使平凉一带旬月绥平",下令"从优议叙"。王辅臣能悔罪投诚,著恢复原官,加太子太保,授靖海将军,随图海驻汉中,让他立功赎罪。王继贞亦恢复原官,不久,升任太仆寺卿。投诚参将黄九畴、临时委任的恭议道周昌等升为布政使,发往云南招抚。云南总兵陆道清提为左都督兼太子太保。吴三桂遣发来助战的受降苗兵,康熙将他们迁回原籍,给予赏钱,与家人团聚。官员各加一级从优升赏。

康熙平定耿、尚二藩与王辅臣的叛乱,率先解除了西北及东南两翼的反清势力,极大地孤立了主要敌人吴三桂,为最终消灭吴三桂的反叛势力创造了条件。

八、荆岳对垒下的拉锯战

康熙与诸大臣对吴三桂的反清势力,原先是估计不足的。他们以为只要大军一出,叛乱很快就能平定。前去荆州征剿、阻抑吴军北上的宁南靖寇大将军多罗顺承郡王勒尔锦曾预计"进取云贵之期,不过八月",即是说,清军可轻而易举地消灭吴藩动乱。这

---

① 《辛巳丛编·平吴录》。
② 《清人逸事》卷五,见《清朝野史大观》。

种速胜论的观点充分反映出清廷上层统治者对平定这场动乱的长期性和艰巨性缺乏必要的思想准备。

然而,康熙委以重任的一些大将军、将军大都是长期过着安逸优裕生活的王公贵胄,他们没有经过艰苦环境的磨炼,更缺乏战争的实际考验。在吴军迅猛进攻的紧急形势下,他们的行动十分迟缓。遣往荆州的前锋统领硕岱、护军统领伊尔度齐、额司泰、都统觉罗巴尔布等,自康熙十二年(1673年)年底、十三年(1674年)初分别率师从京出发,直至十三年(1674年)二月初旬,经过一月左右时间才先后到达荆州(今湖北江陵)。这期间,康熙因湖南告急,曾向他们下达指令:常德为水陆要冲之区,不可不预加防守。在宁南靖寇大将军多罗顺承郡王勒尔锦还没有到达荆州前,宜令护军统领同前锋统领硕岱带领前锋军兵全部移赴常德;待大将军到达荆州,都统巴尔布往常德,护军统领移镇长沙。对于康熙的这些指令,他们置若罔闻。他们面临着气势汹汹的强敌,竟吓破了胆,畏缩不前,不敢与之抗争,致使吴军乘虚前进,迅速占领了湖南,将势力推到长江南岸。

康熙严厉斥责勒尔锦:你们率领军队到达荆州,当时常德、澧州(今湖南澧县)还没有失陷,理应稍休马力。速赴常、澧;而你们却迟久不前,以致常、澧相继皆陷[①];都统朱满率兵到武昌时,据守岳州和长沙的官兵尚未背叛,而朱满又没有率兵急速前往镇守,却逍遥武昌,六百里的路程行了一月,岳州(今岳阳市)、长沙又遭陷落。究其原因,皆是你等畏懦不前,坐失险要之故。与此同时,湖广总督蔡毓荣、云南、贵州总督鄂善也因"不能安民心,固疆圉"的"地方失守罪",分别受到革职和降五级的处分,二人被勒令留任,

---

① 《清圣祖实录》卷四十六,康熙十三年二月甲寅条。

"戴罪图功"①。由此,康熙才开始意识到要平定吴藩,不是轻而易举的。他指示勒尔锦:"云南尚未可轻进,必俟四川全定,方图进取";"今惟先取常德、长沙,以寒贼胆,方为制胜"②。

康熙把岳州、长沙作为战略进攻的重点。他认为岳州乃水陆要冲之地,急需攻取。康熙十六年(1677年)三月,他命尼雅翰等率领沙船,水陆兼行,驰赴岳州。接着迁都统觉罗布满等往岳州防守。五月命勒尔锦于彝陵领兵大臣内选拔有战斗经验的军官一人率军,从水路援岳州。六月,又在岳州与武昌之间部署满兵防守。当时,吴三桂不仅在澧州、岳州等处布置重兵抗拒清军,而且施展种种计谋,分散清军兵力,摇惑军心民心,致使整个社会动荡不安。为了迅速消灭吴藩,康熙进一步加强对岳州的军事攻势。他命议政王大臣亟宜增加荆、岳兵力,令固山贝子准达率领蒙古兵三千与一部分骁骑兵奔赴荆州;另外特命多罗贝勒尚善为安远靖寇大将军,同固山贝子章泰、镇国公兰布率领蒙古兵四千和一部分骁骑兵赶赴岳州。将军尼雅翰、都统朱满、巴布尔、护军统领额司泰仍参赞军务,归尚善统一指挥。

七月,贝勒察尼与将军尼雅翰等率领部分满汉官兵,水陆进发,攻击岳州。吴将吴应麒率兵七万,从陆路抗拒清军,清军奋击,大败吴军,斩首万级。清舟师抵达七里山,炮轰吴军船只,击沉吴舰十余艘。

这是勒尔锦等出师荆州以来同吴军进行的第一次激战。清军虽在这场战役中重伤吴军,但岳州安然不动。勒尔锦等却从此长期按兵不动。

---

① 《清圣祖实录》卷四十七,康熙十三年四月己亥条。
② 《清圣祖实录》卷四十六,康熙十三年三月壬申条。

康熙心急如焚,向勒尔锦等指出:攻取四川一路,清军已收复朝天关和阳平关,但兵至保宁(今四川阆中),却遭到吴军的顽强抵抗,吴军在保宁的防守比岳州更坚固难攻;康亲王进剿福建,虽屡次奏捷,但并未引起自己的真正喜悦。因为吴三桂是挑起这场动乱的祸首,只有攻破岳州和澧州,才是最大的喜事。指责勒尔锦等说:你们初出师时,兵不可谓不足,你们借口马未肥或强调天热多雨难行,一再拖延进军。敦促勒尔锦立即会同贝勒与诸将,"或取岳州,或渡江取澧州,或宣将军尼雅翰往江西转攻长沙"。

十一月,尚善请拨沙唬船五十艘,连同水手发往岳州,以资进剿。议政王大臣等认为先前已发荆州船二百艘与京口沙唬船百艘往岳州,因此,没有允准尚善的要求。康熙则立即批示:"宜如所请",并下令拨京口沙唬船速往岳州,不让尚善等借口待船,致误军机。之后,尚善等仍然没有发动进攻。

其时,吴三桂正亲至松滋(湖北南部,今松滋北)。他调廖、祖两将率众七千余人驻松滋县北山;集兵船于虎渡口上游,以截住荆、岳咽喉,阻抑驻岳州的清兵援荆,并保证吴军于此转运粮饷火器。在明里,吴军扬言将决荆州夹堤灌城,在暗里,偷偷地分遣部分岳州兵士潜往彝陵,窃踞该城东北的镇荆山。吴军兵众舟多,摆出一副水陆进攻荆州、彝陵的态势,同时,吴三桂还纠合王会、杨来嘉、洪福等掠谷城、均州与南漳(今湖北省西北部)诸处。勒尔锦急向康熙上报说,贼势甚炽,我兵力单薄,请发满汉兵速赴援。康熙感到荆州、彝陵等处,关系紧要,即刻令大将军尚善发岳州战船四十艘,速赴荆州;催促贝勒察尼酌留清兵守彝陵,自己马上统率部分军兵赴荆州防御;并迁驻防河南汝州署副都统诺敏率所部满汉兵急趋襄阳(今湖北襄樊市)防守。与此同时,都统宜理布、范述江等击败南漳、均州等地的来犯之敌。

吴军防守岳州十分坚固。岳州三面皆临洞庭湖,吴军依恃宽阔水域的有利地势,扼守要隘,清军如没有足够力量的水师,是很难从水路攻破的。陆路一面,吴军浚壕三重,又设陷坑、木桩、竹签、鹿角、挨牌等各种防御工事周密环布,使满洲骑兵无法冲击。康熙根据勒尔锦的建议,荆、岳一线,增添绿旗兵七千名,分为援剿两营,由总督蔡毓荣专辖。另选轻箭簾车二百辆、炮车一百辆、熟练炮一百具,量配兵丁。待发动进攻时,将车炮推向敌营,填实壕堑,抛掷火药,烧掉鹿角挨牌,用炮攻击。而后,审视敌情,驱策骑兵挺进荆、岳。

但是岳州一时难下,荆州一带清军未能渡江,承担一方战局的指挥者勒尔锦、尚善等畏缩不前。如此荆、岳长期对峙的局面不能打破,三藩之乱的祸首吴三桂不除,社会就不得安宁。康熙经过一番深思熟虑,决定调动劲旅,改攻长沙,进取湖南。

早在康熙十三年(1674年)六月,将军尼雅翰从投诚的吴军守备薛麟兆处获悉,吴军营内缺粮,全赖长沙水路运送,以及长沙守兵不多等情况。康熙据此密令尼雅翰率军沿流赴江西与副都统甘度海会合,并带领袁、临总兵赵应堂从袁州(今江西宜春市)进攻长沙,夹攻岳州。

康熙十四年(1675年)二月,康熙谕兵部说:吴三桂能据守岳州、澧州诸处,全靠水师源源不断地将长沙、衡州的粮米由湘水经洞庭湖运往岳州,供给前线军粮。为了打破荆、岳长期对峙的局面,必须调动具有较强军事指挥能力、又有胆略的安亲王岳乐,统帅劲旅,由江西袁州攻取长沙,断绝吴军粮饷,夹攻岳州。康熙反复向兵部指出:"今日时势,先灭吴逆为要。安亲王宜留兵守江西,亲统大军由袁州或由吉安(今江西吉安市)乘便进剿湖广,攻取长沙。倘未易下,即令此兵扰贼耕种,截其挽运,取资于敌,不但我兵无转输之劳,而岳州粮尽,贼可坐困,吴三桂自不能久踞常、澧。"①

安亲王岳乐接到兵部指令后,一再上疏陈述自己的意见,认为江西各地叛兵骚扰、人心未定、若帅师前往湖南,江西兵力单薄,实可忧虑,应先平定江西寇乱,绝了后顾之忧,然后分防险要,帅师前往湖南。康熙对此作了十分有力的反驳,指出吴三桂久据湖南,奸宄乘势窃发,滇、黔、川、闽因而沦陷;广西、陕西逆贼猖獗;湖南一隅,诚贼根蒂,四方群寇所观望;只有速灭吴三桂,底定湖南,各地叛附逆寇才会闻风自散。进而康熙明确指示,现在荆州兵未能渡江,岳州兵又难骤进,王抵江西,宜由袁州直取长沙,一以断贼饷道;一以分贼兵势;一以扼广西咽喉;一以固江西门户,乌合之众自当瓦解。荆岳大兵即可乘机直进。何况宁羌(今陕西宁强县)告变窃居四川的吴军,必逼杨、洪、窥伺郧(今湖北郧县)、襄,骚扰南郑(今陕西汉中市),侵袭荆州后路。估量大势,进兵湖南,断不容缓。且南方卑湿,延迟到夏月,淫雨连绵,大兵坐守日久,不但战马多毙,粮饷亦恐不继。康熙斩钉截铁地说:"是进取湖南,不再计决矣!"②他敦促岳乐宜将江西要地"速行整理,稍有就绪,即进取湖南,勿得坐视,致误机会"③。

九月,康熙又命令岳乐置拨官兵固守江西,乘冬月速取长沙,同时派遣简亲王喇布率江南兵二千赴江西,以内大臣希尔根为副将军同简亲王镇守江西。

十一月,岳乐率军进征湖南。康熙按照岳乐的要求,命提督赵国祚兼统绿旗兵三千与都督陈平所属兵二千,随岳乐征讨。另嘱

① 《清圣祖实录》卷五十二,康熙十四年正月辛酉条。
② 《清圣祖实录》卷五十二,康熙十四年正月戊子条。
③ 《清圣祖实录》卷五十二,康熙十四年正月戊子条。

南怀仁所造火炮二十具,著官兵送至江西转运岳乐军前。

正当岳乐进发湖南长沙之时,屯驻福建顺昌的耿藩总兵张存、罗元生、邵武总兵彭世勋等向岳乐表示,清兵若从江西进闽,愿为内应。岳乐觉得这是进攻福建的最好时机,他再次向康熙奏请,希望康熙"睿鉴详度,无失时机"。康熙立即答复:"招徕逆贼,克取福建,当有大将军简亲王、副将军希尔根等,相机以行。至于进攻长沙,剿灭吴逆,惟王是赖,王务速行之"①。

之后,尚可喜奏报郑经、马雄分别进入广东的潮州、高州,广东危急,他要求岳乐暂停进征湖南,调赴广东。但康熙看准了的事,一经决定,是不会轻易改变的。他向尚可喜一再强调吴三桂未灭,故各地叛逆得以猖狂,今安亲王进征湖南,牵制了吴三桂的主力,这样,粤东的紧张局势自然会缓和下来。若由粤东进兵湖南,则道路迂回,必将稽延时日。随之,康熙立即催促简亲王喇布速发大军由副都统一人为将军统率,驰援广东。并提醒简亲王,"毋得仍前滞迟,以误军机"②。

与此同时,康熙通令荆州的勒尔锦,彝陵的察尼与岳州的尚善等迅速发兵配合岳乐进攻长沙。尚善须摆出攻取岳州发兵长沙的态势,如有机可乘,立即进攻岳州。康熙告诫勒尔锦等,你们驻荆州将近两年,止知自守汛地,各保身躯,不能少进尺寸③。现安亲王进军长沙,如又不发兵夹剿,吴三桂知荆岳按兵不动,死守长沙,那你们贻误军机的罪行就更大了④。

这时,三桂以兵七万据岳州、澧州诸水口,以拒荆州江北之师;

① 《清圣祖实录》卷五十八,康熙十四年十二月壬戌条。
② 《清圣祖实录》卷五十八,康熙十四年十二月癸酉条。
③ 《清圣祖实录》卷五十九,康熙十五年二月甲戌条。
④ 《清圣祖实录》卷五十八,康熙十四年十二月壬戌条。

以兵十万据长沙、萍乡、醴陵,以拒江西之师。康熙十五年(1676年)一月,岳乐乘三桂西上时,派出奇兵从间道袭取袁州。二月,大军进抵湘赣交界的重镇萍乡城下。其时,驻守萍乡的吴军统帅夏国相与大将韩大任不合。夏国相淫掠酗酒,歌童舞女充牣营中,士气不振。岳乐将满汉兵编成四队,分道进击,连续攻破十二寨,斩首万余级。夏国相弃印遁走,清军占领萍乡,迅速进入湖南,直逼长沙城下。湖南震动。康熙立刻敦促尚善分兵配合,并先后命令江西总督董卫国、巡抚佟国桢、江南总督阿席熙和安徽巡抚靳辅等负责采办造船物料,雇募工匠,一并运送长沙,由安亲王岳乐遣兵迎取,副巡抚韩世琦伐木督造战舰。

为了集中优势兵力,战胜吴三桂,陕西平定后,康熙授陕西前锋统领穆占为都统佩征南将军印,统率陕西、河南满汉诸军,奔赴湖广。穆占抵达荆州,又增兵千余,赶往岳州、长沙。

吴三桂得知长沙危急,忙遣将军胡国柱增兵进驻长沙城内,调马宝、高启隆等由岳州星驰应援,扎营于长沙城外。又亲自领兵自湖北松滋南援,屯兵在城郊嶽鹿山上,并尽调彝陵、南漳诸处军兵合力拒守。在长沙周围,掘重壕,布铁蒺藜,列象阵,同时,集兵船于长沙城下,准备水战。

吴三桂的军队由于多年蓄养,并久经战争,战斗力颇强,即使在王辅臣、耿精忠、尚之信等相继降清之后,外援尽失,已陷于孤立,清军精锐仍然难以战胜吴军。

康熙十五年(1676年)三月,清、吴两军主力在长沙城郊展开一场恶战。岳乐发兵十九路自城北铁佛寺后布阵至城西南,长数十里,吴三桂也发兵十九路以应。吴将王绪率先领兵冲锋陷阵,立即被清军合围数重,旗帜尽偃,金鼓无声,在城上观战的人,以为吴军全完了。过了一会儿,忽听到火枪连发,声如急鼓,只见得清兵纷纷落马,王绪军从重围中冲突出来,兵锋所指,清军无人敢犯。王绪军全胜而还。与这同时,吴三桂侄、将军吴国贵为流矢所中,贯腮堕马,夏国相力战将他救回,清将穆占急速追至城下。三桂早在近城外伏兵以防,巨象伏冈下,清军至,群象奋起,猛冲奔突,清兵遁走,呼声动天地,血战至日中,天忽大雨,各敛军而退。在这次战役中,彼此杀伤略相当。从此三桂入城而守,清兵亦掘壕包围,不再攻战。两军成相持之势①。

康熙估计吴三桂集兵守长沙,其洞庭湖口守备必虚,命令安远靖寇大将军多罗贝勒尚善等乘机速攻岳州,敦促宁南靖寇大将军多罗顺承郡王勒尔锦、贝勒察尼等或攻彝陵,或整理舟师,张扬渡江之势;倘有机会可进,即渡江酌量速进;调戍守河南兵每佐领骁骑一名,再发京师每佐领骁骑一名与盛京兵一千三百名,赶赴岳州。

在康熙一再催促下,宁南靖寇大将军多罗顺承郡王勒尔锦亲率大军于康熙十五年(1676年)三月十八日自荆州渡江。前锋参领瓜尔察败吴军于南岸之文村与石首县;荡寇将军贝勒察尼败吴军于澧州之太平街。安远靖寇大将军多罗贝勒尚善命护军统额司泰、副都统鲁西巴图鲁等统率岳州水师于康熙十五年(1676年)三月九日进入洞庭,屡败吴军,攻取君山,截获敌舟五十艘。吴军下游兵丁,望风溃遁。这时清军如能乘胜长驱挺进,则澧州、常德、湘阴等处,似可解决,进而可以有力地配合岳乐,合力夹攻长沙。但勒尔锦、尚善等未能克服畏敌思想,以致水陆两军迁延停滞,踯躅不前,勒尔锦又不力扼虎渡口,让吴三桂得以调动松滋上游水师,相继沿江而下,向清军进行反击。勒尔锦害怕损兵折将,立即放弃

① 刘献庭:《广阳杂纪》卷二,中华书局1957年版。

太平街,并借口暑潦,领兵退回荆州。尚善的舟师也未能断吴军饷道,江湖各处险隘复为吴军所占。

太平街失利后,勒尔锦具疏请罪。康熙指责勒尔锦等:自抵荆州以来,徒劳兵师,虚糜国饷,坐守三年,未获寸功,本应分别解任其大将军、参赞等职,严加治罪,只是考虑到勒尔锦等身在行间,临敌对垒,所以暂留原任,令其主动自效,以赎前愆①。

为了分散包围长沙的清军兵力,断绝安亲王岳乐的后路,切断清军在江西与广东之间的联系,吴三桂派遣高大节、韩大任等率军数万进军江西吉安。这时,指挥江西战局的简亲王喇布顿兵南昌,没有发兵支援,吉安陷落。康熙又愤又急,屡催喇布、希尔根亲统大兵,迅速收复吉安。但喇布、希尔根等拖了很久才遣将军哈尔哈齐、额楚等率兵前往吉安,而自己则借口"南昌重地",逗留不前。哈、额两将抵达吉安数月,未能收尺寸之功,吴军却乘机进陷醴陵。醴陵"前通长沙,系江楚门户",更是安亲王大军的后路,"关系非轻"。康熙命简亲王速檄副都统扬古岱及总兵官赵应堂等率领官兵克取醴陵,并催促喇布等亲率大兵,攻取吉安。康熙以十分严厉的口吻告诫喇布:"恢复长沙,平定湖南,全赖吉安大兵接应,若仍前迁延观望,安亲王大兵脱有疏虞,喇布等当以失机例从重治罪不贷"②。之后,喇布等才亲自率兵攻围吉安。

吴将高大节率领四千精兵死守吉安。高大节勇敢善战,往往出奇制胜,以少胜众,他曾以百骑击败清军于大觉寺。在螺子山的一次战役中,又以少数军兵,直冲清兵大营,大败清军,简亲王喇布与副将军希尔根仓促弃营逃走。但吴将韩大任因心怀妒忌,在吴

① 《清圣祖实录》卷六〇,康熙十五年三月戊辰条。
② 《清圣祖实录》卷六十四,康熙十五年十一月壬寅条。

军主帅胡国柱面前挑拨离间,使高大节受到压抑,怏怏不乐,怨愤而死。从此,韩大任深居吉安,不敢出战,吉安被清兵围困。

吴三桂估量清荆岳大将军勒尔锦不敢进兵,就亲往常德调集军队,命马宝为统帅,王绪为前军,陶某为中军,马宝自御后军,各率兵三千救吉安。但吴军统帅马宝有畏惧情绪,与王绪屡有分歧。出发前,王绪建议,救兵如救火拯溺,大军应急趋仅距百里的萍乡,援兵一到,吉安之围可以立解。马宝不同意,认为清军围吉安,萍乡一带必有埋伏,吴军误入伏中,覆没无疑。如果由衡州(今衡阳市)渡江,经耒阳、永宁,无敌阻挡,时日虽缓,但万全无失。王绪勉强服从。后来,经过半个月的行军,吴军才进入吉安境内,离吉安府城还有四十里,而且中间又隔着一条江,没有船,过不去。马宝说:我援军到此,清兵必过河前来阻抑,等他们半渡时,我们就发动进击。不久,清兵果来渡江,马宝却闷声不响。王绪一再催促,马宝又设计道:等彼军渡过江,尚未立足扎营时,将军击其前,我则抄其后,打他个猝不及防,然后乘势抢夺船只,迅速渡江,同城中守兵相呼应,内外夹击清军,必能制胜。王绪默默无言。等到清军刚刚渡毕登岸,王绪率领军兵飞速地直扑过去,双方展开激烈的搏斗。而马宝却按兵不动,王绪愤极,只身赶往营内,马宝不在,王绪急问兵士,兵们告诉他,马宝躲在地坎内。王绪又立即奔向地坎,一眼望见马宝,果真蜷缩在地坎中。王绪即催马宝起身,马宝却颤抖着说:火炮厉害,暂且躲藏。王绪又气又急,飞身跳下地坎,不管三七二十一,把马宝抢拖出来。这时,天色已晚,两军只好暂且收兵。马宝又对王绪计议道:敌我两营相通,今夜恐有不测。不如乘月明途清,命令部军退五里下寨。王绪心知马宝胆怯,而孤军又不能留下,只得附和。马宝所率后军,退时列为前驱,兵一退十里、二十里、三十里,不能止。王绪大呼,停止扎营。马宝没有理睬,又退了十里,才停退安营。第二天,王绪催促马宝出战,马宝推说军兵跋涉身倦,休息两日再说。隔日,王绪又去促战,马宝又巧饰说:待清兵过来,以逸待劳。于是,王绪军当大路立营,陶某军屯左坡,马宝军屯右坡以待。过了十日,清兵获悉吴军主帅心力不齐,出动万人直捣王绪兵营,又另遣二支军兵抵拒左右坡敌兵。王绪因众寡不敌,吴军被杀伤几半。王绪差人再三促马宝救援,马宝却按兵不动。马宝属下总兵那与白出于义愤,攘臂大呼:王将军急逼如此,怎能坐视! 请率兵救援。清兵望见右坡旗动,才慢慢引退。王绪所部伤亡严重,而马、陶两军却无损伤。马宝自以为打了大胜仗,决意乘此班师。他对王绪说:我等三人,乘此一捷正好班师,吉安阻江,那能飞渡,待以后再整大军来援。这时,吉安城内寂然,韩大任也不知援军到来,亦无一人一炮接应。于是马宝等率兵回师湖南。喇布等获悉,即遣二万兵进击,屡被吴军击败。

这时,吉安被清军围困已二百余日,韩大任粮尽援绝。浙人孙旭改名王怀明,同韩大任交厚,大任用怀明计,于三月二十一日,撤下一座空城,率领部兵偷偷地逃出南门,步行跨过白鹭洲,发炮击鼓,清军以为劫营,惊忧终夜,不敢出战。第二天,天刚亮,清军方知吴军逃遁,遂进据吉安。于是韩大任得走宁都、乐安间。喇布随调满汉兵分三路进剿,并按康熙指令,行文招抚:"凡被胁从贼官吏,自拔来归,赦罪议叙"①。其时,闽粤数路告捷,局势越来越明朗,九月九日,王怀明与韩大任登高山顶峰,纵论天下形势。王怀明说:如广东相连福建,平凉犄角汉中,天下局势还不能确定,现听说王辅臣已倒戈,耿精忠、尚之信亦将相继归诚。无广东,则湖南腹背受敌;无平凉则汉中摇动,四川坐听待毙。安危存亡的危机,

---

① 《清圣祖实录》卷六十八,康熙十六年七月甲申条。

不可不明察啊！韩大任听了这一席话，顿时醒悟，才拔营去福建至康亲王杰书军前投诚。其部将郭立辅等被董卫国追杀于万安、泰和诸处，余众投降，江西平定。

九、岳州决战　收复湖南、广西

随着福建、浙江、陕西及江西渐次削平之后，清朝得集中兵力对付吴三桂。

吴三桂统领十万大军屯聚长沙。岳乐、穆占两军合力围攻，长久不下，清军粮饷困乏。康熙特遣刑部郎中色度等到岳州宣谕："岳州、长沙势如两足，此蹶则彼不能独立。"①康熙一面调穆占率军进取茶陵、攸县，与简亲王喇布合力进攻衡（今衡阳市）、永（今零陵）；一面调集水陆两军向岳州发动总攻击。

针对岳州三面临水和吴军多备鸟船、战舰等情况，康熙屡次下令兵部选拔贤能大臣、官吏会同督抚克期增造鸟船、沙船等各类战舰，多设水师营兵，由岳江入洞庭，尽占江湖，断敌粮道。康熙十六年（1677年），先后命令安徽巡抚选送沙船四十艘，并发江南荆州沙船百余艘，及安徽巡抚靳辅督造船百艘，送至岳州。同时，增强水师力量，任命具有水上作战经验与指挥能力的平鲁路参将万正色为岳州水师营总兵官，其下添设游击守备各二员、千总四员、把总八员。拨抚、提标兵各五百名与岳州城守原额兵七百兵，又另增募兵三百名，合计二千名为经制。再从荆州驻军中每佐领下选精兵五名，量配船艘，特命都统鄂内佩讨逆将军印，率赴岳州，速行夹剿。之后，康熙允准贝勒尚善的请示，命江苏巡抚慕天颜造鸟船四

①　《清圣祖实录》卷六十五，康熙十六年二月丁卯条。

十艘;遣户部尚书伊桑阿赴江南,会同该省巡抚督造鸟船六十艘、沙船二百艘,凡鸟船所配用的精熟谙练的船工水手务必从散处河南、山东、湖广、江南、江西、浙江、山西等地的福建投诚官兵中遴选。从而建设了一支强大的水师。

岳州从各地运送各类战船,比吴军船舰多至数倍。然而尚善统率大兵驻岳数年,并未大创敌军,康熙对此屡有批评。所以当康熙十七年(1678年)五月,大将军安亲王岳乐率军克复浏阳与平江,打通了江西和湖广的通道之后,康熙立即命令岳乐总统官兵,攻取岳州,又派遣将军鄂内率舟师前进,令满汉官兵实土芦围,排列鹿角,进逼敌营,昼夜火攻,使敌应接不暇。另调尚善所部大臣及每佐领五人赴长沙驻守。尚善接到调守长沙的诏令,急忙上疏恳请,愿统率舟师攻取岳州,以赎先前耽误军机之罪,同时,提议添造鸟船一百艘,沙船四百三十八艘,命蔡毓荣率标兵三千人与荆州绿旗兵二千人,驰赴岳州。尚善向康熙立下了军令状:"臣等是役入湖,务期破贼。"①康熙一一允诺了。

这时,吴三桂的亲军水师右翼将军林兴珠自湘潭遣杨廷延等到岳乐军前致投降书,岳乐派遣副都统甘度海、阿进泰迎降。林兴珠向岳乐进献断绝吴军粮道的谋略。林说:清军船多,宜分其半泊君山,阻断敌人通向常德的水道,余船泊香炉峡、扁山、布袋口诸处,并沿九贵山陆路立一营,截断岳州与长沙、衡州的通道。这样,驻守岳州的吴军水陆运道都被阻塞了,粮运断绝,不战自毙。林兴珠这个致吴军死命的计策,驰报清廷后,康熙断然确定了"困取岳州"的战略。他立刻命令察尼部署清军于南浔港、高家庙、君山、扁山、九贵山、九马嘴诸处,联络舶舟,并在九贵山再设陆营,使水

---

① 《清圣祖实录》卷七十二,康熙十七年三月庚子。

陆相望。如岳州吴军出犯,就可并力攻击,即使长沙、衡州、常德等地的敌兵来援,也可以合势剿御。这样一来,吴军的水陆运道全被阻断了。

吴军望见清兵船泊柳林嘴、君山等处,乘风速来攻击。讨逆将军鄂内即令各路舟师分头迎击开炮,击沉吴船多艘,擒斩吴官兵多人,截获鸟船器械不少。在君山看守火药库的清水师营总兵官万正色下属官兵亦乘机出动迎战,斩杀吴将游击及吴军千余人,擒获吴军守备、千总等军官二百余人。

之后,水师总兵官万正色连续两次向洞庭湖要口套河峡进兵。套河峡系清军进攻岳州门户,吴军在这里设置层层桩木,拦阻兵船。清军奋勇前进,斫倒桩木,终于打开了直进岳州的通道。

安远靖寇大将军多罗贝勒尚善于康熙十七年(1678 年)八月初四日逝世,康熙命多罗贝勒察尼代尚善为安远靖寇大将军,赴岳州统领清兵。

在清军严密部署"困取岳州"的同时,将军穆占率军进占永兴、茶陵、攸县、酃县、安仁、兴宁(今资兴)、郴州(今郴州市)、宜章、临武、蓝山、嘉禾、桂阳(今汝城)和桂东等湖南所属十三城。简亲王喇布进守茶陵。

吴三桂既失陕西、闽、粤三大援,又失江西,疆土日蹙,且军兴调发,财用耗竭,川湖赋税又不足供军饷。据载:吴军失茶陵、攸县等处,粮饷不济,军士胥怨,民多远避,情竭势绌。三桂唯恐引起各方轻视,内部分解,试图借称帝来提高自己的威望,并藉此凝聚反清势力,支撑政局。他的部属亦争着相劝,怂恿他登上帝座。于是,三桂从长沙迁往衡州,筑坛于衡山脚下,暂以衡州府署为行宫。殿瓦来不及更换黄色,就涂上赤黑色的漆,另外,赶筑庐舍万间作为朝房。康熙十七年(1678 年)三月初,吴三桂祭天即位这一天,黎明放晴，彩云显现，吴三桂暗忖，这真是应天的好兆头！他喜不自胜，跨上骏马，出了宫门，奔向南岳之麓，戴上皇冠，穿上帝服，登上祭坛。祭告天地的礼仪完毕，即乘帝辇返回宫中，宣告即皇帝位，建国号周，建元昭武，改衡州为定天府，册妻张氏为后，应熊庶子世藩为太孙，加郭壮图为大学士，仍守云南，设云南五军府兵马司，改留守为六曹六部，晋胡国柱、吴应麒、吴国贵、吴世琮、马宝等为大将军，封王屏藩为东宁侯，造新历，举行云南乡试，中武举人七十二名，用来扩大政治影响。

永兴为衡州门户，距衡州仅百余里，是吴军必争之地，同时，为了缓和清军对岳州的攻势，吴三桂召马宝、王绪和胡国柱等率军锐逼永兴。清军抵御失利，都统宜理布、前锋统领哈克山战殁。吴军占据河外营。接着清前锋统领硕岱、副都统托岱、宜思孝等营又被吴军冲破，托岱和宜思孝率兵退至郴州，硕岱等入城死守永兴。吴军三面环攻，昼夜不息，城墙被火炮轰坏了，清军急速用竹篓布囊盛土填补，且筑且战，永兴数次濒危。这时，简亲王喇布屯兵茶陵不敢救，将军穆占则将应援永兴事全推给喇布处理。康熙深知两将不和，一面传谕穆占，勿因永兴两次失利而沮丧，应鼓舞军心，振扬军威，争取胜利；一面向穆占严肃地指出：永兴两次失利，是其调走大臣、官兵致使防守该地兵力单薄，遂尔失机的缘故，尔今反而企图辄思巧脱永兴失利的误事之罪，那是背离历次诏旨的。接着，康熙历数以往凡是有关防守江西全省及湖南茶陵、永兴诸处的敕旨，总是署穆占名于前，简亲王喇布名于后，这显然是朝廷倚重穆占的用意。作为将领的穆占，不但不以朝廷大事为念，反而徒为身计，独留精兵自护，"军机坐失，职此之由"①。最后，康熙委婉地劝

---

① 《清圣祖实录》卷五十七，康熙十七年七月甲子条。

谕两将,"自今以往,毋得互分彼此",宜协力荡平敌军。在康熙的催促下,穆占立遣都统布舒库会同副都统尼雅翰率领护军甲兵、绿旗兵并载运火炮赴永兴解围。随后,穆占又奉命亲赴永兴,扑灭吴军。

吴三桂见兵势日蹙,人心渐变,力实难支。衡州百姓散布民谣说:"横也是二年,竖也是二年,以昭字横竖皆两笔也。"①他每日自叹:何苦! 何苦! 一日,有犬蓦地登上坐案,朝着他狂吠,三桂突然受惊,虑为不祥之兆。从此,他日夜忧惶,形容憔悴,气血大损,津液枯涸,气机郁结,痰淤碍阻,终成噎膈病。咽下梗塞,食时喉痛,或格拒难下,且又下痢,遂于康熙十七年(1678 年)八月十七日在惶惶不安中病逝,时年六十七岁。夏国相等秘不发丧,向三桂进食进衣如平时,关闭衡州城门,并潜令逼攻永兴的吴军撤回。随后吴国柱和马宝等奉命于八月二十一日焚毁营垒,率领所部退回衡州,衡州始开城门。接着,胡国柱等将三桂尸体偷运至常德,由方光琛送殡到云南安葬。于是,郭壮图等拥立吴世璠在云南即位,世璠任大学士方光琛为国公,以郭壮图为腹心。次年,迁往贵州,以贵阳府贡院为行在。

三桂的死讯一传来,康熙立即抓住"渠魁既殒,贼必内变"这一有利时机,指令诸路将军急速"各统大兵,分路进剿"②。又下令兵部宜乘敌军溃乱之际,急取岳州③。康熙还采纳了林兴珠的献策,对岳州作了进一步的军事部署:待湖水干涸后,凡在洞庭湖的各要隘,应围以木栅,竖立木桩,设置火炮,派遣小船时时巡警,严密监视敌兵行动。同时在南靖江、君山、高家庙等处,设立营垒,驻

---

① 《辛巳丛编·平吴录》。
② 《清圣祖实录》卷七十六,康熙十七年八月乙未条。
③ 《清圣祖实录》卷七十七,康熙十七年九月乙酉条。

扎大队人马扼守,要严防吴军突击此等地区,从陆路往石首、华容、澧州(今澧县)和常德诸处运粮。

原先,吴军在岳州曾聚备三年军粮。在荆岳长期对峙中,彼此不相攻战,双方还互通贸易,各自设关抽税,以佐军需。其时,荆州米贵,每石价银一两,湖南米贱,价银三钱一石;荆州盐贱,价银仅一钱一包,湖南盐贵,价银每包三钱。两边议定,盐五包换米一石。驻岳州的吴军统帅吴应麒认为用三钱之米换一两五钱之盐,大可图利,于是,停发军粮,倾仓倒换,以米易盐,将换得的盐在湖南出售,然后,把军粮再折价缩值代以银两,发给官兵,所获暴利,尽入私囊。因此,吴军贮备粮饷为之一空。

起初,吴军尽占水道要隘,从台湾投诚过来的水师总兵杜辉,又善于水战。他所造飞船,长十丈,阔二十尺,两头尖锐安柁,中分三层,上、中两层左右各安大小铳炮三十六,下层左右各置桨二十四,出入洪波大浪如平地。吴军依靠这支强劲的飞船水师往衡州、湘阴等地运载粮米、器械,供应岳州驻兵需要。清水师不敢拦截。有一次杜辉等驾驶飞船二十多艘,自岳州赴湘阴运取粮米火药,清都统德业立、提督周卜世等率一百三十艘船在扁山出击,杜辉急命水兵两面放炮,清船急忙躲避,任飞船冲出水围,驶往湘阴。之后,飞船从湘阴等地运回军粮火药,驶过扁山时,边行边向两面放炮,清水师又不敢邀杀,目视吴船将粮米火药运入岳州。这样,清军以数百艘战船,面对敌人数十艘飞船,畏缩怯懦任其出入,未能绝断吴军饷道。

后来,清水师用艨艟数十艘,上排铁钉,船外密布渔网,飞船疾驶过来,划桨被渔网缠住,不能转动,飞船终为清师所破。

为了加强对岳州的围困,清廷又发江南子母等炮一千,运至岳州,调荆州水营总兵官张忠并标兵赴南浔江、君山、高家庙诸处,从长沙抽调部分军兵,以及调江西总督董卫国属下标兵五千与江西营兵数千,携带火器、挨牌、鹿角等军用器械,驰赴岳州。

康熙十七年(1678年)十二月,吴军统帅吴应麒令将军江义、巴义元和杜辉等驾巨船二百五十多艘,乘风侵犯清军驻地柳林砦,贝勒察尼令水师掉轻舟飞越吴船,发炮攻击,半数吴船被击毁,吴军多溺死湖中。过了片刻,又有五千吴军突犯高家庙,并急速渡江,进攻陆石口,仍被清讨逆将军鄂内、前锋统领杭奇等率师击退。随后,康熙立即指示:岳州系湖南咽喉,如该地克复,则常德、长沙等地的吴军,断难屯踞,荡平敌寇,指日可期。今湖水渐涸,敌船难出,故由陆路奋死来犯,如敌兵不乏粮饷,岂肯如此拼死冲突,吴军的穷迫情状已十分明显。贝勒察尼等亟须水陆围逼,并令镇守诸要路的将军大臣,严缉奸细,使吴军内外音信不通,断绝其外援,务期克复岳州。

吴军粮绝,人心惶惶。民谣传播:"吴应麒!吴应麒!杀了你献康熙"①。吴应麒接连遣人四出求援,都没有结果,内部官兵相继投降。康熙十七年(1678年)十二月,吴将军杜辉遣参将林宁等奉书请降,安远靖寇大将军贝勒察尼等约期接应,事泄,吴总兵陈华、李超率文武官兵潜逃,投诚清军,杜辉与同谋诸人被吴应麒所杀。康熙十八年(1679年)正月,吴总兵王度冲、将军陈珀等各率领舟师归降。吴应麒在内外交困中,弃城逃走,清军进入岳州。清辅国公温齐等率兵追杀二百余里,因没有携带炊具而还。

岳州收复后,清军就以秋风扫落叶之势,迅猛地清除吴军在湖南的势力。

大将军安亲王岳乐命贝子章泰与署前锋统领杭奇率每佐领满

---

① 《辛巳丛编·平吴录》。

汉兵十名,同湖南提督桑峨和水师总兵官万正色等从水陆两面夹攻长沙。吴将吴应麒、胡国柱等焚毁船舰弃城潜逃,清军进入长沙。盘踞在彝陵对岸之镇荆山的吴兵亦尽行潜遁。容华、石首等县亦相继恢复。于是康熙命大将军简亲王率大军协同安亲王岳乐速取衡州,令贝勒察尼遣舟师三千八百名、沙船一百艘、快船八十艘,前赴长沙,听安亲王调遣,水陆齐进。简亲王喇布派前锋统领希佛等攻取衡州。康熙十八年(1679年)二月十三日夜半,署前锋参领戴屯等夺门入城,吴国贵、马宝、夏国相弃城遁逃,衡州收复。清军速下湘阴、湘潭、耒阳。

顺承郡王勒尔锦遣署副都统多莫克图等率师于康熙十八年(1679年)正月渡江。驻守太平街、虎渡口的吴军闻风溃逃。勒尔锦随即领大军渡江,分兵连续收复松滋、枝江、宜都与澧州等地。扼守百里洲的吴将洪福等率师来降。二月,勒尔锦遣固山贝子准达率兵进取常德,兵未至,吴将即纵火焚毁房舍、船舰后逃遁。吴按察使陈宝钥迎降。清军进踞常德府城。接着,慈利、石门二县,九溪、永定两卫的吴总兵官蓝志功、巡抚李益阳等率师投降。

三月,吴国贵等逃至永州,将军穆占遣官兵穷追,于白水市诸处击败吴军,收复永州。随后,道州、永明、江华与东安等县所驻吴军闻风逃窜。

吴应麒、胡国柱等从长沙一口气逃到辰州(沅陵),他们陆续集结溃军达一万三千多人,驻兵辰州,以木石堵塞隘口,跨路立五营,胡国柱扼守辰龙关。辰龙关系辰州门户,又是"通云贵的孔道",这一带山势险峻,林木茂密,距关二十里处,止行一方,在陡绝之地,步行亦难上。早在康熙十八年(1679年)三月,勒尔锦率兵至辰龙关附近,一望群山林立,路径险恶,且值雨季,便畏缩不前,急行退还,曾受到康熙严斥。随后,康熙命贝勒察尼攻取此关,察尼仍然畏难,迟滞未攻。

八月,大将军简亲王喇布派穆占攻取新宁。然后,会合安亲王岳乐向武冈、枫木岭进军。吴将吴国贵率二万余人与清军在枫木岭隘口展开激战。岳乐派建义侯林兴珠与提督赵国祚等率军奋击,大败吴军,吴国贵中炮身亡。吴军弃武冈慌忙逃跑,贝子章泰等率兵追赶逃敌,在木爪桥再败逃军,清军进占武冈、枫木岭。十月岳乐率军进占宝庆府(今邵阳市)。

正如康熙所预料,武冈、枫木岭克复,辰龙关后路被截,吴军再不能踞守。康熙十九年(1680年)三月,大将军察尼率军以间道袭破辰龙关,清军抵达辰州,辰州知府傅祖录献城投降,吴将杨有禄、周祯、杨宝荫、祖述舜等各率所部共一万一千多名兵丁亦来归降。吴应麒退到沅州,稍稍缓了口气,准备营造楚王宫殿。吴军愤懑地说:"刃已在颈,何殿为?"众兵一哄而散①。接着,穆占同董卫国率军进兵沅州,吴应麒、胡国柱仓皇逃奔镇远,湖南全境克复。

与此同时,广西亦随之平定。

自孙延龄带兵反清之后,吴三桂屡次催他出兵湖南助战,孙延龄以部众不从为由,婉言拒绝,引起吴三桂的异常不满。孙延龄妻子孔四贞时念清廷对她的隆恩,劝导延龄归顺清廷。康熙十六年(1677年),当清军挺进,延龄正接洽投诚清廷之时,吴三桂获此信息,立刻密令从孙吴世琮率军赶赴桂林,诱杀孙延龄,迅速进据桂林。一时吴世琮势甚猖獗。康熙认为"平定广西,扫荡云贵,关系紧要",令广西巡抚抚蛮灭寇将军傅弘烈会同征南将军莽依图进兵围攻平乐。康熙十七年(1678年)初,吴世琮率吴军五千,分水

---

① 《辛巳丛编·平滇始末》。

陆两路来援,渡过桂江,先击败傅弘烈所部绿旗兵,莽依图急速率领后续部队撤退,一直退到广西梧州和广东德庆。吴世琮增兵数万,乘胜追击,连败傅弘烈部于贺县、滕县,直逼梧州。康熙十八年(1679年)正月,傅弘烈与莽依图率敢死队出击,吴军大败。清军乘胜奋进,长驱直入桂林。吴世琮转而围攻南宁,清总督金光祖遣总兵官谭昇和杨国泰等往援,吴世琮闻风匆忙渡江越岭,在新村西山之巅,阵兵列鹿角迎战。莽依图与将军觉罗、舒恕、额楚、都统贝勒和金光祖等,分路扑剿。吴世琮负重伤逃亡,南宁解围。随后,太平府、柳州相继克复,广西平定。

十、进军四川、云贵　吴藩覆灭

随着战争形势的发展和战争条件的变化,在进攻四川、云贵之际,康熙作了新的军事部署。

康熙陆续解除了安亲王岳乐、顺承郡王勒尔锦、贝勒察尼等的大将军、将军之职,命他们解印归京,对他们的功勋与失职分别给予颂扬与严惩。康熙十九年(1680年)一月,岳乐率师行至武昌,康熙特遣使慰劳,兼赐骆驼良马,并传谕盛赞岳乐平藩之功。三月八日康熙率在京诸王贝勒及满汉大臣,出京至卢沟桥驻跸。次日,又自卢沟桥出迎岳乐凯旋大军于二十里外。康熙亲自召见岳乐等至御前赐茶。宁南靖寇大将军多罗顺承郡王勒尔锦等自出征以来屡误军机,康熙严肃地向大学士等指出:"勒尔锦、察尼统领大兵不能极力底定地方,但敛取督抚、司道等官的财物,希图肥家,贻误国事,疲敝兵马,困苦民生,失机之罪,最为重大。前屡旨申饬,竟置不闻,安坐军中,致失大计"。因为"王与贝勒都是王亲,其余尚可从宽,王、贝勒贻误国家大事,更不容姑贷也,尔等可传谕议政王大臣也"①。由此勒尔锦、察尼被削去亲王、郡王、并议政及宗人府之职。

康熙对进军四川、云、贵的三路统帅进行调整。任命贝子章泰接替岳乐为定远平寇大将军,同将军穆占和绥远将军、湖广总督蔡毓荣率领湖广大军进征贵州;将军赖塔"劳迹素著",命他为征南大将军接替莽依图,统领广西满汉大军,选取广州的清军精锐与原平南王属下的部分官兵,由广西南宁出师,进取云南;命陕西提督赵良栋、将军王进宝等率领绿旗兵由陕西进征四川。三军在云南会师后,归章泰统一指挥。

由于四川、云贵山陵起伏,沟谷纵横,骑兵驰骋平原战场的威势受到限制,剿灭残敌,收复四川、云、贵主要依靠绿旗步兵的力量。康熙把来于北方和东北地区的大部分蒙古兵、乌拉兵、宁古塔兵和部分满洲骑兵,从前线陆续撤回,倚重汉兵汉将。康熙十八年(1679年)十月,康熙特遣内阁学士禧佛、郎中倭黑前往陕西,明确指示将军张勇、王进宝、提督赵良栋和孙思克等说:"今贼既败遁负险,无容专恃马兵,若用绿旗步兵之力,於灭贼殊为有济。……尔等当各率所属绿旗兵,平定汉中兴安,恢复四川……尔等官兵前进,则满洲大兵亦即相继进剿,接运兵饷,不致匮乏"②。康熙还指示议政王大臣等说:"进取四川,以满洲大兵为后,应最为紧要"。他又任命湖广总督蔡毓荣为绥远将军,统率调遣湖广全省绿旗兵及总辖常德、武冈等处所有各省调拨官兵;总督董卫国、周有德、提督桑峨、赵赖和周卜世等一律受蔡节制;湖广现任文职官员也听从蔡遴选调用;有关云贵的剿抚事宜,全归蔡毓荣专门负责。但必须

① 《清圣祖实录》卷九十二,康熙十九年十月辛亥条。
② 《清圣祖实录》卷八十五,康熙十八年十月辛未条。

关白平远大将军章泰，"商酌行之"。

康熙十八年（1679年）八月，康熙命陕西大将军图海统帅陕西满汉大军进取汉中兴安。十月，图海与将军佛尼勒、将军毕力克图与提督孙思克、将军王进宝以及宁夏提督赵良栋等，分别从兴安（今陕西安康）、略阳、栈道和徽州（今甘肃徽县）等四路向汉中挺进。

其时，吴将王屏藩拥众数万于兴安、汉中等地，吴之茂据守四川松潘地区。十月十日，王进宝收复陕西凤县（今宝鸡市西南部）和甘肃两当，于十月下旬，进克武关（今陕西留坝南），乘胜追击逃敌，直抵汉中。王屏藩率逃军从青石关撤至四川广元，清兵收复汉中府。

赵良栋率大军由密树关进兵徽州，吴军弃城遁逃，徽州收复。十一月，赵良栋挥师渡过白水江，兵不血刃，进占略阳。随即分兵三路，攻下阳平关（在今陕西宁强县西北），打开了进兵四川的通道。

十月中旬，图海率大兵至镇安县，令署理西安将军事务佛尼勒等为头队，自己亲率护军统领吴丹为二队，分两路，进军梁河关。佛尼勒在火神崖打击吴总兵王遇隆军，渡过乾玉河，进占梁河关。图海等乘胜迅趋兴安州，吴将谢国、总兵王永世等率文武官员三百八十二人、兵丁一万四千三百多名至军前投诚，兴安州收复。又连下平利、紫阳、石泉、汉阴、洵阳（今旬阳）诸县，及湖广竹山、竹溪等县。

毕力克图也在十月中旬收复甘肃的成县、阶州、文县等地。

汉中平定后，康熙授予赵良栋为勇略将军，命赵良栋与将军王进宝分兵两路迅速进兵四川；又令图海帅师镇守汉中，谋划接济进蜀诸军粮饷和调发进川军兵。康熙还特别郑重地指令图海："不拘陕西通省及各处官兵凡系王进宝、赵良栋所调,速为发遣,勿致有误,若漫不经意,调遣迟延,恐误进定四川重务"①。于是,赵良栋从陕西、宁夏、甘肃等所属各兵营选取标兵一万一千人,自大安驿同将军王进宝进取四川。

康熙十八年(1679年)十二月,王进宝率军击败朝天关守敌,迅速占领广元。遂分兵三路,急赴保宁(今四川阆中),在距城二十里之地,占据孔道,安营扎寨。康熙十九年(1680年)正月初,王屏藩等出动二万人袭击清军,王进宝遣官兵迎战,大败吴军,追剿逃敌至锦屏山,连破敌营四座,奋进保宁城内。吴将王屏藩与陈君极自缢身死,擒获将军吴之茂、张起龙等将官十七人,保宁收复。又连下昭化(今并入广元县)、剑州(今剑阁)与苍溪等县。二月,王进宝会同将军吴丹遣镇守西安将军佛尼勒、总兵官王朝海等率兵取顺庆(今南充),沿途招抚盐亭、潼川(今三台)、中江、南部诸州县。正月中旬,顺庆知府彭天寿等率众投降。于是,蓬州(今蓬安)、广安、合州(今合川)、西充、岳池、营山、渠县、邻水、仪龙、遂宁、莲溪等十一州县相继平定。

康熙十九年(1680年)正月初,赵良栋率兵渡过白水坝,在青川石峡沟击溃吴军伏兵,吴龙安府(治所在今平武)总兵姜应熊投降,吴军退至旧州明月港,断桥坚守。赵良栋率兵浮水渡江,奋勇击退守敌,急令总兵官王进才分兵直取成都;他自己率大军进至绵竹。吴劲武将军汪文元迎降。十一日,清军至成都近郊二十里铺,吴巡抚张文德等率文武官员二百余人投诚,成都收复。康熙提升赵良栋为云南贵州总督,加兵部尚书衔,仍兼管将军事务。

与此同时,康熙移檄严饬湖广提督徐治都会同川督杨茂勋率

① 《清圣祖实录》卷八十七,康熙十八年十二月壬午条。

舟师溯江而上,直取夔州(今奉节)、重庆。康熙十九年(1680年)正月二十一日,徐、杨分兵四路,击败吴将杨来嘉,生擒吴将王凤歧,二月初吴夔州守将刘之玮率总兵瞿洪升等出降。十六日,清兵又顺利进据重庆。吴将杨来嘉、彭时亨等各遣人缴印归降。

康熙十九年(1680年)十月,绥远将军蔡毓荣、安远平寇大将军章泰等,先后从沅州出发,向贵州镇远进军。吴将张足法、杨应选等在清军到达镇远的前一天夜里,就悄悄逃走了。清军轻易地占据镇远府城。康熙预料吴军不守贵阳,必据鸡公背铁索桥,紧急下令大将军章泰等直下贵阳。在途中,清兵大破吴军韩天福部,夺取平越州,恢复新添、龙里二卫,进逼贵阳。

这时,在贵阳的吴世璠急召夏国相、高启隆、王会等速从四川还军,救援贵阳,令马宝、胡国柱等继续在四川作战。吴军援兵还没有到达,清兵已进抵贵阳郊区,世璠慌忙偕同将军刘国炳、叔父吴应麒等乘夜逃奔昆明,清军进据贵阳。章泰乘敌慌乱之际,挥师奋进,于十一月初,连下遵义、安顺、石阡、都匀、思南诸城。平远知府郑开枢等献府城投降。十日,清军攻下永宁州(今甘肃永宁镇),追敌至鸡公背,扼守盘江铁索桥的一万三千余吴军,慌忙焚桥逃窜。这时,向清军投诚的普安土司龙天祐、永宁土司沙起龙等立刻架设浮桥,帮助清军渡过盘江。原任贵州提督李本深及大小文武官员相继投降,清军长驱直抵昆明城下。

但是仍在贵州顽抗的吴将高启隆、夏国相、王会、张足法等,拥众二万余人,重新攻占了平远城,屯兵在平远山上。清征南将军都统穆占与提督赵赖率满汉兵于康熙二十年(1681年)正月,向平远山上进兵,高启隆等败逃,王会率部投降,清军又复平远府。随后相继收复普安(今盘县)、黔西、大定(今大方)等。

与此同时,吴将线域率众万余,踞守江西坡。江西坡崇隆险

150

峻,曲折盘旋,绕山而上,婉似螺纹,在这里吴、清两军展开了一场恶战。二月初五日,吴军先以三、四十头云南战象,作为前驱,突向山下清军冲击,其势如暴风骤雨。一时,清军战马士兵惊惧战栗,溃乱躲避,清绥远将军总督蔡毓荣速遣正红旗兵督战,战象奔突不可阻挡,正红旗兵亦纷乱逃避,清兵死尸山积,战死者约十之二、三,被大象踩死、争着逃命互相践踏而死的约占十之六七。直到康熙末年,在这坡下锄犁,尚见白骨成堆①,足证这场战役清军损失之惨重。后来吴军终因兵力悬殊,不能坚守,遂弃险西上。

于是章泰与蔡毓荣率军进兵云南。

在清军步步进逼的形势下,吴军内部分崩离析。吴应麒随世璠从贵阳逃归云南,一路又招集逃亡散兵一二千人,到了交水(曲靖附近)就驻扎下来,没有再跟世璠去昆明。他打算在交水继续集结散兵,壮大军力,带兵进入云南,伺机废弃吴世璠,自袭帝位。这一篡位的谋划,被掌握实权的郭壮图侦知,郭壮图就密令大将线域以支援吴应麒为名,率军至交水,诱惑吴应麒出城慰劳援军,线域乘其不备,唆使部属当场用绳索将吴应麒勒死,吴应麒在昆明的两个儿子也同时被杀。吴藩内部骨肉相残,人心涣散,残败的局面已不可收拾了。

康熙十九年(1680年)十月下旬,广西大军在赖塔的率领下,从广西南宁出发,往田州、泗城(今广西凌云)抵达西隆州(今广西隆林各族自治县)。康熙二十年(1681年)正月,在云南边境距安龙所十里的石门坎,清军与吴军展开了一场激烈的攻坚战。石门坎羊肠石径,易守难攻,吴将何继祖凭险坚守隘口。赖塔令都统贝勒、希福等率前队官兵进剿,沿着大道前进,先向关前发动猛攻;自

① 刘健:《庭闻录》卷五;《清圣祖实录》卷九十四,康熙二十年二月乙巳条。

己与金光祖等分兵两路,自关后攀险而上,乘敌不备,从后面突击,夺取了关隘,吴军溃败,清兵乘胜收复了安龙所。吴将何继祖等败遁至新城,会同吴将詹养等聚兵二万,退守黄草坝(今贵州兴义)。二月初二日,赖塔率军进至黄草坝,同吴军从早晨五六时激战到下午二三时,连续摧毁敌营二十几座,俘获詹养等将士千余。随后,迅速地向云南挺进,连下曲靖、沾益、马龙、嵩明、寻甸(今寻甸回族彝族自治县)及杨林(在嵩明南)等城。赖塔部进兵神速,康熙获悉后,大加赞扬说:"赖塔自闽广深入云南,独先诸路,大败逆贼,调度有方,将士奋勇,殊属可嘉"①。

章泰与蔡毓荣等也由贵州进入云南,与赖塔会师后,即向昆明进军。二月中旬,章泰等在离昆明三四十里外的归化寺立营。吴世璠急召胡国柱、夏国相与马宝等将领从四川率师归援。康熙命将军佛尼勒、赵良栋等各率官兵分路蹑击,阻抑援兵来滇。世璠又遣密使往西藏,乞师于达赖喇嘛,密使和信都被清军截获。二月下旬,郭壮图遣李设牙、胡国炳率精兵万余人,出城过河进犯清营,列象阵挑战。章泰和赖塔挥军分队进击,左右夹攻,自辰至午,吴军五退五进,不料吴军退到金汁河时,象阵蓦地大乱,反向吴军猛冲,吴军纷纷跌入金汁河,被象践踏而死。清兵乘机冲杀,直追到城门下,阵斩吴将吴国炳、刘起龙等,吴军自相践踏,死者枕藉,郭壮图匆忙收兵,关闭城门。于是清军东西布营数十里,进一步围困昆明城。世璠移诸将家口于五华山宫城,誓必婴城死守。

昆明倚山临湖,利于防守。而清军驻营离城较远,包围很不严密。尤其是昆明池,南北相距百里,池面广阔,池四周的安宁、晋宁、昆阳、呈贡四县的驻军,大都没有撤换,仍由吴三桂旧部防守

① 《清圣祖实录》卷九十二,康熙二十年四月甲子条。

着。自然,四县驻军不会坐视自己的亲属、戚友困死城内,因此吴军舟楫,任其往来,从不查问。这样,城内军民所需粮食衣物靠水路运输,从邻湖四州县源源不断地得到供应。更何况清军将领数次建议攻城,都没有得到大将军章泰允诺。章泰执意待敌自行解体。他认为满洲军兵冒矢石,犯锋刃,血战万里,终于到达昆明,而残敌已是奄奄一息,清军只要向城内军民申明大义,必将有人应变,岂能忍心再让满兵葬身于坚城之下。凡此种种,使昆城吴军得以负固抗拒数月不下。

昆明围困日久,康熙十分焦急。八月,他面谕议政大臣说:"云南省城围困已久,吴军株守孤城穷迫已极,若不急速克取,一再迁延时日,待贼食尽,恐粮饷渐至于虚糜,兵丁亦苦于疾病,应移檄大将军章泰、赖塔等均派待罪官兵及投诚绿旗兵速行攻取"①。但章泰仍按兵不动。

九月,赵良栋率师赶到昆明,与章泰、赖塔两路大军会师。赵良栋目睹清军远离昆城,且围攻松弛,如此怎能破城。赵良栋不顾自己与部属远路跋涉的疲惫困乏,立即亲率所部投入战斗,跨越重重沟壕,夺取土桥、新桥与得胜桥,兵临昆明城下。章泰也随之下令各路军兵进抵城下,围困数重。同时,章泰又接受赵良栋的建议,在昆明池内,横列巨筏,筏上构筑用来侦察、防御和攻城的高台,设置水军,往来巡逻,严密监视,防备城内敌军图谋潜出昆湖,封锁了昆明与外界的水陆通道,切断了城内的粮饷来源。

十月,昆明城内粮绝,一酒杯米价高达一两白银,人都饿死了,军民一片慌乱。章泰等乘势督率各路大军向昆明城发起四面猛攻,用炮昼夜轰击。同时,向城内连续射出一封封劝降书,并密派

---

① 《清圣祖实录》卷九十七,康熙二十年八月辛未条。

吴三桂部属张起龙持敕潜入城内招抚,加速敌军瓦解。十月二十八日夜,吴将线域、吴世吉、黄用与都统何进忠、巡抚林天擎等密谋擒拿世璠与郭壮图献给清军。吴世璠闻变自杀,郭壮图及其子郭宗汾亦都自刎而死。二十九日,线域等率众出城投降,并献上"首谋献计"的大学士方光琛和他的儿子方学潜、侄儿方学范。章泰等入城安抚官民,接着,没收了吴世璠的家产,割下世璠的头,将方光琛连同他的儿子、侄儿一起于军前凌迟处死。助逆肆恶、势迫始降之高起隆、张国柱、巴养元、郑旺、李继业等皆弃市,妻女财产籍入官。夏国相、李本深、王永清、江义碟死,亲属坐斩①。

　　清军到处搜寻挖掘吴三桂的坟墓尸骨,甚至一天内有挖得十三具尸骨,全被下令焚烧成灰,其实都不是三桂的尸骨。三桂的尸骨所在,除世璠与郭壮图等少数人外,其他无人知晓。后来,吴三桂的一个侄儿出首,供出三桂的尸骨已焚化,骨灰匣藏在安福园石桥水底,清军戽水掘骨,果然找到一骨灰匣。然后章泰等将世璠的头与三桂尸骨一并送到京师②。清廷将吴世璠的首级交给刑部,把吴三桂的尸骨锉断,分发各省,一律悬挂通衢示众。

　　吴将马宝、巴养元等率军从贵州遵义退到云南寻甸后,携妻子奔往楚雄,屯踞乌木山,凭险抗拒清军。康熙二十年(1681年)七月,清都统希福、提督桑峨等率师分路入山进剿,大败吴军。马宝、巴养元等仓皇越山逃遁,潜入姚安山中,这时,部众散亡殆尽,剩下不到百人。桑峨遣人说降,马宝欣然应诺。出山时,马宝用绢束着头发,穿着诸侯、士大夫平常闲时所穿的上下相连的衣裳,坐上八人扛抬的大轿,特意摆出一副潇洒儒雅的气派,招摇过市,沿途他

---

① 《清史列传》卷八十,《逆臣传·吴三桂》。
② 《辛巳丛编·平滇始末》。

向围观的大众宣称："我不出,为我受牵连的人太多,为拯救一方百姓,我不惜一死!"到了楚雄,桑峨假意出城迎接,装出恭敬的样子,马宝喜不自胜。闲居数日,一天,桑峨特邀马宝夜饮,两人对酌,昏黄的灯光像鬼火似的,一闪一闪,映着桑峨不阳不阴的脸,一股阴冷的气氛,压得马宝透不过气来。酒过三巡,马宝心里抖动了一下,忽然思绪万千,涌上心头,自恃戎马一生,出生入死,同清军舍命拼搏,攻城掠杀,逞雄一时,却结怨于清廷,今身落敌手,罪孽深重,终究难逃一死,不禁黯然泣下,悲不自胜,老泪纵横。至此,马宝别无他求,他只哀求桑峨设法庇护他的亲儿,延续其一脉宗亲。不久康熙下旨:马宝力穷势逼,始来投诚,所犯情罪重大,断不能宥,命大将章泰将马宝、巴养元等押解京师。马宝被处以凌迟酷刑,受刑之时,马宝紧闭嘴唇,不发一声,直到一刀直捅心胸,才大叫一声而死。

夏国相败遁广南。大将军章泰命土司侬朋及防守临安总兵官李国梁率师进剿。康熙二十年(1681年)十一月初,清军直抵西板桥,将吴军紧紧包围,堵绝逃路。夏国相与王永清、李攀龙等诸将率部属缴印札乞降。章泰等立斩李攀龙等于军前,押送夏国相去京师正法。

胡国柱等于康熙二十年(1681年)三月率师二万余人,进犯窦坝、大溪口诸处,被清将军佛尼勒、赵良栋等挫败之后,遁走叙州(今四川宜宾市)、建昌(今四川西昌市),随后,再流窜到云南姚安山中,这时,部卒已溃散过半。清都统希福等率军进剿,胡国柱、王叙(王绪)等由丽江(今丽江纳西族自治县)、鹤庆窜入云龙州之青里屋,已是穷荒乏食,面临绝境。国柱问幕僚王叙(王绪)、李匡,如何了结?王叙(绪)、李匡答道:君侯不见落花乎!或缤纷裀席之上,或狼藉泥涂之中。话还没有说完,国柱已会意,就连连点头说:是! 是! 次日,国柱当众明告家人,引帛自缢。王叙(王绪)、李匡等举奠尽哀后,也自焚而亡。

在吴藩即将灭亡之际,康熙对耿精忠亦处以死刑。

早在康熙十六年(1677年)十一月,藩下参领徐鸿弼等遣人赴刑部,"首精忠归顺后尚蓄逆谋,凡五款:一、违康熙之令,不悉举出奸党;一、潜结海贼通音问;一、与刘进忠执手耳语,谓乞降非所愿;一、密令腹心藏铅药,约俟异日取用;一、散遣旧兵归农,令分携兵器,勿留供大军"①。昭忠在福州同参赞大臣介山等亦以鸿弼首词具疏入告。康熙都留下不发。

康熙十七年(1678年)三桂死,吴军遁入云贵,郑经退守海澄厦门。康熙顾虑耿精忠留在福建,恐其变生意外,如果要精忠来京,又怕他疑惧,所以密谕康亲王让精忠"奏请陛见"②。康亲王没有理解康熙的意图,反而上疏揭发精忠之罪,请求清廷逮系正法。康熙又明确指出:"今广西、湖南、汉中、兴安俱已底定,逆贼余党引颈以冀归正者不止百千。耿精忠若即正法,余党或致寒心;如能自请来京,庶事皆宁贴"③。康熙十九年(1680年)四月,精忠疏请入觐。康熙即令马九玉为福州将军,管辖藩下军兵。八月,昭忠、聚忠相继上疏,历数精忠罪状。精忠到了京城,康熙就允准王大臣等所请,将精忠下法司勘问,并将先前参劾精忠的密奏一并交给法司。精忠力辩归顺后绝无叛意。王大臣等议定革去精忠王爵,并将精忠父子及曾养性、白显忠等一律磔死籍没。康熙命暂系精忠于狱,将家属、部属归入正黄旗、汉军旗下。

康熙二十年(1681年)十月,康熙征求廷臣意见,拟对精忠予

---

① 《清史列传》卷八十,《逆臣传·耿精忠》。
② 《清史列传》卷八十,《逆臣传·耿精忠》。
③ 《清史列传》卷八十,《逆臣传·耿精忠》。

以宽减处刑,大学士明珠奏言:"精忠罪较之信尤为重大,之信不过纵酒行凶,口出妄言,精忠负恩谋反,且与安亲王书多狂悖语,情无可贷,当敕法司明正典刑"。于是精忠与曾养性、江元勋、刘进忠等九人"并磔于市,悬首示众"。显祚及祖弘勋、司定猷等十五人"咸伏诛,籍其家"①。

三藩之乱历经八年,至此终告平定,年轻的康熙经受了一次严峻的考验。

---

① 《清史列传》卷八十,《逆臣传·耿精忠》。

第三章 清郑之间时战时和
剿抚兼施终统台湾

一、郑经被驱守台 清廷持和谈判

顺治十八年(1661年)十二月,郑成功率军攻占台湾,结束了荷兰侵略者在台湾三十八年的统治。从此,郑氏政权以台湾为根据地,以金门、厦门两岛为支点,继续坚持着抗清斗争,使清政府在东南沿海地区的政局很不稳定。

康熙自即位伊始,为继续完成顺治帝遗留下来的统一台湾的未竟大业,根据不同时期的形势变化,交替运用军事征剿与和平谈判的两手策略,同郑氏政权进行了长期复杂的斗争。

康熙元年(1662年)五月,郑成功逝世,他的儿子郑经驻守在厦门,其弟郑袭在黄昭、萧拱宸的策动下,假借成功遗言,阴谋袭取藩主位置。郑经获悉这一消息后,立刻偕同周全斌、陈永华与冯锡范等准备率军赴台湾正位。

乘郑氏集团内部发生内讧之际,清福建总督李率泰、靖南王耿继茂等派遣都司王惟明、李振华同总兵林忠前往厦门,以"遵制削发登岸,自当厚爵加封"①为条件,招抚郑经。于是郑经暂停台湾之行,召集伯郑泰、洪旭、黄廷等军事首脑会议议定,"欲效朝鲜事

----

① 江日昇:《台湾外纪》卷十二。

例,不削发,称臣纳贡",以此作为和谈条件,让来使通知清方。八月,李率泰、耿继茂又差林忠等到厦门劝谕,要郑经将前此所占各州县的印信交还给清,并派员去漳州酌议,尔后带上奏章往北京请旨。郑经在内外交困的逆境下,不得不暂借清廷招抚之名,阳奉阴违,赢得时间,欲待平息内患后再作筹算。由是,郑经遣杨来嘉、吴荫为使,携带前此所得各州县之印共二十五颗,随林忠到漳州和谈。

茂、泰一面厚待嘉、荫二人,并差员同杨来嘉等一起入京上奏待命;一面乘郑氏叔侄争权之机,随檄水师提督施琅、提督马得功、海澄公黄梧及诸路总兵等,暂且按兵,要他们趁机密布间谍,挑动郑氏集团内部矛盾,使其互相猜疑,以乱人心。

郑经亦抓住招抚的空隙,将金、厦各岛事务交伯郑泰、洪旭和黄廷等调度。十月,他同周全斌率领舟师疾赴台湾。师至澎湖,先差礼官郑斌往台湾向当地官、兵宣告:世藩亲统六师抵台奔丧,各镇官、兵应分屯驻守原地。随后,郑经率军除灭了黄昭、肃拱宸等倡乱首恶,以礼宽待其叔郑袭,这样使台湾局势很快稳定下来。于是,郑经命郑省英为承天知府,颜望忠镇守安平镇,黄安提调承天府暨南北两路兵马地方军务。

十二月,杨来嘉从京返厦,报称清廷必欲郑氏剃发登岸。招抚不成。

康熙二年(1663年)正月,郑经偕同周全斌、陈永华与冯锡范等率亲军五总旗下兵丁共四千余人,战船九十余艘,自台湾返回厦门。诸将都来迎接,唯有伯郑泰在金门称疾不至。原来,郑经曾于黄昭营中搜出郑泰勾结黄昭图谋篡权的亲笔密信数封,郑经虽将密信暗藏起来,不露风声,但郑泰心中有鬼。这时,周全斌向郑经献计说:"彼船只倍多,未可轻举,急则变矣!不如用香饵法饵之。"郑经忙问:"何谓香饵?"全斌不慌不忙答道:"藩主可假言向泰宣称台湾新创,地方无人约束,恐怕发生意外,决意将眷属搬往台湾安插,然后西向,金、厦两岛只好暂交伯总制,这样,泰必安心"。郑经点头称好。六月,郑经特派礼官郑斌、户官吴慎两人赶赴金门,将金厦总制印交付郑泰,并向郑泰转达郑经的命令说:"经将东行台湾,金、厦诸岛,烦伯总制"。郑泰受印后,十分欢欣,厚待郑、吴两人。但郑泰心怀疑惧,总不敢过厦称谢。初四日,郑经将刘国轩、黄安等眷口第一批载往台湾,郑泰稍稍释疑,于是初六日亲往厦门谒见郑经。郑经待郑泰礼意倍厚,又嘱托郑泰要一心担当起固守金、厦的重任,郑泰对经的这一番"深情厚意"怦然心动,疑虑顿释。翌日郑经置酒邀泰议事,郑泰坦然从命。不意郑经早已布置甲兵暗伏于内。等到酒过半席,郑经突然掷杯于地,甲兵立刻奔出,郑泰猝不及防,被当场擒住。郑泰大声疾呼:"我有何罪?"郑经立时沉下脸来,出示郑泰与黄昭图谋篡位的密信,郑泰一时语塞,无言以对。郑经立命郑泰自缢。并遣周全斌率舟师飞速进踞金门。

郑泰弟郑鸣骏闻变,连忙偕同杨来嘉、杨富等带领所部官兵船舰向清提督马得功投降,接着郑泰子郑缵绪与其弟都督郑庸,郑经叔、伯平国公郑袭、定国公郑耀吉等郑氏亲族以及庆都伯王秀奇、忠靖伯陈辉、左都督陈舜穆、副都统何义等一批重要将领也陆续投向清廷。

由争权引发出郑氏家族内部的火并内耗了郑氏政权的自身力量,驱走了一批谙熟水战的将军、都督、总兵、参领、游击、守备、千总、把总等将弁与兵丁,带走了大量船舰器械等装备,仅郑泰子郑缵绪就带走所部文武官员四百名,水陆兵丁七千三百名,舟舰一百八十艘。这批投诚官兵都受到清政府的优待和重用。清廷授予原同安伯郑鸣骏为遵义侯、原永诚伯郑缵绪为慕恩伯,原都督何义、陈舜穆为左都督等,后来他们成了清水师的骨干力量,为瓦解和消灭郑氏政权起了很大作用。而郑氏集团也就是在相继争权的内耗中不断削弱自己。

清政府在招抚未成之后,转入武力征剿。

康熙二年(1663年)四月下旬,海澄公黄梧在向清廷密谋进攻厦门的奏疏中指出,郑成功病故,郑经继起,当此"逆焰方炽之际,断不宜行招抚",应当乘其"众心未定,又未纠合完备"的慌乱犹豫之际,神速"进兵剿灭之"。施琅也上疏具体分析了形势,认为郑氏以前所倚靠的乃郑泰所属官兵,郑泰被害,泰弟鸣骏携带其兄郑泰家口妻孥及官兵已前来投诚,厦门实无良将精兵;又郑氏集团内部"相互猜疑,心怀芥蒂,貌合神离,多年负固之贼,眼见渐见瓦解";从严敕边民内迁立界以来,沿海居民与郑氏"私通接济者日少",厦门米价一担贵至三两五钱,草料一担增至三钱五分,粮饷匮乏;况且清军占踞同安、海澄两地,先已扼踞厦门咽喉,每昼夜派船袭扰敌巢,弄得郑方力竭穷蹙,以致每闻风声,慌乱不堪,惊魂不定。据此,施琅向清廷提出,若不趁此良机进击,必将贻误战机。[①]清廷采纳了黄梧和施琅的意见,一面派人四出打探信息,并将清廷招降之意,遍行散布;一面降敕靖南王、总督、提督整饬水陆各军相机进剿。于是福建水师提督施琅筹建快船一百六十艘,新募官兵三千名,日夜操练,准备进兵厦门。

郑经获悉清军将大举进兵,于七月二十九日将家口迁往金门。三十日颁发告示,限令厦门民户自八月初三日至初十日内,移往他处躲避,将所有船只集于金门、围头,抵御清军。

---

① 以上均见厦门大学台湾研究所等编:《康熙统一台湾档案史料选辑》1983年版,第8—10页。

这时,荷兰侵略者应清政府约请,率领二千五百六十三名兵士,装备四百四十门大炮,驾驶十七艘巨舰,于七月底抵达福州港。荷兰从"择地常久贸易"出发,一则欲取台湾,二则以图通商,他们为实现这一侵略意图,自愿力助清廷攻取金门、厦门二岛,然后进兵夺取台湾,要清廷将台湾岛以及该岛一切城堡物件交与荷人,以供荷人居住。为此,荷兰船队于九月十六日驶入泉州湾。清军在荷兰船队的协助下,于十月向郑军发起大规模的军事进攻。

十月十九日,荷兰夹板船领前,后面郑军投诚将领郑鸣骏、陈辉、杨富及清镇营将弁等率领所属船队依次紧跟着,提督马得功驾船守后。鸣骏坐一号大烦船,尾楼后大书"宁海"二大金字,杨富坐一号大鸟船,尾楼后大书"海晏河清"四大金字,提督自坐一号大坐驾,尾楼后大书"澄清海宁"四大金字,舟师出泉州港向金门进发。漳州、海澄水陆清军由总督李率泰、海澄公黄梧与水师提督施琅率领,进攻厦门。

郑经令周全斌率烦船二十只,同来之于泉州的清水师和荷兰船队在金门沙港展开一场恶战。荷兰船队依恃它的巨舰、大炮、洋枪向郑师猛烈射击,并堵住金门口,不让郑船驶入。周全斌察觉荷兰船大,必在深港,他立刻督令船队从边沿挺进,并连续向荷船发炮还击。清提督马得功恐荷船着火,吹角摇旗,命后面全部船舰从左翼驰援。这时,南风突发,郑船扬帆,顺风顺流,从右翼迂回,向清师战船的后方逼进,正遇上杨富船队,周全斌率先冲入,霎时五六只郑船紧跟着围袭上来,火罐连掷,矢石如雨,杨富船上兵士伤死殆尽,杨富急忙从舵后板肚带下水。提督马得功见杨富船被夺,飞速转舵来援,全斌当即挥船合攻,得功四面受敌,火罐药矢都用尽了,船上兵士伤亡仅存二三,而清方各船又聚集一处,相互阻挡,各船船头不能掉转,马得功眼见无援,自度不能幸免,遂投海自尽。

全斌又带领船队,反过来敌住荷兰夹板船,从上午九时直战斗到日斜,二十只船一无所失。

另一支清军在总督李率泰、靖南王耿继茂率领下向厦门发动进攻。施琅率战船百只领先,黄梧继后。泊御在南山边的郑将黄廷,见施琅船开出鸡屿,急命二十只战船速起椗帆,发斗头烦迎战。顿时,烟焰蔽天,郑军因处于逆水逆风,形势不利,郑将黄廷急忙率师撤退。耿、李乘胜率领大队人马向厦门挺进,守卫高琦的郑军将领陈昇率队来降。正在高琦一带迎敌的郑将林顺听说陈昇投降,厦门失守,也无心恋战,飞驶退到金门,同全斌合综。这时全斌亦因寡不敌众,败退下来,时正日暮,又因厦门失守,只得率师退泊浯屿(在厦门港)。林顺则带领船队寄泊镇海(浯屿西南)。清军乘势进踞金门。郑经见金、厦已失,就偕同洪旭与王秀奇撤离大担、列屿(金门西),率舟师下铜山。耿、李邀荷兰军共剿铜山,荷军反而要清方派船兵同它一起共同进取台湾。耿、李没有应允。后来,铜山平定,荷军察觉清方一时无意渡海攻台,只得悻悻地离去。

耿、李乘郑军失守金、厦之际,差官到铜山、镇海等地,四处招降,以惑乱瓦解郑军。清使者到铜山招抚郑经,郑经仍执"高丽事例,若欲削发登岸,虽死不允"。使者还密通忠振伯洪旭,策动洪旭生擒郑经,许诺他上奏清廷封为同安侯,世守泉州。旭笑而拒绝。但是,逼于清军压境,郑军内部又互相倾轧,郑军军内煽起了一股降风。洪旭目睹诸将陆续叛去,就向郑经建议说:"金、厦新破,人心不一,铜山必难保守,靖藩、总督频频派人前来,非为招抚,实窥探以散人心。今各镇纷纷离叛日报,不如撤离铜山,速赴台湾,如若迁延时日,恐变起肘腋。"①郑经接受了洪旭的意见,准备

① 江日昇:《台湾外纪》卷十三。

率师赴台。

康熙三年(1664年)三月初六日,耿、李率舟师至八尺门,郑威远将军翁求多率兵民六万余人投降。十四日夜半,清军渡海进拔铜山,郑方永安侯黄廷、都督余宽等率所部及家属三万二千四百名出降。郑经率数十艘战船乘风遁走台湾。周全斌因与洪旭有宿嫌,到台湾后,恐遭倾轧,就乘机带领部属从漳浦镇海卫投降清军。

同年七月,清廷任命施琅为靖海将军,以承恩伯周全斌为太子少师,都督杨富为副,左都督林顺、何义等为佐,率领水师征剿台湾。十二月,施琅统率兵船向台湾进发,师至洋面,骤起飓风,兵船难于逆进而还。

康熙四年(1665年)三月二十六日,施琅再率舟师征台,中途又因南风阻滞,不能前行,于海上稽留三昼二夜,暂返料罗(金门岛上)。之后,一直风势不顺,骤起东南风,施琅一直在金门躲避风浪。

四月十六日,天时晴霁,施琅再次进师台湾。次日船队驶入澎湖口,突遇狂风大作,骤雨倾注,怒涛山高,云雾迷漫,施琅速令放炮,收兵返航。但船队在汪洋大海中,遭受巨浪凌空拍击,相距咫尺,亦难辨认,人仰船倾,船中官兵的呼唤之声犹如水中发出,大小各船或有船舷、船首、船尾、船面、船底等被狂澜拍击而散裂进水的;或有舢板等用具被水冲失的;或有桅樯、船尾、船具、缆绳等断裂的;甚至有小艍船两只于风浪中被沉没。一瞬间,偌大船艐任凭风浪四处飘流,直飘至大担、浯屿、厦门、镇海、靖卫、漳浦、潮州等地。施琅所乘战船飘流到广东潮州府表尾后,急速驶抵南澳,于铜山、陆鳌等处沿海,收拢飘散各船,直至二十六日才返回厦门。

台湾远隔大洋,孤悬海外,清军三次出征,都为风浪所阻,不果而返,这无疑地引起了清廷对继续征剿台湾的疑虑;长期的国内战争又导致疮痍满目,民生凋敝,财经困乏,为了医治战争创伤,清廷也需要获得喘息时机,休养生息;而统治集团内部因鳌拜专权与激烈的派系斗争,更需大力整顿,以稳定统治。由此,清政府对统一台湾的策略就由军事征剿转变为和平谈判。在郑氏一方,由于台湾正处在新开发时期,百业待兴,急需赢得时间,从事和平建设,增强实力,以待东山再起。这样,清、郑之间就出现了和平共处的短暂时期。

康熙六年(1667年)六月,福建招抚道官刘尔贡、知州马星持福建招抚总兵官孔元章的信,赴台湾招抚郑经未果后,九月,清廷派孔元章亲诣台湾劝降。郑经提出若照朝鲜事例,"则可允从"[①]。孔元章带了郑经这个就抚条件,离开台湾。为了表示友好,郑经还馈送清方檀香二十一担四十斤、降香四百斤、鹿筋二百斤、鹿脯二千六百另十斤、鳀鱼干一百五十斤。此外,又赏随从人等共银三百六十两。

福建水师提督施琅鉴于使命两次到台,台湾方面都没有重要官员前来输诚,就于是年十一月、次年四月,先后两次上疏,陈述"台湾剿抚可平"、"寓剿于抚"的策略[②]。疏上留中。之后,施琅奉命进京,清廷授施琅为内大臣,并裁去水师和水师提督,另设总兵一员,镇守海澄。这充分表明清廷对台湾的持和态度。

康熙亲政后,于康熙八年(1669年)七月,又遣刑部尚书明珠、兵部侍郎蔡毓荣,召集耿藩继茂与都督祖泽清到泉州商议抚台事宜。他们遴选兴化知府慕天颜加卿衔,与都督佥事季佺赴台招抚。郑经依然坚持"照朝鲜事例,不削发,称臣纳贡"。慕天颜等许以

---

① 江日昇:《台湾外纪》卷十四。
② 施琅:《靖海纪事》中,卷上第6—9页。

"削发归顺,自当藩封"。彼此争论旬日,各执议未定。于是,郑经派刑官柯平、礼官叶亨随同慕天颜等到泉州谈判。柯平等总执"朝鲜事例,不肯剃发,世守台湾,称臣纳贡而已"。明珠等遵照康熙关于"果遵制剃发归顺,高爵厚禄朕不惜封赏,即台湾之地,亦从彼意,允其居住。至于比朝鲜不剃发,愿进贡投诚之说,不便允从"的指示①,"许其藩封,世守台湾,但既受封称臣,自然不能异其制,别其服"。谈判陷于僵局。为了争取和平解决台湾问题,明珠等让慕、季两人随同柯、叶再赴台湾劝导郑经,遵制削发,而郑经则坚定地答复:"若欲削发,至死不易。"天颜等见郑经言辞严切,只得辞回。明珠等亦照康熙旨意,"如不削发投诚……即回京"。招抚不成。

以往清朝依靠满洲铁骑,驰骋疆场,取得天下。如今台湾远隔大洋,铁骑无能为力,清廷又未能建立起训练有素、足以使郑军丧胆的庞大水师,郑经得以凭藉海洋波涛之险与舟师熟悉水战的优势,同清朝分庭抗礼;同时,郑经对清朝的所谓"宽仁无比"的招抚政策,也是顾虑重重,心有余悸。他想到降将如方国安、孙可望总算竭诚于清朝,但只落得个身首异处,往事可鉴,足为寒心。如今他在台湾,尚可称孤道寡,并且还有力量同清廷对抗,清廷的"重爵厚禄永世袭封"的许诺,怎能触动他这一"海外孤臣之心哉"!②

特别是台湾经过郑氏三代的开发,经济日渐繁荣,这为郑氏继续抗清提供了物质基础。

郑经退踞台湾后,悉心开发,台湾日见兴旺。他继承父辈耕战结合的遗策,兵士闲时耕作,战时荷戈,农忙从事生产,农隙训练武

---

①　《明清史料丁编》第三本第 272 页。
②　江日昇:《台湾外纪》卷十三。

事。他委派勇卫陈永华亲历南北二路各社劝导诸镇开垦,栽种五谷,蓄积粮食,插蔗煮糖,尤其重视吸引泉、漳、惠、潮等地大批流离失所的无业穷民,到台湾从事开荒造田,南至琅㛄,北及鸡笼皆有汉人足迹①。一批新的村镇如琅㛄、彰化、云林、新竹等陆续出现,农业年年丰熟,百姓殷足。另外,又设立围栅,严禁赌博,教匠取土烧瓦,往深山伐木斩竹,起盖庐舍,因煎盐苦涩,就在濑口地方修筑丘埕,泼海水为卤,曝晒作盐,教民种植棉花,从事纺织等等。

各镇营凡农隙时,教习武艺弓矢,春秋操演阵法,又令南北路各镇入深山穷谷中,采伐木材或遣商船前往各港购买船料,教工匠修葺朽烂的烦船或成造诸种战舰和船只,装载白鹿皮、蔗糖等物运往日本,购买物料,制造铜烦、倭刀、盔甲,强化军事力量。

为了打破清朝的经济封锁,郑经采纳了勇卫陈永华的建议,收降镇海太武山江胜及其数百健儿,派驻厦门,建立据点,开展海上贸易,接济台湾。江胜联合踞广东达濠、专事海上抢掠的潮阳人丘辉,合师打败了盘踞在厦门的无业游民陈白骨、水牛忠等,在厦门站稳了脚跟。从此,江胜一面辑和边界,同驻守在厦门的当地官兵搞好关系,一面广泛展开商业活动,斩矛为市,禁止掳掠,平价交易,凡沿海内地百姓,乘夜窃负货物入界,虽儿童无欺。自是内外相安,边疆无衅。清守将亦以宁静是安,虽汛地谨防,透越不时可通;有"佩鞍命甲追赶者,明是护送;而巡哨屡行,有耀武扬威才出者,明使回避"。所以,台湾货物船料不乏于用。后来,丘辉也率众向台湾投诚。于是广东、福建等沿海地区的货物源源不断地运往台湾。由此"台湾日盛,物价平稳,洋贩愈兴,田畴市肆不让

① 　连横:《台湾通史》卷十五,《抚垦志》。

内地"①。

郑经继承了祖、父两代早先开拓的海外贸易,不断扩展外贸活动。郑氏在海上每隔六十里设一站,自漳州府南行海路,共设有十二站,从台湾到吕宋设二十四站,其间都与澎湖相连。郑经以澎湖为门户,同日本、吕宋(菲律宾)、大泥、交趾(越南)、暹罗(泰国)、六昆、柬埔寨、噶喇巴、东西洋等通商贸易。除贩运日本的金银、药材、珍珠、翠羽和吕宋等的苏木、胡椒、檀香、降香、苏合香、象牙、丁香、翠羽等奇珍异物外,日本、吕宋和西洋各国更是台湾所需粮食的主要来源。在贸易中,郑氏每年贸利不可胜数,"其所以得资者,皆系由此而来",因而"得以富国"②。

这样,清廷想专用招抚来统一台湾是不可能实现的。曾为郑氏管过海外贸易的清候补都司金书史伟瑜说:"郑经依恃海岛为王、依赖外国致富……粮食丰足,地形险阻,虽有圣诏,亦未必倾心降服"③。郑经复明珠的信也明白声称:"衣冠吾之所有,爵禄亦吾之所有,而重爵厚禄,永世袭封之语,其可以动海外孤臣之心哉!"④看来没有军事力量作后盾,郑经是不会拱手将台湾送给清朝的。

二、郑经乘乱再攻闽粤　康熙择将复逐澎台

清郑之间的和平局面一直维持到三藩之乱才被打破。

康熙撤藩令一下,十二年(1673 年)八月,靖南王耿精忠即遣

---

①　江日昇:《台湾外纪》卷十三。
②　厦门大学台湾研究所等编:《康熙统一台湾史料选辑》第 82—84 页。
③　厦门大学台湾研究所等编:《康熙统一台湾史料选辑》第 82—84 页。
④　江日昇:《台湾外纪》卷十三。

黄镛到台湾,策动郑经"速征帆同正今日疆土,仰冀会师共成万古勋业"①。郑经得书大喜,立刻整顿船只,调拨各屯屯佃归伍分配。十月,郑经率舟师到澎湖伺机进军。吴三桂倡乱后,康熙停撤耿、尚两藩,精忠马上派黄镛至澎湖,通知郑经暂时按兵不动。

康熙十三年(1674年)三月,耿精忠响应吴三桂举兵反清,又遣黄镛赴台,约请郑经统率福建沿海战舰,配合耿藩出师,从水陆两路合力进攻江浙。郑经当即部署陈永华留守台湾,命冯锡范督诸镇船只先行,随后,自己统率大队舟师继至厦门。

四月,吴三桂派祝治国与刘定先送信到厦门,也请郑经"速整貔貅,大引舟师,径取金陵,或抵天津,断其粮道,绝其咽喉",并提醒郑经这是"奇兵承虚,捷奏万全"②的策略。郑经即迁副将陈文焕随同祝治国、刘定先往湖广联络吴三桂。表面上耿、吴与郑有着共同反清的目标,但骨子里,他们都要扩张自己的地盘与势力,由此引发出相互之间的矛盾和冲突,那是不可避免也是不可调和的。

原来,耿精忠起兵时,怕漳、泉文武官员不服,不料起兵不数日仅驰数骑片檄,而得全闽和漳、泉,他很后悔约请郑经渡海。同时,赴厦门去联络郑经的定远将军刘炎的胞弟刘煜,目睹"厦门瓦砾满地,茅草盈野,船只散处停泊,寥居始创凄凉",不由得顿生轻视郑经的意念。刘返回后,向精忠报告说:"海上兵不满二千,船不过百只,安能济事"③。于是,精忠立刻通饬沿海边界,照前禁例,寸板不许下海,禁绝与郑经往来。

郑经见精忠突然变卦,速差协理礼官柯平赶到福州,面责精忠

① 江日昇:《台湾外纪》卷十五。
② 江日昇:《台湾外纪》卷十六。
③ 江日昇:《台湾外纪》卷十六。

背约。精忠直截了当地答复柯平:你回去告诉你的主人,各地分守,毋作妄想。柯平如实回报郑经。郑经勃然大怒,急令侍卫冯锡范、左武王刘国轩等率兵攻取同安、海澄,连下泉州、漳州。精忠即遣冯国铨到厦门见郑经,索地请和,以沿海岛屿属经,彼此不禁往来通商贸易。郑经呵斥精忠墨迹未干,遂而背约。双方关系十分紧张。

这时,康熙正集中力量进剿吴三桂,对耿精忠采用剿抚兼施的策略,对郑经则着重于抚。八月,康熙在给新任总督郎廷相的谕旨中明确指出:"入闽之日,海寇宜用抚,耿精忠宜用剿或用间,相机便宜行事"[1]。这样,郑经乘清军同耿、吴交战之际,从耿精忠手中夺取了漳、泉所属各县及汀州(长汀)、兴化(治所在莆田)等府,并且,收降潮州刘进忠,进而占据潮、惠两府。

康熙十五年(1676年),耿精忠、尚之信先后降清。康熙即令他们随大兵立功自效。这时,郑经已成为东南地区清军的主攻对象。十六年(1677年),郑经连失漳、泉、惠、潮等七府之地,退遁金门、厦门。七月,康亲王两次遣使至厦门劝降,令经"让回各岛","拥兵东归"。康亲王还许诺向清廷题请"以朝鲜事例,称臣纳贡,通商贸易"。但冯锡范等一再执意"照先藩之四府裕饷例",要清方"资给粮饷,各守岛屿",方可以"罢兵息民"[2]。和议未成。

之后,康熙遂以黄梧子黄芳世袭海澄公,随同福建总督郎廷相、副都统胡兔等镇守漳州,提拔谙熟水务的黄蓝为都督金事,充任总兵官驻守海澄。清军又分兵驻守于玉洲、三乂河、福河、陈州、马州、湾腰树、壁湖、石码、江东桥等据点。

---

① 《清圣祖实录》康熙十三年八月丙申条。
② 江日昇:《台湾外纪》卷二十。

郑经授刘国轩为总督，吴淑为副都督，并赐国轩以尚方剑，令他专任征伐，自副将以下，听他处决。于是一场激烈的拉锯战在清、郑之间展开了。

国轩统兵数万，先发制人，向防守海澄各据点的清军发起进攻。郑军连下玉洲、三义河、福河、石码，烧断江东桥，隔截了漳、泉通道，进逼海澄。海澄为漳、泉门户，康熙即令康亲王亟发援师。康亲王立即调遣清副都统孟安、提督段应举、宁海将军喇哈达等分别从潮州、泉州和福州来援。随后，平南将军赖塔也率领骑兵从潮州而来。刘国轩针对清军缺乏水军的弱点，遴选健勇，驶八桨快哨，乘潮水涨落，声东击西。忽乘潮扬帆直入江东，攻打敌营；忽随潮退取海澄；忽又以潮涨突入镇内，鼓噪取漳；忽又随潮落，旋泊镇门之东，上岸抢关，弄得满汉清兵疲于应付。国轩从中窥测方向，捕捉战机。其时，清海澄公黄芳世率骑、步兵扎营于水头山，堵塞石码郑军。国轩使用奇兵之计，于黎明时，令郑兵自焚在东狱的所有军寨，后各下快哨八桨撤离。黄芳世从水头山顶望见郑兵遁走，就懈怠下来。这时恰逢潮涨八、九分，郑舟师各自扬帆乘风直抵水头山。国轩急令部分郑兵从正面陟岭逼战，另部分从山背后登岭偷袭，清军大意无备，突遭郑兵夹击，腹背受敌，阵乱四溃，心无斗志，尽弃辎重营栅，各自逃命，郑兵尾追。黄芳世急忙上马，马惊慌失足，亏得左右疾扶换马，黄奔入漳城，幸免于难。国轩方收兵踞水头山。接着，郑兵又击败清提督段应举于祖山头，截断了清军退向漳州的后路，清军自相残踏，死伤甚多，段应举走投无路，仓皇奔入海澄。郑军进踞祖山头。

海澄三面临海，通向漳州的一端陆路，已被郑军截断。郑军挖壕筑寨，连营把守，海澄被重重围困。

漳州方面的清军，屯聚于笔架山上。山南有个小寨，悬崖如挂灯,俗名为"灯火寨"。寨下有一条大溪,顺流可通海澄。海澄总兵官黄蓝向提督段应举建议:灯火寨系海澄咽喉,宜出兵踞寨,不但可作犄角之势,且可接应漳州援师,倘为郑军所占,水路切断,内外隔绝,粮饷困乏,海澄势不可守。段应举却认为将军、总督云集漳郡,自当来援,内外夹击,郑军必遁,所以固执不听。他只在城内筑炮台、修壕栅,一心等待外援。刘国轩则乘敌不备,命副总督吴淑于深夜抢占灯火寨,连夜构筑栅垒壕沟,扼守通向海澄的这条水道。

清将领赖塔、韩大任等率满汉骑兵数万,齐力猛攻祖山头,被郑军打得大败。段应举几次试图突围,无奈沟渠重重,马陷兵坠,屡遭郑军阻击,突围未成,而郑军愈围愈紧。刘国轩又传谕各营,严密封锁,不得透漏一粒粮食。从此,清军外援断绝,城内粮匮,杀战马,罗雀掘鼠,浸皮煮纸,以致城内官兵"有饿毙者、赴水者、投顺者","而绿旗官兵又逃亡殆尽"①。最后,城被攻破,清署前锋统领希佛阵亡,提督段应举和副都统穆哈林自缢,海澄陷落。一时,"民情风鹤","处处望风投顺"②,平和、长泰、漳平、同安、南安、安溪、惠安、永春、德化各县相继陷落。郑军乘势围攻泉州。

康熙一面调遣江南、京口的汉兵急援福建;一面激励康亲王等将军大臣,勿以失援海澄而自沮,务必"时加鼓励,果能灭贼复疆,则前罪自释"③。同时,康熙撤换了福建总督郎廷相,巡抚杨熙亦以年老原官归里。五月,擢升屡立战功的福建布政司姚启圣为福建总督,按察司吴兴祚为福建巡抚,江宁提督杨捷为福建水陆提督,为消灭郑氏政权做了组织上的准备。

---

① 厦门大学台湾研究所等编:《康熙统一台湾档案史料选辑》第156页。
② 姚启圣:《忧畏轩奏疏》卷四《恢复平和县城》。
③ 《清圣祖实录》卷七十五,康熙十七年七月己亥条。

表象上,郑军一时得势,实际上却是虚弱的。郑方兵力有限,战线却拉得很长,以致军力分散,无形中减弱了自身力量。这一点,清总督姚启圣曾向将军喇哈达指出来了,他说:"贼兵不过三万,虑其聚而势雄。今得诸邑,必当分众把守,众分则势弱,势弱则破之易也。此兵法所谓兵多贵分,兵少贵合者"①。其时,郑将刘国轩也已深感兵力不足,不得不强拉当地乡勇充伍,强制遣送充伍的乡勇家口到台湾当作人质,一时,引起安土重迁的百姓怨愤。况且,泉州久困不下,军需缺乏,只得重科民间。正供之外,又有大饷、大米、杂饷、月米、橹、桨、棕麻、油、铁钉、灰、鹅毛、草束等项。税吏又层层催逼,"府县之外,设有督粮;督粮之外,设有饷司;饷司之外,设有宣尉内差;又加之以内镇义将。科敛无度,民力已竭"②。郑军在占领区是站不稳脚跟的。

这时康熙遣三路大军分别由将军喇哈达、巡抚吴兴祚与提督杨捷率军赴援泉州,并调潮州靖南王耿精忠、侍郎达都等驰赴漳州。刘国轩以满汉骑步兵三路齐至,又报闻永春、安溪、德化、惠安等县尽被清兵所占,急令二十八镇全师撤离泉州,退至长泰,同清军在漳州展开了一场激烈的战斗。

康熙十七年(1678 年)九月,刘国轩、吴淑率大军进兵漳州。吴淑等领十一镇兵众万余扎营于松洲、埔南等处,离漳州仅十余里,联营七座。国轩率领十七镇一万三千余名军兵,安营龙虎山、蜈蚣岭,直逼漳州之北门,其锋甚锐。当时,聚集泉州的绿旗兵有二万余名,总督姚启圣屡发调令请泉州官兵赴漳会剿,却无一呼应。他向康熙提出:"若军队调动,必俟大将、王令,不免坐失时

① 江日昇:《台湾外纪》卷二十二。
② 江日昇:《台湾外纪》卷二十二。

机"。康熙立即批示:嗣后,总督可一面调遣绿旗官兵;一面启知王等,以免迁延误事。于是,姚启圣不待泉州援兵,就调靖南王耿精忠、将军赖塔等率满汉官兵出漳州城,离郑营五里下营。次日黎明,分兵七股杀出。郑军安排木马、铳炮、火箭、喷筒,喊声震天,飞出迎战;另外,设伏兵于蔗林各处,伺机截击。姚启圣与耿、赖等亲自督战,自寅至午,激战不息。最后,清军方冲破木马,砍开战阵,连破郑营十六座,郑军溃败,遁逃至云英渡,无舟可渡,溺死者万余人,旗帜、盔甲、布幔、辎重,弃满山野。"是役也,乃'海贼'二月登犯以来,从未有此大败"①。清军乘胜攻取长泰、同安,连下江东桥,随即修复烧断的桥梁,沟通漳、泉道途。刘国轩率郑军败归石码。这时,漳、泉所属诸县已陆续被清军占领,只有海澄与石码尚在郑军手中。国轩扼踞澳头、三叉口、玉洲、镇门、象鼻、狮山、石尾一带,深沟固垒,首尾连环,坚守阵地,清军一时难以攻破。

姚启圣先后遣漳州进士张雄、泉州士绅苏志美往厦门招抚,要郑经撤走沿海岛屿,退守台湾。郑经以海澄为厦门门户,不肯让还②。

招抚不就,姚启圣取得康熙同意后,于康熙十八年(1679年)正月,再行迁界。上自福宁,下至诏安,赶逐百姓,重入内地,仍筑界墙守望。或十里、或二十里,凡近水险要,添设炮台,星罗棋布,稽查防范,严密封锁,千方百计断绝郑军粮饷来源。

清郑之间,相持不下。康亲王杰书派苏埕赴厦门和谈。苏埕遵照康亲王的旨意,向郑方破例提出:"果能释甲东归,照依朝鲜事例,代为题请,永为世好,作屏藩重臣"。郑经即表示赞同说:

---

① 厦门大学台湾研究所等编:《康熙统一台湾档案史料选辑》第167—168页。
② 江日昇:《台湾外纪》卷二十二。

"既亲王能照朝鲜事例,不削发,即当相从息兵安民"。但冯锡范却从中作梗道:"海澄为厦门之门户,决不可弃……可将海澄为往来公所"。苏埕立即反驳:"欲照朝鲜事例,贵藩当退守台湾,凡海岛归之朝廷,以澎湖为界,通商贸易,海澄乃版图之内,岂可以为公所"。锡范说:"息兵安民,地方相守,岂有弃现成土地之理乎!照先王所请,年纳东西两洋饷六万两"。苏埕不敢作主。郑经派宾客傅为霖随同苏埕一起去福州请示康亲王。康亲王以地方重务,责任全在总督,未可轻为定议,令为霖抵漳见总督姚启圣,姚启圣果断地说:"寸土属王,谁敢将版图封疆议作公所。"遂阻其议。和谈又破裂了。

这时,吴三桂已死,清军席卷湖南,消灭吴氏,指日可待。于是清廷得集结更大的军事力量,对付郑氏集团。

康熙决意厚集舟师,规取厦门、金门二岛,以图澎湖、台湾。因为先前清军征服金、厦,曾用荷兰夹板船,这次清廷也想请荷兰派夹板船二十艘,载劲兵协力攻取二岛。康亲王杰书等就乘机上疏说:"战舰水师未备,荷兰国舟师又不能预定来会时日,'海贼'见据海澄、厦门之固,势难急图"①。之后,福建总督姚启圣等建议,进取厦门、金门,须发江浙巨船二百艘;增闽省兵二万,迅调荷兰舟师来会,方可大举;进剿之期,必候入秋北风起后,彼时战舰师旅一切不误,自能奏功。康熙立即同意,马上着京口将军发江浙战船各百艘,于进剿期内送至福建,允许福建增兵二万,并令康亲王等要荷兰国迅调舟师,务令如期而至②。康亲王奉命遣送荷兰国人持敕谕往荷兰调遣舟师,后因使者在出洋途中为海寇所阻,不果而

---

① 《清圣祖实录》卷七十九,康熙十八年二月甲戌条。
② 《清圣祖实录》卷七十九,康熙十八年二月乙亥条。

返。康熙感到与荷兰音问既未能通,舟师必不能如期而至,他果断地指令规取厦门、金门,"速靖海氛,不必专候荷兰舟师"①。

但要战胜"以水为家,以船为命"的郑氏集团,没有建立一支独立的、训练有素的水师,是不可能的。原先惯于陆战的满洲骑兵及其将领,已不能胜任新的战斗任务,这一点已于康熙十七年(1678年)清军在海澄战役的惨败中充分暴露出来了。

实际上,早在康熙十六年(1677年)正月,原福建总督郎廷相已提出必须照旧设立水师提督,建立一支独立的水师劲旅。当时,康熙没有完全采纳,只令海澄总兵黄芳世兼管水师。黄芳世逝世后,康熙调江南提督杨捷充任福建全省水陆提督总兵官。康熙十七年(1678年),杨捷和总督姚启圣又先后提出"水陆万难兼顾",要求"另设水师提督","令其专练水兵,熟习惯战","以便水陆夹攻厦门"②。康熙遂于同年十一月,授福建提督杨捷为昭武将军,仍管福建陆路提督事务,调京口将军王之鼎佩定海将军印、提督福建水师。不久,因滇、黔余逆进逼川西,清廷改授王为四川提督。康熙十八年(1679年),清军攻取岳州、长沙诸处以后,无烦水师,鉴于岳州水师总兵官万正色"剿寇洞庭,著有劳绩",又是闽人,稔知水性;尤其是万正色上疏条陈闽海水陆战守机宜,深得康熙嘉许。于是康熙就于同年四月,加万正色太子太保,调任福建水师总兵官,令率所部官兵赴闽。不久,又升万正色为福建水师提督,统辖全闽水师,以专职掌。

康熙一面部署进攻金、厦,他批复由总督姚启圣精选的一万四千名水兵拨给万正色统领,并按照万正色的意图,增置援剿左、右、

---

① 《清圣祖实录》卷八十,康熙十八年三月庚戌条。
② 厦门大学台湾研究所等编:《康熙统一台湾档案史料选辑》第171—172页。

前、后四镇,任命从郑方投诚过来的林贤等为总兵官,遣吏部郎中萨尔图协同巡抚吴兴祚速行修治战舰二百五十艘,又上谕江南总督阿席熙选拔熟练炮手二千名,一概送提督军前应用,不能耽误万正色师期。

另一面康熙却带着忧虑的情绪,指令议政王大臣等说:"进取厦门、金门,事关重大。当日破贼,克金、厦二岛,曾用荷兰夹板船,今入海征剿,既乏坚固巨舰,荷兰舟师又不时至,战舰无多,遽以入海,恐变出万一,未能得志,尔等其集议以闻。"①

然而,一向驰骋在陆地战场上的清军统帅们,面对着关系到全局的这场重大战役,仍然疑虑重重。在他们看来,要攻取金、厦必须取得荷兰夹板船的支助,否则仅仅依靠自身新近建立起来的舟师,是不可能取胜的。奉命大将和硕康亲王等给康熙的奏疏中就说到:"荷兰国船若到,八月内进攻'海寇',若荷兰国船愆期,当内迁边海人民,坚壁清野,以待其困"②。议政王大臣等认为前取金门、厦门既用荷兰国兵船破"贼",今亦应用荷兰国船兵合力举行,则有济大事,实为显然,请敕总督姚、将军杨、巡抚吴、提督万等商议,倘若他们以为自己所备兵力能破敌人舟师,断无疎虞,真有灼见,可听从他们酌量而行;"如少有疑虑,不可以前经具题,惮于更改,勉强从事"③。康熙立即同意,敕令总督、巡抚、提督等会商定议奏闻。

总督姚启圣和提督杨捷主张待荷兰船到,一同进兵;巡抚吴兴祚、提督万正色力主不候荷兰船到,即行进兵,双方各执己见,反复争论。最后,巡抚吴兴祚上疏向康熙陈述了他与万正色的决意进

① 《清圣祖实录》卷八十七,康熙十八年十二月庚辰条。
② 《清圣祖实录》卷八十五,康熙十八年十月癸未条。
③ 《清圣祖实录》卷八十七,康熙十八年十二月庚辰条。

兵的意见,他们具体地分析了双方形势,提出了作战的具体方案,表达了依靠自身力量,断可取胜的信心。他俩认为:①清军新旧大小战舰有二百四十艘,配坐官兵、炮手共二万八千五百八十名,业已齐集定海,逐日操练,另外,联络大小船五十只,也将报竣出洋。郑方虽有船三百多艘,但不如清方新造鸟船长大坚固,驾驶便利,清方新船与旧船连综冲击,操胜可持。②军队士气高昂。巡抚吴兴祚于正月十二日到定海水师阅视访问,亲见自提督而下各镇营将弁莫不鼓舞踊跃,求早杀"贼"建功,下至官兵,人人思奋,剿"贼"报效。③正月应乘风汛顺利,刻期征进,若必待荷兰船到,最早亦在五六月间,而时过二月,风汛转南,清船即在下风,郑船反占上风,势难取胜,且清军坐待半年之久,师老财殚,民生愈瘁。④郑船齐集海坛,距定海清师驻地近在咫尺,若至三四月,郑船一得顺风,知清军不能逆风征战,必将肆出侵犯,那时,清军抽回内港,以避其锋,则人情渐馁,敌势益张,沿海各汛更滋扰害。⑤水陆夹攻,分散敌人兵力,使敌不能兼顾,方可取胜。具体部署是:提督万正色率水师攻取海坛,先破敌方门户,致敌人军心崩沮,然后由巡抚吴兴祚统兵赴同安,会同总督、将军、提督调度陆兵,配驾新造八桨船由海沧、松屿、浔尾、石浔分路进取厦门。

阅览了吴、万奏章,康熙满怀信心和喜悦,立即下令进兵。

康熙十九年(1680年)二月初四日,万正色统率水师由定海进发,初六日抵海坛。万正色即将前锋分为六队直向前冲,自己亲率舟舰继后,并出动全部轻舟,从左右两面,并力夹攻,炮火齐发,击沉郑船十六艘,郑兵溺水而死的三千余人,郑军溃败。清师进占海坛后,随即乘胜追剿敌兵至平海屿,同巡抚吴兴祚会师,继续南下。二十日,郑将朱天贵、林陞率三百余艘船舰速踞崇武,同清师激战,被清师击沉战船二十余艘,仓促逃遁,万正色率水师进占崇武。

康亲王杰书调驻防杭州的副都统倭申巴图鲁率满洲、绿旗官兵逼近厦门及为郑军屯粮之所的大定、小定诸岛后,立即率领水陆大军分进,规取玉洲。郑将刘国轩向石码、海澄奔窜,清水师紧紧尾追,刘国轩复走厦门。郑总兵苏堪开海澄西门投降。石码、海澄等地收复。

总督姚启圣与平南将军赖塔率水陆官兵分七路进剿,攻占陈州、马州、湾腰山、观音山等十九寨,巡抚吴兴祚同宁国将军喇哈达由同安进剿,攻占沩洲、浔尾后,随即分兵三路直渡厦门,郑军溃败。二十八日,清师入厦门城。继而,攻占金门。

时郑总兵马兴龙往来铜山、南澳等处,继续顽抗。总督姚启圣密遣总兵朱光祖招抚逃往铜山的郑将朱天贵,朱天贵乘诸镇将集议军机时,设计擒获马兴龙父子及其弟五人,将他们沉死海中。康熙十九年(1680年)五月,朱天贵率领诸镇将及二万官兵和船三百余艘,向清投降。

郑军全部撤至台湾。

三、郑氏内争自相残杀　康熙慎选帅才征台

郑氏集团再次退守台湾后,就走上崩溃的道路。

这时的郑经,已丧失了昔日雄风,生活愈来愈腐化。他于洲仔尾择地筑造园亭,将爱妾移居于内,纵情花酒,且日与文士武将骑射酣乐,任长子克𡒉秉政。

克𡒉是郑经婢妾所生,刚断果决,很有乃祖郑成功的遗风。他既承父命,代理政事之后,上至国太、诸叔和郑经的亲信权幸,下至镇将兵民,一律绳以礼法,不肯阿容徇纵。郑经担心他处事不稳妥,背地里叫人将克𡒉平日所处理的启章政事等文件拿来详加审

阅,觉得一件件、一桩桩条晰明确,处理妥当。郑经十分喜欢,对克塽益加信赖,索性把所有政事统统交给克塽决断,自己竟日夜花天酒地。然而,克塽的刚断果决作风,却遭到郑经的亲属、亲信与权幸们的妒恨。

原来,郑经西征时,把留守台湾的任务交给总制陈永华。永华是克塽的岳父,克塽的权威与才干正是在永华的支持和培育下形成的。冯锡范等返台后,眼见永华把握重权,且处事公正,敢作敢为,把台湾治理得有条不紊,而郑经又委政于克塽,这严重地威胁着冯锡范等既得的权力和地位,这是权欲熏心的冯锡范等不能容忍的,更何况冯锡范蓄意谋立郑经的少子、他的女婿郑克塽。为此,冯锡范就同握有兵权的刘国轩勾结起来,合力争夺核心权力。这样,郑氏集团内部一场你死我活的争权斗争就不可避免了。

刘、冯密谋解除永华的职权,架空郑克塽。冯锡范依照刘国轩的策划,去拜访陈永华,他装着一副异常自愧的样子,以低沉的语调对陈永华说,"我扈驾西征,寸功俱无",准备"辞职解权,杜门优游,以终余岁"①。永华信以为真,他暗自思忖,冯系武臣,尚且懂得谦退,自己是文臣,岂可久恋重权! 况且郑经已退居台湾,自己理应退位下来。于是,他呈请郑经解除自己的职权。郑经同冯锡范商量,冯心中暗喜,大加赞许。郑经就轻率地将永华执掌的军政大权及其所部将士统统交给刘国轩掌管。从此,陈永华退居无事。然而冯锡范却仍任侍卫如故,寸权未交,陈永华方知自己中了奸计,懊悔不及,抑郁而死。担任监国的郑克塽一旦失去了陈永华这一强力的依靠,也就无所作为了,冯锡范等由此实现了谋夺最高权力的关键性的一步。

---

① 江日昇:《台湾外纪》卷二十四。

郑经病危,他在临终前传掌管兵权的刘国轩到床前,将王印授给克塽,并且指着克塽对刘国轩说:"此子颇有才干,望君善辅之"。刘国轩答道:"翼赞公子,自当竭力以佐,岂有二心"。① 冯锡范刚进来,郑经又拜托锡范,殷切希望他与国轩协力辅佐。郑经哪能想到眼前这两位自己推心置腹倚为心膂的重臣如像打扮成美女的毒蛇,正张着血盆大口准备吞噬即将继位的嗣君呢!

康熙二十年(1681年)正月二十八日夜,郑经逝世。冯锡范串通刘国轩,勾结郑经诸弟聪、明、智、柔等发动政变,杀害了郑克塽,立郑经次子十二岁的郑克塽继位。命郑经弟郑聪为辅国公,刘国轩为武平侯,"专主征伐",冯锡范为忠诚伯,仍管侍卫兼参赞军机,其余文武各加一级。从此,克塽"凡事皆决之国轩等"。②

由冯、刘发动的政变,加剧了郑氏集团内部矛盾,大大地削弱了自身力量。当时,郑氏政权内部,"主幼国疑,权门树党,部下争权,互相猜忌,各怀异心",由是"政出多门,人心已涣"③。而刘国轩操持兵权,竟以"杀戮立威",以致"人心不安",郑"军内多思叛"。郑氏政权确已处于摇摇欲坠的危机之中。

康熙二十年(1681年)四月,清总督姚启圣获悉郑经已死,克塽被杀,十二岁的克塽继位,其叔郑聪摄政,内部混乱,认定这正是"天亡海逆之时也"。但事关重大,他立即与喇哈达及水陆各镇总兵官会商后,联衔向康熙建议:"会合水陆官兵,审机乘便,直捣巢穴"。但"台湾孤悬海外,处处皆险,统师远剿,时地难测,非臣等所敢擅定也"。康熙接读姚启圣等奏疏后,于六月下了一道诏旨:令姚启圣等"宜乘机规定澎湖、台湾",并训谕总督、巡抚、提督、将

①　江日昇:《台湾外纪》卷二十五。
②　《清史稿》卷二百六十,《姚启圣传》。
③　周文元、陈琮:《台湾府志》卷一。

军等福建前线指挥员务必"同心合志,将绿旗舟师分领前进,务期剿抚并用,底定海疆,毋误事机"。

然而,原水师提督万正色自克复金、厦后,就竭力主张防守海疆,反对出兵台湾。早在康熙十九年(1680 年)四月,万正色就提出"沿海设戍,以固疆隅"的主张,即在"孤悬海上"或"滨海要冲"之地,如海澄、厦门、浯屿、金门、围头等十四处遣兵三万,设镇分防,不时巡缉,使"'贼'不能肆犯",这样边海可安。所以他主张"台湾断不可取"。康熙深知水师提督是直接指挥并决胜海战的关键性人物,如今让持反对攻取台湾的万正色继续担任水师提督去指挥这场艰巨的海战,那是万万不能济事的。当务之急,他亟须遴选确能敢当重任、才略优长、谙熟军事、善于海战的杰出人才去替换万正色。经过详细调查、慎重考虑之后,康熙决定再次擢用施琅。

早在康熙十七年(1678 年)、十八年(1679 年)时,姚启圣曾先后两次推荐过施琅"堪任水师提督",受过康熙的驳斥。这倒不是康熙不识施琅的才干,只因施琅的长子施齐和侄儿施亥在郑军任职,不便使用。直到康熙十九年(1680 年)二月,姚启圣弄清了施齐、施亥密图擒拿郑经因事机不密,两家七十三口全被郑氏磔杀,尸首沉入海中的真相之后,康熙才打消了对施琅的疑虑。

为了起用施琅,康熙还做了过细的调查。康熙二十年(1681 年)二月,康熙问李光地说:"施琅果有什么本事?"李答:"琅自幼在行间经历得多,又海上路熟,海上事他也知得详细,海贼甚畏之"[①]。康熙点点头。后来康熙又派大学士明珠去问李光地,李光地列举了施琅的长处:一则施琅是"海上世仇,其心可保";二则施

---

① 李光地:《榕村语录续集》卷十一。

琅"熟悉海上情形";三则施琅"还有谋略","海上所畏唯此一人"①。李光地推荐施琅时,康熙还问他:你能"保其无他乎?"李光地奏称:"若论才略实无其比,至成功之后,在皇上善于处置耳。"②

在姚启圣与李光地的一再推荐下,康熙二十年(1681年)七月二十八日,康熙任命施琅为水师提督,并下达指令给议政王大臣等:"原任右都督施琅,系海上投诚,且曾任福建水师提督,熟悉彼处地理、海寇情形,可仍以右都督充福建水师提督总兵官,加太子太保,前往福建,到日即与将军、总督、巡抚、提督商酌,剋期统领舟师,进取澎湖、台湾,其万正色改为陆路提督"③。

康熙既决定任用施琅,就深信不疑,给予全面支持。当时,举朝大臣多以为施琅"不可遣,去必叛"。康熙却坚信施琅不去,"台湾断不能定"④。施琅上任离京时,康熙赐食,并给他鞍马一匹,还语重心长地对他说:"尔至地方,当与文武各官同心协力,以靖海疆,海氛一日不靖,则民生一日不宁,当相机进取,以副朕委任之意"⑤。施琅赴任后,题请侍卫吴启爵随征台湾,兵部没有批准,康熙认为吴启爵在京不过一侍卫,也没有多大作为,若发往福建或许更有作用,"著依施琅所请行"⑥。施琅要求授予陈威等人官职,吏部不准,康熙却指出:"目前进取台湾正在用人之际,福建总督、提督、巡抚凡有所请,俱着允行"⑦。

施琅熟悉海,又长于海战。他本是郑氏部下,顺治初年,郑成

---

① 李光地:《榕村语录续集》卷十一。
② 李光地:《榕村语录续集》卷九。
③ 《清圣祖实录》卷九十六,康熙二十年七月丙子条。
④ 《清圣祖庭训格言》。
⑤ 《康熙起居注》,康熙二十年八月十四日。
⑥ 《康熙起居注》,康熙二十年十一月八日。
⑦ 《康熙起居注》,康熙二十二年七月七日。

功杀了他的父亲与弟弟,他才弃郑投清,后因功升任清水师提督。由于他"生长滨海,总角从戎,风波险阻,素所履历",因此,对于海面形势、风俗、水性,无不畅熟胸中。康熙初年,他在指挥舟师,克复金、厦之后,向清廷表述过率师进克台湾的决心与谋略。这次康熙复任他为福建水师提督,正好迎合他早先立下的宏图与夙愿。康熙二十年(1681年)十月,施琅满怀喜悦与必胜的信念,奔赴厦门。

施琅一到厦门,立即投入备战中,整船练兵,制备军器。他深虑总督、巡抚并不熟悉海战,生怕在指挥战事的过程中,处处受到掣肘,以致影响作战意图的贯彻。为此,他力争执掌"专征台湾"的指挥权。他上任不久,便向康熙上了题本,明确提出自己"职领水师,征剿事宜,理当独任"的请求;并指出督抚姚启圣、吴兴祚担负着封疆重寄,他俩都决意进兵,词意恳切,不是他所能禁止的,且至今未奉有督抚同进的诏旨,故一并"相应奏闻"①。

然而,姚启圣早有征剿台湾的素志。康熙十八年(1679年)九月,他在请定一统规模疏中,就提出直捣台湾的建议。次年三月,在克服金、厦后的备陈平海事宜一疏中,他又提出台湾断须次第攻取,永使海波不扬,并表示"臣必欲亲率舟师剿灭台湾,永除后患,以报国恩"②。康熙二十年(1681年),他闻悉郑经去世,立即疏请康熙审机乘便,直捣巢穴。为此,他一再推荐施琅复任福建水师提督,率师征剿。所以,当他接读施琅的密题疏稿后,不禁心中"如焚如溺",不能自已,他随即于十月十六日上疏,声称为了实现混一区宇,统一台湾,即使"肝脑涂地,臣之愿也"。

---

① 《清圣祖实录》卷九十八,康熙二十年十月丙午条。

② 厦门大学台湾研究所等编:《康熙统一台湾档案史料选辑》第218—221页。

康熙没有同意施琅独任征剿台湾的请求,只是将总督、巡抚分了工,谕令说:"总督姚启圣统辖全省兵马,同提督施琅进取澎湖、台湾,巡抚吴兴祚有刑名钱谷诸务,不必进剿"①。

康熙二十一年(1682年)三月,施琅鉴于练兵整船业已就绪,再次上疏恳请出征台湾,由他"专征前进"。在这次奏疏中,他竭力称颂姚启圣"调兵制器,奖励士卒,精敏整暇,咄嗟立办,捐造船只,无所不备"②的精敏干练的作风。同时,他更明确指出姚启圣"惟是生长北方,虽有经纬全才,汪洋巨浪之中,恐非所长"③。建议总督"应驻厦门,居中节制","后趱粮运策应",如此则军队"粮无匮乏之患,兵有争先之勇"。他殷切期望康熙迅即给他颁发征剿台湾之敕谕,并将总督题定功罪赏格也一并赐予他④。

姚启圣在宁海将军赖哈达处看到施琅的奏疏,十分气愤。他马上于三月二十九日上疏反驳说:"臣虽生长北方,然今出海数日……亦安然无恙,不呕不吐,何以知臣毫无所长?"重申"剿灭台湾",是他的"素志",为了筹办征台的兵饷、粮米、各项器械和木料,他费尽心机,往往是朝呼而夕至。他坚决表示:"宁愿战死于海,而断不肯回厦门偷生者也"⑤。这足以反映出督、提对"专征"的争执已是十分尖锐了。

康熙又没有允准施琅的请求,仍然坚持督、提"协谋合虑,酌行剿抚"。

这期间,施、姚在出征的风向、时间以及对待剿抚等方面,也都

① 《清圣祖实录》卷九十八,康熙二十年十月丙午条。
② 施琅:《靖海纪事》中,卷上,第11—14页。
③ 施琅:《靖海纪事》中,卷上,第11—14页。
④ 施琅:《靖海纪事》中,卷上,第11—14页。
⑤ 厦门大学台湾研究所等编:《康熙统一台湾档案史料选辑》第244页。

发生了争论。

清廷原定于康熙二十年(1681年)十月出征澎、台。施琅上任时,鉴于"点验船兵,全无头绪",又需派遣间谍去台湾沟通旧时部曲,使为内应;他更考虑"冬春之际,飓风时发,舟骤难过洋",因此,不敢于十月妄举进剿。于是,他疏请推迟至次年三、四月间进兵。这时,姚启圣却提出要十、十一、十二月利用北风,尽快出兵;并主张由澎湖、淡水(今台北市)两路进兵。为了在出征前做好充分的准备工作,康熙允诺施琅的请求。

康熙二十一年(1682年)三月,施琅改变了主意:认为春夏之交,东北风为多,前议轻北风进兵,犹恐未难万全。又上疏请求展期至夏至时,利用南风出征澎湖,十月攻取台湾。

四月,经议政王大臣集议决定:应檄总督姚启圣、提督施琅,克期于夏至后进取台湾。康熙虑及海上变幻莫测,难以遥度,有关战事的具体决策与行动,需要根据实际情况和前线指挥将领的意见来决定,没有采纳议政王大臣关于限期出征台湾的决议,而是十分慎重地指令应抓住时机,协力攻取台湾。谕旨说:"进剿'海寇',关系重大,总督姚启圣、提督施琅身在地方,务将海面形势、'贼'中情形,审察备实,如有可破可剿之机,著协谋合虑,酌行剿抚,毋失机会"①。

五月初一,施琅会同姚启圣统率舟师开船到铜山,准备出兵攻取澎湖。这时,两人对出征的风向与时间,展开了激烈的争辩,致使征期又被拖延下来了。

施琅采纳了从台湾来投诚的同安商人陈昂的意见,认为澎湖坐向东北,夏至南风成信,连旬盛发,舟师从铜山出发,顺风坐浪,

---

① 《清圣祖实录》卷一〇二,康熙二十一年四月甲午条。

船得连艅齐行,将士又无晕眩之患。交战时,自居上风上流,敌反居下风下流,敌进不得战,退不得守,可操胜券。如若冬春进兵,北风骤发,敌居上风上流,而自己则居顶风顶流,其势难以冲击取胜。

姚启圣一直坚持冬春利用北风进兵。他说澎湖、台湾北风澳多,如北风进兵,可以分艅攻击,南风只娘妈宫一处可以湾泊,敌方牢踞娘妈宫,倘一时未能攻克,舟师船多无澳停泊,这是乘南风进兵可忧虑之一;澎湖在台湾之北,而台湾在澎湖之南,如乘南风取澎湖,即得澎湖,也不能逆风取台湾,必待十月小阳,再图进取,如乘北风取台湾,一得澎湖,即可长驱直取台湾。这是乘南风进兵可忧虑之二;如乘南风取澎湖,不能取台湾,则澎湖必用重兵镇守,六、七、八月台风不时发生,从金门运送柴米的船只被风阻绝,澎湖守兵的粮饷难以接济,如乘北风取澎湖,即可以迅取台湾,就没有阻粮的忧虑。这是乘南风进兵可忧虑之三。

双方争论十余天,互不相让。各总兵、海道承姚启圣的嘱咐,天天劝导施琅权依督臣之议。五月十六日,宁海将军喇哈达、侍郎吴努,到达铜山,闻悉督、提意见分歧,他们立即作出“平海事关重大,奉旨督提同心,岂可各执己见,当请展期”的决定。施琅因不便违抗,不得不听从姚启圣等,这实非他的本意①。尤其是喇哈达等不据实况上报,竟以总督、提督称南风不如北风,五月内停其进兵,十月内进兵入奏②。事后,施琅得悉深为骇异。

为了进一步了解敌情和选定出征日期,施琅即遣赶缯快船二十三只,令随征总兵董义等率领船队前往澎湖侦察。船队于六月初四日黎明从古雷出发,初五日下午到达澎湖,在花屿前湾泊,初

① 施琅:《靖海纪事》中,卷上,第15—19页。
② 厦门大学台湾研究所等编:《康熙统一台湾档案史料选辑》第245—246页。

六日黎明船队开至狮屿头,瞭见刘国轩等的船只统统布列在娘妈宫前。郑军一发现清军,立刻从西屿头、八罩山分别发出大小战船三十余只追击。董义忙命各船归艅返回,初七日入境,初八日顺利到达厦门。这次,施琅遣发哨船侦探,来去无阻,既摸清了敌情,又证实乘南风进取显见成效,这更增强了他的信心。

其实,姚、施的分歧,关键还在于两人对形势的不同估计及对待剿抚有别的深层矛盾上。

姚启圣十分重视招抚工作,他出任总督后,便颁发招抚赏格十款,凡不同形式的投诚官兵与出面招抚人员,以其贡献大小,一一给予不等的奖励。对投诚官兵的安置工作,也做了具体规定。为了使招抚活动经常化,还特地建立修来馆,派员专门负责收纳投诚将士。此外他又不时派间谍潜入澎、台,在郑军内部进行策反。他曾给郑宾客司傅为霖、续顺公沈瑞送去绫札重赏,策动傅为霖等纠联十一镇兵力协谋内应。在傅为霖等谋叛失败后,姚启圣还上疏请求给谋反将士于常格之外,量加忧恤,以感召更多的郑军官兵起来反叛。

姚启圣的招抚活动,对分化瓦解郑军无疑地起了重要作用。

但是姚启圣对军事征剿与自身的舟师力量却缺乏足够的信心,特别是在郑方整兵严守澎湖之后,他总是强调用抚与间谍活动来促使敌人的解体,尔后等待时机,再行征剿。

康熙二十一年(1682年)五月,姚启圣在奏疏中,就一再强调澎湖的战守之具业已具备,实在是无机可乘了。他明确指出,施琅密疏五月进兵,仅仅出之于"报国心急,灭'贼'心坚","冀血战破'贼'"而已,"原非有机可乘、果有可破可剿者也"[1]。

---

① 厦门大学台湾研究所等编:《康熙统一台湾档案史料选辑》第245—246页。

所以当五月初一日,接到兵部关于奉有"酌行剿抚之旨"的密咨后,姚启圣立即指令旧与刘国轩交好的原任福州副将黄朝用写信给刘,派员持信前往澎湖招抚。接着郑克塽、刘国轩等遣黄学等到福州谈判,黄等向姚启圣提出"请照琉球、高丽外国之例称臣奉贡,举朝廷正朔,受朝廷封爵,接诏者,削发过海,在台湾者求免削发登岸,请何处通商,并请道府正员过海订议"。姚启圣即于九月十九日,上题本疏请康熙决定。康熙答复说:"台湾'贼'皆闽人,不得与琉球、高丽比,如果悔罪,剃发归诚,该督抚等遴选贤能官前往招抚"①。同时,康熙又明确指示:"或'贼'闻大兵进剿,计图缓兵,亦未可料,其审察确实,倘机有可乘,可令提督遵前旨进兵"②。姚启圣得旨后,立即派黄朝用过海谈判,但冯锡范、陈绳武等总恃波涛天险,无意投诚。之后郑克塽又遣天兴知州林良瑞(改名林衍)、黄学,随同黄朝用往福州。林、黄仍坚持"照琉球、朝鲜例,称臣纳贡,不削发登岸"。和谈终无结果。

康熙二十二年(1683年)正月,姚启圣又上疏说:"台湾之'寇',议抚,则狼心未必即驯;议剿,即机会未必即得"。他认为"台湾非不可剿,而亦非专用兵威可以必得也"③。提出"惟禁三省之接济,阻台湾之洋贩,扰'海贼'之耕种,而并用间用谋,使之饷绝粮草,计穷力困,而且兵将离心,则剿之必破,抚之必来"。为此,他请求在现有战船内挑出牢固轻便赶缯船六十只,不论南风北风,时时顿居上风,如遇北风时,将船全湾泊于平海;如系东风时,则将此船湾泊于将军澳、林景屿,伺敌耕种之时,出其不意,一连数次出击,使其惊疑不定。这样,可逼使郑方不敢将炮船改为洋船,

① 《清圣祖实录》卷一百一十,康熙二十二年闰六月甲子条。
② 《清圣祖实录》卷一百一十,康熙二十二年闰六月甲子条。
③ 厦门大学台湾研究所等编:《康熙统一台湾档案史料选辑》第256—257页。

"则洋贩无资,耕获不能及时,而糗粮不给。一、二年间,自然困疲,而我师因利乘便,剿抚皆宜矣"①。毋庸置疑,从康熙二十一年(1682年)郑方万余军兵据守澎湖以来,姚启圣一直受"无可破可剿之机"的思想指导,图谋运用"抚"与"策反"或经济上困死敌人的和平方法,来取得澎、台。

施琅一直主张"寓抚于剿",把扑灭郑氏政权的立足点放在剿上。

康熙二十一年(1682年)三月,施琅在奏疏中就提出:"先取澎湖,扼其吭,拊其背,逼其巢穴,使其不战自溃,内谋自应;不然,候至十月,乘小阳春时,发动大军进剿,立时荡平"。

施琅反对按兵不动,认为没有摧毁敌人的军事力量前,企图通过善言抚谕的方法,期望郑氏就抚,这是办不到的。他明确指出:"刘国轩沐猴鸱张,操纵自如,志得意满,断无输诚向化之念"②。当施琅进兵澎湖前夕,郑方致书遣黄学、林衍要去厦门见他,施琅却之不见。随后果断地指出:"是遣抚既不敢逆料悬揣,则进剿所当决计而行者也"③。

施琅越来越感到出征台湾,如由总督等互相牵制,卒难成功。康熙二十一年(1682年)七月,他再次上疏申述:"总督生长北方,水性海务非其所长",尤其是"中有一、二视此畏途,未免低徊,以致督臣疑惑不决"。坚决恳请由他"独任",征伐台湾,令督抚"催趱粮饷接应",并"勿限时日","风利可行",即"督发进取"。他满有把握地表示:只须挑选精兵二万有奇,大小战船三百号,尽堪破

---

① 厦门大学台湾研究所等编:《康熙统一台湾档案史料选辑》第257—259页;江日昇:《台湾外纪》。
② 施琅:《靖海纪事》中,卷上第15—19页。
③ 施琅:《靖海纪事》中,卷上第21—23页。

灭敌军，"事若不效,治臣之罪"①。

康熙接读施琅的密奏后,十分生气。原来康熙对施琅"屡奏进兵",常以风不顺为由,"延迟日月,踟蹰不进"的情状,早就不满了。而施琅又一再题请勿让总督进征台湾,这使康熙更加恼怒。康熙当即用严厉的口吻斥责说:作为臣子,凡事都应"据实自奏",为此"苟且妄奏,是何道理?"然而,康熙处事毕竟是很沉着而慎重的。他想:进剿台湾,事关重大,必须度势乘机,以图进取,尤其是处于举足轻重地位、负有重大责任的水师提督施琅一再提出自行进征台湾的请求,已引起督、提之间的严重分歧,需要尽快妥善处理。于是康熙照例先让议政王大臣会议讨论,议政王大臣等同意提督施琅的请求。之后,康熙又征求大学士们的意见,明珠回答说:"若以一人领兵进剿,可得行其志,两人同往,则未免彼此掣肘,不便于行事,照议政王所请,不必令姚启圣同往,著施琅一人进兵,似乎可行。"②这样,康熙改变了主意,由施琅相机自行征剿。十月二十日谕旨说:"进剿'海寇',关系紧要,著该督抚同心协力,催趱粮饷,勿致延误,前姚启圣具题功罪定例,交与施琅遵行"。并提出:"'海寇'固无能为……郑经死,首'寇'既除,余党彼此稽疑,各不相下,众皆离心,乘此扑灭甚易。施琅相机自行征剿,极为合宜。"③

施琅奉旨专征。他立即统率官兵二万一千余名,配置大鸟船七十只,赶缯船一百另三只,浩浩荡荡进兵澎湖。

康熙二十二年(1683年),台湾内部危机加深。从澎台前来归

---

① 施琅:《靖海纪事》中,卷上第 15—19 页。

② 《康熙起居注》,康熙二十一年十月初六日。

③ 《清圣祖实录》卷一百另五,康熙二十一年十月己卯条。

降的官兵越来越多。正月初二日有副将刘秉等坐双帆艍船一只，带家眷八十二口，从澎湖前来投诚。二十六日，总理李瑞等夺民船一只，带兵二十一名亦自澎湖来投诚。三月十八日，有士兵许福等十四名驾小船一只，自台湾猴树港过来投诚。四月初有海贼郑才等十八名，从淡水港夺柴民船一只前来投诚。六月十六日有许六、吴阿三等夺渔船一只，在澎湖带家眷十九名前来投诚。

为了防守鸡笼山，郑氏政权强征沿途土番，不论老幼男妇，多被抓来搬运粮食。土番一向不能肩挑，全靠背负头顶，搬运十分劳累，他们稍一懈怠，就会惨遭督运军士的鞭挞。尤其是劳力全被征来供役，弄得耕稼失时，稻粮无收，米价每担贵至价银五六两，以致土番受饥挨饿。由是各社土番相率杀害通事，抢夺粮饷，郑氏政权派军镇压，各社各党一闻郑军进剿，白天逃入深山躲藏起来，夜里却人不知鬼不觉出来偷袭官军各营，弄得郑氏手足无措。

康熙二十二年(1683年)四月，施琅上疏指出："海逆有日蹙之势，航剿有可破之机"①。康熙抓住了这一有利形势，赞同并指令施琅向澎湖进军。

四、澎湖决战告捷　台湾和平就抚

康熙二十二年(1683年)四五月间，台湾郑氏获悉施琅将乘南风进征澎湖，就从各方面加紧强化澎湖的军事防御。他们选拔精壮士兵做骨干，抽调草地佃丁、民兵参加军伍，将洋船改为炮船，要文武官员所有私船尽行修整，先后调集大小炮船、鸟船、赶缯船、洋船、双帆艍船共二百艘，军兵二万余众，由刘国轩统率奔赴澎湖。

①　施琅：《靖海纪事》中，卷上第29—30页。

同时在澎湖的娘妈宫屿头上下、凤柜尾、四角山和鸡笼山等地，添筑炮城，又在东西峙内、西面内外堑、西屿头以及牛心湾山头顶各处，构筑炮台。凡是小船可以登岸的沿海二十余里的地方，尽筑短墙，安置腰铳，分遣兵丁死守。郑氏决心在澎湖同清师决一死战。

六月，施琅率领大队舟师齐集铜山，大会各镇协营守备千把等随征诸官，部署出征澎湖。十四日早上，施琅统率舟师从铜山开驾东征，次日下午，到达澎湖的猫屿、花屿。时有守汛的郑军哨船数十只，急忙返回娘妈宫，飞报国轩。时已天晓，施琅即令船队湾泊八罩、水垵澳。

刘国轩闻报，忙差部下持令箭与右先锋镇陈谅，着其严督陆路诸将谨守，并遍传狮屿头、凤柜尾、鸡笼山、四角山、内堑、外堑、东峙等各镇将，速移火炮火烦罗列海岸，横截攻打，勿使清师湾泊寄碇。同时，传集水师总提调右武卫林陞率各镇营速驾大烦船、鸟船、赶缯船环泊娘妈宫前口子与内外堑东西峙各要口守候。当时郑将邱辉向刘国轩建议，待晚上潮落，请速遣船队袭击，清师必定自然溃散。刘国轩带着轻蔑的口气笑着说："施琅徒有虚名耳！今当此日日飓报之期，敢统舟师越海征战，如夜风起，彼无噍类矣！此乃以逸待劳，不战而可收功也，诸公勿虑。"①

十六日，施琅率舟师进攻澎湖。国轩坐快哨如飞，于娘妈宫前澳内督率诸镇领着烦船、战船、赶缯船排列迎战。清师署右营游击蓝理、曾成，副锋右营千总邓高等，击沉敌船七八只。时值南潮正发，前锋数船被激流冲击，逼近郑方炮城，郑水师乘机结成大队合围攻打。施琅被流炮余炎烧着面部，右眼受伤跌倒，强起指挥。蓝理在酣战中被流炮击中，腹部破裂仍继续战斗。裨将等忙舍战急

救,时清兴化镇总兵吴英继后夹攻,施琅冒死指挥,郑水师总督林陞连中三箭,左腿被大炮打折,郑扬威将军援剿左镇沈诚、统辖前锋镇姚朝玉、戎旗镇陈时等均被焚杀。郑将江胜、邱辉等复督烦船合攻,清师撤退,江胜、邱辉等挥船尾追,刘国轩恐二将会遭清师暗算,连忙鸣金,打招旗收兵。邱辉等回师,立即向刘国轩提出自愿领兵夜袭,刘国轩说:"彼舟师所寄泊坡屿都是没有遮拦的海澳,又系石浅礁线,早晚风起,定不战而自溃。俗语说六月三十日有三十六暴,今日乃十六,明日十七、十八、九,就是观音暴、洗蒸笼暴,那里会没有暴风呢?我们暂且养精蓄锐,据险守险,以观其败。"

之后,施琅乘船亲往前哨实地侦察澎湖各处设置炮台和战船湾泊要所,以及地形地势等情况。二十二日,清舟师分股向澎湖发起总攻,清郑之间展开了一场大决战。

施琅命随征都督陈蟒、魏明等领赶缯船、双帆艍船共五十只为一股,从东畔峝内直入鸡笼屿、四角山为奇兵夹攻;命随征董义、康玉等领赶缯、双帆艍船五十艘为一股,从西畔内堑直入牛心湾作疑兵牵制;又将大鸟船五十六只居中,分为八队,每队驾船七只,各作三叠,施琅自率一队居中,以便调度,其他七队,分列左右,各由总兵官率领;此外,尚有八十艘船分为两大队,以为后援。分拨已定,施琅亲率舟师浩浩荡荡直进娘妈宫。

刘国轩听到外堑山顶瞭望炮连发,立即掌号命各处炮船、赶缯船、大小各船齐起帆桩,发炮呐喊,从娘妈宫前疾出迎战,西屿两岸铳炮齐发,两军对阵,炮火矢石交攻,如雨点般地落下来,烟焰蔽天,咫尺莫辨。清总兵朱天贵冒险冲入,被炮击中,穿肠死亡。清将林贤遥见天贵死亡船溃,忙指挥船队冲悰入援,刘国轩急督邱辉、江胜等率十余只船,环围攻击,一时火箭、药罐、矢石、炮火浑如雨点,林贤率众环敌力战,不料左臂贯甲,连伤三箭,其他将士死的死、伤的伤,矢石药炮都用尽了。在这危急之际,清中营游击许英等六船从外围攻入,林贤奋起督击,内外夹攻,接连击沉郑船二艘,郑师溃散,林贤立命船队奋力进杀。

刘国轩见清师攻势逼人,不得不拼一死战。于是重新组织各镇战船、烦船、赶缯船、鸟船、双帆船和艍船一齐出击。清总兵吴英立即令领旗黄登、副领旗汤明在船头,自己在尾楼督战。不料汤明身中数箭,吴英的右耳也被鹿铳的火气伤裂,战船忽被水流冲击搁浅,领旗黄登飞速跃前,在慌乱之际,连榴数榴,船方乘着微风,逐浪移流。这时,郑将邱辉、江胜等率众船袭击,锋势甚锐。施琅窥测情势,暗自忖度,最后决战的时刻已经来临。他马上挥令左右各股战船,一齐拼上,顿时,炮如雨下,烟焰蔽天,郑将江胜被清师团团围住,部属死伤过半。往常水军击发斗头烦,或发左边炮,或发右边炮,不然,两边齐发,船即沉没。江胜眼见势危,难以脱遁,恐遭擒辱,一时情急,毅然将斗头烦两边齐发,船只随着炮声,立时沉入海中。郑兵节节败退。施琅立刻利用其优势兵力,命令舟师以五船合围敌方一船的办法,把郑船各个分割。郑船全被陷入挨打的困境,有的被火罐所烧,有的被炮击沉,郑师伤亡惨重。在一片慌乱中,郑将邱辉冒死往来接应,放炮乱击,并督率左右抛掷火桶、火箭、矢石,拼死抵抗。邱辉的左右足被击伤了,却毫不退缩,忍痛拼搏,终因势穷力竭,自己毅然将火抛向官舱,药桶齐发,被火焚死。这时,施琅督促大军飞速追敌。

刘国轩眼见郑舟师已伤亡七、八,如继续死拼,将会全部覆灭,他目视四周,力图乘隙突围。无奈清师船集如叶,各条海港几乎被清军塞满了,郑兵真是插翅难飞。在这危亡的紧急关头,刘国轩忽然瞥见吼门一港,无船堵截,他急令黄良骥、洪邦柱等率残存战船,飞速向吼门驶去,顺流撤退。将至吼门,刘国轩要舵公杨福继续往前直驶,杨福说:"吼门是死地,这里礁线甚多,从来没有船只驶过"。刘国轩自度已临绝境,再无别路可行,他下意识地脱下头盔,双膝跪在战棚下,虔诚地向天祷告。祝毕,便喝令舵公从吼门行退,倒也凑巧,这时浪潮突然涌涨,风顺无碍,刘国轩坐船领先,余船尾随,顺着风潮,飞速地向台湾脱逃。施琅见国轩逃遁,传令快哨追擒。清军因港路不熟,追赶不上,只得回师。

这时,天已将晚,施琅只好一面鸣金收军,并拨小哨将沿海跳水未曾溺死的郑兵捞救起来;一面打旗招降残存郑兵。这时,守在娘妈宫炮城的郑军将士,因孤立无援,各个解甲投戈,出埏请降,施琅即放舢板下海,差官收降。另外分遣官员各持令箭往诸岛受抚,于是澎湖三十六岛一一归顺,施琅悉令剃发。凡归降镇将赏以袍帽,兵士给以银米,出示安民。

澎湖决战,基本上摧毁了郑氏政权的军事力量。郑军将领死亡四十七员,其余协营以下大小头目焚杀溺死三百余员,兵士焚杀、自焚、跳水溺死的计一万二千余人,尸浮满海。郑镇将、游击、守备及下属各官共一百六十五员,率士兵四千八百五十三名,倒戈投降,击沉、焚毁、收降各类大小战船一百九十四只,郑军只剩下小炮船、小鸟船、赶缯船与双帆、艍船等各类船共三十一只脱走,以致"扼守澎湖的巨魁、巨镇精锐以及巨舰,不数日而全军覆没"。

澎湖战后,总督姚启圣即奏请立刻攻取台湾。他说:"澎湖一战,郑军惨败,所有精锐,尽行斩溺,所有船只,尽行焚毁,郑军几成全军覆没,故应乘胜直捣台湾,似不宜迟,倘若让'海贼'将台湾隘口收拾坚固,使后日骤难攻克也"[1]。

施琅仍坚持出征前提出的作战方案。他认为台湾本应乘胜进

---

① 厦门大学台湾研究所等编:《康熙统一台湾档案史料选辑》第281页。

剿,但攻克澎湖后,大小战舰被炮打损破坏甚多,须要修理制造,新附投诚兵众未便遽用,而征兵名额不足,也须移咨总督选调精壮陆师官兵前来补用,尤其是"台湾港道迂回,南风狂涌,深浅莫辨",似应少待八月或十月乘顺北风进剿,方为万全。同时,施琅更考虑到澎湖为台湾咽喉,既得澎湖,他当即分拨船兵在八罩、将军澳、南大屿、龙门港、吼门与吉贝屿等岛,倍加巡瞭,以抑其吭。这样,"残孽败遁之余",眼见清军"逼临门庭",就会"不战自溃,内谋自应",乘敌危亡之际,"急令招徕",实现和平方式解决台湾问题。不成,继之以军事征剿。

康熙接到姚、施的澎湖捷报之后,就谕令户部、兵部:"不拘何项钱粮,尽见在者,准其动用,毋致贻误"①。为了鼓励将士,忧恤兵丁,康熙还给进征台湾的官员兵丁按照进剿云贵事例,"从优加级赏赉"。但康熙考虑到以兵力攻取台湾,"则将士劳瘁,人民伤残",他同意施琅的意见,特发诏令招降郑克塽。

经过澎湖海战,台湾的基本军事力量已被摧毁。继而施琅又实行优待俘虏与恤民政策,他严禁乱杀战俘,下令戮一降卒抵死②,对受伤的降卒,给以米粥酒肉,另派医生为他们敷药包扎,遣送部分战俘回归台湾,让他们去同自己的父母妻子团聚,施琅还特地召见遣返的战俘说:朝廷是不得已用兵的,你们既已投诚,所有罪行就统统赦免了。你们回去后,要告诉台湾人民,务必速速来降,少缓,"则为澎湖之续矣!"③由于施琅妥善地"安插投诚,抚绥地方,人民乐业,鸡犬不惊,台湾兵民闻风俱各解体"④。

---

① 《清圣祖实录》卷一百一十,康熙二十二年七月癸未。
② 彭孙贻:《靖海志》卷四。
③ 杜臻:《闽粤巡海记略》卷六。
④ 施琅:《靖海纪事》下卷下。

于是,郑氏集团内部就降与守展开了一场激烈的论争。作为台湾的最高军事指挥员并左右着台湾政局的关键人物刘国轩,"自澎湖败衄,心胆俱裂"[①],更鉴于清师"逼临门庭",台湾兵民"群情汹汹,魂魄俱夺","众心摇动",处此危亡之际,他认为台湾唯有投降才是唯一出路,由是,他力排异论,"首创降议"[②]。

建威中镇黄良骥认为澎湖失守,台湾势危,主张取吕宋为基业。中书舍人郑德潇当即呈上吕宋地图,也陈述吕宋可取事宜,他们的建议很得郑克塽、冯锡范两人的赞同。刘国轩则竭力反对说:"今澎湖已失,人心怀疑,苟辎重在船,一旦兵弁利其所有而反目,后果不堪设想"[③]。郑、冯只好放弃前议。接着冯锡范提出"分兵死守"。刘国轩给予驳斥,他明确指出:"众志瓦解,守亦实难,不如举全地版图以降,量清朝恩宽,必先赦宥。"[④]他又竭诚劝导克塽说:"人心风鹤,守则有变,士卒疮痍,战则难料,当请降"[⑤]。

议未定,施琅已派遣原刘国轩部属曾蜚前来招抚。刘国轩要克塽命礼官郑平英等到澎湖军前请降,"(冯锡)范挠其事者再",轩再予严厉抨击:"昔者张、卞二使至岛议抚,则议不称臣,以致两岛流离;今春黄朝用至台再抚,则议不削发,又致澎湖丧师;皆系公之操持不定。当此之际,尚且狐疑,倘一朝变起萧墙,将奈何? 从来识时务者为豪杰,大势已去,速当顺天。"冯锡范默然,无言以对。郑克塽思虑"民心已散,谁与死守? 浮海而逃,又无生路",唯有投降了。刘国轩就教克塽立刻调郑明等登岸,拨兵监守郑氏子

① 《康熙起居注》,康熙二十四年二月二十八日。
② 夏琳:《闽海纪要》。
③ 江日昇:《台湾外纪》卷二十九。
④ 江日昇:《台湾外纪》卷二十九。
⑤ 江日昇:《台湾外纪》卷二十九。

孙,严防他们漏脱遗祸。

闰六月初八日,郑克塽差协理礼官郑平英、宾客司林维荣带了降表和给施琅的信,刘国轩派朱绍熙、曾蜚同行,他们一起到澎湖见施琅。郑方要求"剃发称臣,仍居台湾,永为朝廷屏翰"。施琅果断地拒绝。他使曾蜚、朱绍熙返回台湾传话:"若果真心投诚,必须刘国轩、冯锡范亲来澎湖军前面降,将人民土地悉入版图",所有投诚官兵,"遵旨削发移入内地,一概尊听朝廷安辑"。若不从,"立即督师进征"①。总督姚启圣也立即转奏请颁赦招抚。

康熙得到台湾愿意归降的奏报,马上下了一道诏谕给郑克塽、刘国轩和冯锡范等。诏谕说:"尔等倾心投诚,率所属军民官兵悉行登岸,从前抗违之罪,尽行赦免,仍从优叙录,加恩安插,务令得所。倘仍怀疑,犹豫迁延,大兵一至,难免锋镝之危,倾灭身家,噬脐莫及。"②又上谕差往料理台湾兵饷的工部侍郎苏拜、郎中明格里说:"若郑氏来归,即令登岸,善为安插,务俾得所,勿使余众仍留原地,此事甚有关系。"③

七月十五日,郑克塽差兵官冯锡珪、工官陈梦炜,刘国轩遣胞弟刘国昌,冯锡范遣胞弟冯锡韩,同曾蜚、朱绍熙赍送降表文稿再到澎湖施琅军前缴纳。他们恳请施琅"发给告示,张谕削发,俾得遵依"。次日,施琅遣侍卫吴启爵、笔帖式常在同冯锡珪、陈梦炜、曾蜚、朱绍熙带安插告示往台湾晓谕。吴启爵等一到达台湾,郑克塽率刘国轩、冯锡范等文武官员齐集海埏迎接。之后立即将安民告示在各处张挂。告示向台湾地方官兵士庶宣称:"示到,各兵民立即剃发,本提督刻日亲临安插,军纪素严,秋毫无犯,今既革心归

① 施琅:《靖海纪事》下,卷下第11页。
② 《清圣祖实录》卷一百十一,康熙二十二年七月丙申条。
③ 《清圣祖实录》卷一百十一,康熙二十二年七月丁酉条。

诚,官则不失爵秩之界,民则皆获绥辑之安,兵丁入伍归农,听从其便,各自安生乐业,无事彷徨惊心。"①克塽令全体兵民遵旨剃发。

然而,刘国轩却担心台湾新附,人怀危疑,万一有一些人从中鼓煽,出现动乱,这个重大责任谁来承担呢?他一面差红旗官巡缉密布提防;一面遣曾蜚等去澎湖催促施琅速来台湾弹压。随后,施琅就部署部分兵船留守澎湖,自己于八月十一日统率舟师向台湾进发,十三日到达台湾。这时,郑克塽遣礼官郑斌率领父老,乘坐小船,出鹿耳门迎接,自己亲率国轩、锡范等一批文武官员齐集海埏恭迎。清师随着郑船徐徐进入鹿耳门。郑克塽、刘国轩、冯锡范等文武官员于十八日全都剃发,清方按清制逐一分发给他们不同等级的袍、褂、外套、靴帽等。随后,施琅命广贴《谕台湾安民告示》,劝谕台湾地方官员、百姓、土番人等,"各宜乐业,无事惊心,收成在迩,务农毋荒,贸易如常,垄登有禁,官兵违犯,法在必行,人民安生,事勿自缓"②。之后,施琅亲至延平王郑成功庙告祭,历数郑氏开发台湾功绩。

台湾回归,施琅遣吴启爵驰京奏报。康熙授施琅为靖海将军,晋封靖海侯,世袭罔替,其所属官员再各加一级,兵丁再赏一次,以示特加优渥至意。

康熙二十二年(1683年)郑克塽、刘国轩、冯锡范等奉命至京,康熙授郑克塽公衔,刘国轩、冯锡范伯衔,俱隶上三旗,并令工部拨给房屋土地。其余郑氏文武官员并明裔等一律于附近各省安插垦荒。兵四万余人愿入伍归农听便。

施琅特别保荐刘国轩在和平统一台湾中的重要作用,他上疏

---

① 江日昇:《台湾外纪》卷九。
② 施琅:《靖海纪事》下,卷下第17页。

说:自己亲率舟师进入台湾后,"细阅港道纡回,地势窄狭,波涛湍急,可谓至险至固"①,如此险恶的地理形势,他深感台湾"似未易可以力斗取胜之地"②。然而,在台湾各文武官员都怀疑畏的情势下,国轩毅然决定"以生死听命于朝廷,免贻生灵涂炭","力主归命",遂使清师"不用战功而得全国,其功不少"③。康熙二十三年(1684年)三月,康熙特授刘国轩为直隶天津总兵官,后来刘国轩上任,向康熙辞别时,康熙亲自召见,并对他说:"台湾地方阻声教者六十余年,尔素怀忠诚,因施琅督兵征剿,首先归命,是以特授为总兵官,以示优眷。但天津地方,在畿辅与远省不同,尔宜加意抚辑,使兵民相安,盗贼屏迹。"④话毕,康熙特赐国轩白金二百两,表里各十匹,又内厩鞍马一乘⑤。康熙二十四年(1685年),康熙传谕刘国轩云:"尔刘国轩身为渠党,仍能仰识天时,劝令郑克塽纳土来归,朕心嘉悦……今特赐尔第宅,俾有宁居。"⑥此外,康熙还赐给国轩"丁壮地亩","诰封三代如其官"⑦。

台湾归清后,摆在康熙面前的一个突出问题,是台湾或弃或留,亟须作出决断。

当时,不少朝廷官员、封疆大吏认为台湾"孤悬海外,易薮贼,欲弃之,专守澎湖"⑧,主张"迁其人、弃其地"。

在这关键时刻,福建总督姚启圣、靖海将军施琅、都察院左都

① 施琅:《靖海纪事》下,卷下第14—15页。
② 施琅:《靖海纪事》下,卷下第14—15页。
③ 施琅:《靖海纪事》下,卷下第14—15页。
④ 《清圣祖实录》卷一百十五,康熙二十三年四月丙申条。
⑤ 《清圣祖实录》卷一百十五,康熙二十三年四月丙申条。
⑥ 《康熙起居注》,康熙二十四年二月二十八日。
⑦ 《长汀县志》卷二十五,《刘国轩传》。
⑧ 魏源:《圣武记》卷八,《康熙戡定台湾记》。

御史赵士麟、侍郎苏拜、大学士李霨等挺身而出,坚决反对弃台的荒谬主张,尤其是施琅的真知灼见,给予康熙的决策以重大影响。

施琅经过亲自调查后,对台湾的弃留问题,很有远见。他于同年十二月二十二日上疏,具体深入地剖析了台湾的情势,阐明了"弃之必酿成大祸,留之诚永固边圉"的富有远见卓识的意见。在奏疏中,施琅以亲身所见叙述台湾实系"肥饶之区,险阻之域"。这里"野沃土膏,物产利博,耕桑并耦,鱼盐滋生,满山皆属茂树,遍处俱值修竹,硫磺、水藤、糖蔗、鹿皮以及一切日用之需,无所不有,向之所少者布帛耳!兹则木棉盛出,经织不乏",且"舟帆四达,丝缕踵至"。他严正地指出:若将台湾弃为荒陬,复置度外,势必带来严重祸害:其一,台湾人居稠密,户口繁息,农工商贾,各遂其生,一行徙弃,安土重迁,失业流离,实非长策。其二,该地之深山穷谷,窜伏潜匿者,实繁有徒,和同土番,从而啸聚,假以内地之逃军闪民,急则走险,纠党为祟,造船制器,剽掠滨海,"此所谓借寇兵而赍盗粮固昭然皎著者"。其三,他强调台湾在东南海防上的重要地位,他指出中国东南形势"在海不在陆,台湾虽海上一岛,实关四省之要害",它"北连吴会,南接粤峤,延袤数千里,山川峻峭,港道纡回,乃江、浙、闽、粤四省之左护"。其四,他特别指出荷兰垂涎图占该地是一个严重后患,他说:红毛无时不在涎贪,亦必乘隙以图,"一为红毛所有","必合党伙,窃窥边场,迫近门庭。此乃种祸后来,沿海诸省,断难晏然无虞。"[1]最后,他还批驳了"弃台湾、守澎湖"的错误论调,认为台湾和澎湖是一体的,无台湾,澎湖亦不能守,"是守台湾则所以固澎湖,台湾、澎湖一守兼之"[2]。

---

① 施琅:《靖海纪事》下,卷下,第26—29页。
② 施琅:《靖海纪事》下,卷下,第26—29页。

赵士麟、苏拜、李霈等奏称："据施琅奏内称，台湾有地数千里，人民十万，则其地甚要。弃之，必为外国所踞，奸宄之徒，窜匿其中，亦未可料。臣等以为守之便"①。

康熙听取了各方面的意见，最后明确谕示："台湾弃取所关甚大，镇守之官三年一易，亦非至当之策，若徙人民，又恐失所，弃而不守，尤为不可"。他要大学士会同议政王大臣、九卿、科道等"再行确议具奏"②。之后，大学士明珠回奏："议政王大臣等认为上谕极当。提臣施琅目击彼处情形，请守已得之地，则设兵守之为宜"③。

于是，台湾设立一府三县，置巡道一员分辖，隶福建省，府曰台湾，附郭为台湾县，南为凤山县，北为诸罗县，由台厦兵备道分辖。同时台湾设总兵官一员，副将二员，兵八千，分为水陆八营。澎湖设副将一员，兵二千，分为二营，每营各设游守千把等官。康熙任命参领杨文魁为第一任福建台湾总兵官，在杨文魁上任陛辞时，康熙特地面谕：台湾远在海隅，新经底定，彼处新附兵丁，以及土人黑人种类不一，你到任之后，务期抚辑有方，"宜用威者慑之以威，宜用恩者怀之以恩，总在兵民两便，使海外晏安"。康熙还告诫杨文魁："台湾以海洋为利薮，海舶商贩必多，尔须严饬，不得因以为利，致生事端"④。之后，文武各官陆续就任，编户籍，定赋税，通商贾，兴学校，台湾正式隶属于清朝中央政权的行政管辖之下。

---

① 《清圣祖实录》卷一百十四，康熙二十三年正月丁亥条。
② 《清圣祖实录》卷一百十四，康熙二十三年正月丁亥条。
③ 《康熙起居注》，康熙二十三年正月二十七日。
④ 《清圣祖实录》卷一百十五，康熙二十三年五月癸未条。

第四章 黑龙江上下之一河一溪 不可少弃之于俄罗斯

一、哥萨克匪帮步步深入侵掠黑龙江

在清廷平定三藩之乱和统一台湾的前后,沙俄殖民主义的侵略势力正在步步深入我黑龙江流域,严重地破坏着我国的主权和领土完整。残害着我国人民的生命财产。

沙俄原是一个欧洲国家。在十六世纪以前,它还没有在亚洲占有一块土地。沙俄本身也仅仅是在十五世纪末、十六世纪初,才形成以莫斯科为中心的统一国家。至十六世纪下半叶,沙俄积极向东扩张,仅仅几十年时间,就把势力一直延伸到鄂霍茨克海,霸占了西伯利亚。明崇祯五年(1632年),沙俄在勒拿河建雅库茨克城,逐渐地将侵略魔爪伸向我黑龙江地区。

明崇祯十六年(1643年,清崇德八年)雅库茨克的头目戈洛文派遣以波雅科夫为首的一伙哥萨克兵共一百三十多人闯入我黑龙江达斡尔族、女真人聚居地区,进行野蛮的烧杀抢掠,俘获当地居民作为人质,给他们戴上枷锁,强逼他们缴纳粮食、毛皮等贡赋,甚至杀土人而食。波雅科夫这种惨无人道的行径,给黑龙江居民留下了极其可怕可狰的形象,以至只要提到哥萨克来了,就足以使黑龙江人民的脑海中立时浮现出拷问、诱骗、死亡和吃人的种种情景,从而激起当地各族人民的反抗。有一次七十个哥萨克士兵前往达斡尔村屯抢夺粮食,遭到达斡尔人的突然袭击,五十名哥萨克兵受重伤,十名被打死。在精奇里江的结雅河口,杜切尔(女真人转音)人偷袭了沙俄侦察队的驻地,杀死了二十四人,二人逃走。到了顺治二年(1645年),波雅科夫一伙仅剩下五十余人,被迫经黑龙江口,越海北逃。次年七月,才返回雅库茨克。

顺治六年(1649年),在沙皇的允准和雅库茨克新任统领弗兰茨别科的支持下,以哈巴罗夫为头子的七十名哥萨克人组成远征队,侵入黑龙江地区,在遭到达斡尔人的抵御之后,哈巴罗夫意识到靠几十个人去征服幅员广大、人口稠密的达斡尔土地是不能想象的。于是他匆匆返回雅库茨克奏请以六千人征服黑龙江,最后沙俄增派了二百多人,又发给哈巴罗夫一道沙皇关于"远征达斡尔地方"的新指令与一封转交"博克达汗"即清朝皇帝的信件。指令与信件都狂妄地宣称:要中国皇帝"归顺"沙皇,永为"臣仆",如拒绝归顺,"沙俄就要动武",将中国男女老幼"斩尽杀绝"①。次年,哈巴罗夫率领侵略军并携带这两份文件,再次窜到黑龙江,攻取雅克萨。雅克萨为女真语,意思是刷塌了的河湾子②,它位于黑龙江上游左岸,与额穆尔河河口隔江相对,即今黑龙江省呼玛县古城岛对面,地当贝加尔湖和雅库茨克两方进入黑龙江地区的水陆咽喉。这里原是我国达斡尔酋长阿尔巴西的住地。沙俄侵略者占据后,就在此构筑工事,加固设防,作为进一步侵略黑龙江流域的重要据点,并根据达干尔酋长阿尔巴西的名字,将雅克萨定名为阿尔巴津。

俄国侵略者以雅克萨为据点,四出袭击,他们用大炮对付手无

---

① 齐赫文斯基主编:《十七世纪中俄关系文件集》第一卷第126—130页。
② 《清文鉴》卷五,《地舆》。

寸铁的居民,抓捕俘虏和人质,用极其残酷的手段,对待被俘的人群。在桂古达尔的一个村庄里,沙俄侵略者以密集的炮火打败了用竹箭顽强地抵御的达斡尔人之后,制造了惨绝人寰的血案,他们共杀死居民六百六十一人,抢走妇女二百四十三人和儿童一百十八人,仅十五个达斡尔人幸免于难。更令人发指的,这批灭绝人性的匪帮竟大发兽性,用父母的尸体搭成烤架来烧烤孩子们!但是沙俄侵略者的暴行,并没有吓倒我国人民,相反更激起了我国各族人民的反抗。当侵略者进入乌苏里江一带我国朱舍里和赫哲人居住的地方时,当地居民一面用简陋的武器抵抗,一面向驻守宁古塔(今宁安县)的清军报警。顺治九年(1652年)四月,清政府命令宁古塔昂邦章京海色率兵前往,狙击沙俄侵略者于乌苏里江口的乌扎拉村,当时达斡尔、女真、赫哲、费雅喀等族人民纷纷前来协助作战。正当清军和各族人民突破敌人堡墙,准备冲入敌营时,海色却犯了严重错误,他麻痹轻敌,没有乘胜狠狠打击敌人,竟然荒谬地命令清兵不许杀死哥萨克,要捉活的,这给敌人以喘息机会,敌人乘机拉回大炮,向密集的清军猛轰,使清军受到重大伤亡,最后清军被迫撤围。

乌扎拉村之战是中国正规军对沙俄入侵者的第一次作战,这次战斗给侵略者以沉重打击,逼使敌人惶恐不安地向黑龙江上游撤走。之后,沙俄任命斯捷潘诺夫为新达斡尔地方长官。顺治十二年(1655年)四月,清朝都统明安达礼重创斯捷潘诺夫于呼玛尔,当时由于清军前线缺乏给养基地,后方又没有源源不断的军粮供应,士兵口粮和军需物资靠随军携带,极其有限,明安达礼终因"饷馈班师",使侵略者得以继续在黑龙江横行。

顺治十三年(1656年),另一支沙俄侵略军从叶尼塞斯克出发,闯入石勒格河流域,于顺治十五年(1658年)侵占我国蒙古族茂明安部居地尼布楚,并将尼布楚改称为涅尔琴斯克,在此构筑城堡,作为进一步向黑龙江中下游扩张的中心。

其时,斯捷潘诺夫正率领五百名哥萨克人窜犯松花江,清政府令宁古塔昂邦章京沙尔虎达率领一千四百人分乘四十七艘船只讨伐。在松花江与库尔罕河间,清军同俄军展开一场激战,击毙了侵略者头目斯捷潘诺夫及其部众二百七十人,余众向黑龙江下游窜犯。随后,清军收复了雅克萨,拆除了俄军强建的堡垒。顺治十七年(1660年)宁古塔总管沙尔虎达子巴海帅师至黑龙江与松花江交汇处,侦悉俄军在费雅喀部落西岸,立即随同副都统尼哈里、海塔等领兵前进,到了使犬地方(即黑龙江下游的赫哲、费雅喀等少数民族居地,他们因善使狗而名使犬部)分部舟师,潜伏两岸,当俄军船队驶来时,伏兵突起合击,大败俄军于古法檀村(今伯力北面)。敌人仓皇弃舟,登岸败逃,"淹死者甚众"[1]。于是黑龙江中下游始得稍安。然而清军因缺乏长期打算,既没有彻底剪除沙俄侵略军,又未作防御,就撤兵"中途而返"[2]。

康熙四年(1665年),从叶尼塞斯克来的另一股由切尔尼科夫斯基率领的沙俄侵略者重新占领了雅克萨。这时,沙皇正式任命切尔尼科夫斯基为雅克萨长官。康熙十四年(1675年)沙俄将雅克萨正式划归尼布楚管辖。之后,这伙匪帮以雅克萨为巢穴,深入黑龙江中下游的一些地区,设庄建屋,强行殖民屯垦。

沙俄还进一步拉拢煽动少数民族头人,策划分裂和颠覆活动。达斡尔族酋长根特木耳原是朝廷的四品官员,清政府把他的部族编为三个佐领,在俄国殖民主义者的引诱下,根特木耳一伙百余人

---

① 《清世祖实录》卷一百三十八,顺治十七年七月丁丑条。
② 何秋涛:《朔方备乘》卷首五,《平定罗刹方略》。

于康熙六年（1667年）背叛祖国逃至尼布楚。康熙十二（1673年）、十三年（1674年），又有推多果尔、保岱等陆续逃往尼布楚城一带，这使沙俄与清朝之间的矛盾更加深化了。

二、谋求和解与周密备战反击

面对沙俄的侵略，康熙在解决国内动乱的同时，也在思虑着对付沙俄侵略的方略。为了避免双方军事冲突，康熙力图通过外交途径同沙俄进行耐心的交涉，谋求和平解决。

沙俄方面，为了配合黑龙江上的武装侵略活动，装出一副和平友好的姿态，同清政府交往，从中了解清廷，以便窥测方向，更有利于从事侵略活动。

康熙八年（1669年）和康熙九年（1670年），清政府令索伦总管孟格德先后两次派遣其属下沙兰载带着康熙写给尼布楚总管阿尔申斯基的正式咨文前往尼布楚，要求俄国当局停止对中国的侵略活动；并将叛逃分子根特木耳等人引渡中国。在咨文中，康熙还表示"倘贵国有言词通知我国，可派使臣前来与朕面谈"。但都没有结果。

康熙九年（1670年）四月，阿尔申斯基派出以米格万诺夫为首的十人使团来到北京。阿尔申斯基根据沙皇的谕旨，在给米格万诺夫的训令里要求清朝皇帝向沙皇称臣纳贡与自由通商。训令说："彼等（即米格万诺夫等）应向博格德汗（当时俄国对清朝皇帝的称呼）陈明：'诸多国家之国君和国王已率其臣民归依我大君主……沙皇陛下最高统治之下……彼博格德汗亦求得我大君主……沙皇陛下恩泽归依我沙皇陛下最高统治之下……永世不渝，向我大君主纳贡，并允许我大君主……沙皇陛下之臣民同彼国

208

臣民在双方境内自由通商'"①。这个文件充分暴露了沙皇企图吞并中国的野心。米格万诺夫把这文件交给清廷。由于清廷当时缺乏通晓俄文的译员,未能了解上述十分荒谬的要求与侮辱性的内容,仍然友好地接待了俄使,还送给他们不少礼物。同时,清廷派索伦总管孟格德携带康熙帝《致沙皇国书》随同米格万诺夫使团一起去尼布楚。康熙帝在《致沙皇国书》里明确提出,如沙皇"愿求永远和好",则必须履行两个条件:其一,"应还我逋逃根特木耳";其二,"嗣后勿起边衅,以求安宁"。当时,因阿尔申斯基等不通满文,孟格德就把康熙《致沙皇国书》逐字逐句地翻译成蒙文,再由阿尔申斯基等当场将蒙文转译成俄罗斯文。之后,康熙《致沙皇国书》及其译文由"米格万诺夫一并转递至莫斯科沙皇那里,在这期间,阿尔申斯基当着孟格德的面做了这样的保证:如沙皇准予遣返根特木耳,自当立即将根特木耳送回;并表示他已饬令雅克萨头目切尔尼科夫斯基,嗣后不得恣意妄为。实际上,阿尔申斯基这番诺言纯系自欺欺人的谎言,仅仅是为了向清廷搪塞一下,根本无意兑现。自然孟格德之行也就没有什么结果。之后孟格德又多次去尼布楚要求俄国答复康熙在国书中所提的二条要求,但是俄方却拒不回答。

康熙十四年(1675年)俄方又派出尼古拉(赖)·斯帕法里为首的百余人的庞大使团出使中国,清廷派理藩院尚书阿穆瑚琅往索伦(今鄂温克族自治旗)同俄使相会。经双方会谈以后,阿穆瑚琅等认为从其来使之言及察罕汗(俄皇)奏书看来,俄方"虽有修好之意,亦不可信"。于是将尼古拉(赖)一伙暂留索伦,请旨定

① 《俄尼布楚长官给使华之米格万诺夫等人的训令》,见《清代中俄关系档案史料选编》第一编上册,1981年中华书局版,第22—23页。

夺。议政王、贝勒大臣等,鉴于俄使声称因"无人通晓"中国皇帝所给敕书,为此前来探询情形,进献方物,并向清帝请安,奏请允准他们乘驿进京。对此,康熙表示同意。

康熙十五年(1676年)五月初,俄使尼古拉到北京,向清政府递交了一份国书和一份照会,其内容以自由通商为中心,列举十二条款,诸如允许两国互市,通路开放不绝;每年将四万两左右银子及价值数万两的生丝熟丝或贵重的宝石等珍物,运往俄国,购买中国需要的货物;指定来往方便的海河陆路通商路线;释放被俘获的俄方人员,若不还给,则请准赎等。对于先前康熙一再向沙俄交涉匆于边界侵扰、引渡逃犯根特木耳等关键问题,照会却以中国大皇帝所给敕书,因俄国无人通晓,不知情由,而未作复为借口,置之不顾①。

尽管如此,清廷仍以礼相待。康熙曾前后两次接见俄使,召至御前赐茶赐酒,并分别命令理藩院和议政王大臣等,逐项详议俄方提出的十二条要求。之后清廷召见沙俄使团,当面宣布:俄国必须归还我逋逃的根特木耳;嗣后不得在边界横生事端;派遣来使,应通情达理,遵守中国的礼法习俗。若能履行这三条,双方可相互和好,照常遣使贸易,否则可不必遣使前来②。同时将康熙九年(1670年)《致沙皇国书》译成拉丁文交俄使带回。清廷还厚给俄皇来使大小官员、通事、兵丁、跟役等各以不等的赏赐。康熙又命理藩院行文通知索伦总管,有关俄方遣使贸易往来之事待尼古拉(赖)返回沙皇如何答复后再定,目前俄方若有商旅,不准其贸易,即行遣回。

---

① 《清代中俄关系档案史料选编》第一编上册,第25—30页。
② 《清代中俄关系档案史料选编》第一编上册,第41页。

尼古拉(赖)上北京期间,还同当时充任清政府官职的外国耶稣会传教士南怀仁等秘密串连,获取机密情报。南怀仁等曾密告尼古拉(赖)说:"沙皇若不引渡根特木耳,康熙决对俄作战……拟攻取阿尔巴津(即雅克萨)及尼布楚要塞,以先发制人……但当边地军队无充分准备前,帝决不愿有所动作……若边地之哥萨克兵此时不再进犯,帝将视阁下返俄后,沙皇有无答复以定应付之策。若拒绝引渡根特木耳,俄廷应以重兵防守诸地"。① 于此可见,尼古拉(赖)之出使中国,不是为了寻求和平与友好,而是为搜集情报,了解清廷的意向。

尼古拉(赖)回国后,沙俄依然我行我素,不但对清政府的要求拒不作复,反而乘三藩之乱清朝边防空虚之际,加紧武力扩张。沙俄以尼布楚和雅克萨为据点,兵分两路向我国境内步步深入,一路向东,在精奇里江上流建立结雅斯克;在西林木迪河地区建立西林穆斯克;在多伦河口建立多伦斯克(中名多伦禅);一路向南,侵入额尔古纳河流域,建立额尔古纳堡(今黑龙江奇乾县附近),进而又深入到黑龙江下游和恒滚河一带。在恒滚河上,建立杜吉根斯克,在乌弟河上,建乌弟斯克等据点。他们在各个据点,"置板屋,耕畎亩",强行殖民屯垦。他们以雅克萨为巢穴,数扰索伦、赫哲、飞牙喀、奇勒尔诸处,"不惶宁处,剽劫人口,抢掳村庄,攘夺貂皮,肆恶多端"②。康熙二十一年(1682年),这伙强盗竟制造了一起骇人听闻的屠杀中国人民的血腥事件,他们把索伦、打虎儿、鄂伦春的打貂人额提儿等二十人,骗进一间屋内,活活烧死,尔后,将其马匹、粮食和器物统统夺走。

---

① 转引陈复光:《有清一代之中俄关系》第一章第五节第20页。
② 《清圣祖实录》卷一百十九,康熙二十四年正月癸未条。

沙俄侵略者把康熙与清政府的和平努力,看作软弱可欺,侵略气焰越来越嚣张。康熙在同沙俄长期交涉中认识到,对待侵略成性的沙俄政府仅靠和平建议根本解决不了问题,得出结论:"若辈非创以兵威,则罔知惩畏,将至蔓延,遂决意征剿"①。

所以同沙俄进行和平谈判的同时,根据国内形势的变化和沙俄武装侵略的不断深入,康熙也在殚心筹度着反击沙俄的军事准备工作。他曾对大臣们说:"罗刹扰我黑龙江、松花江一带,三十余年,其所窃据,距我朝发祥之地甚近,不速加剪除,恐边徼之民,不获宁息。朕亲政之后,即留意于此"②。

康熙十年(1671年),康熙帝第一次巡视东北,他一面向当时宁古塔总管巴海了解该地及瓦尔喀、虎尔哈等少数民族的风俗情形,指示巴海"当迪以教化",做好团结当地居民的工作;一面强调"俄罗斯尤当慎防",命令巴海"训练士马,整备器械,毋堕其狡谋"③。他还语重心长地对巴海说:"尔膺边方重任,当黾勉报知遇。"其后,由于"三藩之乱",清政府被迫把宁古塔驻地的清军调入关内作战,一时削弱了东北边防。身负东北边防重任的巴海,遵奉康熙重托,设法补充兵员,他招抚了松花江下游、诺曼河、乌苏里江和穆棱河等地的一些部族,将他们编成四十佐领,安置于宁古塔、吉林、乌喇等地,给予房屋、土地、耕牛、种子,令他们"屯田耕种",并由各部族原来的首长查努喀、布克陶等分领其众,号曰"新满洲",令他们与满洲官兵一体效力④。康熙十三年(1674年)十一月,巴海率领"新满洲"佐领及其下属入京觐见,受到康熙优待,

① 何秋涛:《朔方备乘》卷首五,《平定罗刹方略》。
② 《清圣祖实录》卷一百二十一,康熙二十四年六月癸巳条。
③ 《清史稿》卷二百四十三,《沙尔虎达传》。
④ 《清圣祖实录》卷七十二,康熙十七年闰三月癸亥条。

"上命射,赐茶酒"①。后来,这批"新满洲"在反击沙俄的斗争中,起了不小作用。因此,巴海和"新满洲"头领查努喀、布克陶等亦受到清廷嘉奖。

康熙十五年(1676年)清政府将宁古塔将军治所移到乌拉(今吉林市),在这里筑城驻防。当时木城的建筑十分简陋,只是在四周树立短木柴栅,环三重,四边各开一门,辟东、西二门,置茅屋数间,即是将军行政地,而名之曰衙门。城墙很不坚固,遇雨就坍塌,随塌随筑。在这里驻扎新旧满洲兵二千名,并以直隶各省徙来流人数千户,修造战舰四十余艘,双帆楼橹与京口战船类似,另有江船数十,亦具帆樯,"日习水战,以备老羌"②。"老羌"指罗刹即俄军,因其"长于鸟枪,世遂讹鸟为老,讹枪为羌"③。

康熙二十年(1681年)三藩之乱平定后,国内局势基本稳定,康熙便把注意力转向东北。五月,康熙遣大理寺卿明爱、郎中额尔塞前往雅克萨侦察敌情。行前,康熙交代二人说:"罗刹乃穷边外邦,鄙猥之徒,难以遽信",你们到索伦后,在那里选派有才干的人,"往说之"。明爱等遵照康熙指令,一到索伦,就遣佐领罗尔本、隋珀率领二十人,前往雅克萨,一面向驻雅克萨的俄军头目传话说:"你们违背不相扰害的诺言,派遣二十人侵占我多伦禅所居之地,不是很荒谬吗?你们应将你国人速急撤回!"一面观察雅克萨木城,"其城树木为之,广十五余丈,长二十余丈,有四层,施放鸟枪空,城外留四丈余地,将一丈地钉木桩,外作两层栏,城中人有三百余名"④。侦察后,明爱等回京向康熙奏报。

① 《清圣祖实录》卷五十,康熙十三年十一月己丑条。
② 高士奇:《扈从东巡日录》卷下。
③ 徐珂:《清稗类钞》,第二册《地理类·宁古塔》。
④ 《清代中俄关系档案史料选编》,第一编上册,第48页。

康熙二十一年(1682年),康熙再次巡视了盛京、吉林、乌喇等地,向宁古塔将军巴海、副都统萨布素、瓦礼祜详细询问了边防情况。八月,康熙派遣副都统郎谈、公彭春等随带参领侍卫和护军外,又令毕力克图等五台吉率科尔沁兵五百人,宁古塔副都统萨布素等率乌喇、宁古塔兵八十名,随同郎谈等以捕鹿为名,沿黑龙江行围,直抵雅克萨城下,勘察俄军居址、形势及水陆道路。康熙还特别指示:"万一俄军出战,姑勿交锋,但率众引还,朕别有区画。"①郎谈等返回北京后,奏称"俄兵寡少,由水陆进逼,攻取甚易,发兵三千足矣"②。康熙亦以为然。

康熙经过自身和大臣们的几次实地考察后,对黑龙江的形势与敌情,包括土地险易、山川形势、人物情性、道路远近等,已了如指掌。他详细地分析了敌我情势,意识到俄军能在黑龙江"得以盘踞多年者",有着赖以存在的经济基础。因为俄军以尼布楚和雅克萨为基地,并"赖额尔古纳河口至雅克萨十余处,雅克萨至布尔马大河口十余处,筑室散居,耕种自给,因以捕貂。尼布潮(即尼布楚)田亩不登,但取资纳米雅尔诸姓贡赋"。另外"喀尔喀巴尔呼人时贩牲畜等物至尼布潮(即尼布楚),尼布潮人亦捕貂与之交易,如此俄军得以生存"③。相反,清军却在远离雅克萨的宁古塔为基地,只是在侦知俄军较大规模入侵黑龙江中下游地区时,才遣军奔袭,予以痛击或歼灭。之后,因缺乏军需供应,只得立即撤兵。随后俄军得以乘机或一、二人,或十多人,陆续聚集于黑龙江、松花江之间,构造木城、盘踞其地。清军则取之维艰,由是清军"反为客兵",而俄罗斯为主兵,从而出现了"纵令克取雅克萨,我

---

① 《清圣祖实录》卷一〇四,康熙二十一年八月庚寅条。

② 《清圣祖实录》卷一〇六,康熙二十一年十二月庚子条。

③ 《清圣祖实录》卷一百十五,康熙二十三年五月甲申条。

进则彼退,我退则彼进,用兵不已,边民不安"的不利情况①。这也正是"以往尚书明安达礼轻进至粮饷不继,将军沙儿呼达巴海等失计,半途而归,遂致罗刹骄恣"的历史教训②。要扭转这种局面,康熙认为关键在于"多贮粮食,永戍官兵",则"我兵得逸,而鄂罗斯兵为劳矣"。这样,"鄂罗斯轻兵来犯,断所不能,欲大队侵入,则彼粮食何能挽运"③。于是康熙提出了要击退和制止沙俄侵略,必须做好充分准备,实行"永戍黑龙江"的战略措施,若"不行永戍,自松花江、黑龙江外,所居民人,皆非吾有矣"④。

康熙二十一年(1682年)十二月,康熙做出了"兵非善事,宜暂停攻取"的决策。并初步确定有关"永戍黑龙江"的战略部署。接着康熙就传谕巴海等,"兵抵黑龙江,应驻何地其详议以闻"。巴海等即时上疏建议宜乘俄军"积储未备,速行征剿。候造船毕,度七月初旬,能抵雅克萨,即亲统大兵,直薄城下"⑤。对此,议政王大臣等表示同意。然而这却背离康熙确定的长期戍守黑龙江的战略方针。康熙当即指出:"巴海等所议进征罗刹军务,殊为疏略","至所议七月兵到,即行攻战,亦属未可"⑥。因此,康熙改派巴海留守乌喇,由副都统萨布素、瓦礼祜统兵前往黑龙江,并传集郎谈、彭春等再行确议。之后,议政王大臣奏称,应遵奉前旨,"暂停攻取,相机举行"⑦。随后,根据形势的发展变化,康熙又不断地完善与充实反击沙俄的军事部署。

① 《清圣祖实录》卷一百二十一,康熙二十四年六月癸巳条。
② 《清圣祖实录》卷一百二十一,康熙二十四年六月癸巳条。
③ 《清圣祖实录》卷一百三十一,康熙二十六年十月己巳条。
④ 《清圣祖实录》卷一百三十一,康熙二十六年十月己巳条。
⑤ 《清圣祖实录》卷一〇九,康熙二十二年四月庚辰条。
⑥ 《清圣祖实录》卷一〇九,康熙二十二年四月庚辰条。
⑦ 《清圣祖实录》卷一〇九,康熙二十二年四月庚辰条。

康熙二十二年（1683年）在黑龙江东岸古城的废墟上建立黑龙江城（即爱珲），预备炮具船舰，令设斥堠于呼玛尔（呼玛县南）。调派宁古塔副都统萨布素率领宁古塔、吉林官兵一千五百名，水陆奔进，驻防黑龙江。之后，任命萨布素为黑龙江将军，下设左右副都统、协领、佐领等官，并不断调集军队，增加军事力量。康熙二十三年（1684年）秋，有乌喇、宁古塔官兵及增派达斡尔官兵一千人，携带家属到黑龙江屯田驻守。康熙二十三年（1684年）冬，又从北京派出兵士六百人，往黑龙江筑城。为了对付俄军火炮，康熙二十四年（1685年）初，清廷选调安插在山东、山西、河南的福建藤牌兵四百二十人，由銮仪使林兴珠和何祐率领奔赴前线。这样，前后派往黑龙江前线的军队共有三千余人。此外，制鸟枪、铸大炮，康熙还特为红衣大炮钦定其名为"神威无敌大将军"。并在齐齐哈尔设立火器营。

备足军粮是永戍黑龙江的物质基础。康熙曾对大学士等说："苟粮储不足，则如沙尔呼达、巴海等往征而不能成功矣！此事尚未年远，朕亲所闻知，且亦众所共悉也"[1]。为了保证军粮的充足供给，从科尔沁十旗、锡伯、乌喇等官屯收集粮食一万二千石，可支三年；派马喇到索伦等处购买牛羊、粮米，以供军需；令驻黑龙江兵士实行军屯。康熙二十一年（1682年）十二月，前往黑龙江的步兵一到驻地，"即行耕种，不致匮乏"。康熙二十四年（1685年），发盛京兵五百人，代黑龙江兵守城种地，并派户部大臣一员，专门督理种田事宜。此外，开辟辽河，实行松花江和黑龙江的水陆联运。即从辽河的巨流河渡口溯流运至等色屯，再由陆路运到伊屯门，经伊屯河入松花江，顺松花江而下至黑龙江，再溯江上抵黑龙江城

---

① 《清圣祖实录》卷一百三十一，康熙二十六年十月己已条。

（爱珲）。为了保障水运安全,康熙分遣内府营造司郎中佛保及户部侍郎宜昌阿等,从瀛台、通州船载米试行。又命盛京刑部侍郎噶尔图、宁古塔副都统瓦礼祜分别实地勘测辽河与伊屯河的河水深浅与水速情况。测试结果,两河均可行三丈之船。在沿河各口筑仓贮粮,并由当地各族居民与官兵组成运输队,专门负责水陆联运。

大造战船和运输船只。康熙二十一年(1682年)十二月,康熙命宁古塔将军巴海重修战船一百艘。次年一月,特派户部尚书伊桑阿监督,并从中原调来大批造船工匠和流放在当地的罪犯制造各种类型船只。吉林是当时著名的造船地,厂滨松花江,在这里,大规模地伐木造船,所以,吉林又名船厂。征伐俄军所需的数百艘各类战船和运输船,大都是由吉林制造的。

为沟通黑龙江前线与中央和内地的联络,自吉林至爱珲设置驿站。康熙特派户部郎中色奇、兵部郎中能特、理藩院郎中百塞等实地勘测丈量。郎中色奇等奏称,自吉林至爱珲计丈量共一千一百九十五里,应设驿站十四驿。康熙即指出:"驿站关系紧要,凡丈量当以五尺为准"。令色奇等进行复丈后,计一千三百四十里,该设驿站十九驿。每驿设壮丁并拨什库三十名,马二十匹,牛三十头,壮丁自盛京(今辽宁沈阳)、宁古塔所辖各驿、柳条边派出,马牛由盛京户部照数采买送往。待军队北上后,再在雅克萨至爱珲和墨尔根(今嫩江县)之间增设驿站。

康熙二十二年(1683年)七月,萨布素率领乌喇、宁古塔兵一千人向黑龙江挺进。前锋部队至精奇里江(结雅河)口,遇到了从雅克萨窜来的六十六名沙俄侵略军,萨布素令清军迅速包围,随即遣两名军官到俄军船上说降,俄军自知走投无路,只得缴械投降。

清军进征沙俄侵略者的军事行动,激励了黑龙江地区各族人民的斗志,他们纷纷起来驱逐沙俄侵略者。牛满河上的奇勒尔族的奚鲁噶奴,精奇里江上的鄂伦春族的朱铿格,黑龙江下游的飞牙喀人和赫哲族人,都同俄军展开激烈的斗争,他们"击杀罗刹甚众"①。后来俄军从鄂霍茨克海赶来增援,清军夸兰大鄂罗舜等率官兵三百人,携红衣炮四具,用飞牙喀人当向导,与俄军激战于恒滚河口,俄军大败。清军遣投诚俄兵宜番等"造其居,开谕之",俄军二十一人投降。

因慑于清军威力和各族人民的同仇敌忾,盘踞在黑龙江中下游的俄军,陆续撤离据点或缴械投降,从而扫除了雅克萨以外、沿黑龙江中下游的一些敌堡。雅克萨已成为一座孤城。

三、两次雅克萨之战

康熙二十三年(1684年)五月,副都统马喇与萨布素建议:割取俄方田禾,俄军不久自困,然后"量遣轻骑剿灭似易"。康熙表示赞同。七月,康熙命萨布素等统兵或由陆路、或由水陆两路向雅克萨挺进,将俄军所种田禾,尽行踏毁,再"少引精兵往剿"。后来,萨布素以"取禾未及,徒劳士马"为由,没有遵行康熙指令。康熙十分恼火,严厉指责萨布素"坐失机会,更借端题请,殊属不合",令议政王大臣等"严议申饬"②。萨布素随即上疏引罪。次年正月,康熙派都统公瓦山、侍郎郭丕等往黑龙江与萨布素详议攻取雅克萨事,瓦山与萨布素等议定,于该年四月攻取雅克萨,倘"万难克取,即遵前旨毁其田禾以归"。奏疏一上,康熙更加恼怒,叱

---

① 《清圣祖实录》卷一百十三,康熙二十二年十一月癸未条。
② 《清圣祖实录》卷一百十六,康熙二十三年七月丙寅条。

责萨布素"度四月进兵,不过刈取田禾,事必无成"。并指出"用兵所关甚钜,宜周详筹划,期于必克,倘谋事草率,复似明安达礼等退兵,罗刹将益肆披猖。今自京城遣一贤能大臣,总领军事"①。在关键的问题上,康熙是容不得臣属稍有逆意的。

康熙在准备反侵略战争的同时,仍没有放弃用和平方式解决边界争端。他下令要善待投降或被俘的俄方人员,不准杀戮一人,皆以豢养,使各得其所。同时,康熙向俄方反复申述和平解决边界争端的方针。康熙二十二年(1683年)九月,康熙令理藩院按谕旨致雅克萨头目咨文,向俄方严重警告说:"今雅克萨、尼布楚罗刹等,若改前过,将根特木耳等逃人送来,速回本地,则两相无事……倘执迷不悟,留我边疆,彼时必致天讨,难免诛罚"②。

康熙二十四年(1685年)三月,康熙帝为再次敦促俄军撤出雅克萨事,致沙皇国书,国书由投降收养之罗刹六人从喀尔喀地方送往莫斯科。国书是这样写的:

> 大清国皇帝敕谕俄罗斯察汗:向者,尔国居于尔处,未曾侵扰我界,边民咸宁。后尔罗刹入侵我境,骚扰地方,抢掠百姓妇孺,滋事不止。为此,朕本应即发大军征讨,惟恐兵革一兴,沮坏历年和好,加害于边民,故不忍出兵。曾将晓谕此一情由之谕旨,交尔使臣,亦曾派遣专人前往雅克萨、尼布楚,至今未见派人前来,亦无复奏。尔反愈加派罗刹窜入我内地,抢掠滋事,纳我逋逃。朕仍不忍即刻征讨,只遣官兵,截尔行路,招抚恒、滚等地罗刹,赦而不诛,予以收养……
>
> 惟因尔罗刹骚扰滋事不止,朕乃发大兵征讨……倘尔怜

---

① 《清圣祖实录》卷一百十九,康熙二十四年正月癸未条。
② 《清代中俄关系档案史料选编》第一编上册,第50页。

悯边民,使之免遭涂炭流离之苦,不致兴起兵革之事,即当迅速撤回雅克萨之罗刹,以雅库等某地为界居住。望明确复文或遣使前来,朕即令征讨大军停止前进,撤至边界地方。如此,则疆圉帖然,而无侵扰之患,贸易遣使,和睦相处。特谕①。

沙俄对清廷的警告仍然置若罔闻。康熙二十四年(1685年)四月,康熙命都统公彭春、前都统郎谈、班达尔沙和黑龙江将军萨布素统领由满、汉、蒙、达斡尔等各族组成的三千大军,自爱珲出发,分水陆两路,进取雅克萨。先期,雷雨大作,至二十六日,江水泛滥,狂风逆舟,船舰不得前。二十七日,天晴水落。二十八日晨忽转顺风,清军扬帆溯流直上,"三日之程,一朝而至,陆路之兵,虽疾行不及也"。这期间,正逢兵士肉食匮乏,忽然有鹿数万头,从山上疾奔下来,霎时军中欢声雷动,骑兵驰射,步兵挺击,群鹿乱作一团,慌不择路,纷纷堕入河里。水军驾船筏于江中,截获者计五千有余。出征的清军碰上这两个好兆头,个个心花开放、士气昂扬。

六月初,清军进抵雅克萨。在雅克萨对面的小岛(今古城岛)上设立了前线指挥所。二十三日,清军兵临城下,当即向俄军发出用满、蒙、俄三种文字书写的二份文件,一份是康熙给沙皇的国书,另一份是彭春给雅克萨头目的咨文,特遣俄俘送给雅克萨守将托尔布津,敦促俄军速即撤至雅库,遣返逃人。咨文是这样写的:

统兵都统公彭春、议政大臣护军统领佟保、副都统班达尔沙、副都统衔马喇咨行雅克萨城头目:

我圣主前曾多次派人或行文,令尔等撤回本地,送还我逃

---

① 《清代中俄关系档案史料选编》第一编上册,第51—52页。

人,尔君主多年未复一文,不惟不归还我逃人,反愈加侵入我内地,骚扰地方,抢掠妇孺,滋事不止……因尔等仍不撤出雅克萨,我圣主钦命本都统等率领官兵征讨尔等。我官兵之威力,攻无不克,若即刻攻城,定将尔城化为灰烬,然……我圣主……原期各自安居乐业,故再三宣谕,不忍遽加剿除。

今尔等若撤至雅库地方,以雅库为界,予该地捕貂纳税,不入我界,悉行送还我逃人,我亦将尔属降人送回。……若执迷不悟,仍行顽抗,则大军进剿,定将毁灭雅克萨城,尽除尔众,彼时追悔莫及矣。特此咨行①。

与此同时,康熙特遣亲随侍卫关保前往军前,谕诸将说:"兵,凶器;战,危事,古人不得已用之。朕以仁治天下,素不嗜杀,尔其严谕将士,毋违朕旨,以我兵马精强,器械坚利,罗刹势不能敌,必献地归诚,尔时勿杀一人,俾还故土,宣朕柔远之意。"②

可以说,清廷是仁至义尽,但是俄军"恃巢穴坚固,不肯迁归",甚至"出言不逊","反目相视,施放枪炮"。于是清军不得不水陆列阵,包围雅克萨。二十五日晨,一支俄军从上游乘筏赶来增援,清銮仪使林兴珠率领藤牌兵立即拦截。藤牌兵个个赤身裸体跳入水中,头上顶着藤牌,手里拿着片刀,飞速向敌船奋进。俄军一见,大惊失色,高声惊呼:"大帽挞子!"而藤牌兵在水中,敌人"火器无所施","藤牌蔽其首,枪矢不能入",藤牌兵以长刀砍敌脚胫,敌军应刃纷纷倒入江中,死伤大半。余众乘舟仓皇逃窜,藤牌兵却无伤亡。清兵阻击敌人水路增援后,当晚,郎谈同关保、班达尔沙等分遣副都统雅钦、营门校尉胡布诺等从城南进兵,在那里设

① 《清代中俄关系档案史料选编》第一编上册,第50—51页。
② 《清圣祖实录》卷一百二十一,康熙二十四年六月癸巳条。

档牌、土垒,施放弓弩,摆开进攻态势,用来牵制敌人兵力;命副都统温岱、护军参领博里秋、营门校尉乌沙、绿旗左都督何祐等从东、西两翼设神威将军炮猛烈夹攻;又令副都统雅齐纳、镇守打虎儿提督白克率领水师于城东南密布战船,封锁江面,防止敌人增援或逃跑①。各路清军互相配合,火力密集,炮弹如雨,城内火光烛天,浓烟滚滚。俄军伤亡惨重,惊恐万状。这时俄方神甫摩尔金手捧十字架祈求上帝救命。随后,清军又在城墙下三面堆积干柴,准备焚毁城堡。雅克萨头目托尔布津眼见继续负隅顽抗,有被全歼的危险,不得不向清军"稽颡乞降",并向清军统帅立下了决不再来雅克萨的誓言。都统公彭春、黑龙江将军萨布素遵照康熙"勿杀一人,俾还故土"的宽大政策,将俄军官兵及妇女、童稚六百余人,并其器物立视迁归。其中有巴什里等四十五人,恳求留在中国,也准其所请。先前被俄军掠获拘留在雅克萨作人质的索伦、打虎儿(达呼儿)等族人一百六十名,一概迁回原地。于是,被俄军侵占达二十年之久的雅克萨,遂告克复。

恢复雅克萨城的消息,由理藩院尚书阿喇尼奏报到正在古北口巡行的康熙那里。康熙满怀喜悦,激动地对阿喇尼说:"征剿罗刹,众皆以路远为难,朕独断兴师致讨,今荷天眷,遂尔克之,朕心喜悦"②。不久,彭春等捷报奏至,康熙览毕随即要兵部给从征人员,"从优议叙"。兵部议定:彭春等作头等功。康熙批示:都统公彭春等"以历年不能剿除之寇,不久奏绩,尤属可嘉",兵部原议作头等功尚轻,著为头等第一军功;将军萨布素"超越众人,著有劳绩,应撤销其先前逗留不进兵之罪,著议叙具奏"。同时,命进剿

---

① 《八旗通志》初集卷一百五十三,《郎坦(谈)传》。
② 《清圣祖实录》卷一百二十一,康熙二十四年六月癸巳条。

官兵暂回。令将军萨布素及副都统一员驻扎墨尔根,副都统温岱、纳秦驻扎爱珲,副都统博鼎负责筑造墨尔根城。康熙还特别指示:"雅克萨城虽已克取,防御工作决不可疏"①。

但是,清军将沙俄强建的雅克萨城焚毁后,没有继续在雅克萨设立驻防,连先前康熙关于设斥堠于雅克萨的指示也没有遵行,更未割取雅克萨附近田禾,就将全部兵士撤回爱珲等地。这显然是犯了一个重大的错误,给沙俄侵略者留下了可乘之机。

托尔布津率领残兵败将回到了尼布楚,刚巧遇上拜顿为头子的援军来到,这给托尔布津打上了一针强心剂。后来,尼布楚督军符拉索夫派人侦察到清军已全部撤离雅克萨,就命托尔布津带领五百名侵略军,再次占领雅克萨,并收割了田间的庄稼。托尔布津决定在废墟上重建新的雅克萨城堡,整个冬季都忙于构筑要塞,这一工程是在受过训练、经验丰富的德国军事技师拜顿监督下进行的,具有坚强的防御能力②。堡内修建了粮库、火药库和军需仓库,贮备了大量粮食弹药和其他物资。俄军准备长期固守。

康熙二十五年(1686年),萨布素派骁骑校硕格色率军去雅克萨侦探俄军动向。在途中,硕格色从奇勒尔人勒定吉尔那里获悉俄军复来雅克萨,筑城盘踞,硕格色把这一信息飞速向萨布素报告。萨布素马上奏报朝廷,并请于冰消时督修船舰,亲率官兵,相机进剿。康熙疑虑萨布素所奏系传闻之言,要萨布素及理藩院郎中满丕等实地查明情况。满丕等迁索伦副总管乌木尔代等前往雅克萨侦察,乌木尔代等从俘获的一名俄军口里,证实萨布素上奏的情况属实。于是康熙下令说:"今罗刹复向雅克萨筑城盘踞,若不

---

① 《清圣祖实录》卷一百二十一,康熙二十四年六月癸卯条。
② (美)弗·阿戈尔著、陈铭康等译:《俄国在太平洋的扩张》,商务印书馆1981年版,第40页。

速行扑剿,势必积粮坚守,图之不易。其令将军萨布素等,姑停迁移家口,如前所请,速修船舰,统领乌喇、宁古塔兵,驰赴黑龙江城。至日,酌留盛京兵镇守,止率所部二千人,攻取雅克萨城,并量选候补官兵及现在八旗汉军内福建藤牌兵四百人,令建义侯林兴珠率往。"①又令副都统郎谈、班达尔沙和马喇等参赞军务。要副都统博鼎从筑城和屯田官兵中挑选二百人,驻扎墨尔根听候调遣。

萨布素、郎谈等率领二千余名清军从爱珲出发,水陆并进,于七月十八日进抵雅克萨城下,萨布素再次致书托尔布津,警告俄军"速回本土",否则,必用武力消灭。托尔布津却自恃拥有充足的火炮火器、粮饷弹药,还有坚固的城防工事;而清军只有少量大炮火枪,士兵们主要用刀矛弓箭作战。托尔布津对清军的警告置若罔闻,相反,他们却频繁地从雅克萨出击,不让清军的炮位和攻城器械逼近雅克萨。但清军士气高昂,又有当地居民助战,屡次击败俄军。

严冬即将来临。八月,康熙要萨布素周密筹画,做好结冰时期的防务。康熙指出俄军死守雅克萨,必待援兵到来,且期望清军能在流冰时撤回。目前清兵虽掘壕防御,但到隆冬冰合后,船舰若何收藏?马匹若何饲秣?敌兵来援若何抵剿,使之不能入城?都应详加谋画,并速上报。萨布素遵照康熙旨意,根据敌我情势,决定避开攻坚城,停止强攻,周密部署了长期围困敌人的军事设施,来扼死俄军。他于城三面掘壕筑垒,壕外设置木桩、鹿角,分汛防御;在城西对面的古城岛上筑起指挥所和过冬营塞,炮位对准雅克萨,封锁江面;东西两岸驻扎水师,严防敌人从江上逃逸;在离城六、七里的上游港湾内,藏伏战船,以堵扼俄军从尼布楚方面增援的道

---

① 《清圣祖实录》卷一百二十四,康熙二十五年二月,丁酉条。

路。康熙一一首肯,并指令军中马匹有疲羸的,一半发黑龙江,让黑龙江官兵饲秣,一半发墨尔根,交索伦总管洪吉等饲秣,调令副都统博鼎率领先前精选的二百官兵携带二个月军粮赴萨布素军前,参赞军务。

在清兵重重包围下,俄军被困在雅克萨城中,不能越雷池一步。俄军虽屡次突围,都被清军击退,连其头目托尔布津也在一次突围中被击毙,随后,拜顿接替指挥。但俄军困守孤城,饮水匮乏,柴薪奇缺,粮尽弹绝,饥寒交迫,城内坏血病流行,大部分俄兵战死、病死。原有八百余名的沙俄侵略军,只存下一百多人,已完全失去了继续抵抗的能力。而清军又在雅克萨城北、城南二处,筑起高台,架上大炮,准备攻城,雅克萨城是指日可下了。

这期间,蒙古诸部尤其是准噶尔部酋长噶尔丹野心日炽,且与沙俄勾结起来,对清朝北部边疆构成严重威胁;同时南方的局势尚不稳定。为了粉碎沙俄与准噶尔部噶尔丹的勾结,求得边界的稳定和平,康熙希望及早同俄方达成谅解,尽快结束对俄战争。他一再向沙俄表现出和平谈判的愿望。七月,康熙上谕大学士勒德洪、明珠和尚书伊桑阿等说:"今罗刹复回雅克萨,死守不去……闻荷兰国贡使声称伊国与俄罗斯国接壤,语言亦通,当以屡谕情节,备悉作书用部印,付荷兰国使臣转发俄罗斯察罕汗,令其收回雅克萨、尼布楚诸地罗刹,于何处分立疆界,各毋得逾越。则两界人民均得宁居,不失永相和好之意。著兵部将此情节缮文交荷兰国使臣,请其转发俄罗斯察罕汗。"[1]兵部遵循康熙旨意,送给沙皇政府一份咨文,要求沙皇政府撤回属民,以雅库等地为界,"各于界内

---

① 何秋涛:《朔方备乘》卷首七,《平定罗刹方略》。

打牲,彼此和睦相处"①。该咨文委托从北京回国去的荷兰使臣宾显巴忠带给沙皇。后来又把同样内容的信件交葡萄牙传教士闵明我带往欧洲转送沙皇。

沙俄政府鉴于雅克萨俄军已濒临绝境,要继续使用武力侵占黑龙江地区的图谋已不能得逞,为了摆脱雅克萨俄军覆灭的厄运和避免丧失多年来在黑龙江所掠得的权益,不得不接受清廷一再提出的和平建议。康熙二十五年(1686年)九月,沙皇派出信使魏牛高等持国书星驰北京,通知清廷,俄国政府已指派戈洛文为大使前来与中方举行边界谈判,"乞撤雅克萨之围"。康熙接受了俄方的要求,随即派人向前线将领萨布素宣谕:"撤回雅克萨之兵,收集一所近战舰立营,并晓谕城内罗刹,听其出入,毋得妄行攘夺,俟俄罗斯后使至定议"②。康熙还致书沙皇说:"朕一面派人传令停围雅克萨城,一面将等候来使议定边界,停止征伐,共修和好"③。康熙二十六年(1687年)正月在派遣医生携带药物前往雅克萨为清军治病时,康熙又谕令将军萨布素:"罗刹虽与我对垒,但我兵攻雅克萨城从未诛戮其人,城中有患疾之罗刹,亦听其就医"④。同年五月,清军主动后撤二十里,完全停止对雅克萨的封锁,这都体现了康熙同沙俄和解的诚意。七月,喀尔喀土谢图汗奏报俄国谈判代表已抵达其境内,康熙就命萨布素撤到爱珲、嫩江一带,并将撤还大兵的原因通知雅克萨俄军。清廷倡议和谈与主动停火撤军的行动,不仅充分体现出清朝政府愿同沙俄谋求和解的诚意,而且为中俄双方和平解决边界争端创造了良好的氛围。这样,历时

---

① 《清代中俄关系档案史料选编》第一编上册,第60页。
② 《清圣祖实录》卷一百二十七,康熙二十五年九月己酉条。
③ 《清代中俄关系档案史料选编》第一编上册,第27页。
④ 《清圣祖实录》卷一百二十七,康熙二十六年正月戊子条。

两年多的雅克萨之战终于结束。

四、尼布楚条约的签订

康熙二十六年(1687年)十一月初,康熙谕王大臣等:"据闻俄罗斯大使早已到达色楞格地方,因何至今迟迟不见前来,先前俄罗斯使臣尼基弗尔、文纽科夫等既称不久即可到达,今因何延误来迟?和睦相处,勘定边界,事关紧要,俄罗斯使臣理应速来议定。今应缮写俄罗斯文文书、拉丁文文书,经喀尔喀地方发往色楞格,命其收见该文即速前来,若因故延误不得前来,亦因详明复奏"①。理藩院遵照康熙旨意,立即致俄使戈洛文咨文,敦促其迅速前来议定边界事宜。

在清廷的催促下,戈洛文为首的俄国使团到达色楞格后,就派遣科罗文等于康熙二十六年(1687年)十一月底从色楞格出发,于次年三月二十四日抵达北京。科罗文向清廷提出中俄和谈代表在色楞格进行谈判,得到康熙同意。

康熙二十七年(1688年)三月,清廷组成以领侍卫内大臣索额图,都统、公舅舅佟国纲,尚书阿喇尼,左都御史马齐,护军统领马喇,兵部督捕理事官张鹏翮等人为和谈代表团,并命都统郎谈、班达尔沙,副都统纳泰、扎萨克图率领八旗前锋兵二百、护军四百、火器营兵二百共八百人护行。行前,康熙面谕索额图说:"罗刹侵我边境,交战于黑龙、松花、呼玛尔诸江,据我所属尼布潮(尼布楚)、雅克萨地方,收纳我逃人根特木耳等,及我兵筑城黑龙江,两次进剿雅克萨,攻围其城,此从事罗刹之原委也。其黑龙江之地,最为

---

① 《清代中俄关系档案史料选编》第一编上册,第80页。

扼要……环江左右,均系我属鄂伦春、奇勒尔、毕喇尔等人民,及赫哲、飞牙喀所居之地,若不尽取之,边民终不获安。朕以为尼布潮、雅克萨、黑龙江上下,及通此江之一河一溪,皆我所属之地,不可少弃之俄罗斯。我之逃人根特木耳等三佐领及续逃一二人,悉应向彼索还。如鄂罗斯遵谕而行,即归彼逃人,及我大兵所俘获招抚者,与之画定疆界,准其通使贸易;否则尔等即还,不便更与彼议和矣!"①这里康熙阐明了中俄谈判的基本方针,指出沙俄是挑起战争的侵略一方,中国是被逼自卫的一方。清廷要收回包括尼布楚在内的被沙俄侵占的中国领土,双方在平等的基础上议定边界,并建立正常的外交和通商关系。

同年五月,以索额图为首的和谈代表团从北京出发,前往色楞格,至七月下旬,到达克鲁伦河。当时,正逢厄鲁特蒙古准噶尔部噶尔丹打败喀尔喀蒙古土谢图汗后,横行于喀尔喀全境,清方代表团北上道路被堵塞,索额图等奉命返回北京。清方指派前锋参领索罗希等前往色楞格,向俄使戈洛文说明中途受阻情由,建议俄方派出代表前往北京再行商定谈判时间和地点。

康熙二十八年(1689年)四月,戈洛文派出洛基诺夫来北京,经中俄双方议定,和谈定于当年八月在尼布楚举行。内大臣索额图即刻致书戈洛文说:"本大臣等定于尼布楚地方相会,且于本年四月二十六日起程,到六月可抵尼布楚"。他又知照俄方,待勘界事宜完毕,将交付驻防黑龙江将军萨布素等管理,因此该将军也循水路由雅克萨至尼布楚,"尔等勿为疑虑"。② 该咨文当即交付洛基诺夫同来的信使,并由清方理事官玛尔干陪同,乘驿先行,通知

---

① 《清圣祖实录》卷一百三十五,康熙二十七年五月癸酉条。

② 《清代中俄关系档案史料选编》第一编上册,第104页。

戈洛文。

这时,国内和国际形势都发生了变化。国内噶尔丹占领了喀尔喀全境,正在同沙俄勾结起来,渐露南下的趋势。为了平定噶尔丹叛乱,粉碎噶尔丹同沙俄联盟的阴谋,康熙从领土上,做出重大让步,来取得中俄谈判及早达成协议。所以当索额图等在临行前奏称"尼布楚、雅克萨既系我属所居地,臣等请仍如前议,以尼布楚为界,此内诸地均归于我"时,康熙就改变了原定的分界意向,指示索额图等说:"今以尼布潮(尼布楚)为界,则鄂罗斯遣使贸易,无棲托之所,势难相通。尔等初议时,仍当以尼布潮为界。彼使者若恳求尼布潮,可即以额尔古纳河为界"。[①]

在沙俄方面,当戈洛文于 1686 年(康熙二十五年)2 月离开莫斯科时,沙皇给他的训令中指示说:首先"应以黑龙江为界";若不能以黑龙江为国界,最后的让步应将国界定在流入黑龙江的比斯特拉河(即牛满河)或结雅河(即精奇里江);"若再不能获得此项结果,最后的定约即以雅克萨为界,但须包括黑龙江及上述比斯特拉河与结雅河沿岸全部渔猎场在内";"如果中国人坚持原有主张,毫不让步,不愿根据上述条件缔结和约,大使必须依照沙皇陛下的命令和西伯利亚部的军事训令,采取行动(关于作战的行动)[②]。

很清楚,沙俄想通过谈判使侵占黑龙江至少包括雅克萨在内的中国领土合法化。否则,将继续进行战争来达到目的。

但是,沙俄扩张重心在欧洲。1687 年春,沙俄政府在国外远征克里米亚彻底失败,在国内又遭到贵族和商人普遍反对,迫切希

---

① 《清圣祖实录》卷一百四十,康熙二十八年四月壬辰条。
② (法)加斯东·加恩著、江载华等译:《彼得大帝时期的俄中关系史》,第 17 页,297 页。

望早日同中国议和,因此不得不改变原来的和谈方针。同年六月,俄国政府起草了一道给戈洛文的"上谕"共七条,戈洛文于同年九月收到,这份新的秘密训令是由杜马秘书官沙克洛维奇签署的。训令指示戈洛文必须撤除雅克萨地方的设防要塞,并撤退其居民,无论是沙俄或是中国,"双方都不应驻扎军队,应拆毁现有防御工事,撤出军队","切勿引起战争或发生流血事件"①。如果不能达到此项目的,应向中国政府要求在更合适的时机,在双方同意互派使节会谈时,"再图取得协议"②。并且俄国政府必要时,可以撤出"达斡尔地方"③。这说明在中俄边界谈判开始以前,俄国已不仅决定退出雅克萨,而且还考虑退出尼布楚等地。

后来,两国使团就是遵奉中俄双方各自指令的会谈既定方针展开激烈争辩的。

康熙二十八年(1689年)六月,中国谈判代表团分两路赴尼布楚。索额图、佟国纲一行,从北京动身,出古北口北行,由陆路前往。索额图等于六月中旬抵达鄂伦诺村时,就派人把中国使团即将到达尼布楚的信息告诉戈洛文。七月三十一日,索额图等到达目的地,在离尼布楚三里的石勒格河南岸扎营,与尼布楚隔河相望。另一路由郎谈、班达尔沙和萨布素等率领水师一千五百人,分乘一百艘船只,从爱珲起程,溯黑龙江而上经雅克萨,于七月二十六日抵达尼布楚。不料,戈洛文却迟迟未达。索额图多次遣人向驻在尼布楚城的俄方催问,俄方搪塞其词,甚至连戈洛文到达的大

---

① (法)加斯东·加恩著、江载华等译:《彼得大帝时期的俄中关系史》,第299页。

② (法)加斯东·加恩著、江载华等译:《彼得大帝时期的俄中关系史》,第299页。

③ 雅科夫列娃:《1689年第一个俄中条约》,第148页。

致日期也未能告知。索额图又致书戈洛文，敦促他迅速前来会谈。戈洛文来信申述了未达尼布楚的情由，并声称有一荫蔽之处，不可被清军窥见，要求清军暂时移驻下游。索额图等同意戈洛文的要求，将兵船移到下游。随后，戈洛文等率领船队驶达尼布楚，扎营完毕，清方水师仍返泊原处。

八月十九日，中俄双方随即商议会谈的有关事项。双方决定会议定于八月二十二日举行，地点在尼布楚与河岸之间，在城外临时搭盖帐篷作为会场，会议务必遵循"在每一件事上平等"，"任何一方不凌驾于对方之上"①的原则：关于警卫问题，两国使臣各自许带三百名卫士赴会，除刀剑斧钺外，不得携带任何火器，在会场外，双方各置五百名卫队，中国卫队列于河岸，俄国卫队列于城下，双方列队地点到会场的距离应该相等②。总之双方谈判应在一切方面体现平等精神。

八月二十二日，中俄谈判代表团第一次会议正式开始。中方代表有索额图、佟国纲、马喇、萨布素、郎谈、班达尔沙和温达，另外，还有两位传教士张诚和徐日昇担任译员；俄方代表是戈洛文、符拉索夫和科尔尼茨基。会议一开始，戈洛文首先发言，他把中俄战争的起因归罪于中方，他诬指中国"未经宣布突然派兵侵犯沙皇陛下国界"，因此"沙皇派出无数精兵，携带大批弹药"前来"讨平敌人"，后来，"接到中国皇帝要求和谈的信件，沙皇陛下才下令停止战争，派我等全权大使前来赴会"，中方应对"受害者"的俄国所蒙受的"损失""给予赔偿"③。中方首席代表索额图针对戈洛文的颠倒黑白、混淆是非的一派胡言，当场予以驳斥。他历数沙俄

---

① 荷尔德：《中国概述》第二卷，1738—1741年伦敦出版，第310页。
② 齐赫文斯基主编：《十七世纪俄中关系文件集》第二卷，第506—507页。
③ 齐赫文斯基主编：《十七世纪俄中关系文件集》第二卷，第506—507页。

侵略者屡次"偷袭侵入及掠杀抢劫我黑龙江地区,逼使手无器械的该地居民内迁嫩江等地"的种种罪行;指出我清朝政府"屡次行文宣谕",俄方不仅"不见回音,反而侵犯不息",清廷忍无可忍,才于黑龙江等地屯兵驻守,并派兵出击收回雅克萨城,之后又以最大的克制,未杀俄方一人,且给以马船及盘缠放回;不料,清兵一撤,俄军接踵而来,再度窃居雅克萨,固修城垣,并重又劫掠我居民,清廷只得复出劲旅,再围雅克萨城,俄方"势竭穷蹙",派出大使前来谈判,我方于是即行解围,"以救穷蹙";最后索额图谴责戈洛文说:这一切的前前后后,你戈洛文本来"业已知晓",并不是不清楚的。这样,索额图以无可辩驳的事实,阐明了中俄战争完全是由俄国的侵略挑起的,中国政府只是在忍无可忍的情势下,被逼自卫的严正立场。在铁的事实面前,戈洛文无言以对。

戈洛文一再固执争辩尼布楚、雅克萨乃是伊等先去开拓居住之地①,一口咬定黑龙江流域"自古以来即为沙皇陛下所领有"②,据此,他要求两国以黑龙江至海为界,妄图在谈判桌上取得俄方未能用战争得到的黑龙江以北的广大领土。这一蛮横无理的要求,理所当然地遭到中方代表的断然拒绝。索额图明确指出,"敷嫩河、尼布楚皆为我茂明安等部原来居住之地,雅克萨为我虞人阿尔巴西等居住之地"③,又是"我达斡尔总官倍勒尔故墟"。为了维护领土完整,清廷接连两次派兵击溃俄军于雅克萨,但始终没有进军尼布楚,"我圣主并非不知尼布楚等处被尔国侵占,只是不忍尔民命死于刀下,而以宣谕仁义恩泽为上,故数年以来,等待尔等醒悟。

---

① 《清代中俄关系档案史料选编》第一编上册,第122—123页。
② 《十七世纪中俄关系》第二卷,第509页。
③ 《清代中俄关系档案史料选编》第一编上册,第122—123页。

如今尔国若惟以强占为本,势必引起军旅之争。"①索额图要求俄国人退到色楞河以西,并将尼布楚和雅克萨一带地方归还中国。由于俄方的狂妄要求,第一次会议没有得到任何结果。

八月二十三日,双方代表进行第二次会议,继续讨论中俄边界问题。开始戈洛文仍然坚持以黑龙江为界,索额图等表示坚决拒绝。戈洛文见第一个方案不能实现,抛出俄方第二个方案,提出以牛满河或精奇里江为界,想"让"出曾被俄方侵占而已为清军收复的精奇里江以东地区,而把精奇里江以西包括雅克萨在内的广大中国领土划归俄国,中方当然不能同意。但是索额图误认为俄方已经让步,自己又急于同俄方签订和谈协议,不留任何余地,竟把康熙指令的最后分界线即以尼布楚和音果达河为界,即在石勒格河北岸以尼布楚为界;石勒格河南岸以音果达河为界的方案一下子摊了出来。根据这一方案,就将贝加尔湖以东至尼布楚一带原属中国的大片领土让给俄国。尽管中国使臣做了如此重大的让步,俄方代表也明知这一方案足以满足沙皇训令所示的要求,然而戈洛文仍然继续要弄手腕,力求尽多地保持被其强占的中国领土,拒绝了中方代表的划界方案。戈洛文这种缺乏谈判诚意的恶劣表演,引起了中国代表团的激愤,索额图针锋相对地声明:"除尼布楚外,再无别的边界可以接受"②。会议因而中断,谈判陷入僵局。

于是,双方关系立时紧张起来。二十四日,驻尼布楚俄军进一步加强战备,在城周增派了三百名火炮兵,索额图等也相应地采取措施,准备包围尼布楚。

但是双方使臣还是希望能在本国政府既定方针下取得和谈协

①　《清代中俄关系档案史料选编》第一编上册,第122—123页。
②　齐赫文斯基主编:《十七世纪俄中关系文件集》第二卷,第518页。

议的。因此从八月二十四日至九月初六日,双方各自通过译员在会外继续商谈。作为中方翻译的耶稣会传教士张诚和徐日昇在中俄双方之间互通信息,张诚告诉索额图,俄方最后有将雅克萨与尼布楚之间区域让与中国的可能;张、徐又告戈洛文说:不将雅克萨及其附近"让"于中国,和谈必无结果,清使不达要求,不再复会谈判。

中国和谈代表团本着和平解决中俄两国边界争端问题的态度,继续做出让步。索额图等提出:一、协定喀尔喀事宜,以明确界地,即划分中国喀尔喀蒙古地区和俄国西伯利亚接壤地区的中俄中段边界问题。戈洛文虽知喀尔喀蒙古属于中国,但当时已被沙俄支持的厄鲁特蒙古族噶尔丹所占领,他蓄意将厄鲁特蒙古从中国分裂出去,借口"喀尔喀尚未平定,我察罕汗又无旨意",要求"暂且不议,以后再议"①。为了迅速划定东段边界,中方代表只好同意俄方的要求。二、将黑龙江上游北岸的分界线划在离尼布楚以东的五、六百里流入石勒格河的格尔必齐河;将黑龙江上游南岸的分界线让到离尼布楚九百里的额尔古纳河。但俄方仍顽固地坚持据有雅克萨。

几经交涉,俄方固执己见,妄图使其侵占中国的领土合法化。但由于中方坚持斗争,军事上又做了充分准备,并且一再让步,俄方理亏力穷。其时,尼布楚一带的布里亚特和温科特等族人民不堪忍受沙俄的压迫,多次与中国代表团联系,愿意回到祖国怀抱,他们正在集结起来,进行反抗俄国的斗争。戈洛文深知如果继续坚持下去,中国军队一旦同各族人民的斗争结合起来,尼布楚军力不足,西伯利亚又无援兵可调,将会使贝加尔湖以东的整个殖民地

_____

① 《清代中俄关系档案史料选编》第一编上册,第131页。

区"动荡起来",以至丧尽自己在该地区拥有的一切殖民利益;同时他经过调查,雅克萨和格尔必齐河之间可供居住的地方很少,也不产貂皮,而额尔古纳河两岸都发现不少银矿和盐湖,并且耕地很多。权衡利害,戈洛文决定撤出雅克萨,并派人给中方送来一份书面条约草案。之后,中俄双方经过反复磋商,至九月七日,终于正式签订了《中俄尼布楚条约》。条约共有六款:

一、"以流入黑龙江之绰尔纳河,即鞑靼语所称乌伦穆河附近之格尔必齐河为两国之界。格尔必齐河发源处石大兴安岭,此岭直达于海,亦为两国之界;凡岭南一带土地及流入黑龙江大小诸川,应归中国管辖。惟界于兴安岭与乌第河之间诸川流及土地应如何分划,今尚未决,此事须待两国使臣各归本国,详细查明之后,或遣专使,或用文牍,始能定之。又流入黑龙江之额尔古纳河亦为两国之界;河以南诸地,尽属中国,河以北诸地,尽属俄国。凡在额尔古纳河南岸之墨里勒克河口诸房舍,应悉迁移于北岸"。

二、"俄人在亚(雅)克萨所建城障,应即尽行除毁。俄之居此者,应悉带其物用,尽数迁入俄境"。

"两国猎户人等,不论因何事故,不得擅越已定边界。若有一、二下贱之人,或因捕猎,或因盗窃,擅自越界者,立即械系,遣送各该国境内官吏,审知案情,当即依法处罚。若十数人越境相聚,或持械捕猎,或杀人劫略,并须报闻两国皇帝,依法处以死刑。既不以少数人民犯禁而备战,更不以是而至流血"。

三、"此约订定以前所有一切事情,永作罢论。自两国永好已定之日起,后有逃亡者,各不收纳,并应械系遣还"。

四、"现在俄民之在中国或华民之在俄国者系听如旧"。

五、"自和约已定之日起，凡两国人民持有护照者，俱得过界来往，并许其贸易互市"。

六、"和好已定，两国永敦睦谊，自来边境一切争执永予废除，倘各严守约章，争端无自而起。"

此外《尼布楚条约》还载明："此约将以华、俄、拉丁诸文刊之于石，而置于两国边界，以作永久界碑"①。

尼布楚条约是中俄之间正式缔结的第一个条约，该条约规定中俄两国东段边界以外兴安岭至海，格尔必齐河和额尔古纳河为界，从法律上肯定黑龙江和乌苏里江流域的广大地区都是中国的领土，黑龙江、乌苏里江都是中国的内河，俄方同意把注入黑龙江地区的沙皇军队撤回本国，清朝政府允许将贝加尔湖以东尼布楚一带原属中国的土地让给沙俄，把乌第河流域划为待议地区，并给俄国以重大通商利益。很清楚，《尼布楚条约》的签订，是中国人民在军事上、政治上同沙俄的侵略政策进行针锋相对的斗争之后，双方经过平等协商，中国政府作了重大让步的结果。通过《尼布楚条约》，中国收回了被沙俄侵占的一部分领土，制止了沙俄对黑龙江地区的进一步侵略，并打破了沙俄同厄鲁特蒙古的准噶尔部噶尔丹之间的联盟，这为后来清政府得以集中力量平定噶尔丹的叛乱创造了条件，对此，《海国图志》的作者魏源评论说："圣祖两次致书察罕，一寄书荷兰数万里，始定疆界，何哉？其时喀尔喀准噶尔未臣服，皆与俄罗斯接壤，苟狼狈犄角，且将合纵以挠我兵力，自俄罗斯盟定，而准夷火器无所借，败遁无所投"。沙俄则在土地和通商方面都获得重大利益，其全权代表戈洛文因此得到了沙皇的嘉奖。总之，《尼布楚条约》为中俄睦邻关系奠下了基础。

_____

① 王铁崖：《中外旧约章汇编》第一册，北京1957年版，第1—2页。

第五章　三次亲征　平定噶尔丹之乱

一、亲善和睦的民族政策

明末清初,居住在我国西北方的蒙古族分为漠南蒙古、漠北喀尔喀蒙古和漠西厄鲁特蒙古三大部。漠南蒙古称为内蒙古;漠北喀尔喀蒙古称为外蒙古,它有土谢图汗部、车臣汗部、札萨克图汗部和赛因诺颜部等四大部;漠西厄鲁特蒙古也分为准噶尔部、和硕特部、杜尔伯特部和土尔扈特部等四部。各支蒙古族都是我国境内重要的少数民族。

清朝十分重视同蒙古族的亲善和睦关系。早在入关前,漠南蒙古已归附清朝,接受了清朝的各种封号,并同清朝保持着世代的联姻关系。喀尔喀蒙古和厄鲁特蒙古各部,也与清朝维系着密切关系。喀尔喀三部的封建主,从崇德三年(1638 年)起,每年向清廷献白驼一,白马八,"谓之九白之贡"①。顺治十二年(1655 年)土谢图汗衮布子察珲多尔济、车臣汗硕垒子巴布、札萨克图汗诺尔布、赛因诺颜部丹津喇嘛等又遣使乞盟,清廷赐盟于宗人府,设喀尔喀八札萨克,进一步地加强了对喀尔喀的控制。厄鲁特蒙古中的顾实汗图鲁拜琥,也在崇德二年(1637 年)向清太宗"遣使进

---

① 祁韵士:《皇朝藩部要略》卷三,《外蒙古喀尔喀要略》一。

贡"，顺治三年(1646年)，顺治帝"赐甲胄弓矢，俾辖诸厄鲁特"①。嗣后，顾实汗每隔一年，都要遣使来朝一次，并将厄鲁特各部首领"附名以达"。顺治十年(1653年)，顺治帝封图鲁拜琥为"遵文行义敏慧顾实汗"，赐金册印。顺治十三年(1656年)，顾实汗逝世，清廷"遣官致祭"。

康熙时，准噶尔部的首领噶尔丹拼命扩张自己的势力范围，肆意掠夺蒙古各部，不断制造民族矛盾和民族分裂，使清朝与准噶尔部的矛盾尖锐起来。

原来，漠西厄鲁特蒙古族的四部都聚居于天山之北，阿尔泰山以南，过着游牧生活。其中和硕特部游牧于乌鲁木齐地区；准噶尔部游牧于伊犁河流域；杜尔伯特部游牧于额尔齐斯河两岸；土尔扈特部游牧于雅尔(即塔尔巴哈台，今新疆塔城西北)一带。各部分牧而居，不相统属，部自为长，号"四卫拉特"。但"四卫拉特"也存在一种松散的联盟，它们有一个共同的盟会，以及由盟会推举出来的共同盟主，由于和硕特部势力最强，出身最高贵，所以"四卫拉特"的盟主一直由和硕特部首领担任，称为"卫拉特汗"。

十七世纪初，准噶尔巴图尔珲台吉时，准部开始强盛起来，"恃强侮诸卫拉特"②。清太宗天聪三年(1629年)，土尔扈特首领和鄂尔勒克受准部威逼，不得不率部五万余帐离开雅尔迁往俄罗斯额济勒河(伏尔加河)流域游牧；崇德二年(1637年)，和硕特部首领顾实汗图尔拜琥也受准部倾轧，率领大部族属离开乌鲁木齐，进据青海；崇德五年(1640年)鄂齐尔图率领本部和硕特之众进入河套以西的阿拉善地区。这样，聚牧于阿尔泰山，伊犁河一带的，

---

① 祁韵士:《皇朝藩部要略》卷九,《厄鲁特要略》一。
② 祁韵士:《皇朝藩部要略》卷九,《厄鲁特要略》一。

只剩下准噶尔和杜尔伯特部,巴图尔珲台吉乘势扩大地盘,并将杜尔伯特部以及和硕特、土尔扈特未曾迁走的支庶部众,全部置于自己的控制之下。

康熙四年(1665年),巴图尔珲台吉逝世,子僧格嗣位,准噶尔内部为争夺属产发生了激烈的斗争。僧格的异母兄车臣和卓特巴巴图杀死了僧格。这时,在西藏做喇嘛的僧格同母弟噶尔丹赶回准噶尔,执杀车臣,囚禁自己的叔父楚琥尔乌巴什,袭杀堂兄巴哈班第,卓特巴巴图逃往青海。从此噶尔丹取得了准噶尔的统治权。

噶尔丹乘机扩大自己势力。康熙十六年(1677年)他率兵攻占西套,袭杀继顾实汗之后的"卫拉特"首领、自己的岳父鄂齐尔图汗,"自称博硕克图汗",并胁迫"诸卫拉特奉其令"[1]。

为了巩固多民族国家的统一和稳定边疆局势,康熙一贯坚持民族的亲善和睦政策。在处理清朝与蒙古族之间的矛盾,或是处理蒙古族各部之间的矛盾,康熙竭力用和解的办法来解决。尽管噶尔丹肆意掠夺蒙古各部的暴行会带来边疆地区的动荡,也引起了康熙的警惕和戒备,但康熙仍然以极大的耐心来劝谕、优抚噶尔丹,力图避免噶尔丹与清廷矛盾激化。

噶尔丹一面扩张自己的势力,一面表示臣服清朝政府。噶尔丹在攻杀鄂齐尔图汗后,向清廷遣使进贡,康熙谕大学士索额图说:"鄂齐尔图与噶尔丹向俱纳贡,今噶尔丹侵杀鄂齐尔图,献所获弓矢等物,朕不忍纳,其却之"[2]。至于其进献的"常贡之物"仍照常收纳,并按往年一样赏赐如例。这里,康熙的态度十分明朗。康熙十八年(1679年),达赖喇嘛授予噶尔丹"博硕克图汗之号",

---

① 祁韵士:《皇朝藩部要略》卷九,《厄鲁特要略》一。
② 《清圣祖实录》卷六十七,康熙十六年五月甲午条。

噶尔丹因此遣使至京携来锁子甲、鸟枪、马、驼、和貂皮等物,奉贡入告。按照以往惯例,凡厄鲁特、喀尔喀有奏请敕印来京朝贡的,清廷准其纳贡,授以敕印,并加赏赐,却从来没有"擅称汗号者准其纳贡之例"①。但康熙从稳定边疆的大局出发,考虑到噶尔丹继承先世一向"虔修职贡,聘问有年",所以一反常规,终于收纳了噶尔丹使者"奉贡入告"的献物,实际上承认了噶尔丹"博硕克图汗"的名号和地位。在平定三藩之乱后,康熙还派内大臣奇塔特等至噶尔丹处大加赏赐,噶尔丹亦跪受敕书及赏赐之物。随后,噶尔丹又遣使者四人随同内大臣奇塔特等向清廷贡上马、骆驼、貂皮、银鼠、猞猁狲皮、沙狐皮、黄狐皮、活雕、貂、金、牛皮与厄鲁特鸟枪等物,表示谢恩。

　　然而康熙对噶尔丹的宽容是以不损害清朝的根本利益为前提的,一旦噶尔丹及其部众对清朝妄行非为,康熙就给予严厉处置。原来噶尔丹向清廷朝贡的使者人数不多,也能遵纪守法。随着噶尔丹势力强盛,噶尔丹的贡使或千余人或数千人,连绵不绝。这样庞大的贡使队伍,给清政府带来了沉重负担,更何况他们自恃强悍,沿途抢夺塞外蒙古马匹牲畜,进边之后,任意放牧,残踏田禾,捆缚平民,抢掠财物,为所欲为。康熙为此特下严谕,规定凡噶尔丹所遣贡使有印验的,限二百名以内准入边关,其余令在张家口、归化城等处贸易,贡使头目必须严行约束所属,"仍前沿途抢掠、殃民作乱,即依本朝律例。伤人者以伤人之罪罪之,盗劫人财物者以盗劫之罪罪之"②,一概不得宽容。康熙二十四年(1685 年)九月噶尔丹下属沙里巴图尔台吉的贡使伊特木根在北馆中殴死清正

　　① 《清圣祖实录》卷八十四,康熙十八年九月戊戌条。
　　② 《清圣祖实录》卷一百十二,康熙二十二年九月癸未条。

白旗西图佐领下商人,康熙立即命将伊特木根"依法处斩",同时将此事传谕厄鲁特,并严厉警告噶尔丹"谨遵成法,严戢从人,毋得肆恶妄行"①。

康熙十分关怀备受噶尔丹暴掠之苦的厄鲁特各部。西套厄鲁特既溃,部众纷纷离散,鄂齐尔图侄儿巴图儿额尔克济农和罗理率族属避居大草滩,庐幕万余,后来迁牧额济内河,其孙罗布藏衮布阿刺布坦由达赖喇嘛指授游牧阿拉克山,鄂齐尔图汗的其他一些子侄"穷无所归",大多窜至沿边,进入塞内,"本番目马匹,及居民牲畜"②,如土谢图罗卜藏等掠宁夏及茂明安鄂尔多斯诸部,额尼德尼和硕齐"掠乌剌特牲畜"。西套溃败余部扰乱清朝边境的这些非法行径,引起了清廷的震怒。这时,巴图尔额尔克济农和罗理立即向清廷献上马百匹,并上疏请罪。理藩院议定:"将盗窃鄂尔多斯马群人等照彼例治罪,缺解马匹补偿完日,将巴图尔额尔克济农一并从重议处"③。对此,康熙没有同意,而以十分宽容的态度,对"巴图尔额尔克济农等自本地败奔,来至边境,因不谙法纪,迫于饥困,盗窃牲畜等物"等苦情,深表同情和理解,最后他批示说:"可将追偿缺解马匹并议处之处,俱行宽免"④。另外,额尔德尼和硕齐等也予以一体赦宥。康熙二十四年(1685 年),巴图尔额尔克济农和罗理向清廷"请敕印以钤部众",廷臣因其"游牧未定,不允",康熙则指示廷臣应令和罗理与罗卜藏衮布阿喇布坦聚合一处,"度可据地归并安置,封授名号,给赐金印册书,以示朕兴灭继

---

① 《清圣祖实录》卷一百二十二,康熙二十四年九月戊戌条。
② 《清圣祖实录》卷六十九,康熙十六年九月甲寅条。
③ 《清圣祖实录》卷一百零四,康熙二十一年八月壬戌条。
④ 《清圣祖实录》卷一百零四,康熙二十一年八月壬戌条。

绝至意"①。这年冬天,和罗理率族属七百多人来朝,诏以二百人入关,余留归化城,"给羊及宣府米赡之"。康熙二十五年(1686年)正月,和罗理至京赏宴,清廷按照大台吉礼优待,康熙还赐给他御服貂裘,亲切地嘱咐和罗理说:你祖父顾实汗和你叔父鄂齐尔图分别在太祖文皇帝与世祖章皇帝时,"每年遣使请安","素致恭谨",如今你们为噶尔丹击败,为了使你们能"绝者复继,散者复聚",故让"罗卜藏阿喇布坦与尔聚处",彼此务必"共相辑睦,善自安业"。于是清廷安置和罗理族属定牧阿拉善②,并议定了一些法规,如蒙古杀边民论死;盗牲畜夺食物者鞭之;私入边游牧者台吉、宰桑各罚牲畜有差;所属犯科一次,罚济农牲畜以五、九等。

康熙给予受噶尔丹欺压的厄鲁特部属以道义上、物质上的资助,体现了康熙对边疆少数民族采取的和解与安抚的政策。后来,康熙同样以这一策略来妥善处理被噶尔丹击败的喀尔喀蒙古族,这对稳定边疆的统治以及消灭或制服少数民族的分裂势力起了巨大作用和影响。

噶尔丹既确立了对厄鲁特四部的统治,进而控制了回疆,他扩展领土的野心也就随之膨胀起来。他一意蓄谋北并喀尔喀,于是,从伊犁向东迁帐至阿尔泰山,驱使杜尔伯特部众屯田,且耕且牧,借以供给本部粮饷。

早在康熙二十五年(1686年),噶尔丹进攻西套和硕特部鄂齐尔图汗时,喀尔喀土谢图汗察珲多尔济曾出兵援助鄂齐尔图汗,之后,土谢图汗又把女儿嫁给鄂齐尔图汗孙罗卜藏阿拉布坦,结怨于噶尔丹。噶尔丹就想进击土谢图汗。但当时由于察珲多尔齐同罗

①　祁韵士:《皇朝藩部要略》卷九,《厄鲁特要略》一。
②　祁韵士:《皇朝藩部要略》卷九,《厄鲁特要略》一。

卜藏阿拉布坦联合起来,互为犄角,噶尔丹不敢贸然动武。后来,土谢图汗察珲多尔济藏匿了札萨克图汗成衮的逃众,彼此发生纠纷,成衮死,子沙喇继位,康熙派理藩院尚书阿喇尼等带领札萨克图汗沙喇赴库伦的伯勒齐尔与土谢图汗察珲多尔济会盟,由达赖喇嘛的使者噶尔旦西勒图出面调解,察珲多尔济派他的弟弟、喀尔喀的宗教领袖哲卜尊丹巴呼图克图参加会盟,自己没有出席。在会盟中,哲卜尊丹巴呼图克图坚持要同噶尔旦西勒图平起平坐,同时又拒不交还札萨克的逃众,会盟没有解决任何问题。而噶尔丹却从中兴风作浪,一面以斥责哲卜尊旦巴呼图克图不敬重达赖喇嘛为名,一面挑唆沙喇同他会兵于固尔班赫格尔,向土谢图汗察珲多尔济进攻。不料,沙喇兵至中途,被土谢图汗袭杀,土谢图汗又联合女婿罗卜藏衮布阿拉布坦乘势追斩噶尔丹之弟多尔济札卜。这样,噶尔丹就以喀尔喀不敬达赖喇嘛和无辜执杀他的弟弟为借口,向漠北喀尔喀大举进攻。

康熙二十七年(1688年),噶尔丹率兵三万越过杭爱山,在特穆尔击败土谢图汗察珲多尔济之子噶尔旦台吉,噶尔旦台吉"仅以身免"①。接着,噶尔丹派遣其弟罕都阿拉布坦进兵额尔德尼沼,打败哲卜尊丹巴呼图克图。他亲自率兵越过土拉河,向东挺进,攻掠克鲁伦河的车臣汗牧地,随后回师土拉河畔。土谢图汗察珲多尔济率领喀尔喀三部兵力,悉数出动,在尼列图至鄂尔会诺尔同噶尔丹展开了一场大决战,尘战三日,喀尔喀全军崩溃。三部数十万众"各弃其庐帐、器物、马、驼、牛、羊,纷纷南窜,昼夜不绝"②,"男妇驼马络绎南奔不下数万"③。这时,沙俄侵略者企图乘喀尔

---

① 《清圣祖实录》卷一百三十六,康熙二十七年七月壬申条。
② 《清圣祖实录》卷一百三十五,康熙二十七年六月庚申条。
③ 魏源:《圣武记》卷三《康熙亲征准噶尔记》。

喀溃窜、走投无路之际,进行诱降,有些上层人物亦议论就近投奔俄罗斯,喀尔喀部众因此取决于哲卜尊丹巴呼图克图。在这关键时刻,哲卜尊丹巴呼图克图坚持爱国立场,他果断地说:"俄罗斯素不奉佛,俗尚不同我辈,异言异服,殊非久安之计,莫若全部内徙,投诚大皇帝,可邀万年之福。众欣然罗拜,议遂决"①。于是,土谢图汗遂请哲卜尊丹巴呼图克图率领台吉三十余人、喇嘛班弟六百余人、户二千、口二万等喀尔喀族众投漠南内附。康熙命尚书阿喇尼等前往抚慰,发归化城、张家口、独石口仓储"以赈其乏,且足其食";又敕内大臣费杨古、明珠等送白金、茶布"以给其用";采买牲畜"以资其生";并把他们妥善地安置在科尔沁水草地游牧,使喀尔喀部众"皆安居得所,循法度乐休养"②。

与此同时,噶尔丹也上疏向清廷提出:"若哲卜尊丹巴呼图克图等来投天朝,或拒而不纳,或擒以付之"③。议政王大臣等集议"泽(哲)卜尊丹巴以败奔入我汛界,岂有擒而畀之之理?"④康熙随即遣一等侍卫阿南达等持敕往噶尔丹处传谕说:"朕统御宇内,胞与为怀,愿率土共享太平,无战争离散之苦,彼此协和,各得其所"。要噶尔丹"仍遵朕旨",同喀尔喀"同归和睦"⑤,同时责令噶尔丹退回本土,归还喀尔喀牧地。噶尔丹却一意孤行,同清政府的民族和解政策相对抗。

鉴于喀尔喀新附数十万众散乱无序,各不统一,有必要"训以法度,俾知礼仪",康熙命理藩院调集新附喀尔喀两翼部落,并传

---

① 张穆:《蒙古游牧记》卷七,《外蒙古喀尔喀四部总叙》。
② 张穆:《蒙古游牧记》卷十四,《额(厄)鲁特蒙古新旧土尔扈特总叙》。
③ 《清圣祖实录》卷一百三十六,康熙二十七年七月甲戌条。
④ 《清圣祖实录》卷一百三十六,康熙二十七年七月甲戌条。
⑤ 《清圣祖实录》卷一百三十六,康熙二十七年七月甲戌条。

知内蒙古科尔沁部四十九旗之王公、台吉在多伦诺尔举行盛大会盟。康熙三十年(1691年)五月,康熙亲率上三旗官兵出张家口,下五旗官兵出独石口(今河北赤城县北),会师于多伦诺尔(今内蒙古自治区锡林郭勒盟南部),在这里布营设哨,各环御营而峙。喀尔喀各部及内蒙古四十九旗,移附御营五十里驻扎,不得擅入哨内。会盟的第一天举行宴会,康熙召喀尔喀汗、济农、诺颜、大台吉等近御榻前,亲自赐酒,其余台吉们在各自的座位上由侍卫分别敬酒。次日,八旗满洲、汉军火器营及绿旗官兵,排列火炮,康熙躬擐甲胄,乘马遍阅队伍,返回原处,下得马来,拉弓射箭,十发九中,随后大阅军容。这时,鸣角鸟枪齐发,兵众大呼前进,声动山谷。大阅毕,康熙令人当场宣布训谕敕书,指出"土谢图汗以旧怨杀札萨克图汗沙喇,导致两翼起衅构兵,造成双方游牧废弃,顿失生计",鉴于在会盟前土谢图汗和哲卜尊丹巴呼图克图对此业已"具疏请罪",特颁旨免去土谢图汗等罪行,并令札萨克图汗的亲弟策妄札卜承袭汗位;还宣布保留喀尔喀三部首领的汗号,取消蒙古贵族原有的济农、诺颜等名号,按满洲贵族的封爵赐以亲王、郡王、贝勒、贝子、镇国公、辅国公等不同爵位;喀尔喀的行政体系按照内蒙古四十九旗实行札萨克制,其三部共编为四十七旗,旗下设参领、佐领,每旗各分左、中、右三路,给地安插。通过多伦会盟,康熙妥善地解决了札萨克图汗与土谢图汗之间的矛盾,协调了两部之间的关系,加强了清廷对喀尔喀蒙古的管理,这对进一步统一漠北蒙古,孤立和战胜噶尔丹这股分裂割据势力,提供了极为有利的条件。

二、首次亲征　击溃噶尔丹于乌兰布通

噶尔丹借口追喀尔喀势力不断南侵。康熙屡遣大臣对噶尔丹

做了大量的和解工作;他一再向噶尔丹重申清廷收纳土谢图汗和哲卜尊丹巴的情由,并要达赖喇嘛派出一位有名望的大喇嘛同清廷大臣一道,前往噶尔丹处,劝导噶尔丹同喀尔喀"尽释前怨,仍前协和,各守地方,休兵罢战"①。

噶尔丹一方面装着忠顺于清廷的样子,对清廷使臣"待之有加礼,殊为恭顺"②,并反复声称"我并无自外于中华皇帝"③。一次在理藩院尚书阿喇尼往噶尔丹处颁布敕书,赏赐礼物时,噶尔丹把阿喇尼请入他的帐内,屏除左右,慎重而谦逊地说:"圣上洪仁,惠育群生,欲使协和,共享升平,我亦与其中也,圣上指示,愿得遵行"④。另一方面,却对待康熙处理他与喀尔喀之间的矛盾所采取的和解政策,始终坚持对抗的态度。他自以为"控弦之士数十万","既兼有回部、青海、漠北,则益骄蹇不奉命"⑤。喀尔喀及其首领已内附清廷,必欲用武力彻底摧垮喀尔喀,要挟清廷奉送土谢图汗与泽(哲)卜尊丹巴给他。噶尔丹曾对达赖喇嘛的使人说:"我若与土谢图汗讲和,则吾弟多尔济札卜之命,其谁偿之,我尽力征讨五、六年,必灭喀尔喀,必擒泽(哲)卜尊丹巴"⑥。噶尔丹的狂妄野心,是得到西藏第巴支持的。康熙二十八年(1689年)十二月,前来清廷的西藏贡使善巴陵堪卜临行时,第巴嘱咐他说:"达赖喇嘛令奏圣上,但擒土谢图汗、泽(哲)卜尊丹巴胡土克图畀噶尔丹,则有利于生灵,此两人身命我当保之"⑦。更何况噶尔丹想

① 《清圣祖实录》卷一百三十九,康熙二十八年正月丁亥条。
② 《清圣祖实录》卷一百三十七,康熙二十七年九月壬申条。
③ 《清圣祖实录》卷一百三十七,康熙二十七年十一月甲申条。
④ 《清圣祖实录》卷一百四十二,康熙二十八年九月乙酉条。
⑤ 魏源:《圣武记》卷三,《康熙亲征准噶尔记》。
⑥ 《清圣祖实录》卷一百三十六,康熙二十七年七月己酉条。
⑦ 《清圣祖实录》卷一百四十三,康熙二十八年十二月辛未条。

乘清廷与沙俄冲突之际,借沙俄力量同清廷抗衡。从康熙十三年(1674年)到康熙二十二年(1683年)间,噶尔丹几乎每年都派人到俄国,企图同俄国订立军事同盟和求得俄国给予军队和枪炮的援助①。而噶尔丹对喀尔喀蒙古的进攻,就有大批俄国军队带着大量火器火炮协同他作战②。康熙二十九年(1690年)即尼布楚条约签订的第二年,噶尔丹密派达尔罕宰桑为使者,带着他的信件去见伊尔库茨克总督吉斯良斯基和戈洛文,信中提到要求戈洛文率领俄军驰赴约定地点会合,以便并肩作战③,继续进攻土谢图汗的军队。而戈洛文给噶尔丹的复信中则保证以俄国军队的相应行动支持厄鲁特部对土谢图汗的进攻④,并派基比列夫随达尔罕宰桑返回会见噶尔丹,继续就可能共同出兵对付土谢图汗及其支持者一事进行谈判⑤。

这样,由噶尔丹蓄意挑起的、旨在分裂祖国的一场战争是不可避免了。

康熙在努力谋求和平解决厄鲁特与喀尔喀之间纠纷的同时,对噶尔丹保持着高度警惕。康熙二十七年(1688年)七月,康熙要和硕裕亲王福全对噶尔丹率军南下"宜预为防御"。八月命侍卫内大臣舅舅佟国维、领侍内大臣伯费扬古、尚书阿喇尼应密切注视噶尔丹的军事动向,指示他们"境上切宜防守"。为此,康熙还先后令议政王大臣等派出满洲、蒙古诸部旗兵奔赴张家口、归化城以及北部各边汛地区驻防,听候随时调遣。康熙二十九年(1690年)

① 沙斯京娜:《十七世纪俄蒙通使关系》,第162页。
② 苏联科学院远东研究所等编:《十七世纪俄中关系》第二卷,第360页。
③ 苏联科学院远东研究所等编:《十七世纪俄中关系》第二卷,第360页。
④ 兹拉特金:《准噶尔汗国史》。
⑤ 兹拉特金:《准噶尔汗国史》。

三月，又命都统额吓纳、护军统领马喇出征，同侍郎文达所率领的鄂齐多斯、归化城和四子部落蒙古兵二千名会师，驰赴土拉河抵御噶尔丹南侵。

康熙二十九年（1690年）五月，噶尔丹号称带兵四万沿克鲁伦河下游渡过乌尔札河南下，扬言将"借兵俄罗斯，会攻喀尔喀"①。康熙一面发满、汉兵与科尔沁等蒙古兵和火器至尚书阿喇尼军前备战，一面传谕在京的俄使吉里古里、伊法尼齐等说："（噶尔丹）今乃扬言会汝兵，同侵喀尔喀。喀尔喀已归顺本朝，倘误信其言，是负信誓而开兵端也，尔等可疾遣善驰者二人，归告尼布潮（尼布楚）头目伊凡，遍谕俄罗斯之众"②。在康熙严重警告和清军严阵以待面前，沙俄在业已签订尼布楚条约之后，终于不敢妄动。

同年六月，噶尔丹沿格尔格河行进，师至乌尔会河。康熙要尚书阿喇尼紧随噶尔丹，只须监视其军事行动，切勿与他交锋，等待额吓纳及达尔汉亲王、班弟等蒙古兵和盛京、乌喇等满洲兵齐集，而后"一同夹击之"③。但阿喇尼没有遵行康熙的指示，在后续部队还没有来到前，就贸然向厄鲁特发起进攻。他派遣蒙古勇士二百余人袭击敌人的前锋部队，继遣喀尔喀五百人从后面去驱逐护送牲畜辎重的敌兵。但是彼此还没有交锋，蒙古和喀尔喀众兵却争先恐后地去抢夺敌方的男女、牲畜，一时清军阵脚大乱，不能制止，阿喇尼连忙下令前队撤退。噶尔丹随之迅速分兵二翼，严守以待，阿喇尼又遣次队继续向前进攻，厄鲁特军兵齐发鸟器猛射，清军惊恐失措，节节败退，噶尔丹乘势增派另一支兵力从山上绕出，向清军两侧进击，清军大败而归。康熙因阿喇尼"违命轻战"，革

①　《清圣祖实录》卷一百四十六，康熙二十九年五月癸丑条。
②　《清圣祖实录》卷一百四十六，康熙二十九年五月癸丑条。
③　《清圣祖实录》卷一百四十六，康熙二十九年六月丁亥条。

去他的议政,并降四级调用。

七月,噶尔丹深入乌珠穆沁。康熙命和硕裕亲王福全为抚远大将军,皇子允禔为副,出古北口;和硕恭亲王常宁为安北大将军,以和硕简亲王雅布、多罗信郡王鄂札为副,出喜峰口;自统中路,下诏亲征。后因病停驻波罗和屯指挥各路大军。

为了汇集各路军队,集中优势兵力,击毁噶尔丹,康熙屡遣大臣前往噶尔丹处,借和谈为名,麻痹和牵制噶尔丹。康熙指示内大臣舅舅佟国维等说:"倘先遣部队克期到达前线,如噶尔丹欲逃,即行追剿,无失机会;若彼来迎敌,则我军切勿急行以待大兵"①。并派大臣告诉噶尔丹:"圣上特遣和硕裕亲王及皇子来,与汝申明礼法,自兹以往,以定盟好"。如此往返数次,以羁縻噶尔丹。裕亲王等亦遵照康熙关于"其遗牛羊,以老其锐气,疑其士卒"的指示,赠给噶尔丹羊百头、牛二十头,并写信给噶尔丹说:"我与汝协护黄教,和好有年,今汝追我喀尔喀入我汛界,圣上特命我等论决此事,永久和好"。建议"各遣贵显大臣定议"②。噶尔丹亦不断派人至清军大营内,一再申述自己"兰入汛界,索吾仇而已,弗秋毫犯",表示愿同清廷"讲信修好"③。但他又屡次向清廷强索土谢图汗及其弟泽(哲)卜尊丹巴给他,表示如清廷允诺,他即行班师。这理所当然地遭到福全叱责。

七月底,噶尔丹乘势深入离北京七百里的乌兰布通(今内蒙古克什克腾旗境内)。达赖喇嘛的所谓和平使者济隆,不但不阻止噶尔丹进兵,反而竭力怂恿且为其择定战日,祭旗诵经。清抚远大将军和硕裕亲王福全整列队伍,飞速进兵乌兰布通与厄鲁特军

① 《清圣祖实录》卷一百四十七,康熙二十九年七月戊戌条。
② 《清圣祖实录》卷一百四十七,康熙二十九年七月甲寅条。
③ 《清圣祖实录》卷一百四十七,康熙二十九年七月己酉条。

相对垒。福全窥视噶尔丹骑兵数万"依林沮水",以万驼缚足卧地,背加箱垛,箱垛上盖着湿毡,环列如栅,士卒阴伏在箱垛下面,于垛隙处发射矢铳,又兼用钩矛搏战,号称"驼城"。清军隔河列阵,以炮火营为前锋,对着敌人营垒,猛烈齐发炮火,遥攻中坚,声震天地,战斗激烈,从下午一直延续至掌灯时。噶军的卧驼全被炮火击毙,仰卧于地,驼城断截为二,清步兵、骑兵乘势争先陷城,左翼兵又绕山横击,敌垒都被攻破了,噶尔丹乘夜逃遁,但清军损失也很严重,康熙的舅舅佟国纲中枪身死。清军因昏夜地险收兵。

随后,济隆率弟子七十余人来清营讲和,竭力为噶尔丹开脱罪责说:"博硕克图汗信伊拉古克三及商南多尔济之言,深入汛界,部下无知,抢掠人畜,皆大非理……博硕克图汗不过小头目,何敢妄行! 但因索其仇土谢图汗及泽(哲)卜尊丹巴,致有此误,彼今亦无索土谢图汗之意"[1]。噶尔丹也派人送信到清营前,来信说:"今蒙皇上惠好,自此不敢犯喀尔喀"。来人还申述噶尔丹博硕克图汗跪于威灵前设誓:"若违此书,惟佛鉴之"[2]。不久,又遣人来报噶尔丹顶佛像再设誓:"佛天以仁恕为心,圣上即佛天也,乞鉴宥我罪,凡有谕旨,谨遵行之"。且"往界外驻候圣旨"[3]。就这样,由于济隆的偏袒和噶尔丹以"卑词乞和"[4]的缓兵之计,骗阻了福全等的追击,甚至福全还派人通知苏尔达等,令盛京乌喇诸路兵,不要阻截噶尔丹逃兵。所以当噶尔丹奔窜过盛京、乌喇、科尔沁等的军营时,清军不予邀击,竟放纵他们遁走。当时,如福全不加阻

① 《清圣祖实录》卷一百四十八,康熙二十九年八月辛酉条。
② 《清圣祖实录》卷一百四十八,康熙二十九年八月癸酉条。
③ 《清圣祖实录》卷一百四十八,康熙二十九年八月丙子条。
④ 祁韵士:《皇朝藩部要略》卷九,《厄鲁特要略》一。

止,让苏尔达等领兵阻击,噶尔丹早被擒获①。福全等误信噶尔丹、济隆胡土克图等"议好之诳词"②,让噶尔丹仓皇宵遁,偷渡什拉穆楞格河,翻过大碛山逃窜。不过,噶尔丹军士沿途饥踣死亡,逃到科布多时,只剩残部几千人了。后来,福全、常宁因此被罢去议政并罚俸一年,福全还被撤去三佐领。接着,康熙派侍郎额尔图等诫谕噶尔丹:嗣后不得擅犯归附清朝的喀尔喀一人一畜,"若再违誓言,妄行劫夺生事",清廷"必务穷讨,断不终止。"③

三、深入瀚海 尽歼噶尔丹精锐

噶尔丹虽反复立誓,表示"不犯中华皇帝属下喀尔喀以及众民",但康熙觉得噶尔丹"其人狡诈,不可深信",对他仍保持着高度警惕。康熙部署兵力于张家口、独石口、大同和宣府等地,准备随时出征。同时嘱边防将领不时派人探听噶尔丹的行踪,并不失时机地继续用和谈一手,与噶尔丹周旋。

噶尔丹自乌兰布通惨败后,"牲畜已尽,无以为食,极其穷困,人被疾疫,死亡相继",而"劫掠无所获"④。为生计所逼,他不得不向清廷乞赐白银,以救燃眉之急。清理藩院和议政王大臣等因"无赐白金之例",一口回绝。为了羁縻噶尔丹,康熙却批复赠予白银千两,同时,多次派遣大臣前往噶尔丹处,劝谕归降,许诺"从优抚养,断不致失所"⑤。

① 《清圣祖实录》卷一百四十九,康熙二十九年十一月己酉条。
② 《清圣祖实录》卷一百四十九,康熙二十九年十一月己酉条。
③ 《清圣祖实录》卷一百四十八,康熙二十九年八月丙子条。
④ 《清圣祖实录》卷一百五十,康熙三十年二月丁卯条。
⑤ 《清圣祖实录》卷一百五十,康熙三十年二月丁卯条。

噶尔丹也使用两面手法,同清廷对抗。他以"请安进贡"为幌子,派遣官员率领男女二千余人来到清军防地,"阳为修好,潜留人为细作,各处窥探"①。他还狂妄地要清廷将"喀尔喀七旗发回故土",并继续向清廷索取土谢图汗与泽(哲)卜尊丹巴。这些无理要求,都受到康熙的严厉叱责。康熙告诫他:"嗣后仍怙非不悛,蔑视前谕,永勿上疏、遣使贸易"②。噶尔丹却置若罔闻,不断挑起事端。清员外郎马迪奉旨往策妄阿拉布坦处通好,到了离哈密城五里的地方,突然遭到噶尔丹部属袭击,马迪及笔帖式和拨什库等被杀,马驼行李全被劫去。噶尔丹还派厄尔德尼倬尔济等唆使科尔沁土谢图汗亲王沙津叛离清朝,阻止班禅胡土克图赴京。康熙三十四年(1695 年)秋,噶尔丹亲率领三万骑兵沿克鲁伦河,潜入巴颜乌兰,劫掠喀尔喀部纳木札尔陀音。鉴于前次乌兰布通惨败的教训,他不敢贸然再犯漠南,只是扬言"借俄罗斯鸟枪兵六万,将大举内犯"③。

康熙深知清兵要远征漠北,困难重重。他说:"朕亲历行间,塞外情形,知之甚悉,自古以来,所谓难以用兵者是也。其地不毛,间或无水,至瀚海等沙碛地方,运粮尤苦,而雨水之际,樵爨颇难,区画不周,岂可妄动"④,但是,噶尔丹"违背誓约,恣行狂逞",这股分裂势力"一日不灭,则边陲一日不宁"⑤。为此,康熙"诏武臣三品以上,咸陈灭贼方略,会同详议,举朝皆以为难"⑥。康熙力排众议,坚决主张再次亲征,他后来回忆当时的情况时说:"昔朕欲亲

① 《清圣祖实录》卷一百六十三,康熙三十三年五月戊戌条。
② 祁韵士:《皇朝藩部要略》卷中,《厄鲁特要略》二。
③ 魏源:《圣武记》卷三,《康熙亲征准噶尔记》。
④ 《清圣祖实录》卷一百八十,康熙三十六年二月癸巳条。
⑤ 《清圣祖实录》卷一百七十三,康熙三十五年五月癸酉条。
⑥ 《清圣祖实录》卷一百八十三,康熙三十六年五月癸卯条。

征噶尔丹,众皆劝阻,惟伯费扬古言其当讨。后两次出师,皆朕独断。"①

康熙三十五年(1696年)春,康熙下诏亲征。他调集士兵十万,分东、西、中三路,出师剿灭噶尔丹。东路由黑龙江将军萨布素率领东三省之兵沿克鲁伦河进征;西路军由抚远大将军费扬古统帅振武将军孙思克、扬威将军舒恕、安西将军傅霁等领陕甘官兵出宁夏,向土拉(今蒙古人民共和国乌兰巴托西南)进发;康熙自统禁旅为中路,出独石口北进,同费扬古约期会师于土拉。

在行军途中,事无巨细,康熙都亲自过问,做到细心体察,具体指示。出征塞北,寻觅水草,至关重要,这全靠掘井来解决。一次户部侍郎思格色奉命往口外负责掘井,事毕来向康熙奏报,康熙当面问他:"一井供饮人马几何?"思格色目瞪口呆,回答不上来,康熙叱责思格色"为人昏愦,居官亦不端",令议政王大臣等撤了他的职,下放到卒伍中,"从军效力"。后来,康熙遣副都统阿迪去汛界视察水草情况,阿迪回奏说:"冰雪凝冻,未能掘井"。康熙以为"用兵之道,以速为贵,大兵行期,断不可缓",如果一旦缺水,势必拖延行军速度,他暗自忖度,出师正当春季,地脉将融,即使冰冻也可以疏凿井水。于是另遣副都统阿毓玺急赴汛界外试掘水井,阿毓玺等赶到巴尔几乌兰河朔哨口,"掘井数处,去冰尺许,清泉涌出,疏凿甚易"②,全军皆大欢喜。为了方便人马饮水,康熙还特地交代议政王大臣等,军队扎营,井必须居中,大营并镶黄旗两营互相犄角,士兵从不同方向取水饮马,不会拥挤,可以避免因取水发生争吵。而且每口井都应该派官兵看守,前队兵拔营,就交付后队

① 《清圣祖实录》卷一百八十三,康熙三十六年五月乙未条。
② 《清圣祖实录》卷一百七十一,康熙三十五年三月丁巳条。

兵接替,严防水井汙坏。掘井事务特命前锋统领硕鼐专门负责。

每天,康熙总在凌晨撤营就道,他起行后,常见军营炊烟缭绕,军士们尚在进食,军队的帐房行李迟迟不能运载起行。康熙一面勒令领侍内大臣、内务府、武备院总管将向导及骆驼头目等稽迟行李的缘故,查明后,向他奏报。领侍内大臣公舅舅佟国维等请罪说:"此皆臣等庸儒不能管摄之故,乞皇上严加处分"。康熙命他"效力赎罪"。在无边无际的沙漠草原的征途中,康熙写下了《瀚海》一诗:"四月天山路,今朝瀚海行。积沙流绝塞,落日度连营;战伐因声罪,驰驱为息兵,敢云黄屋重? 辛苦事亲征"①。这首诗表达了康熙为了实现多民族国家的统一与和平,不辞辛苦,跋涉沙漠,声讨破坏民族和睦的罪人的崇高意境、无畏气概与战斗精神。康熙对部分大臣的怯懦退缩思想进行了严厉的叱责。当大军行至科图时,传说噶尔丹已逃离远去,扈从大臣佟国维、索额图、伊桑阿等力请康熙回还北京,只令西路兵进剿。康熙召集诸大臣面谕,表示以最大的决心,务期剿灭噶尔丹而还,他当众告诫大臣们,如有"不奋勇前往,逡巡退后,朕必诛之。"他明确指出,"噶尔丹可擒可灭",岂肯"怯懦退缩乎?"②且大军一退,噶尔丹"必尽锐注西路,西路军不其殆乎!"③

大军渐渐逼近噶尔丹驻地。这时,西路军因进入戈壁沙漠后,人畜相继死亡,尤其是原有水草的地方已被噶尔丹烧断,延袤数百里,全是一片灰烬,部队不得不绕道行进,去另觅水草地,因此行期延误,不能同中路军如约会师于土拉。这引起近侍大臣们的意见分歧,有的认为中路军宜缓进,等待西路兵到来,两方夹击,于事有

① 《圣祖仁皇帝御制文》第二集,卷四十六,《古今体诗·瀚海》。
② 《清圣祖实录》卷一百七十二,康熙三十五年四月乙未条。
③ 魏源:《圣武记》卷三,《康熙亲征准噶尔记》。

益。有的以为待西路兵至，必将拖延时日，恐噶尔丹闻讯逃窜，即以中路大兵剿灭敌寇未为不足，似应一面移文催西路之兵；一面乘敌不备，前往袭击。

康熙听取多方面的意见，经过深思熟虑，遣人传谕费扬古急速赶赴土拉，同时明谕大臣们说：噶尔丹原系行劫小寇，数无远识，信人诳言，侵略喀尔喀，以为我军不能即至，故敢窜伏克鲁伦。今我军已近噶尔丹，西路兵亦将至土喇（拉），俟我军离彼稍近，遣使邀噶尔丹前来约盟，噶尔丹只要知悉我亲自前来，必连夜奔逃，那时，我军即行追杀。如噶尔丹向土喇（拉）退去，必遇费扬古，如此，噶尔丹必然殄灭，"拒则糜烂，窜则逃亡"①。

随后，康熙命公主长史多禅、中书阿必达等带了敕书及暖帽、蟒袍、妆缎褂、纯金钩，并巾缨带一条、帛十端和银二百两等赐物及四个厄鲁特人前往噶尔丹驻地巴颜乌兰。在敕书中，康熙明白告诉噶尔丹："朕大军已与尔逼近，西路兵俱已到土拉，东路兵俱已溯克鲁伦河而来……朕乃不忍生灵横被锋镝，是以抒诚遣使，朕与尔等靓面定议，指示地界，尔照旧贡献贸易，则尔国安生，而我边民亦安"②。

五月初，多禅、阿必达等一行至克鲁伦河，遇到厄鲁特丹济拉带领千余人来截取马群，清侍读学士殷扎纳偕同带来的厄鲁特人等迎上前去，殷扎纳叱责丹济拉道："尔等何得无礼，上率师亲至矣！西路大军费扬古自土拉且来"。厄鲁特人俄齐尔也随即告诉丹济拉："圣上亲来"。丹济拉顿时惊骇失色，急忙领了敕书和四个厄鲁特人，匆匆收兵，飞快地去转告噶尔丹。噶尔丹恐惧万分。其时，大军已抵克鲁伦河，噶尔丹亲自到孟纳尔山遥望，瞥见御营中

① 《清圣祖实录》卷一百七十二，康熙三十五年四月己酉条。
② 《清圣祖实录》卷一百七十三，康熙三十五年五月己未条。

挂着龙旗,放着皇帝乘坐的车子,御营四周有帷幕围起来的皇城,其外又有网城,军容山立,噶尔丹不禁失声惊呼:"是兵从天而降耶!"随即传令部队,尽弃其庐帐器械、甲胄及羸病幼小,拔营宵遁。

康熙得悉噶尔丹逃窜,立刻命领侍卫内大臣马思哈为平北大将军,率领轻骑飞速向巴颜乌兰急进穷追,又密谕费扬古领兵速进,截其归路,自统大军直追至拖诺山下,不及而回。

噶尔丹奔驰五昼夜,窜至特勒尔济口,清抚远大将军费扬古所率西路军也到了昭莫多(今蒙古人民共和国乌兰巴托东南图拉河上游南岸)。昭莫多蒙古语"大森林也",即明成祖破阿鲁台的地方,该地处于肯特岭之南,土拉河之北,汗山之东,这里有一片广阔数里的大草原,回望大岭,千仞如屏,为自古以来漠北的著名战场。费扬古在距敌三十里的地方下营,其地有小山,三面临河,林木茂盛,可设伏兵。他先遣前锋统领硕岱、副都统阿南达等领兵四百,奔赴敌阵挑战,且战且却,诱敌骑到了昭莫多。费扬古率左右翼步骑先踞小山上,列阵于东,余军沿土拉河列阵于西,将军孙思克带领绿旗兵捷足登上小山顶峰。这时,噶尔丹率精骑万余,奔驰山上,想去抢占顶峰。清军踞险俯击。噶尔丹军被逼退到东崖下,以崖为蔽,举铳上击,清兵弩铳迭发,藤牌兵随后继进,并以拒马木列前,阻挡敌骑冲突。噶尔丹和他的妻子阿努同全部骑兵一齐下马,冒着炮火向前猛冲,锋势甚锐,清师也"遵上所受方略",以一兵并牵五马,"各兵皆下马步战"[1]。两军死拼,伤亡相当,敌军至暮不退。这时,费扬古遥望敌后人马不动,估计必是妇女驼畜,他急速指挥沿河伏兵分成两路出击,"一横冲入阵;一袭其辎重"。山上清军见伏兵分别出动,乘势呼啸奋进,上下夹击,声震天地,敌兵仓

---

① 　魏源:《圣武记》卷三,《康熙亲征准噶尔记》。

惶溃遁,一时噶尔丹军兵"其颠坠崖下者,河沟皆满,所弃仗如蓬麻"①。清军乘胜跟踪追击,遇所弃驼马辎重、甲械一概勿取,边射边逐,戴星月追三十余里而回。

在这次战役中,噶尔丹军被斩杀二千余人,被生擒男妇三千余,清军获马驼、牛羊、庐帐、器械不计其数。噶尔丹之妻阿努亦被炮击死,噶尔丹仅以数十骑逃遁②。昭莫多之战,全歼噶尔丹精骑,是清廷平定噶尔丹的决定性战役。

捷报奏至御营,康熙命费扬古留防科图,保护喀尔喀游牧地。同时,亲自撰文刻石立碑于拖诺山及昭莫多,碑文云:"天心洪佑,剪逆推(摧)凶,困兽西窜,膏我军锋,一鼓而歼,漠庭遂空,磨崖刻石,丕振武功"③。

康熙班师回到归化城,亲自犒劳西路凯旋大军。六月,康熙返回北京。

四、四处堵截　噶尔丹穷蹙自杀　漠北统一

噶尔丹经过两次惨败,精锐丧尽,牲畜财产所剩无几。他的根据地伊犁早被其侄儿策妄阿拉布坦所占据,阿尔泰山西诸部、天山南路的回部、青海、哈萨克等地都先后摆脱了他的控制。他想西归伊犁,又怕被策妄阿拉布坦吞没;欲南投西藏,路途太远;北赴俄罗斯,又担心沙俄不敢接纳,于是像游魂一样在塔米尔河流窜。

噶尔丹遣人收集丹津阿拉布坦、丹济拉、丹津鄂木多和伊拉克

---

① 魏源:《圣武记》卷三,附录《提督殷化行西征记略》。
② 魏源:《圣武记》卷三,《康熙亲征准噶尔记》。
③ 张穆:《蒙古游牧记》卷七,《土谢图汗》。

三胡土克图等各部属,约有五千余人,他们马驼不多,牛羊甚少,又大都没有庐帐。噶尔丹打算由翁金前往哈密,如果哈密如前和好,得以资助粮食,暂渡困难;倘若哈密与之翻脸,"即攻而取之,以为根基"①。当时,丹津阿拉布坦、丹津鄂木多、伊拉克三胡土克图等从噶尔丹下分离出去,自找游牧地。丹济拉则率领部属赴翁金,去劫夺清军储备在那里的军粮。其实,康熙早就预料到厄鲁特会来翁金劫粮,已预先通知该地驻军将军粮烧了。丹济拉扑了个空,并且遭到清副都统祖良璧部的猛击,丢弃马匹衣服,溃败逃回。噶尔丹十分懊丧地叹道:"我恃汝为命,汝今若此,将何以存!"②这时,噶尔丹部属"食尽衣单,渐及寒冬,势在必亡"③,不得已,将往哈密。继而侦悉清军在嘉峪关外设有哨所,噶尔丹不敢贸然前往。

噶尔丹的处境越来越困难。其所属部众从者"或近千人,或数百人,皆老赢"④。他们十分穷困,除为数不多的马驼外,并无牛羊,大都依靠捕兽为食,捕不到兽,以杀马驼为食,甚至掘草根充饥。因为"食用缺乏,天时寒冽,溃散逃亡及冻饿而死者甚多,又火药军器遗亡殆尽"⑤。于是厄鲁特诸台吉纷纷离弃,各去自谋生计,尤其是向清军投降的人也越来越多,不但青海诸台吉俱降,而且追随噶尔丹的台吉、寨桑等也不断归附清朝。康熙三十五年(1696年)九月,向噶尔丹纳贡的西赖古尔黄番、黑番人等及噶尔丹所遣督催番人贡物之厄鲁特达尔罕寨桑卜尔奇等共七千四百余名,倾心投顺清廷⑥。同年十一月,厄鲁特布达里、塞桑诺尔布等

① 《清圣祖实录》卷一百七十四,康熙三十五年七月甲戌条。
② 祁韵士:《皇朝藩部要略》卷九,《厄鲁特要略》二。
③ 《清圣祖实录》卷一百七十六,康熙三十五年九月丁丑条。
④ 魏源:《圣武记》卷三,《康熙亲征噶尔丹记》。
⑤ 《清圣祖实录》卷一百七十八,康熙三十五年十一月丁巳条。
⑥ 《清圣祖实录》卷一百七十六,康熙三十五年九月戊辰条。

也都先后归附。

在"困穷已极,糇粮庐帐俱无,四面已无去路"①的危亡形势下,噶尔丹遣格垒沽英等二十人来清廷乞降。康熙命格垒沽英一人入朝相见,康熙向格垒沽英历数噶尔丹屡次挑起边衅的罪行,指出噶尔丹穷蹙败亡,完全是咎由自取,康熙要格垒沽英毫无隐瞒地坦陈奉使而来的意向。格垒沽英说:"皇上仁育无私,孰不倾心悦服,噶尔丹若迷而不误,不归仁化,徒自取灭亡而已。"②

康熙深知噶尔丹狡诈莫测,不可轻信,他一面交代廷臣与边汛各将说:"噶尔丹穷迫已极,宜乘此际,速行剿灭断不可缓";一面以最大的耐心继续采取招抚办法,用和平方式来解决清廷同噶尔丹之间的矛盾。他对议政王大臣等说:"天下专以仁感,不可徒以威服……仁者无敌,今噶尔丹穷迫已极,遣格垒沽英前来乞降,朕意仍欲抚之。"③于是,员外郎博什希和笔帖式阎寿随格垒沽英持敕书前往告诫噶尔丹:"令其亲身来降","朕无异视,务令得所,断不念旧恶"④。但仅限以七十日内还报,如过此期,"朕即进兵"⑤。

然而噶尔丹实无降意。清使者博什希和阎寿随格垒沽英来到距噶尔丹驻地二里的地方停下来。噶尔丹派人先把敕书带走。第二天噶尔丹至野外独坐在岩石上,会见博什希,并让两位武士将博什希紧紧夹住,在远离噶尔丹的地方坐定,不使博什希近前。随后,噶尔丹对博什希冷冷地说:"闻皇上沛此恩纶,不胜欣藉,自今圣上凡有所谕,惟遵旨以行而已,我之言已在疏内,我之意已语我

① 《清圣祖实录》卷一百七十六,康熙三十五年九月庚辰条。
② 《清圣祖实录》卷一百七十八,康熙三十五年十一月戊寅条。
③ 《清圣祖实录》卷一百七十八,康熙三十五年十一月戊寅条。
④ 祁韵士:《皇朝藩部要略》卷十,《厄鲁特要略》二。
⑤ 《清圣祖实录》卷一百七十八,康熙三十五年十一月庚辰条。

使人,使人到日当口奏。"①说毕,就乘马而去,态度生硬而傲慢。

其时,噶尔丹部属大都主张归降清廷。有一天,噶尔丹到诺颜格隆家,丹济拉、阿巴、吴尔占扎卜等人正坐在一起饮酒。吴尔占扎卜对噶尔丹说:我等自去年冬以萨克萨特呼里克兽多,所以住在这里。至今兽多惊骇逃散,生计困难,如往清廷投降,可以靠近边汛地居住,如不降当另图一策,怎能首鼠两端自待死亡呢!② 噶尔丹默然无言。格垒沽英曾多次劝噶尔丹降清,丹济拉也劝过,噶尔丹都没有允诺。则丹济拉背地里派部属常达偷偷地去见清使博什希等,表示自己愿意归降。格垒沽英深知噶尔丹并无降意,却又要派他出使清廷,他就带着妻儿投奔清朝了。后来,噶尔丹再遣喇木札卜随清员外郎博什希和笔帖式闾寿前往清廷求和,喇木扎卜向康熙转达了噶尔丹的口奏说:"我居无庐,出无骑,食无粮",因"皇上有恤臣之旨,是以臣属下归投皇上者甚多,伏乞发还臣所,并乞皇上加恩,赐于失所之人,以活其命。"③ 这里噶尔丹没有言及一个"降"字,却要康熙遣还来投清朝的厄鲁特人,康熙自然不会允许,只是向喇木扎卜问道:"你想回去么?"喇木扎卜很干脆地回答:"我有心告请而来,现在我的妻儿都在这里,我不再他往。"④ 噶尔丹的使者及其一家人都投降了,噶尔丹真的成为孤家寡人了。

尔后,康熙再派前曾被捕的噶尔丹乳母的亲生儿子丹济扎卜送敕书给噶尔丹。在敕书中,康熙揭露了第巴桑结嘉措隐瞒达赖喇嘛逝世一事达十六年之久(详见本书第六章)及其以达赖喇嘛的名义诱骗噶尔丹同清廷对抗的罪恶行径,以促使噶尔丹醒悟。

① 《清圣祖实录》卷一百八十一,康熙三十六年三月庚辰条。
② 《清圣祖实录》卷一百八十一,康熙三十六年三月庚辰条。
③ 《清圣祖实录》卷一百八十二,康熙三十六年闰三月壬辰条。
④ 《清圣祖实录》卷一百八十二,康熙三十六年闰三月壬辰条。

康熙明确警告噶尔丹:"尔愿归降,应及早来",否则,"今岁即不擒汝,来岁当复发兵追讨,必不中辍"①。可以说康熙对噶尔丹已做到仁至义尽,但噶尔丹依然不肯归降。

康熙注意妥善安置被俘的、归降的厄鲁特部众,康熙三十五年(1696年)十月,令内大臣等特派一位大臣留驻归化城主持接收和安插厄鲁特俘虏和降人,"完其夫妇,给以衣食"。如丹巴、哈什哈、沙先朱坡等先后率家口、部属前来投诚,康熙除了给以官职,对来降众人,内有子女被清军俘获的,一一查明,让他们的父母兄弟夫妇团聚。次年二月,康熙命户部、理藩院各拨一位官员将吴达禅右卫的厄鲁特降人解送张家口曼都地方,降人的马驼羸疲难行或沿途粮草及衣服等欠缺,要内务府郎中董殿邦负责解决。清副都统阿南达解到来降的厄鲁特六台吉,康熙指示:六台吉都是投诚有功之人,着交山西巡抚送至大同,善养之,其父母妻子户口到日,令其完聚。康熙优待俘虏和降人,对分化瓦解敌人起了很大作用。噶尔丹的亲信吴子占扎卜之母被俘返归后,对噶尔丹说:"清朝大兵多,富而且盛,中华皇帝乃活佛也,敌人母子遣使完聚,尔等从前亦曾闻有是否? 其余非常之举,言之不尽。"②因此,噶尔丹属下大小台吉、寨桑、哈什哈等"相继来降者不绝"③。

为了根绝噶尔丹这股民族分裂势力,康熙三十五年(1696年)九月,康熙再次前往归化城,驻跸鄂尔多斯,召大将军费扬古密策第三次军事征剿。同时诏谕策妄阿拉布坦和青海诸台吉要他们协助朝廷擒捕噶尔丹;派遣使者分赴厄鲁特各部去做劝降工作;并命令边汛将领和蒙古诸部密切注视噶尔丹的动向,随时上报。

①　《清圣祖实录》卷一百八十二,康熙三十六年闰三月壬辰条。
②　《清圣祖实录》卷一百八十一,康熙三十六年三月庚辰条。
③　《清圣祖实录》卷一百八十二,康熙三十六年闰三月壬辰条。

经过两次亲征,康熙对漠北蒙古的自然环境和风土人情已很熟悉。正如他自已所说:"塞外荒漠,虽甚寥阔,而蒙古所引之路,所居之地,必依水草资生,是以亦有定所,朕于蒙古等经行路径一一洞悉,所以遣发官兵数道围困,皆扼贼之要害。"①康熙三十六年(1697年),康熙亲赴宁夏命费扬古、马思哈两路进兵,扼住噶尔丹向外流窜的必经的要害之地,使噶尔丹龟缩在塔米尔河流的萨克萨特里克地方。噶尔丹欲投西藏,闻甘肃有清兵扼守,行至萨哈萨免呼鲁不敢前行,因资用乏绝,派遣他的儿子赛卜腾巴珠去哈密征集军粮,不料,赛卜腾巴珠至巴尔思库地方,被哈密的维吾尔族首领杜拉达尔汉伯克之子郭帕伯克擒住。

这时,噶尔丹已是众叛亲离。一向忠于自己的丹济拉已同他脱离,两次相召,丹济拉不予理睬。派人去召唤另一亲信杜哈尔阿拉布坦,杜哈尔阿拉布坦反而夺走来人的马驼。其他厄鲁特喀尔喀各部,或争先充当向导带领清军深入平叛;或搜集噶尔丹动向,及时上报;更有出兵配合清军征剿的,如喀尔喀贝勒戴青向康熙表示"愿以擒杀噶尔丹首自效。"噶尔丹的侄儿策妄阿拉布坦与阿玉哥分别发兵会集于阿尔泰山以南驻扎,四面设哨或埋伏,并向清廷保证:"噶尔丹若近逼我土,必竭力擒剿"②。正如康熙所预言:"噶尔丹无所逃矣,或降或擒或自尽,否必为我所擒"③。不久,噶尔丹在四面楚歌,"仅余孑身,率领数人随处飘遁"的穷迫情势下,"惊闻清军到来,寝食俱废,反复思维,无计能逃"④,被逼于闰三月十三日至阿察阿穆塔台地方饮药自尽。

---

① 《清圣祖实录》卷一百八十三,康熙三十六年五月丙申条。
② 《清圣祖实录》卷一百八十二,康熙三十六年闰三月壬辰条。
③ 《清圣祖实录》卷一百八十二,康熙三十六年闰三月甲午条。
④ 《清圣祖实录》卷一百八十三,康熙三十六年四月甲戌条。

丹济拉等焚毁噶尔丹尸体,率领家属七十九人,携带噶尔丹尸骨及其女儿钟齐海去清营投降。在途中噶尔丹尸骨和钟齐海被大策凌敦多卜抢去。丹济拉和他的家属驰赴哈密,托维吾尔族首领杜拉达尔汉伯克恳求面见康熙。杜拉达尔汉伯克遣子郭帕伯克送丹济拉等到康熙驻跸之地罕特穆尔岭,立刻由大学士阿兰泰及郎中阿尔法引入行幄。这时,丹济拉胆战心惊,六神无主。康熙见丹济拉进来,马上屏去左右,并令阿兰泰、阿尔法出去,独留丹济拉在内,丹济拉这才松了口气。康熙与丹济拉交谈片刻,授予丹济拉为内大臣,授其子多尔济塞卜腾为一等侍卫。丹济拉满怀喜悦,轻快地离开行幄,出来对诸大臣说:"我乃叛逆罪人,穷困始来归命,乃皇上略不致疑,尽屏左右召我入见,且蒙恩授我显爵,乃知圣主至勇至仁如此,令我诚心感戴,永不敢有异心矣!"随后,康熙召阿兰泰入内,对阿兰泰说:"尔等偕丹济拉入者,盖以防不测也,尔等所见虽是,朕思凡人无不可以诚感,丹济拉虽来降,其心不无疑畏,朕推诚如此,伊必感激,喜出望外,断无妄动之事,倘妄动,数百人朕亦不以为意,况一人乎!朕令尔等俱出,不留毡内者,欲使丹济拉之不疑也"①。

康熙三次亲征,深入沙漠,终于平定了噶尔丹这股分裂势力,同时以和睦亲善的民族政策,妥善地处理清廷同蒙古诸部的关系,实现了统一漠北蒙古的目的,使北方边境得以宁谧。康熙三十六年(1697年),清政府遣送喀尔喀各部重新返回自己原来的牧场,又在科布多、乌里苏台等地派驻将军和参赞大臣,进一步加强了对蒙古的统辖。

---

① 《清圣祖实录》卷一百八十五,康熙三十六年九月甲申条。

第六章　扶持达赖、班禅　整治西藏

一、西藏的基本形势及对策

元明以来,西藏就在中国封建中央政府直接管辖下,实行政教合一的统治。但在西藏佛教中,除了势力较大的萨迦派以外,还有噶举派(俗称白教)、宁玛派(俗称红教)、和本布派(俗称黑教)等佛教宗派。

明初,原来信奉噶举派的僧人宗格巴创立格鲁派,俗称黄教,实行了宗教改革。到了明中叶,黄教势力大盛。当时,受明朝册封的青海蒙古族的顺义王淹答汗特邀西藏政教首领格鲁派的索南嘉措前往青海,建仰华寺,大会诸部。索南嘉措为淹答汗受戒传法,淹答汗赠予索南嘉措"圣识一切瓦齐尔达赖喇嘛"尊号。达赖是个蒙古语,意为智慧海。之后,淹答汗派兵护送达赖到西藏,藏中红教的大宝、大乘诸法王也都俯首称弟子,改从黄教。于是黄教在西藏逐渐取得了支配地位,并且势力波及到青海、内蒙古和新疆等广大地区。

与此同时,格鲁派上层集团将淹答汗赠予索南嘉措的尊号作为格鲁派首领转世传承的固定尊号,建立起达赖转世活佛系统。所谓活佛就是化身的意思。(身死之后,不失本性,自知所往,寄胎转生。)据说达赖是千手观音的化生,即达赖是由千手观音转世的。这种转世活佛的说法,起源于黄教。原来,西藏是由红教派掌权,红教是准许喇嘛娶妻的,其地位继承,父子相传,世代不绝,所以当时还没有转世活佛的说法。自宗喀巴创立黄教后,禁喇嘛娶妻,这就产生了衣钵继承问题。成化十四年(1478年)宗喀巴临死前,曾遗言根敦主巴和凯朱结格雷贝桑两大弟子,世世以"呼毕勒罕"转生,继承衣钵。所谓"呼毕勒罕"就是化身的意思。这样就产生了转世活佛的制度。达赖喇嘛是西藏的政教首领和最高活佛,他死后,由他转世的、被称为"灵童"的男性婴儿替位。"灵童"是按照达赖临死时所指示的地点、方向以及达赖逝世时同时出生的婴儿等条件,由达赖的弟子寻找确认的。"灵童"到一定年龄,实行坐床典礼,至十八岁成人后,才正式承袭达赖的职位,这就是达赖转世活佛的继世制度。这种转世继位制是西藏政教合一的社会制度的发展和需要而产生的。当时,索南嘉措被指定为第三世达赖喇嘛,同时追认哲蚌寺前任寺主根敦嘉措为第二世达赖喇嘛,追认宗喀巴弟子、扎什伦布寺的创建者根敦主巴为第一世达赖喇嘛。

明清易代之际,虔奉喇嘛教的青海厄鲁特蒙古和硕特部首领固始汗举兵入藏,支持五世达赖建立了噶丹颇章(意为极乐宫)政权,五世达赖成为政教合一的首领。同时,固始汗又特置班禅活佛系统。他尊奉班禅罗桑却吉坚赞为师。罗桑却吉坚赞是明末格鲁派寺院集团中一个主要决策性人物,万历四十四年(1616年)四世达赖去世后,罗桑却吉坚赞主持了当时格鲁派对内对外的许多重大事务。五世达赖喇嘛就是经罗桑却吉坚赞认定的。顺治二年(1645年),固始汗又赠给罗桑却吉坚赞以"班禅博克多"的尊号。"班禅"意为"大班智达"(即大学者),它由梵文"班智达"(即通达)和藏文"钦波"(即大)连缀而成,简称"班禅"。"博克多"是蒙语对睿智英武者的尊称。从此,"班禅"开始成为扎什伦布寺主的专有尊号。罗桑却吉坚赞被确定为四世班禅,往前追溯宗喀巴的另一大弟子凯朱结格雷贝桑为一世班禅,索南济朗和罗桑敦朱分别为二、三世班禅。与此同时,固始汗和五世达赖又将后藏部分地区划归班禅管理,居日喀则之扎什伦布寺;达赖管理前藏,居拉萨之布达拉宫。由此,固始汗完全控制了西藏的政局,西藏实际成了和硕特蒙古的势力范围。

早在清入关前,西藏同清的关系就很密切。从崇德二年(1637年)开始,彼此就不断遣使通信。崇德四年(1639年),在固始汗的带动下,达赖、班禅、藏巴汗丹迥旺布遣伊喇固散胡土克图等赴清贡方物,献丹书,称清太宗皇太极为"曼殊师利大皇帝"(意为吉祥之帝),受到皇太极的盛情接待,双方握手相见,"留八阅月乃还"①。顺治四年(1647年),"达赖、班禅各遣使献金佛、念珠,表颂功德"②。次年,顺治帝遣使持书存问达赖,并请他来京。顺治九年(1652年),达赖抵京朝觐,清廷派和硕承泽青王硕塞等前至代噶迎接。五世达赖到京后,顺治帝以"畋猎"为名,与五世达赖"不期然"相见于城外南苑猎场,这是一个两全之策,既让皇帝出城迎接五世达赖,使达赖心生感佩,又不失皇帝之尊严。顺治帝又先后在太和殿设大宴款待五世达赖,行止无尊卑之分。顺治帝还给五世达赖以丰富的赏赐,五世达赖到达的当天,即下令由户部拨供养白银九万两③,五世达赖临别前,户部又赐给他黄金一百五十两、白银一万二千两、大缎一百匹以及其他贵重礼品多种。

顺治十年(1653年)二月,清政府又在五世达赖返藏途中派以礼部尚书觉罗郎丘和理藩院侍郎席达礼为首的官员,携带刻着满、

---

① 《清史稿》卷五百二十五,《藩部》。
② 《清史稿》卷五百二十五,《藩部》。
③ 《蒙藏佛教史》第4篇,第65、67页。

蒙、藏、汉四体文字的金册、金印赶到代噶,正式册封五世达赖为"西天大善自在佛所领天下释教普通瓦赤喇怛喇达赖喇嘛"①。同年又正式册封握有西藏军政大权的和硕特部领袖固始汗为"遵行文义敏慧固始汗"②。通过这两次册封,确定了西藏地区的宗教领袖和政治领袖,而清政府亦由此实现了对西藏的间接统治。

固始汗于接受清朝册封的次年即顺治十一年(1654年)病逝于拉萨哲蚌寺③。由于固始汗的后继者达颜汗(一说为固始汗之子,一说为固始汗之孙)生性孱弱,格鲁派逐渐取得了蚕食西藏政治权力的机会,到康熙七年(1668年)达颜汗和第巴(又称"第悉",即西藏最高行政长官)陈列嘉措同年去世后,任命第巴的权力也转到五世达赖手中,次年八月,五世达赖正式将亲己的却本罗衮图道(1669—1675年在位)任命为第巴,其后接任却本罗衮图道为第巴的亦是五世达赖提名的桑结嘉措。

桑结嘉措力图与崛起的蒙古准噶尔部噶尔丹势力拉拢关系,以达到驱逐和硕特蒙古在西藏的势力的目的。噶尔丹曾于早年前往西藏出家,拜五世达赖为师,并与桑结嘉措为同学,这也是二者结盟的基础。康熙二十一年(1682年),五世达赖在拉萨圆寂,为了独揽大权,桑结嘉措采取了匿丧的手段,选择了与五世达赖相貌酷似的帕崩客寺的喇嘛江阳扎巴,穿上达赖服装,坐在布达拉宫的宝座上,对外宣布五世达赖"入定",一切事务全由他处理。他一再假传五世达赖之言,恣意妄为,为反对和硕特汗,对抗清廷,他暗中勾结噶尔丹,支持其侵犯喀尔喀蒙古,并派遣所谓达赖喇嘛的使

---

① 《清世祖实录》卷七十四,顺治十年四月丁巳条。
② 魏源《圣武记》作"遵文行义"。
③ [意]杜齐:《西藏中世纪史》,李有文、邓锐龄译,中国社会科学院民族研究所编印本,第27页。

臣济隆活佛作为噶尔丹的辅弼。桑结嘉措的倒行逆施,不能不日益引起康熙帝的疑虑。康熙对济隆曾给予严厉指责:"凡奉使人,不悖旨而成事,则赏以劝之;悖旨而败之,则罚以惩之,国家一定之大法也。如或不然,则善人何以为劝,恶人何以惩乎?"①

为了骗取康熙的信任和掩盖政治野心,康熙三十二年(1693年)冬,第巴桑结嘉措借达赖名义遣使进贡,并上疏为自己请封,奏称:西藏之事,"皆第巴为主,乞皇上给印封之,以为光宠"。当时康熙尚不知达赖五世已不在人世,出于对达赖的尊重,于次年四月封桑结嘉措为土伯特国王,授予金印,印文为"掌瓦赤喇怛喇达赖喇嘛教弘宣佛法王布忒达阿白迪之印"②。其中"瓦赤喇怛喇达赖喇嘛教"即掌管五世达赖之教,也就是掌管黄教事务,"布忒达阿白迪"是"桑结嘉措"的梵文读音,意为佛海,即这个封号只给桑结嘉措以宗教事务方面的权力,因为顺治时已将行政权授给固始汗及其子孙。但桑结嘉措继续勾结噶尔丹,他遣使向康熙奏请勿革噶尔丹汗号,公然要求清朝撤走青海等处戍兵。这都遭到康熙的拒绝和斥责。康熙断然指出:"(第巴)何敢奏请撤我朝兵戍?此特为噶尔丹计。"明确宣布:"我朝既不当罢戍亦且当备师。如噶尔丹来,即行剿灭。"③

康熙三十五年(1696年),清军大败噶尔丹于昭莫多。从缴获物中发现第巴桑结嘉措与噶尔丹的往来文书,又从投降战俘中得知达赖喇嘛早已圆寂。该年八月,康熙派人持敕谕往告班禅和达颜汗的后继者达赖汗,向他们揭露第巴桑结嘉措勾结噶尔丹、欺骗朝廷的罪行;同时表彰并策励他们要与清廷同心同德与违反宗格

---

① 《清圣祖实录》卷一百五十八,康熙三十二年二月己丑条。
② 《清圣祖实录》卷一百六十三,康熙三十三年四月丙申条。
③ 《清圣祖实录》卷一百六十六,康熙三十四年四月庚子条。

巴之道的恶端邪行作坚决的斗争。康熙敕谕班禅说:"(朕)尊重佛教,以道法归一为要务……尔胡土克图道法不二,勤修不倦,诵经行善,特往召尔胡土克图,朕将与尔同化导悖乱,使中外道法归一";又对达赖汗说:"自顾实汗以来,同心专尚宗喀巴之道,与本朝和协,至尔汗之身,益诚心恪守成规,顷者以噶尔丹阳奉宗喀巴之佛教,阴主悖逆之邪行……夫第巴者,乃达赖喇嘛下司事之人,理应笃敬道法,今反不遵达赖喇嘛而欺凌众人,……而尔始终不渝,甚坚且笃……是以特遣使以示褒善贬恶之意,并发伴敕礼币八端。"①

对于"阳则奉宗喀巴之教,阴则与噶尔丹朋比,欺达赖喇嘛、班禅胡土克图而坏宗喀巴之教"的第巴桑结嘉措,康熙前后两次派理藩院主事保住送去诏书,"深加责让",并勒令他迅速奏报和处理以下诸事,其要点是:

第一,责问五世达赖早已去世,为何不向皇帝报告,秘不发丧。命将五世达赖已故始末迅速奏报。

第二,为何与噶尔丹朋比为奸,帮助其兴兵作乱?为何派往噶尔丹的济隆活佛不但不行劝阻,反为噶尔丹诵经助威,在噶尔丹战败时又行缓兵之计帮助噶尔丹逃脱?速将济隆活佛执送北京处置。

第三,为何不在五世达赖去世后请五世班禅主持格鲁派(黄教)事务,当清朝邀请五世班禅进京时,为何恐吓班禅"谓噶尔丹将要而杀之",以阻挡其进京?速请五世班禅主持格鲁派事务,并让五世班禅进京朝见。

第四,速将嫁给青海和硕特部博硕克图济农之子的噶尔丹之

---

① 《清圣祖实录》卷一百七十五,康熙三十五年八月甲午条。

女押送北京。

康熙在诏书中警告说:"(如上所列)数者或缺其一,朕必令……发云南、四川、陕西等处大兵,如破噶尔丹之例,或朕亲行讨尔,或遣诸王大臣讨尔。尔向对朕使言四厄鲁特为尔护法之主,尔其召四厄鲁特助尔,朕将观其如何助尔也。尔其速办此事,及正月星速来奏,否则后悔无及矣。"①

诏书明显表达了康熙对西藏分裂势力的强硬态度。当时由于蒙古各部的归顺清朝,削弱了西藏地方政权的军事依靠,五世达赖的圆寂和桑结嘉措的倒行逆施,也使西藏本身及其对蒙古的宗教凝聚力遭到削弱,清政府对西藏实施直接统治的时机已经成熟。

桑结嘉措深悉这样的客观现实,对康熙诏书迅速作出了答复,其要点是:

一、五世达赖圆寂已十六年,因当时时运维艰,为防止西藏地方发生变故,未敢发丧,现六世达赖已十五岁,将在康熙三十六年(1697年)举行坐床典礼,恳请皇帝在六世达赖坐床前对此事保密。

二、济隆活佛有罪,西藏地方已革去其主持大喇嘛并抄没其家产,现遵旨将他解送北京,希皇帝开恩,勿将他处死。

三、五世班禅迟迟未赴京是因"来使口出恫吓过激之言,遂云不往"。今"必谕令班禅约定赴京之年",定议再奏。

四、噶尔丹之女与博硕克图济农之子是在康熙二十六年(1687年)噶尔丹攻打喀尔喀之前订婚,他们结婚也在噶尔丹犯罪之前,故请求皇帝勿将噶尔丹之女押送北京,以免他们夫妻

---

① 《清圣祖实录》卷一百七十五,康熙三十五年八月甲午条。

离散①。

随后,桑结嘉措又派尼麻唐胡土克图进京向康熙密奏五世达赖圆寂经过及六世达赖转世和即将坐床等详情,目的自然是为了进一步求得清朝的谅解与认可。

为了团结蒙古各部的大多数和稳定西藏局势,康熙对第巴桑结嘉措作了让步。他指示议政大臣说:"朕阅经史,塞外蒙古……历代俱受其害,而克宣威蒙古并令归心如我朝者未之有也。……自古以来,好勤远略者,国家元气罔不亏损,是以朕意惟以不生事为贵。达赖喇嘛,蒙古等尊之如佛;第巴者,即代达赖喇嘛理事之人。噶尔丹叛逆皆第巴之故,因朕遣主事保住严颁谕旨,第巴悚惧,悉遵朕谕,奏词甚恭,自陈乞怜,畏罪矢誓,此亦敬谨之至矣。……第巴既如此奏恳,事亦可行。即此可以宽宥其罪,允其所请,第巴必感恩,而众蒙古亦欢悦矣!"②

康熙本着"惟以不生事为贵"的原则,并未要求桑结嘉措践行全部要求,济隆活佛被解送京师后,遭软禁而后病死。康熙三十六年(1697年),康熙派遣理藩院主事保住等人进藏"宣问第巴,并将转生之小达赖喇嘛看明回奏。"③这一行动直接标志着清朝进一步扩大对西藏事务的管理范围。同年康熙在保和殿接见来朝的固始汗之子青海扎什巴图尔台吉,充分肯定他对清廷的忠诚。康熙阅兵玉泉山时,亦邀扎什巴图尔往观,以使其亲睹"天朝兵威"。次年正月,诏封扎什巴图尔台吉为亲王,分别封随来的其他台吉为贝勒、贝子,令他们随驾巡游五台山,游毕,赏赐马驼等,派官护送他

① 《清圣祖实录》卷一百八十,康熙三十六年二月己丑条。
② 《清圣祖实录》卷一百八十,康熙三十六年二月壬寅条。
③ 《清圣祖实录》卷一百八十二,康熙三十六年闰三月乙酉条。

们返回青海。此后,青海厄鲁特台吉戴青和硕齐察罕丹津和土尔扈特台吉阿拉卜朱尔先后率众归附,清廷分别封为贝勒和贝子。以扎什巴图尔亲王为首的青海众台吉从此逐步摆脱了对蒙古分裂势力和达赖喇嘛的依附地位,并为帮助清廷安定西藏作出了重要贡献。

这时,蒙古各部愈来愈要摆脱桑结嘉措的控制。康熙三十七年(1698年)正月,曾与噶尔丹决裂的噶尔丹之侄策妄阿拉布坦便上疏:"第巴将达赖喇嘛圆寂之事匿而不宣……,诈称达赖喇嘛之言,以混乱七旗喀尔喀、四厄鲁特,好事乐祸,正未有已,祈皇上睿鉴,俾法门之教无玷,使众生争自濯磨。"①又称"第巴监禁班禅,不使人见,奉事红帽两喇嘛名德尔端、多尔济扎卜者,诡称即现世达赖喇嘛化身,亦以是两喇嘛之言,谓之达赖喇嘛而已,并非班禅之言,是以可疑。第巴坏法门之教,罪不可容。"②同年九月,策妄阿拉布坦再次向康熙参奏第巴"凡事越理而行"。③ 策妄阿拉布坦企图以此讨好清政府,谋求对西藏的统治权。

第巴桑结嘉措独揽西藏大权,同在西藏的蒙古和硕特部汗王之间的矛盾日益尖锐。康熙四十年(1701年)达赖汗(一说为达颜汗之弟,一说为达颜汗之子,前文已说达赖汗于康熙七年去世,此时去世的当为其弟或其子)去世,其子旺扎尔继位,但两年后旺扎尔的弟弟拉藏汗却取而代之,初即位的拉藏汗与同年退位的桑结嘉措互相冲突,并于康熙四十四年(1705年)在拉萨直接交锋,结果桑结嘉措兵败被杀,拉藏汗重新夺回了和硕特蒙古在西藏地方政府中的权力地位。

---

① 《清圣祖实录》卷一百八十七,康熙三十七年正月庚寅条。
② 《清圣祖实录》卷一百八十七,康熙三十七年三月戊寅条。
③ 《清圣祖实录》卷一百九十,康熙三十七年九月癸未条。

接着,拉藏汗采取了争取清朝支持与承认的行动,他派人到北京向康熙帝报告了事变经过,从而获得了康熙帝的信任。

二、真假达赖喇嘛之争

康熙面对的西藏问题,实质上已不只是单纯的西藏一地的问题,它涉及到西藏内部教派间的矛盾斗争以及对西藏产生过较深影响的蒙古各部之间的矛盾斗争。首先,长期以来,西藏地方统治集团与和硕特蒙古汗王之间,存在着争夺西藏统治权的矛盾;其次,固始汗死后,青海众台吉与西藏的和硕特汗之间为争夺权位发生着矛盾;再者,青海众台吉之间亦多有政治分歧。各派政治势力都力图挟达赖以自重,于是真假达赖之争便拉开了序幕。

这场争论的始发难者是和硕特蒙古的拉藏汗。康熙四十四年(1705 年)七月,拉藏汗向康熙帝"陈奏假达赖喇嘛情由"及事件经过①,说由桑结嘉措确立的仓央嘉措六世达赖喇嘛不是真的达赖转世灵童,他耽于酒色,有违清规,请求康熙下令将其废黜,另寻五世达赖真正的转世灵童。

拉藏汗积极主动依靠清政府,康熙也觉得有必要以拉藏汗来稳定西藏局势,于是派遣护军统领席柱、学士舒兰赴藏,封拉藏汗为"翊法恭顺汗",赐其金印,同时执行拘押六世达赖仓央嘉措的使命②。康熙四十五年(1706 年)十月,仓央嘉措在清朝官兵的护送下,启程赴京,途中"行至西宁口外病故。"③拉藏汗由此取得了重新寻访六世达赖喇嘛的机会,他遵旨选立波克塔山之胡必尔汗

---

① 《清圣祖实录》卷二百二十七,康熙四十五年十二月丁亥条。
② 《清圣祖实录》卷二百二十七,康熙四十五年十二月丁亥条。
③ 《清圣祖实录》卷二百二十七,康熙四十五年十二月庚戌条。

（蒙古语自在转生之义,亦译作化身）意希嘉措为六世达赖喇嘛①,
迎至布达拉宫坐床,但这激起了拉萨市附近的喇嘛教格鲁派（黄
教）三大寺院即哲蚌寺、色拉寺和甘丹寺等僧侣及青海众台吉的
反对,拉藏汗在西藏的统治从一开始便面临着很大的危机。康熙
分析了当时西藏的实际情况,一方面积极稳住拉藏汗作为清政府
代理人的地位,另方面于康熙四十六年(1707 年)派内阁学士拉都
浑率青海众台吉的使者赴西藏,对意希嘉措进行察看和验证,初步
确立起意希嘉措的地位。四十八年(1709 年),清政府又以达赖喇
嘛尚幼,"青海众台吉等与拉藏不睦,西藏事务不便令拉藏独理"
为理由,遂派侍郎赫寿以管理西藏事务,其头衔为"前往西藏协同
拉藏汗办理事务"②。清廷设置驻藏大臣由此始。第二年三月,由
拉藏、班禅、赫寿共同奏请,康熙正式赐给意希嘉措以六世达赖的
册命,并赐以金册、金印③。鉴于西藏的局面比较复杂,五十二年
(1713 年)正月,康熙又派人赴西藏正式册封五世班禅罗桑意希为
"班禅额尔德尼"④,并赐金册、金印,通过确立班禅的宗教领袖地
位暂时缓解了西藏内部的宗教危机。

　　当时,在意希嘉措之外,拉萨三大寺上层喇嘛在里塘找到一位
名叫格桑嘉措的幼童作为仓央嘉措的转世灵童,并联名奏请康熙
承认格桑嘉措为真达赖喇嘛的转世灵童⑤。康熙为避免拉藏汗与
青海众台吉之间因为各自支持意希嘉措或格桑嘉措而发生冲突,
于五十四年(1715 年)下令将格桑嘉措送往北京,同时派人赴藏询

① 　魏源:《圣武记》卷五《国朝抚绥西藏记》中"波克塔"作"博克达"。
② 　《清圣祖实录》卷二百三十六,康熙四十八年正月己亥条。
③ 　《清圣祖实录》卷二百四十一,康熙四十九年三月戊庚条。
④ 　《清圣祖实录》卷二百五十三,康熙五十二年正月甲午条。
⑤ 　《清圣祖实录》卷二百六十三,康熙五十四年四月辛未条。

访格桑嘉措的真假,经班禅确认里塘的格桑嘉措是假,后经青海和硕特部诸台吉的吁请,康熙同意让格桑嘉措留在青海西宁附近的塔尔寺居住①。

康熙频频对西藏地方事务直接干预,是出于对西北准噶尔部觊觎西藏的客观形势而作出的。意大利藏学家伯戴克在《十八世纪前期的中原和西藏》中就说:"拉藏汗由于军权有限",他需要清朝的最高统治者康熙皇帝(1661—1722)的支助,康熙皇帝当时的政略主要针对伊犁河谷新兴的准噶尔王国。对西藏事务越来越感兴趣。这从战略上考虑不多(西藏过去一直是军事上的死水),而是因为拉萨达赖喇嘛的圣职及权威和伊犁喇嘛教王国之间宗教上的关系。前第悉(即第巴——引者注)是亲准噶尔的声名狼藉的人,都知道他和准噶尔从1676至1697年的统治者噶尔丹订立了协定,如果准噶尔成功地把达赖喇嘛拉到他们一边,那么居于重要战略地位的为……防守西部边境提供相当大一部分军队的蒙古王公们的忠诚就会受到严重的影响。因此,康熙皇帝渴望趁早取得对西藏的统一。为达到这个目的,就必须通过和平方式和军事行动来实现封建皇帝自元朝以来享有的对西藏至高无上的正当权力。"康熙皇帝采取这行动的主要动机就是为了宗教和政治上的利益,我们必须从这个角度来看待中国在这时期的活动。"②

但是,清政府废黜仓央嘉措重立意希嘉措,遭到了拉萨众僧及青海众台吉的抵制,清政府所扶持的拉藏汗也因而陷入了更深重的政治危机。在西藏内部,又逐渐形成了寻求准噶尔部来取代拉藏汗的强大势力。

① 《清圣祖实录》卷二百六十三,康熙五十四年四月辛未条。
② [意]伯戴克:《十八世纪前期的中原和西藏》,周有秋译,西藏人民出版社1983年版,第15页。

三、平定西藏

在拉藏汗处于严重政治危机之中的时候,准噶尔部的策妄阿拉布坦感到觊觎西藏权力的时机已到,在康熙四十五年(1706年)年初,桑结嘉措被杀不久,他曾试探性地派人去西藏迎请仓央嘉措到准噶尔部讲经传教,遭到拉藏汗拒绝①。之后,他便修改政策,从消除拉藏汗的戒心入手,提议与拉藏汗建立儿女亲家,康熙五十三年(1714年),策妄阿拉布坦将拉藏汗之长子噶尔丹丹衷约至伊犁(今新疆伊宁),与其女博托洛克结亲。与此同时,他又秘密联络拉萨三大寺与格鲁派上层喇嘛,表示要推翻拉藏汗和废掉其所立"假达赖喇嘛",迎请格桑嘉措到拉萨坐床,这使三大寺僧人迅速地站到了自己一边,他们秘密派出一批年轻力壮的僧人到准噶尔去,成为准噶尔进攻西藏的有力向导②。

康熙五十五年(1716年)十一月,策妄阿拉布坦派其堂弟策零敦多布等,假称护送噶尔丹丹衷夫妇归藏省亲,率一支六千人组成的远征军秘密向西藏进发。同时策妄阿拉布坦又派一支三百人组成的小分队前往青海突袭塔尔寺,计划抢格桑嘉措带到那曲,与策零敦多布的军队会合,再以护送格桑嘉措到布达拉宫坐床的名义向拉萨挺进。

策零敦多布选择了一条极为艰难的行军路线,他们从南疆和田出发,翻越昆仑山脉,再经阿里,直抵藏北的那曲。这条路线海拔极高,沿途人烟稀少,虽行军不便,却颇具隐蔽性,所以,当他们

---

① 《皇朝藩部要略》卷十七,《西藏部要略一》。
② 〔意〕伯戴克:《十八世纪的中原和西藏》,第44页。

出现于藏北纳木湖畔并与拉藏汗的侦察队伍发生战斗时,拉藏汗顿感措手不及,他仓促命令手下年轻干练的将领颇罗鼐征集卫藏官员开赴藏北。但一方面由于拉藏汗还抱有和谈企图,贻误了战机,另一方面又因为准噶尔军的宣传攻势瓦解了西藏军队的斗志,拉藏汗军迅速败散。噶尔丹军进据拉萨,围攻布达拉宫,杀死拉藏汗,"虏其妻子,搜各庙重器送伊犁"①。

当时由于西藏地方遥远,交通不便,康熙没有及时准确地把握到事变的实际情况。康熙五十六年(1717 年)八月,驻守巴里坤的靖逆将军富宁安首先向朝廷报告策妄阿拉布坦令策零敦多布等于去年十一月带兵往西进发,"或前去征拉藏;或帮助拉藏之处","不甚明白";策妄阿拉布坦与拉藏汗又有儿女亲家这层关系;况且蒙古诸部在青海有较深的根基等原因,所以康熙从青海和西藏两方面都做了防备。他说:"若系征取拉藏,其兵于去年十一月前往,今已成仇,我兵欲救援拉藏恐地方遥远;策妄阿拉布坦之兵若帮助拉藏,同来侵犯青海,则不可不备兵协助迎剿"②。于是康熙先将署理西安将军、湖广总督额伦特速从巴里坤调回西宁,料理军务粮饷;命西宁总兵官王以谦、侍读学士查礼浑在松藩预备。"派荆州满洲兵二千名发往成都,派太原满洲兵五百发往西安"③。九月初,康熙遣侍卫色楞等赴青海时,又这样指示:"拉藏若能败策妄阿拉布坦之兵信到,即可调回尔等,倘拉藏被策妄阿拉布坦所败,尔等即与青海台吉等一体同心协力征讨",并向青海台吉等明白宣谕"策妄阿拉布坦之兵先侵拉藏,方去图谋达赖喇嘛",务使青海台吉与清兵"合而为一,使伊等绝无猜疑";假若拉藏汗与策

---

① 魏源:《圣武记》卷五,《国朝抚绥西藏记》上。
② 《清圣祖实录》卷二百七十三,康熙五十六年八月壬午条。
③ 《清圣祖实录》卷二百七十三,康熙五十六年八月壬午条。

零敦多布之兵会合,拟征戴青和硕齐,"须告知青海众台吉等云:'策妄阿拉布坦与我大军为敌,今拉藏、策妄阿拉布坦合一,是与我显为仇敌。圣主始终仁爱,保护固始汗之子孙,直至于今,一则是圣主之恩,二则是尔等祖父所立之教,此时正当发愤报效,与我并力而行'"。① 康熙考虑到西边用兵之处与云南及打箭炉地方道路相通,十月又派都统和礼前往云南,护军统领温齐起往打箭炉,"预为防备"。至十月下旬,康熙又接到青海亲王罗卜藏丹津奏报,得知策零敦多布等侵藏、欲灭拉藏汗的消息。于是,令青海台吉等速行领兵防御,并令内大臣策妄诺布尔、将军额伦特、侍卫阿齐图等统兵驻扎青海形胜之地,松潘之兵亦令驻扎形胜之地,以便哨探,"万一有事,彼此相助,相机而行"②。

迟至五十七年(1718 年)年初,康熙才接到拉藏汗请求朝廷援助的奏疏,命满族将领额伦特和蒙古族将领色楞率领一支七千人的军队由青海向西藏进发,并以色楞率领一支先头部队进藏侦察敌情,额伦特率主力紧随其后。但因进军前准备不充分,加之两位将领不和,这支清军在到达藏北那曲一带时遭到准噶尔军的阻击和围困,粮草补给被截断,最后额伦特战死③。

准噶尔部在偶然取胜之后,便志得意满,他们又继续向东进犯至喀木地区,欲与清朝争夺巴塘、里塘,并进犯青海、云南等地,气焰十分嚣张。青海王公及满汉大臣亦多被其震慑,"皆言藏地险远,不决进兵议。"④康熙却败而不馁,决定充分备战,以求克敌制胜,对西藏实现由间接控制到直接管理的转变。

---

① 《圣祖仁皇帝御制文集》第四集,卷十一,《勅谕·谕诺尔布色楞布达礼等》。
② 《清圣祖实录》卷二百七十四,康熙五十六年十月乙巳条。
③ 《清圣祖实录》卷二百八十一,康熙五十七年九月甲辰条。
④ 魏源:《圣武记》卷五,《国朝抚绥西藏记》上。

五十七年(1718年)十月初,康熙着手总结刚刚失利的战争之经验教训,决定增派京营满兵每佐领五名,发往甘肃等地驻扎,以备调遣。接着任命皇十四子固山贝子胤禵为抚远大将军,先派出两批部队,开赴前线,分别驻扎在庄浪、甘州。同年十二月,胤禵率第三批部队赴西宁驻扎①。此后又增派荆州驻防满兵一千至成都;调江宁、浙江满兵由都统武格等率领,开赴云南中甸一带驻扎②。

为了进一步孤立准噶尔势力,康熙积极争取青海蒙古王公。康熙五十七年(1718年)九月,曾被清政府奉赐为贝勒的察罕丹津等来朝请安。理藩院议奏:"应照例赏赉鞍马银币。"康熙认为:察罕丹津虽然在拥立里塘所出胡必尔汗时有些过错,但最终还是服从朝廷决定,如今,准噶尔侵藏,拉藏汗被害,人心浮动,察罕丹津能认清时局,委身效顺,亦甚为可嘉。故特降旨晋封为多罗郡王③。康熙的出发点当在于为了稳定青海形势,团结一切可以团结的力量,更大限度地孤立策妄阿拉布坦。康熙五十八年(1719年)二月至九月,康熙令都统法喇率满汉官兵岳钟琪等先后招抚里塘和巴塘,地方头人纷纷亲递喇嘛民人户口清册以示归顺。巴塘以外属于喀木地区的察木多(今西藏昌都)、乍雅(今西藏察雅)、嚓哇也相继闻风归顺④。康熙考虑到蒙藏人民"非茶难以度日",特批准法喇建议,"当视番情之向背,分别通禁",凡归顺地方,按户口清册,"酌量定数,许其买运"⑤。察木多等三处为"会兵

---

① 《清圣祖实录》卷二百八十二,康熙五十七年十二月癸丑条。
② 《清圣祖实录》卷二百八十五,康熙五十八年七月癸酉条。
③ 《清圣祖实录》卷二百八十一,康熙五十七年九月己丑条。
④ 《清圣祖实录》卷二百八十三、二百八十四、二百八十五各条。
⑤ 《清圣祖实录》卷二百八十三,康熙五十八年二月癸酉条。

进藏"必经之地,康熙特派郎中鄂赖、游击黄喜林等持银牌、茶、缎、轻骑前往,"晓谕犒赏外,复令详察三处形势回报。"①康熙五十八年(1719年)四月,康熙又令里塘新出之胡必尔汗拟告示宣谕喀木、里塘、巴塘等处:"现在准噶尔人背叛无道,混乱佛教,贻害土尔扈特生灵。上天圣祖,目不忍睹。扫除噶尔丹人,收复藏地,以兴黄教(格鲁派),使土尔扈特人众皆一致顺从,妥为辅助,仍旧安居,断不致有所骚扰。此举确为土尔扈特众生,尔等尚不知此中情节,兹恐尔等畏惧,以致妄行躲藏天兵,故特遣使速为晓谕众生。"②

提拔一批军官、制定作战方案是康熙从前次失败中得到的启示。五十七年(1718年)十月,提升四川巡抚年羹尧为四川总督,兼管巡抚事,使其由"止理民事",进而肩负"督兵重任",这为开辟由四川进藏的新路线做好了准备③。年羹尧积极出谋划策,如建议满兵驻防成都、及时设立进藏驿站、保证军饷供应等。重用永宁协副将岳钟琪,使其在招抚里塘、巴塘及进军西藏时为前锋。康熙五十八年(1719年)九月,康熙得到派往西藏的胡毕图的奏疏,其中说:"策零敦多布等及土伯特众喇嘛民人,俱言在西宁现有新胡必尔汗,实系达赖喇嘛之胡必尔汗。"这使康熙受到启发,他开始酝酿一个护送达赖两路进兵的作战方案,他对议政大臣说:"今将新胡必尔汗封为达赖喇嘛,给与册印,于明年青草发时送往藏地,令登达赖喇嘛之座。送往时,著大臣带满洲兵一千名、蒙古兵一千名、土番兵两千名、绿旗马兵一千名、步兵一千名前去。其行粮牲畜接续之处,令大将军办理。再由巴尔喀木(即喀木地区)带四川

① 《清圣祖实录》卷二百八十五,康熙五十八年九月甲戌条。
② 《抚远大将军奏议》,《清史资料》第三辑,第174—175页。
③ 《清圣祖实录》卷二百八十一,康熙五十七年十月甲子条。

满洲兵一千名、绿旗兵一千名、土番兵酌量派往。其行粮牲畜接续之处,令年羹尧办理。青海王贝勒贝子公等,亦带领属兵或一万,或五六千送往前去。"

综上可知清政府派出的兵力:青海一路是六千,四川一路是二千。这一初步方案,不仅传谕大将军等前线将领"公同确议",还要大将军传集青海王公,晓谕会盟①。继而再将都统延信、楚宗、公策旺诺尔布、侍读学士常授等军前大臣召至京师,与议政大臣、九卿等一起反复详议。第二年年初,康熙对初步方案又做了补充:1.除青海、四川两路进兵外,新疆也要配合,出兵袭击吐鲁番、乌鲁木齐等地,以分散敌人兵力,使之"首尾不能相顾"。2.增加兵力,最后确定除青海、蒙古派兵外,清廷出兵二万二千余人,其中青海一路一万二千,四川云南一路一万,另加新疆的兵力二万余。3.除青海王公护送之外,"其四十九旗扎萨克(内蒙)并喀尔喀(外蒙)泽卜丹巴胡土克图等,亦令遣使会送。"②以形成对准噶尔部的强大攻势。

康熙积极备战,但在很长一段时间内,都没能消除满汉大臣的畏缩情绪。有人继续声言藏地遥远,路途险恶,且有瘴气,不能急于进兵,康熙则认为:假若西藏被策零敦多布占据,自青海至四川、云南一带皆难以保全,"彼时既难于应援,亦且不能取藏。"③"而我师进藏立定法教之后,……则土伯特之众即如我兵,纵策妄阿拉布坦、策零敦多布发兵前来,伊系劳苦之兵,我则安逸之兵,即可剿灭。"④康熙五十九年(1720年)正月初五,康熙向议政大臣等介绍

① 《清圣祖实录》卷二百八十五,康熙五十八年九月乙未条。
② 《清圣祖实录》卷二百八十七,康熙五十九年二月癸丑条。
③ 《圣祖仁皇帝御制文集》第四集,卷十五,《敕谕·谕兵部》。
④ 《清圣祖实录》卷二百八十六,康熙五十八年十二月丙辰条。

太祖、太宗时满兵征战英勇无畏、"所向立功"的业绩;以自己亲政以来取岳州、征云南、乌兰布通之战,驱逐噶尔丹等事例,说明"决于进战,乃得成功"之道理。但部分满汉大臣却始终没有想通,他们"只为保身之计,不以国事为重",仍然坚持"不必进兵"的主张。康熙乃当机立断,宣布诏谕:"朕意此时不进兵安藏,贼寇渐至收服番子等,将作何处置耶? 故特谕尔等:安藏大兵,决宜前进!"①

康熙五十九年(1720年)正月三十日,康熙命抚远大将军胤禵率军从西宁移驻穆普乌苏,管理进藏军务粮饷,居中调度;授亲侄延信为平逆将军,出青海向喀喇乌苏进兵,为中路之师;授噶尔弼为定西将军,会合云南都统武格所率部队,从巴塘进发,为南路之师;又派将军富宁安、傅尔丹,分别从巴里坤、阿尔泰出师,为北路配合出击之师。二月十六日,册封新胡必尔汗格桑嘉措为"弘法觉众第六世达赖喇嘛","派满汉官兵及青海之兵,送往西藏"②。把护送达赖喇嘛和进兵西藏驱逐准噶尔人连在一起,并以"护送"名义进军,这便颇易为蒙藏人民所接受。该年春夏之交,由噶尔弼率领的南路清军从甘孜地区出发,未遇准噶尔的任何抵抗便顺利进抵拉萨③。由延信统领的北路清军也于同年进入西藏,在藏北当雄一带击败准噶尔策零敦多布部,于该年九月进入拉萨。

早在这一年的三月,抚远大将军胤禵便致书班禅额尔德尼,转达皇帝谕旨,详述护送达赖进兵安藏缘由。书中说:"策妄阿拉布坦,无故授给策零敦多布一支兵队,袭取招地,扰乱佛法,全藏民众闻之俱不心服。……乃策妄阿拉布坦者,准噶尔一平常台吉耳,与

---

① 《圣祖仁皇帝御制文集》第四集,卷十四,《敕谕·谕领侍卫内大臣议政大臣军前调回大臣八旗都统前锋统领、护军统领、副都统等》。
② 《清圣祖实录》卷二百八十七,康熙五十九年二月癸丑条。
③ 《清圣祖实录》卷二百八十九,康熙五十九年十月庚戌条。

拉藏不合,私行戕害拉藏,并与各寺庙喇嘛等经典教化、熬茶唪经、俱行旷废,毁灭法源。我皇父不忍漠视土伯特遭受扰害,谕允青海哲布尊丹巴胡土克图、多尔济扎萨克、喀尔喀七旗各主官奏请,以胡必尔汗为真实达赖喇嘛,并颁给金册、金印,封为达赖喇嘛,送往招地坐床。班禅等得此,法统攸关,亦当为一代之大事,著班禅留坐高床,以师礼教训经典,俾使黄教广敷,众生安乐等大事,谕令本爵咨送等因。"①因此,清军入藏便深受西藏僧俗民众的欢迎,人们"纷纷欢悦,举掌叩首。"②当地反抗准噶尔的起义不断。在阿里地区,有原噶本康济鼐(拉藏汗女婿)领导的起义;在后藏地区,有颇罗鼐组织的起义;在二布地区则有贵族阿尔布巴发动的起义。他们的起义有力地支援了清军的军事行动。

这一年的九月十五日,拉萨天气晴朗,满汉大臣、蒙古各部首领、西藏黄教上层喇嘛、贵族齐集布达拉宫,为达赖喇嘛格桑嘉措举行隆重的坐床典礼。《清实录》记载:"据平逆将军延信呈报大兵送达赖喇嘛至藏地方……喇嘛人等感激圣主再造弘恩,罔不踊跃欢欣,男女老幼襁负来迎。见我大兵,群拥环绕,鼓奏各种乐器,合掌跪云:'自准噶尔贼兵占据土伯特地方以来,父子分散,夫妇离别,掳掠诸物,以致冻馁,种种扰害,难以尽述,以为此生不能再见天日,今圣祖遣师击败贼兵,拯救土伯特人众,我等得脱患难,……何以报答!'纷纷叩陈,出于至诚"③。

接着,清政府便开始在西藏重建政治行政机构:

首先,建立了由清军统帅延信将军领导和主持的临时军政府,并着手进行消除和清算准噶尔部策妄阿拉布坦在西藏影响的工

---

① 《卫藏通志》卷十三,《纪略上》。
② 《卫藏通志》卷十三,《纪略上》。
③ 《清圣祖实录》卷二百九十一,康熙六十年正月癸未条。

作,公开处决了在策妄阿拉布坦占领期间担任第巴并与准噶尔部策妄阿拉布坦合作的达敦巴和另两位噶伦,将策军占领期间被拘留在拉萨甲波日寺院的拉藏汗所立达赖喇嘛意希嘉措解送北京,同时,还清除了拉萨三大寺和扎什伦布寺中的准噶尔喇嘛,对其中的五名施以斩首,其余尽行监禁①。

康熙六十年(1721年),清朝组建了新的西藏地方政府,废除了西藏地方政府中独揽大权的第巴一职,而设置几名噶伦(意为政务官员)共同负责西藏地方行政工作,克服了自桑结嘉措和拉藏汗以来西藏行政权力过分集中的弊病,从而更有利于对西藏实行统治。起初任命的三名噶伦,即康济鼐、阿尔布巴和隆布鼐。隆布鼐是拉萨东北一带的贵族,原在拉藏政权中任职,清军入藏后他主动归顺清军并因当向导有功,被清朝封为"辅国公"。清朝任命康济鼐为首席噶伦,并封其为"贝子",到雍正十年(1732年)清朝又任命两名噶伦,即颇罗鼐(成为康济鼐的主要助手)和扎尔鼐(格鲁派寺院集团的代表)。这样,一个完全由清朝一手组建并由清朝直接控制的西藏地方政府便建立起来。

蒙古王、贝勒、贝子、公、台吉及土伯特酋长等以西藏平定,请于拉萨建立丰碑,昭垂万世。康熙允其所请,于康熙六十年(1721年)九月二十七日御制碑文,回顾自太宗以来,班禅额尔德尼、达赖喇嘛和固始汗及其子孙与清朝的紧密关系,揭露策妄阿拉布坦"名为兴法,而实灭之"的罪行,阐明清政府进兵西藏,敕封六世达赖安置禅榻,是为了重新振兴法教,抚绥土伯特僧俗人民各安生产,碑文最后说:"朕何功焉,而群众勤请不已,爰纪斯文,立石西藏,俾中外知达赖喇嘛等三朝恭顺之诚,诸部落累世崇奉法教之

　① 《颇罗鼐传》,汤池安译,西藏人民出版社1988年版,第199页。

意,朕之此举所以除逆抚顺,绥众兴教云尔"①。

　　清军又在拉萨留下一支三千人的军队驻守,为了保持与拉萨驻军的联系及通信往来,清军还在巴塘、里塘、昌都和洛隆宗等处留驻军队,并将西藏东南部连同巴塘、里塘及打箭炉置于四川总督的统辖之下②。同时,清朝还在西藏通往准噶尔的各要道路隘严设卡伦,每年夏季组织藏军巡逻防范。

　　这样,清朝便彻底结束了自顺治二年(1642年)固始汗入藏以来蒙古诸部对西藏的占领和统治,建立了由清朝中央政府直接控制的西藏地方政权。

---

① 《清圣祖实录》卷二百九十四,康熙六十年九月丁巳条。
② 《清圣祖实录》卷二百八十七,康熙五十九年四月壬寅条。

第七章 重视经济与民生

一、中止圈地和投充 鼓励垦荒

康熙虽然是清代第二个皇帝,实际上他面对的许多是开国皇帝必须解决的问题。尽管顺治皇帝在位十八年,但是清朝并没有有效地实行对全国的统治,民族矛盾尖锐对立,乃至在康熙登基后的很长时间内,仍烽烟连绵,战火不绝,经济萧条,财政匮乏。

早在顺治元年(1644 年),清政府命令将京畿田地"分给东来诸王勋臣、兵丁人等。"①满洲贵族从此不断大规模地圈地,二三十年后建立了许多皇庄、王庄,因之他们逐渐地转化为封建地主,地主对佃农的压榨激起了许多地方的佃农起义。对于这样的民族反抗,清政府进行了大规模的军事镇压,杀虐人口,抢劫民财,焚烧民舍,使人口锐减,耕地荒芜。特别是顺治二年以后又推行"逃人法",十三年实行海禁,"不许片帆入口。"②亦"严禁商民船只私自出海。"③十七年起,强令百姓"片板不许下水,粒货不许出疆。"这些暴政使人民四散流亡,有的"携男挈女,千百成群","竟无所归"④。

---

① 《清世祖实录》卷十二,顺治元年十二月丁丑条。
② 光绪《大清会典事例》卷七七六,《刑部》。
③ 《清世祖实录》卷一〇二,顺治十三年六月癸巳条。
④ 龚鼎孳:《龚端毅公奏疏》卷三,《敬陈民困疏》。

有的"逃避于深山穷谷","如麋鹿"①。山东滨海地区不少农民"倚洪涛为险,借山岛为营,出没不常"②。辽宁则有"寄居登州海岛者甚众"③。也有流亡关外,"结草为庐,开荒度日,有的相从为盗"④。不能逃亡为盗者,"则已死亡半矣"⑤。如湖南的岳州"骼肢盈道,蓬蒿满城……村不见一庐舍,路不见一行人。惨目骇心,无图可绘。"江西的赣州等地则是"庐舍俱付灰烬,人踪杳绝,第见田园鞠为茂草,郊原尽属丘墟……查保甲不满千人,稽粮仓并无钱谷,城内数宅茅房,小民难以安居,官虽设而无民可治,地已荒而无力可耕。"⑥生产破坏,人民死亡和逃散导致了财政崩溃,而军事镇压和统一战争有增无减,军饷短缺,弄得统治者焦头烂额。如户部所奏"国赋不足,民生困苦,皆由兵马日增之故……今计天下正赋止八百七十五万余两,而云南一省需银九百余万两,竭天下之正赋不足供一省之用。"⑦顺治十八年一月七日,福临病死,康熙登基,四辅臣执政,步顺治后尘,未能根本扭转局面。康熙亲政以后,未及清除积弊就发生了三藩之乱,其间不仅"军需孔亟",而且清军到处掠夺,社会生产再度遭到摧残,财政复濒绝境。国家苛敛"夏税秋粮,朝催暮督";污吏中饱,"私派倍于官征,杂项浮于正额。"⑧"民生困苦已极,大臣长吏之家日益富饶,民间……因家无衣食,

① 郝裕:《中山奏议》卷一,《备述蜀省情形疏》。
② 《顺治元年内外官署奏疏》,转见郭松义《清初封建国家垦荒政策分析》,载《清史论丛》第2辑,第113页。
③ 《清世祖实录》卷九十三,顺治十二年九月丁亥条。
④ 《皇清奏议》卷二,《请陈治平三大要》。
⑤ 《皇清经世文编》卷三十四,《户政》九《屯垦》,卢闳:《屯田议》。
⑥ 《明清史料丙编》,第七本,第608页。
⑦ 《清世祖实录》卷一百三十六,顺治十七年六月乙未条。
⑧ 《清圣祖实录》卷二十二,康熙六年六月甲戌条。

将子女入京贱鬻者不可胜数。"像淮阳灾区"被灾人民日则就食于赈厂,夜则露宿于堤边,面目蓬垢,身无完衣……无田可耕,无屋可住。"①

康熙逐渐意识到安民生乃为政之首务,安民生就是要让人民休养生息,安居乐业。在清初土地大量抛荒、流民成群的情况下,首先必须迅速地实现土地与劳动力的合理结合。对此,康熙采取了以下措施。

(1)将国家掌握的荒熟地分归臣民所有

康熙八年(1669年)将近十七万顷明朝藩王的"荒熟田地……交与该督抚给与原种之人,令其耕种,为其永业,名为'更名田'"②。十二年(1673年)下令"嗣后各省开垦荒地,俱再宽限,通计十年方行起科。"③为了奖励开荒,他曾动用正项钱粮给"无业之民","置立房屋,每户二间",并给予"口粮、种籽、牛具,令其开垦,即给与本人,永远为业。"康熙毅然把这些圈占田地变为更名田,分给无地少地的农民。尽管对更名田的租赋要求至高,但让农民回到土地上,实现了自耕其地的愿望,而且苛重的赋税还在他们可以承担的限度之内,因而他们表现出较高的生产热情。

十八年十二月将"奉天所属,东自抚顺起,西至宁远州老君屯,南自盖平县拦石起,北至开原县,除马厂羊草等甸地外,实丈出五百四十八万四千一百五十五垧。分定旗地四百六十万五千三百八十垧,民地八十七万八千七百七十五垧。新满洲迁来,若拨种豆地,每垧给豆种一金斗,拨给谷米、粘米,高粱地,每垧给各种六升。

---

①　《清圣祖实录》卷一〇五,康熙二十一年十月丙子条。

②　《清圣祖实录》卷二十八,康熙八年正月辛丑条。

③　《清圣祖实录》卷四十四,康熙十二年十一月己巳条。

旗人民人无力开垦荒甸又复霸占者,严查治罪。"①由此培植了一批小土地所有者。

(2)禁止侵犯民人所有的土地与释奴为民

八年六月,严令户部:"比年以来,复将民间房地圈给旗下,以致民生失业,衣食无资,深为可悯。嗣后圈占民间房地永行停止。其今年所已占者,悉令给还民间……旗人无地亦难资生……以古北口等边外空地拨给耕种。"②康熙十八年(1679年)十月规定:奉天、锦州等处,旗下荒地很多,若百姓想开垦,旗下指为圈地,而档册未载,妄称圈地,从重治罪。康熙二十三年(1684年)五月,康熙谕大学士说:"田地为民恒产,已经给予者不便复取,其旗下大臣官员既有溢额之地,理宜注册。俟需用时再行拨给,民地不可轻动"。磨蹭三天之后,康熙下谕户部:"民间田地,久已有旨,永停圈占,其部存地亩,分拨时或不肖人员借端扰害百姓,圈占民人良田,以不堪地亩抵换,或地方豪强隐占存部良田,妄指民人地亩拨给,殊为可恶,直隶巡抚可严察此等情弊,指名纠参,从重治罪"③。

二十四年(1685年)四月,复谕大学士等曰:"凡民间开垦田亩,若圈于旗下,恐致病民,嗣后永不许圈。如旗下有当拨给者,其以户部见(现)存旗下余田给之。"④对借端圈占民地,或逼民"换地"者"从重治罪"⑤。

四十二年(1703年)十月禁止扎萨克大喇嘛绰朱儿、喇嘛穆扎木巴扩建兆州卫的卓奈克依特庙,他说:"取边氓之地以广修庙

① 《清圣祖实录》卷八十七,康熙十八年十二月癸未条。
② 《圣祖仁皇帝圣训》卷六,《圣治一》。
③ 《清圣祖实录》卷一百十五,康熙二十三年五月甲申条。
④ 《清圣祖实录》卷一百二十,康熙二十四年四月戊戌条。
⑤ 《圣祖仁皇帝圣训》卷二五,《严法纪一》。

宇,关系民生,嗣后凡有广庙宇与民间田庐有关者永行禁止。"①康熙认为即使是军国大事,也不能触犯"小民贫困者"的土地,扩大军马牧场。② 出征士兵死亡葬地均不得占夺"皆资地亩为生"的小民的土地③。

给民以田改变了清初许多地方"有可耕之田,而无可耕之民。"④和"死者相望于道路,生者逃窜于四方,积尸遍野,民不聊生"的局面。康熙认为:"为政者在足民,足民有道,在因民之力,而教以生财之方"⑤。"使百姓田野开辟,盖藏有余。"⑥这是立国的根本途径。

为了进一步调动农民的积极性,康熙在废除圈地的同时,又竭力制止投充。投充是指汉族贫苦农民投靠满洲贵族为奴。清初允许各旗收投充以供役使,原为贫民开生路,后却渐悖原意,"有惑于土贼奸细分民屠民之言,辄尔轻信,妄行投充",也有的土地被圈占,生活无出路,被迫投充,还有的恐怕土地被圈,带地投充的,更有的"距京三百里外,耕种满洲田地之处,庄头及奴仆人等将各州县庄村之人逼勒投充,不愿者即以言语恐吓,威势迫胁,各色工匠尽行搜索,务令投充,以致民心以不靖。"⑦有的"本无土地,而暗以他人之地投充,恃强霸占,弊端百出,借旗为恶,横行害人,于是御状、鼓状、通状纷争无已。"⑧施行圈地政策使投充的汉民大量增

① 《圣祖仁皇帝圣训》卷二二,《恤民二》。
② 《清圣祖实录》卷四十三,康熙十二年八月辛酉条。
③ 《清圣祖实录》卷一百十六,康熙二十三年八月丁卯条。
④ 《清圣祖实录》卷三十六,康熙十年五月乙未条。
⑤ 《清代吏治丛谈》第一卷,第28页。
⑥ 《康熙政要》第十九卷,《论兵农第三十三》。
⑦ 《清世祖实录》卷十五,顺治二年四月辛巳条。
⑧ 吴振域:《养吉斋余录》卷一。

加,仅顺治初三次圈占期间就有投充人五万丁,连同家口当有近二十万人。投充人没有人身自由,可被出卖,子女的婚姻都不能自主,要听主人安排。主人杀死奴仆也不需偿命。圈占土地、强迫投充加剧了奴隶制与封建制生产关系的矛盾和汉满民族矛盾。后来有的无赖往往投充旗下,仗势夺人田产,以致横行乡里,抗拒官府。顺治四年(1647年),清廷诏谕:"前令汉人投充满洲者,诚恐贫苦小民,失其生理,困于饥寒,流为盗贼。""自今以后,投充一事,著永行停止。"①可是这个谕旨一直没效,直到康熙二十四年(1685年)坚决停止了圈地政策,投充的弊政才随之杜绝。康熙革除满洲入关后圈地、投充的弊政,为进一步缓和满汉矛盾,解放生产力,发展封建经济创造了条件。

康熙认为:"国家致治,首在崇尚宽大","处分允当,不致烦苛",而现行所定条例"款项太多,过于繁密","徒具成规,罔厚情理",命"将见行处分条例,重加订正,斟酌情法,删繁从简",进行修正。在康熙除弊尚宽的思想下,兵部得旨又放宽了对逃人(指从旗地上逃出来的农奴)的处理,规定"逃人在外娶妻,所生之女,若已经聘嫁,不许拆散,亦不必向伊夫追银四十两给与逃人之主"。同年又作定例:"逃人年十五以下者,逃三次亦免死。"②十五年(1676年),重申旗人契买民人,必须使用地方官印信。对有案在身的"匪类"卖身者,规定保人枷号三个月,旗人鞭一百,民人责四十板,若原犯重罪者从重归结③。康熙几次修订逃人法,到二十九年(1690年)时,已经出现"终岁不劾一失察之官,不治一窝隐之

① 《清世祖实录》卷三十一,顺治四年三月己巳条。
② 《清会典事例》卷八百八十五。
③ 《清会典事例》卷八百五十七。

罪"①的局面,逃人已不成为社会问题,康熙也把专营逃人的兵部督捕衙门撤销,并入刑部改称督捕司,职务变为专管旗人无故离京了。

康熙还禁止掠人为奴。康熙十六年(1677年),江西的清军"不恤人民,肆行侵掠",被康熙下旨斥责。靖南王耿精忠属下被掠子女中,有浙江人、江西人各五百多,外官接连上疏要求释放或准予取赎。康熙十八年(1679年)七月,北京发生大地震,康熙为"实修人事,挽回天心",宣布"招灾六事之谕",告诫群臣,其中有一条是指责地方统帅"掠占小民子女"、"财物",并"借名通贼","将良民庐舍焚毁","名虽救民于水火,实是陷民于水火"②。规定凡如此害民的领兵将军应予革职,诸王贝勒交宗人府治罪,"其掳掠人口,仍给本家"③。康熙从禁止掠民为奴方面消除奴隶制残余,有利于社会经济的发展。

(3)鼓励军垦

康熙时期,军队垦荒也取得成效。如投诚兵(指向清政府投降的原明遗军士)的耕垦,虽在顺治年间即有人提出,但真正实施却在康熙年间。康熙六年(1667年)闰四月,湖广道御史萧震上疏说:"兵屯纵不可即行,而投诚开荒之策未有不可立行者。"原因是投诚兵丁无防御守汛之职,且多携带家口,"若予以荒地,给以牛种",不但可以"卑无失所","岁省饷银","行之三年,照田起科"后,还能充裕军储,增加赋课,可一举数得④。

就在康熙六年八月的诏谕之后,投诚兵丁的屯垦工作便在各

① 王士慎:《香山笔记》卷四。
② 《清圣祖实录》卷八十二,康熙十八年七月壬戌条。
③ 《清圣祖实录》卷八十三,康熙十八年八月癸酉条。
④ 《清圣祖实录》卷二十二,康熙六年闰四月戊子条。

地陆续推行开来了,比如浙江省于七年(1668 年)划温(州)、衢(州)、处(州)三府荒地令投诚官柯鸿等带领所属兵丁着手屯垦,另外像山东、山西等省也都同时组织屯垦。也有晚于八年的,道光《赣州府志》:"康熙八年,廷议分布安插闽漳投诚海寇,遣海澄公标下都督总兵许贞屯田于兴国。"①河南光山等县也是八年迁驻屯垦的,"县城西北隅有所谓海营者,盖康熙八年安插海澄公标下投诚兵卒,使之垦荒屯种。"②离光山不远的息县亦拨出荒地 174.5顷,供投诚官兵屯垦之用③。

山西省于康熙九年(1670 年)还在安插投诚兵丁垦荒,比如临晋县"康熙九年发到南兵开垦民田共十三顷六十二亩。"④湖南宁乡县直到康熙十年(1671 年)还安顿了一批"投诚垦荒官员"⑤。

投诚兵丁垦荒,一般都是按照原来的标营,在有关军官统率下成批调发进行的,他们少则几十名,多则几百名,加上妻儿家口,往往就是成百上千人了,所以需要有整片的荒地。嘉庆《息县志》中说:"豫省从明末以来,荒田较广,海兵自投诚而后,安插为艰,使之移居豫中。"其他各地亦大体如是。土地而外,还有像耕牛、籽种等,亦由政府先予贷给,因为居住集中,又实行军事管理,故在组织形式上颇类似于兵屯,不过从他们垦成熟地后的纳赋量来看,则又大体与民田相等,其赋课亦归入于州县的库藏。随着时间的推移,清初投诚兵丁所进行的垦荒越来越与周围的民田相混杂,以致到后来很难有什么区别了。

---

① 道光《赣州府志》卷之二,《经政志》。
② 乾隆《光山县志》卷二三,《杂志》。
③ 嘉庆《息县志》卷二,《食货志》。
④ 光绪《山西通志》卷五九,《田赋略》二。
⑤ 民国《宁乡县志》附《故事编·财用录》。

二、轻　　赋

康熙注意推行轻徭薄赋的政策,以减轻农民负担。在康熙初期连年不息的战争中,康熙轻徭薄赋的目标无法付诸实施,但他却反对各地地方官员"借端私征,重收火耗","恣意横索"。他提出:"休养民力乃治道第一义,何利当兴,何弊当革,俱宜从实详酌举行。惟时当承平,而常若民生未遂,民困未苏,则地方自然受福。若谓地方已经宁谧,不复时加体恤,则所失多矣。至一切事务,本可速结者自应速结,每见在外官员故意迟延,致滋民累,尔宜申饬所属各官实心任事,又在外官员行事,京师无不悉知"①,"从来与民休息,道在不扰。"康熙二十八年(1689年),康熙又一再强调"民为邦本,休养宜先。"②

康熙努力减轻农民的徭役,如康熙十年将浙江的故钞银摊入地亩,十八年(1679年),推行"均役"、"均田"政策,将差役摊入地亩,二十二年十一月,他谕示湖广总督董安国"今天下承平,休养民力乃治道之第一要义"。三十五年,他依次把山东、浙江等省的班匠银摊入地亩。四十一年(1702年)规定:凡军民人等七十岁以上者,免役一子,以后"官有兴作,悉出雇募。"③四十八年(1709年)十月壬子,康熙得知张家口每年解送羊皮等物,"地方官将彼处居民及旗人派供解费",恐多骚扰,下令说:"嗣后应于出差回京官员内派一员前往解送,事既易办而民间苦累亦得免矣。"④康熙

---

① 《清圣祖实录》卷一百十三,康熙二十二年十一月戊辰条。
② 《清圣祖实录》卷一百三十九,康熙二十八年二月戊午条。
③ 王庆云:《石渠余记》卷一,《记蠲免》。
④ 《清圣祖实录》卷二百三十九,康熙四十八年十月壬子条。

特别反对大兴土木,他认为"兴作无益"①,所以即使修京城的街道、御河及宫殿,都以"少一事如去一病"的精神,讲求实效,不求奢华,把省民力放在心上,故能使农民集中力量,投身于农业生产,为农业的恢复和发展创造了条件。

康熙认为:"盖治安天下,惟期民生得所。而欲民生得所,必以敷恩宽赋为急也。"②平定三藩之后的康熙二十年(1681年),他便着手将其宽租轻赋的思想付诸实施,以减轻人民负担。他谕大学士说:"自用兵以来,百姓供应烦苦,朕前屡言,俟天下荡平,将钱粮宽免。尔等可同户部先将天下钱粮出纳之数通算启奏。"③由此揭开了宽减租赋的序幕。自康熙二十九年起,直隶各省,乡绅名下田地,与民人一例同纳赋役,扩大了征收面,亦即减轻了小农的负担。与此同时,又降低了赋额,如云南吴三桂起兵时,亩征赋七斗二升,后降至亩收八升一合八勺三撮。湖广江夏废藩田赋,原来每石折银四钱六分有奇,较民田赋额高六、七倍,一律降至民田赋额。尔后又清丈不实地亩,因为地主豪强为隐匿自己的地亩,少纳赋税,往往把此赋额摊入小民田亩。康熙为了减轻民地负担,清丈地亩,量亩收赋。康熙三十九年(1700年),湖广总督郭秀奏,湖南农民不能完课,有因此逃亡者,因之,清丈田亩,平均了赋税,但却使赋额下降了。康熙问他:"约减几何?"郭秀曰:"大约减十分之二。"康熙接着说:"果于民有益,所减虽倍于此,亦所不惜,若不清丈……征收钱粮,有累穷黎,断不可也。"④康熙五十年(1711年),规定以后"滋生人丁永不加赋"。康熙五十四年(1715年),首先

---

① 《清圣祖实录》卷一百二十二,康熙二十四年九月戊寅条。
② 《清圣祖实录》卷二百八十一,康熙五十七年闰八月戊辰条。
③ 《圣祖仁皇帝圣训》卷二十一,《恤民一》。
④ 《清圣祖实录》卷一百九十七,康熙三十九年二月乙酉条。

在广东实行摊丁入亩,开废数千年丁税的先河。这在相当程度上减轻了人民的负担,提高了农民的生产积极性。

为了进一步减轻人民负担,康熙不断严禁官吏扰民,反复制止官吏滥征私派,额外苛索。他一再告诫百官:"累民之事,虽纤毫亦不(可)行"。

康熙十九年五月,康熙谕吏部等衙门:"致治安民之道,首在惩戒贪蠹,严禁科派,而后积弊可清,闾阎不扰。近见街道衙门蠹役诈索害民,又闻提督步兵衙门、五城司坊、街道巡捕等衙门各官不能洁己奉公,格遵方纪,纵容衙役腅削小民,或沿习陋规,科敛行户,或借端挟诈,官役分肥,肆意横行,无辜受害,种种弊端,深可痛恨。向来虽经严禁,定有处分之例,但恐小民未能悉知,仍被奸徒扰害,应再加严饬,务令家喻户晓,以副朕安全生民至意。"①一些上京朝觐的官员,往往借朝觐之期,"每因仍陋习,借端科派,大小相循,私通交际,是察吏本以安民,而反以扰民"。对此,康熙严肃地训饬说:"(这)甚非朕激扬清浊至意"。他又禁止满洲贵族、京城官僚、显要之家派家丁到外省搜括异物,扰害百姓。

康熙常以自己为表率,每逢外出巡行,他总是力避扰民,厉禁随从人员和地方官吏借机苛索百姓。二十二年(1683年),康熙随孝庄太皇太后诣五台山,在菩萨顶半途中遇见不少村民都背着粮米豆类,他让随从询问。人们说是为孝庄太皇太后和皇帝驾临准备的。康熙随即传谕内阁学士管兵部事阿兰泰说:"太皇太后驾临五台,一切应用之物皆出内帑预备,原无丝毫取给于小民,这所备米豆等物何处应用,可察明具奏。"经过询问五台县知县及村民等,都说是因五台山非常偏僻,恐怕太皇太后驾到后食用不够,所

---

① 《清圣祖实录》卷九十,康熙十九年五月庚寅条。

以按价给百姓准备一些粮豆食用,不是向百姓科派的。康熙深知地方官往往借机搜括小民,便严厉地指出:"因公事预备可免究处,但云知县曾经给价,未可深信。今一切用物内廷既备,此后太皇太后驾到,俱不必再行赍送。"并且让阿兰泰"传谕直隶山西沿途官知之。"

二十三年(1684年)第一次南巡前,康熙在一次听政时,把户部、工部、光禄寺的堂官和司官召到近前,指示说:"朕凡巡幸一应动用之物皆从节俭,此番户部采买草豆,工部木炭,光禄寺食物,勿令地方官派取民间,扰害百姓。"①这样,他每次出巡之前就在京城把路上所需物品备办齐全,不需在沿途补给,由此便堵住了下级进贡的路子。他又要求在巡行中有水路则走水路,无水路方走旱路,走水路时,禁止随从上岸市物,以免扰乱当地市场。在第一次南巡时,他就对江宁巡抚汤斌说:"朕欲周知地方风俗,小民生计,有事巡行。凡需用之物,皆自内府储备,秋毫不取之民间。恐地方有不肖官员,借端妄派,以致扰害穷民,尔等加意严察,如有此等,即指名提参,从重治罪。"②他还让科道官员尾随随行官员,"或有不肖之人,强行买卖,扰害百姓者,令其稽察。"二十八年(1689年)第二次南巡时,又先谕称:"所至沿途供亿,皆令在京所司储待,一切不取之民间。""简约仪卫,卤簿不设,扈从者仅三百余人。"康熙的船经过扬州,民间结彩欢迎,盈衢溢巷,康熙说:"虽出其恭敬爱戴之诚,恐致稍损物力,甚为惜之。"令"前途经历诸郡邑,悉为停止。"③船到吴江县龙王庙时,地方官派五百只画舫来迎接,康熙也没有乘坐。康熙四十二年,在巡视中他又强调说:"偶有市易之物,亦敕

① 《康熙起居注》,康熙二十三年九月初十日癸酉条。
② 《清圣祖实录》卷一百十七,康熙二十三年十月庚申条。
③ 《康熙起居注》,康熙二十八年二月二十八日丙申条。

所司依时价给值,不许锱铢抑勒。所过大小官吏宜体朕爱民德意,勿借词供亿,私派闾阎。如有悖旨科敛者,察出即以军法从事,地方官不许与扈从人员指称交戚,私相馈遗,违者并以军法从事。其扈从人员宜约束仆役,勿使妄行,如不遵法纪,生事扰民,一并从重治罪。朕视民如子,凡乘舆所至市廛陇亩,宜各安生理,米豆薪刍等物,民间照常贸易,不必禁止,惟怀私挟诈冲突告讦者所告事不准理,仍严加治罪。尔等即传谕扈从官员人等并行各督抚令于经过府州县城市村庄遍示晓谕,俾咸悉朕怀。"①

三、蠲　赈

康熙在国力有所增强之后,就致力于爱养民力的工作,他对就任地方官员说:"为治之道,要以爱养百姓为本,不宜更张生事。尔到地方,当务安静,与民休息。"他又说:"欲使民生乐业,比屋丰盈,惟当己责蠲租。"②我们可以在康熙实录中找到许多这方面的例子:

十年四月,户部遵旨议复:淮扬饥民,应发银六万速行赈济。得旨:"饥民待食甚迫,与银无益,著截留漕粮六万石,并各仓米四万石,遣侍郎田逢吉,并贤能司官二员会同该督抚赈济散给,务使饥民得沾实惠,以副朕轸恤民生之意。"③

十一年五月,以江南安庆等七府滁州等三州连岁被水淹蝗蝻等灾,兼淮安、扬州饥民流离载道,命该督抚将现存捐纳米石并宁

①　《清圣祖实录》卷二百十三,康熙四十二年十月丁丑条。
②　《清圣祖实录》卷一百二十,康熙二十四年三月辛丑条。
③　《清圣祖实录》卷三十五,康熙十年四月癸未条。

国、太平等府存贮米谷,檄令各府州县照民数多寡速行赈济①。丁未,户部议复:安徽巡抚靳辅疏言:临淮、宁璧二县从前虚报开垦,并抛荒水冲沙压田地共四千六百一十六顷有奇,实是小民赔粮,请将康熙十年以前额赋尽行豁免,应如所请,从之。戊申,以山东沂水县康熙八年地震之后兼被水灾,命将康熙八年起至十一年止逃亡四千四百余丁,荒地八百七十六顷有奇,一应额赋悉行蠲免。辛亥,免山东曹、单二县本年份挑河挖伤田亩额赋。同年六月乙亥日,江宁巡抚马右疏言:高邮、兴化等州县历年水灾,蒙皇上屡次蠲赈,保全灾黎,今岁新涸田地劝民播种,二麦将成,不意又遭清水潭堤岸冲决,田庐仍被淹没,前部复督臣麻勒吉所指捐赈之事令于本年四月终停止,今各州县田地复遭冲淹,涸出无期,民生困苦,视昔愈甚,恳请照常赈济,俟水涸可耕停止,下部议行。丁酉,免陕西宝鸡县本年份旱灾额赋十之三。庚戌,免江南高邮州康熙十年份旱灾湖地租银。癸丑,免顺天府霸州本年份水灾额赋十之三。戊寅,免浙江太平、松阳、景宁三县康熙六年份民欠地丁钱两。庚辰,免湖南常宁县康熙三、四、五年份民欠地丁银两②。七月又免顺天府固安县本年份水灾赋额,直隶内黄、魏县本年份旱灾额赋有差。壬寅免江南仪真卫康熙元年、三年份军欠地丁钱粮。八月癸卯,免山西潞城县本年份雹灾额赋十之三。甲辰,命发淮安库银赈济邳州、宿迁、桃源、清河四州县水灾饥民。丙午,免山东潍县本年份蝗灾额赋。壬子,免江南高邮、宝应等五州县本年份水灾额赋有差③。九月乙亥,免江南沭阳县本年份水灾额赋有差。戊寅,免湖南各属

① 《清圣祖实录》卷三十九,康熙十一年五月丙午条。

② 《清圣祖实录》卷三十九,康熙十一年六月各条。

③ 《清圣祖实录》卷三十九,康熙十一年七月、八月各条。

康熙七、八、九年份捏报垦荒钱粮。免山东博平等五州县本年份蝗灾额赋有差①。

十八年正月戊申，康熙谕示户部："山东、河南二省被灾，民致饥馑，深轸朕怀，若不亟行赈救，则百姓恐致流离，侍郎察库前往河南省，侍郎萨穆哈前往山东省，会同该巡抚等确查被灾轻重之处，无论正项钱粮，或漕粮，或一应杂项钱粮酌动赈给饥民，务使得所，勿致流离，以副朕轸恤百姓至意。"②接着"安徽巡抚徐国相疏言：凤阳旱灾，请设法赈济，并动凤阳仓康熙十六年存谷二万石，就近分给，得旨，据奏凤阳地方被旱灾黎，衣食无资，深轸朕怀，该抚即速亲往，督率所在贤能官赈济，以救饥民，副朕爱民至意。"③七月二十八日，京师地震，康熙马上便了解到情况，并对大学士说："地震倾倒民居，朕心悯念。至于穷苦兵丁，出征在外，房屋毁坏，妻子露处，无力修葺，更堪悯恻，可敕该部，行令八旗都统、副都统、参领亲行详察，毋致遗漏。"康熙认为这是应该好好反省的事情，他对大学士等说："地震示警，灾及军民。朕高居御物，勤恤民隐，遇兹变异，恻怛弥殷，其摧塌房屋，压伤人口，惟恐五城御史不能逐户细察，止凭司坊官员、总甲人等开报，未尽详确，不得均沾实惠，应分请不在五城满汉御史，详加稽察……遵行。"④七月三十日，康熙及时对当时的政局作了深刻的反省，他下谕吏部等衙门：

> 朕薄德寡识，愆尤实多，遘此地震大变，中夜抚膺自思，如临冰渊，兢惕悚惶，益加修省，仍宣布朕心，使尔诸大臣、总督、巡抚、司道有司各官咸共闻知，务期洗心涤虑，实意为国为民，

---

① 《清圣祖实录》卷四十，康熙十一年九月各条。
② 《清圣祖实录》卷七十九，康熙十八年正月戊申条。
③ 《清圣祖实录》卷七十九，康熙十八年正月己酉条。
④ 《清圣祖实录》卷八十二，康熙十八年七月各条。

斯于国家有所裨益，即尔等亦并受其福，庶几天和可致，若仍虚文掩饰，致负朕意，询访得实，决不为尔等姑容也。

一、民生困苦已极，而大臣长吏之家日益富饶，民间情形虽未昭著，近因家无衣食，将子女入京贱鬻者不可胜数，非其明验耶？此皆地方官吏谄媚上官，苛派百姓，总督、巡抚、司道又转而馈送在京大臣，以天生有限之物力，民间易尽之脂膏，尽归贪吏私囊，小民愁怨之气，上干天和，以致召水旱、日食、星变、地震、泉涸之异。

二、大臣朋比徇私者甚多，每遇会推选用时，皆举其平素往来交好之人，但云办事有能，并不问其操守清正，如此而不上干天和者，未之有也。

三、用兵地方诸王、将军、大臣于攻城克敌之时，不思安民定难，以立功名，但志在肥己，多掠占小民子女，或借为通贼，每将良民庐舍焚毁，子女俘获，财物攘取，名虽救民于水火，实则陷民于水火之中也，如此有不上干天和者乎？

四、外官于民生疾苦，不使上闻，朝廷一切为民诏旨亦不使下达，虽遇水旱灾荒，奏闻部复，或则蠲免钱粮分数，或则给散银米赈济，皆地方官吏苟且侵渔，捏报虚数，以致百姓不沾实惠，是使穷民而益穷也，如此有不上干天和者乎？

五、大小问刑官员将刑狱供招不行速给（结），使是良民久羁囹圄，改造口供，草率定案，证据无凭，枉坐人罪。其间又有衙门蠹役，恐吓索诈，致一事而破数家之产，如此有不上干天和者乎？

六、包衣下人及诸王、贝勒、大臣家人，侵占小民生理，所在指称名色，以网市利，干预词讼，肆行非法，有司不敢犯其锋，反行财贿，甚且身为奴仆，而鲜衣良马，远甚仕宦之人，如此贵贱倒置，为害不浅。

　　以上数条，事虽异而原则同。总之，大臣廉，则总督、巡抚有所畏惮，不敢枉法以行私；总督、巡抚清正，则属下官吏操守自洁，虽有一二不肖有司亦必改心易虑，不致大为民害。此等事，非朕不素知，但以正在用兵之际，每示宽容。今上天屡垂警戒，敢不昭布朕心，严行诫饬，以勉思共回天意，作何立法严禁，务期尽除积弊，着九卿、詹事、科、道会同详议具奏，特谕。①

在当时，康熙能利用天灾发生之机整饬吏治，可谓托"灾"改制。这是一种比较易于打动人心的办法，也是颇为行之有效的办法。

在康熙初期，国家财用不足的条件下，赈济蠲免的地区仅局限在受灾严重的州县。随着国家财政经济情况的好转，尤其是到了康熙晚期，因国库大量积余，康熙从"藏富于民"的思想出发，把蠲免钱粮或漕粮列为清廷每年必须进行的工作，蠲免的地区范围也随之逐步扩大到整府、整省以至数省，而且有计划地进行这项工作。

早在康熙二十四年（1685 年）十一月，康熙对大学士等说："今国用亦云充足，前曾令详察各省钱粮，于来岁蠲免。夫欲使民被实惠，莫如蠲免钱粮。"②康熙二十五年（1686 年），蠲免河南、湖北两省地丁各项钱粮之半，康熙二十四年（1685 年）未完地丁钱粮亦着尽与蠲除。康熙要求各级官员要认真贯彻蠲免政策，否则将给予严肃处理。同年，他又下谕户部，对直隶畿辅之顺、永、保、河，湖

---

① 《康熙起居注》，康熙十八年七月三十日条；《清圣祖实录》卷八十二，康熙十八年七月壬戌条。
② 《清圣祖实录》卷一百二十三，康熙二十四年十一月戊午条。

广、湖南、福建、四川、贵州等地都加蠲免。康熙二十六年(1687年)蠲免江宁等七府、陕西全省钱粮,合计六百万有余,户部认为"如此之多,不可轻议"。康熙说:"六百余万,不足多也。"其后康熙又蠲免二十七年江苏所属各郡县应征地丁各项钱粮及二十六年未完钱粮,蠲免陕西二十七年(1688年)应征地丁各项钱粮。

二十八年(1689年)十一月,康熙又针对受灾地区的情况说:"䬤粥尚且艰难,正赋安能输办。""今岁直属地方亢旱,谷未收获,民生困极,被灾九分、十分之民,钱粮俱经蠲免,又行赈济,惟七分、八分被灾者,钱粮俱经蠲免,恐有不能度日,至于穷困者,亦应赈恤。"①

三十年(1690年)九月,康熙下谕户部,蠲免河南一省康熙三十一年钱粮,"至山西、陕西被灾州县钱粮,除照分数蠲免外,其康熙三十一年春夏二季应征钱粮俱著缓至秋季征收,用称朕眷爱黎元抚绥休养至意。"②同年十二月,康熙谕旨将江苏漕粮于三十四年蠲免,安徽漕粮于三十五年蠲免。其后有对陕西的蠲免和赈济。三十三年,顺天、河间、保定、永平四府应征地丁银米著通行蠲免,所有历年旧欠,悉与豁除。三十四年四月初六,平阳府地震,"屋宇尽皆倾毁,人口多被伤毙,受灾甚重。"康熙深切轸念,他说:"比年以来,因国家经费尚充,遂将各省地丁银粮节次蠲免,即从前未经停征之漕粮,亦逐年免征,总欲使海隅苍生,培固元气,庶臻于家给人足之风。"③

四十一年(1702年)康熙上谕大学士说:"蠲赋为爱民要务,征取钱粮原为国用不足,国用若足,多取奚为。比年以来,附近省份

---

① 《清圣祖实录》卷一百四十三,康熙二十八年十二月戊子条。
② 《清圣祖实录》卷一百五十三,康熙三十年九月庚午条。
③ 《皇朝通典》卷十六。

俱屡行宽免,惟云南、贵州、四川、广西等处未得常邀蠲恤。今户部库帑有四千五百万两,每年并无靡费,国帑大有赢余,朕欲将此四省四十三年钱粮悉行蠲免,倘有宽裕,并及广东省亦令蠲免,其蠲免四省谕旨,明春即行晓示,庶经费易为措置也。"①接下去的几天,康熙又不断谕示户部,如:"今岁山东、河南地方俱报丰稔,惟被灾州县民多匮乏,顷朕巡幸至德州,见有一二灾民流移载途者,询问疾苦,深为轸念。虽据山东巡抚称被灾州县已行令地方官发粟散赈,但自冬徂夏,青黄不接之际,颁赈不继,无以资生,应行文山东、河南两省巡抚:凡属被灾地方,令有司加意赈济,至明岁,麦收时,方止其灾伤。田粮虽已照分数蠲免,犹恐被灾之后民力艰难,宜更沛特恩用加休养,山东莱芜、新泰、东平、沂州、蒙阴、沂水,河南永城、虞城、夏邑被灾州县康熙四十二年地丁钱粮除漕项外,著察明通行蠲免。江北田土瘠薄,生计尤艰,著将安徽巡抚所属府州县卫等处康熙四十二年地丁钱粮,除漕粮外,通行蠲免。河西一带地方素称贫瘠,虽免四十一年钱粮,民生未裕,再将康熙四十二年地丁钱粮通行蠲免。"康熙一再严申:地方有司务期实意奉行,使百姓均沾实惠,倘不肖官吏,阳奉阴违,私立名色,借端科派,恣行侵克,"事发定从重治罪不宥。"②

四十二年(1703年)正月,康熙巡行至山东,恰遇上大风致火为灾,深为悯恻,马上下令:每被火房一间,赏银三两。其后,他看到山东许多地方民生情况不如前次巡视时那么好,又下令:对德州、平原、禹城、齐河、历城、长清、恩县、夏津、武城、馆陶、临清、清平、博平、堂邑、聊城、东阿、阳谷、寿张、滕县、峄县二十州县康熙四

① 《清圣祖实录》卷二百一十,康熙四十一年十月乙卯条。
② 《清圣祖实录》卷二百一十,康熙四十一年十一月乙卯条。

十一年未完地丁钱粮著通行蠲免,济南府属之海丰、利津、沾化,兖州府属之宁阳、滋阳、泗水、金乡、单县、曹县、郓城、曲阜、费县十二县去岁农收歉薄,康熙四十一年未完钱粮亦通行免征,其去岁曾被水之东平、新泰、蒙阴、沂州、沂水、莱芜六州县,康熙四十一年未完钱粮亦著全免,其泰安、郯城、鱼台、汶上、嘉祥、巨野、济宁七州县虽未成灾,康熙四十一年未完钱粮俱著蠲免,康熙四十二年地丁钱粮,著分三年带征……务令人沾实惠,户有余藏,以称朕重期黎元殷阜之至意。有不肖官吏侵蚀私征者,察出从重治罪①。同年八月,康熙对山东官员"平日不知重积蓄备荒灾,所以一遇凶年,束手无策,致劳京师遣官赈济"而停止了他们升转的机会。他谕示地方官员一定要从民生着眼,真正做到实心为民。

四十五年(1706年)十月己酉日,康熙又谕示户部:"朕子育黎元,日求所以休养利济之道,念惟赐租减赋,实由裨益于民生,直隶各省钱粮次第全蠲一年者业经数举,独是历岁逋负积累加增,旧税新征,势难兼办,纵使少宽民力,分年带输,而督令续完,仍多拮据,朕睠怀及此,深切轸恤,用是大沛恩膏,俾闾阎获免,追呼官吏亦不罹参罚,直隶、山东积欠钱粮今年俱已蠲免,其山西、陕西、甘肃、江苏、安徽、浙江、江西、湖北、湖南、福建、广东各省自康熙四十三年以前未完地丁银二百一十二万二千七百两有奇,粮十万五千七百石有奇,著按数通行豁免,或旧欠已完在官,而见年钱粮未完足者,亦准扣抵,谕旨到日,各该抚立行所属张示遍谕,如有不肖有司以完作欠,朦混销算及开除不清者,该督抚即时题参,严加治罪。"②

四十六年(1707年),江南浙江等省发生大旱,根据规定,清政

①　《清圣祖实录》卷二百十一,康熙四十二年正月壬申条。
②　《清圣祖实录》卷二百二十七,康熙四十五年十月己酉条。

府蠲免了受灾各省应免的地丁田赋。次年,这一地区又发生水灾,康熙下谕:"去年江南浙江俱被旱荒,多方轸恤,民力稍苏,今年复被潦灾,旋经照例蠲免,但岁不再登,生计益匮,欲令办赋,力必难供。"下令将江南浙江两省地丁银"除行蠲免"①。仅此二年,就免江南、浙江、江苏、安徽四省田赋丁银及拖欠的漕项银共一千二百七十二万一千八百余两。

康熙四十八年(1709 年)谕旨又说:"见在户部库银存贮五千余万两,时当承平,无军旅之费,又无土木工程,朕每年经费极其节省……去年蠲免钱粮至八百余万两,而所存尚多。"②四十九年(1710 年)清政府正式下令:"自明年始,于三年之内,将天下钱粮通免一周。"③

有人曾作过统计说:"自康熙元年至四十四年所免钱粮共九千万有余。"康熙五十二年(1713 年),大臣张鹏翮对康熙说:"此数年因皇上所免钱粮甚多,今见动用至四十九年钱粮。上曰:即动至五十年钱粮,亦无妨。"④由于康熙在位六十一年屡颁诏谕,"有一年蠲及数省者,一省连蠲数年者,前后蠲除之数,殆逾万万。"⑤

当然,实行蠲免,其中存在着一个问题即康熙自己所讲的"如蠲免地丁钱粮不过于田多富户有益,其无地穷民未必均沾实惠。"⑥康熙四十九年(1710 年)十一月,兵部给事中高遐昌疏言:"凡遇蠲免钱粮之年,请将佃户田租亦酌量蠲免。著为例。"康熙

① 《皇朝通典》卷十七。
② 《清圣祖实录》卷二百四十,康熙四十八年十一月丙子条。
③ 王庆云:《石渠余记》卷一,《记蠲免》;《清圣祖实录》卷二百四十四,康熙四十九年十月甲子条。
④ 《清圣祖实录》卷二百五十六,康熙五十二年九月庚寅条。
⑤ 《清史稿》卷一百二十一,《食货二》。
⑥ 《清圣祖实录》卷二百八十三,康熙五十八年正月壬寅条。

为此曾对大学士等说:"蠲免钱粮,但及业主,而佃户不得沾恩,伊等田租亦应稍宽,但山东江南田亩多令佃户耕种,牛种皆出自业主。若免租过多,又亏业主,必均平无偏,乃为有益。此本著交部议,寻户部议复:嗣后凡遇蠲免钱粮,合计分数,业主蠲免七分,佃户蠲免三分,永著为例从之。"①总的看来,受惠更多的当然还是有地或多地的地主,因为康熙依靠的首先是这些地主,他说:"赖有富户居积,犹得散粜民间以济荒歉,若使尽为灾黎,其何以堪。"②

历史上的施赈经常成为贪官污吏中饱私囊的契机,结果受灾饥民毫无沾济,反而还可能倍受敲榨。康熙十分注意调查研究,以求克服赈济中可能出现的各种弊端。

康熙四年(1665年)二月,山西巡抚杨照疏报上一年太原、大同二府所属二十个州县及一部分卫所遭受旱灾,"俱十分全荒",求免四年份钱粮,并发仓赈济。康熙立即以"察报延迟,有失抚恤之道,下旨切责。"派官调查之后,方知灾区受灾至烈,有近"三十城之民饥馑至极",督抚不但隐瞒了灾情,还照例追逼征收当年钱粮。康熙一边命令紧急动支山西省现存库米零银及见征在库的"不拘何项钱粮,发六千两"赈济灾民,"如再不敷,著该督抚及地方官设法拯救",一边下旨明示:"总督、巡抚俱系养民大臣,民饥之先,即应据实奏请拯救,乃至民饥至极方奏请拯救,殊负倚任之意。"令吏部将山西督抚"议处具奏"③。康熙四十四年(1705年)南巡中,康熙曾根据山东的情况说:"凡罹灾荒,倘预行奏报,无不可赈救者,只因山东各官匿灾不报,故大致饥馑。"他得出结论:"自古弊端,匿灾为甚。"四十八年十一月,康熙又谕告说:"凡地方

① 《清圣祖实录》卷二百四十四,康熙四十九年十一月己丑条。
② 《圣祖仁皇帝圣训》,卷三十八,《蠲赈一》。
③ 《清圣祖实录》卷十四,康熙四年二月丙子、三月辛卯条。

水旱,督抚即行奏闻,预为料理,则被灾百姓不至失所。今年安庆府、太平府属俱被灾荒,而巡抚刘光美竟不奏闻,其意以为灾荒非盛世所宜言,不知天时水旱之灾,乃所恒有,生民关系甚大,匿不以闻,殊为非理矣。"①历史上的经验告诉我们,匿灾腐蚀了官吏们的心灵,又激化了政府与人民的矛盾。

康熙对某些地方官员实心救灾的行动给予理解和支持。

康熙九年(1670年),淮安、扬州二府水灾,当地所存积谷已于去年用于赈济,有人提出暂时挪用正项钱粮,等劝输捐纳补还正项。户部按规定不同意动支正项,只同意将凤阳仓存米及捐输扣存各项银米散赈,如果不够用就劝谕全省各官设法捐输来解决。康熙得知此事后,先派廉能大臣前往调查,指示"果系被灾已甚,无以为生,即会同督抚一面将正项钱粮动用赈济;若系次灾,即照部议",强调"务使民地沾实惠。"到十月,水灾更显严重,"黄淮交涨,堤岸冲决,百姓室庐多被淹没。夏麦未获登场,秋禾播种,水漾难施,民生失所。"康熙立即下令"准动正项钱粮,存积银米"②,赈济灾民,并蠲免当地应征钱粮。到第二年,康熙得知淮扬水患仍很严重,又催令户部:"民为邦本,如斯困苦,岂可不速行拯救?"让"就近截留漕米,或动支何项银两,籴米给散饥民。"他直接下令"著截留漕粮六万石,并各仓米四万石"赈灾,并且"于各府州县分设米厂,……使饥民无奔赴守候拥挤之患,然后计人给米,每日人各一升,每三日一放。"这样做,一石米可供一个人百日之用,万石米可养活一万人一百天,十万石米就可以救济十万人到秋天麦收之后。淮扬的水灾频繁地威胁着淮扬人民,而大量的淮扬人民却

① 《清圣祖实录》卷二百四十,康熙四十八年十一月甲申条。
② 《清圣祖实录》卷三十四,康熙九年十月甲午条。

能在康熙的赈济政策下延续了生命,康熙被淮扬人民感戴若神明。

有一年甘肃巩昌(今甘肃陇西)府闹瘟疫,牲畜多病死,春耕即将开始,来不及请朝廷救灾,巡抚自己做主"于康熙十一年(1672年)征解银内,发买耕牛,积贮屯粮内,散给籽种。"户部按"民间倒毙牛驴,无动正项银粮买补之例;至动支钱粮赈济,必先行题请,今该抚任意违例,不合"的罪名,准备处罚甘肃抚、藩、道、府各级官吏,并令其赔补擅动的钱谷。康熙没有同意,他表示:"银谷既经发给小民,该抚司道府等官免其赔补议处。"①显然,康熙认可了巡抚的做法。

为了有效地组织赈灾,康熙还主张从治标转向治本,一方面兴办各项工程(如治黄淮,见第九章),另方面提高人们的抗灾自救能力。十八年(1679年)六月,他向户部提出:"民生以食为天,必盖藏素裕,而后水旱无虞,藏富于民,经久不匮,洵国家之要务也。"他提出尽管"连年丰稔,粒米充盈",可是"小民不知积蓄,恣其狼戾",以致"去年山东河南一逢岁歉,即以饥馑流移见告,虽议蠲议赈,加意抚绥,而被灾之民,生计难遂。"他认为各地方官吏"平日不以民食为重,未行申明劝谕。"责任不可推卸。康熙要求各级官吏要"晓谕小民。务令力田节用,多积米粮,俾俯仰有资,凶荒有备。"②因此地方各级纷纷设立社仓、义仓,全以本乡之人管理其事,米谷出陈入新,春借秋还,每石取息一斗。储谷多的,经营人给予顶带。次年,康熙规定常平仓谷均留本州县备赈,义仓和社仓积谷各留本村备赈。应该说这样做是积极的。

康熙还力求在遇灾时平价粜米。历史的经验表明:灾荒之日

---

① 《清圣祖实录》卷四十二,康熙十二年四月壬戌条。
② 《清圣祖实录》卷八十一,康熙十八年六月辛未条。

往往是贪利商人囤积居奇之时。三十二年（1693年）京畿地区歉收，市上米价昂贵，康熙谕令通仓每月发米一万石，"比时价少减粜卖，只许贫民籴数斗，富贾不得多籴转贩。"第二年，霸州、文安等州县水灾，康熙又下令将天津卫等地现存仓米十万石以三万石赈济饥民，剩下七万石"著减价发粜。"沿河一带景州等各州县卫所"著将山东漕米每处截留二千石，亦发粜以平米价。"为保证平粜顺利进行，康熙除命令户部"行文该抚，责成州县实心奉行"外，还不时地遣人稽察，若发现"小民一不沾实惠"，就从重处治该管官，断不宽宥。这一年，直隶安州（今河北安新西南）等十一个县仍推行了以平粜为主、粜赈结合的方法。康熙指出："朕思直隶米价腾贵，小民艰苦，若仅照数给发，诚恐无益。著将此米一半散给百姓，一半照目前米价折银给与贫民。所余之米著视时价酌减，令民贱买，如此则百姓既得银两，而籴米又易，庶小民均沾实惠。"①康熙不仅注意灾后平抑物价，而且延及灾后期年，可见其为政之细致与讲究实效。三十九年（1700年）三月，康熙又交代大学士说："修筑永定河，夫役云集，人多则需米，谷价必致腾贵。"他下令："遣户部贤能司官二员截山东、河南漕米二万石，留于信安、柳岔（今河北霸州境内）二处，会同地方官照前稍减时价平粜，至附近信安、修河诸处屯庄米石，亦令粜卖，有益于民。"②

为了达到富民的目的，康熙一方面积极推广农业先进技术和新品种，另方面要各地从实际出发，因地制宜，多方面发展经济，不一定都以种粮为主。五十五年（1716年）三月，他对大学士们说：现在天下太平，人口增多，耕地未增，士商僧道等不从事生产的人

---

①　《圣祖仁皇帝圣训》卷二十一，《恤民一》。
②　《圣祖仁皇帝圣训》卷二十二，《恤民二》。

也日益增多，"或有言开垦者，不知内地实无闲地。今在口外种地度日者甚多，朕意养民之道，亦在相地区处而已。"他举陕西临洮、巩昌等地为例说："虽不可耕种，若于有水草之地，效蒙古牧养，则民尽可度日，而百姓但狃于种地，不能行此。"他举了一个典型的例子说明不能把发展生产只理解为种粮的道理："昔年去山东赈济人员曾云，或有人在牛旁，不知取乳而食，坐以待毙，此皆不习之故耳。"①在张家口、保安、古北口巡行时看到人们开渠引水浇田，康熙就想到"蒙古地方多旱，宜教之引河水灌田。"从宁夏等地"取能引水者数人"，派到蒙古地方传授技术；在敖汉、奈曼，见那里土地肥沃，就想到"如种谷多获，则兴安等处不能耕之人就近贸易贩籴，均有裨益，不须入边买内地粮米，而米价不致腾贵也。"②

四、恤　　商

康熙认为：在中国传统社会里，商业自始就不可或缺，四民的分工是社会的需要，他说："凡人处世，有政者政事为务，有家计者家计为务，有经营者经营为务，有农业者农业为务，而读书者以读书为务。"③四民各安其业，社会才能正常运转。

从发展社会生产力着眼，康熙对工商业采取了扶持的政策。清初战事甚多，故统治者多向工商业者摊派税项，商民不但"有输纳之苦，有关津之征苦，有口岸之苦"④，而且，因有溢额加级的定例，所以，关津税吏对过往商旅"恣行苛虐"，收了应征，还要溢额。

---

①　《圣祖仁皇帝圣训》卷二十二，《恤民二》。
②　《康熙政要》卷二十二，《论安边第三十九》。
③　《庭训格言》，引《康熙政要》卷二十二，《论安边第三十九》。
④　《文献通考》卷二十八，《征榷》。

商民"不苦于关,而苦于关外之关;不苦于税,而苦于税外之税。"①康熙亲政不久,三藩乱起,关津之征仍沿旧例。镇压三藩之后,康熙二十五年(1686年),他认为这种作法是"重困商民",有害于国家,必须坚决改变。他说:"重困商民,无裨国计,种种情弊,莫可究诘。朕思商民皆吾赤子,何忍使之苦累?今欲除害去弊,正须易辙改弦。所有现行例收税溢额,即升加级记录,应行停止。"②康熙认为:只有农业和商业同时发展,才能达到至隆的局面。即"农务兴而野无旷土,国计裕而泉货流通,豫大丰亨,洵至隆之上理也。"③康熙三十八年(1699年),南巡时曾说:"朕比岁以来,躬临河干,咨询经画者屡矣。每抵一处,未尝不怀保编氓,施惠工商。故两淮盐课永减,额征停输赢羡。又闻往来迎送费用私派者甚巨,特颁严旨,尽为禁止。从此,商民得以安席,渐皆获所,则朕之巡幸者,少有益乎?"④他一方面永远削减两淮盐课,取消关征超额优叙的定例,铲除工商业发展的拦路虎,另方面颁发严旨,禁止关卡勒索过往商人,确可惠及工商业者。

康熙还时时处处为商民着想,二十五年(1686年),他看到在云南采买铜斤的商人所得到利润较少,便觉得这"恐累商人。"⑤又如康熙五十三年(1714年)六月,谕领侍卫内大臣说:"天气甚热,贸易人等多夜行者,伊等但知为利,不顾其身,朕甚念之。嗣后有紧要事方许夜行。朕视商民,皆如赤子。无论事之巨细,俱当代为

① 《皇朝经世文编》卷二十八,《户政》。
② 《清圣祖实录》卷一二四,康熙二十五年二月丙申条。
③ 《清圣祖实录》卷八十,康熙十八年三月乙卯条。
④ 《圣祖仁皇帝御制文集》第三集,卷二十三,《碑记·高旻寺碑记》。
⑤ 《清圣祖实录》卷一百二十四,康熙二十五年二月丙申条。

熟筹也。"①他特别强调:"国家设关榷税,原以阜财利用,恤商裕民,必征输无弊,出入有经,庶百物流通,民生饶裕。近来各关差官不恪遵定例,任意征收,官役通同恣行苛虐,托言办铜价值浮多,四季解册需费,将商人亲填部册,改换涂饰。既已充肥私囊,更图溢额议叙,重困商民,无稗国计,种种情弊,莫可究诘。朕思商民,皆我赤子,何忍使之苦累,今欲除害去弊,必须易辙改弦,所有见行例收税溢额即升加级记录,应行停止。其采办铜斤,定价既已不敷,作何酌议增加,其四季达部册籍,应俟差满,一次汇报,嗣后务令各差洁己奉公,实心厘剔,以副朕体下恤商至意。如或仍前滥征侵隐,藐玩不悛,作何加等治罪。至铜价既议加给,税额应否量增,俱著九卿詹事科道详议具奏。"②

康熙五十一年(1712年)正月丙辰日,吏部等衙门议复福建浙江总督范时崇条奏沿海捕鱼船只只许用双桅,不准超省行走。康熙看后认为:"范时崇条奏之事,与地方民生无益,福建大洋内无贼盗,内地沿海一带俱系小贼,文武各官果实心尽力,抚绥缉获,自然无事。今若照所题,将捕鱼船户并入水师营分辖,则启武弁兵丁克削之弊矣,且贼盗窃发,何地无之,若要将贼盗尽除,亦断不能,凡事只应视有益于民者行之,不当迫之以法。此条奏不可行,原本发还。"③

康熙致力于为商业创造良好的环境。首先公布关税征收则例,允许商人控告例外勒索者。这便杜绝了税吏巧立名目的缺口。康熙规定在"直隶各省设立关税之处,应多刊木榜",明白书刻税

① 《清圣祖实录》卷二百五十九,康熙五十三年六月丙戌条。
② 《清圣祖实录》卷一百二十四,康熙二十五年二月丙申条。
③ 《清圣祖实录》卷二百四十九,康熙五十一年正月丙辰条。

收则例,"昭示商民,照额征收,如有不肖官吏,于定额之外,私行滥征者,令该督抚不时查察,据实题参,依律治罪。"①同时"许该商人前来控告"例外勒索者,亦刊于木榜之内。公开商业税收则例,虽不能完全禁绝税蠹,却也会有一定的作用,它为商人纳税提供了规则。

康熙反对官而兼商,或垄断市场等行为。六年闰四月,左都御史王熙遵旨条奏:闽广江西湖广等省各官近或自置货物售于属下,或巨舸连樯,装载他方市易,行同商贾,不顾官箴。甚者指称藩下挟势横行,假借营兵放债取利。请敕部详议嗣后闽广等省王公将军督抚提镇,如有恃势贸易与人争利者,作何议处治罪,并严指称假借之禁,庶小民得以安生,官方因之整肃。康熙对此表示支持②。

本来牙行是为管理物价的官方机构,后来却日益变成勒索商民的工具,康熙认为应该正本清源,还牙行以本来面目,他说:"贸易货物,设立牙行,例给官帖,使平准物价。乃地方棍徒,于瓜果菜蔬等物亦私立牙行名色,勒啃商民。……查税课定例,除应立牙行者照旧设立外,其余一切私设牙行尽数除革。"③

康熙坚决反对收税溢额,对税收缺额者亦能根据实际情况酌情处理,过去一般税收有缺额者都会受到降级或革职的处分,而康熙不片面地追求这一点,这实际上亦可大大地减轻了商民的负担。早在康熙四年(1665 年),康熙即下谕户部、工部:"各省钞关之设,原以通商利民,以资国用,非欲其额外多征,扰害地方。近闻各处收税官员希图肥己,任用积蠹地棍通同作弊,巧立名色,另设戥秤,

① 《清圣祖实录》卷一百一十八,康熙二十三年十二月癸巳条。
② 《清圣祖实录》卷二十二,康熙六年闰四月癸丑条。
③ 《清圣祖实录》卷一百二十四,康熙二十五年二月丙申条。

于定额之外恣意多索，或指称漏税，妄拿过往商民挟诈，或将民间日用琐细之物及衣服等类，原不抽税者，亦违例收税，或商贾已经报税，不令过关，故意延迟勒啃，遂其贪心乃已。此等弊端甚多，难以枚举，违背国法，扰害商民，殊为可恶。嗣后凡地方收税官员俱著洗心涤虑，恪遵法纪，务期商贾通便，地方相安。如有前项情弊，在内著科道官，在外著该督抚严察参奏，别经首发，即治该督抚以徇纵之罪，尔部即遵谕通行严饬，特谕。"①康熙二十五年（1686年）五月，御史敦拜条奏，请严定关差缺额处分。康熙批示说："关差缺额处分，自有定例。若法令太严，必致苦累商贾。所奏无益，不准行。"康熙二十六年（1687年）七月，户部报告，浒墅关监督桑额任内，除完成征收正额外，溢银二万一千二百九十六两有奇，康熙气愤地说："设立榷关，原欲稽查奸究，照额征收，以通商贾。桑额征收额课，乃私封便民桥，以致扰害商民，著该衙门严加议处。关差官员理应洁己奉公，照律征收。嗣后有不肖官员希图肥己，种种强勒，额外横征，致害商民，亦未可定，尔等通行严饬。"表明了其发展商业、富国强民的思想倾向。

康熙还统一了度量衡。康熙四十二年，废除金石、关东斗，规定直隶各省一律改为底面平直升、斗，并亲自校准了铁升、铁斛。五十七年又规定称以十六两为一斤，并通行全国，这无疑消除了商品交换中由于度量衡不统一造成的障碍。

康熙竭力反对各种增加商税的行为。如康熙二十一年（1682年），两淮巡盐御史堪泰请求每斤盐加课银三钱，康熙批示："若依其言，必致商民交困，不准行。"②潼关税额原为七千多两，康熙十

---

①　《清圣祖实录》卷十六，康熙四年九月己酉条。
②　《清圣祖实录》卷一百零四，康熙二十一年九月己酉条。

九年(1680年)遣郎中敦多礼督征,收税银四万多两。康熙二十一年(1682年)谕曰:"数年以来,秦省兵民苦于转运,潼关税收依照旧额",撤回税监①。康熙二十五年(1686年)六月,闽海税务督理吴什巴因到闽省看到贸易之人皆非土著,要求康熙批准按广东关榷一例"丈船抽税",康熙批示道:"凡收海税官员,因系创行设课,希图盈溢,将出入商民船只任意加征,以致病商累民,亦未可定。著严加申饬,务令恪遵定例,从公征收,无滥无苛,以副朕轸恤商民至意,所请不准行。"②随后两淮盐课减征二十万两,并谕大学士等曰:"广东海关收税人员搜检商船货物,概行征税,以致商船稀少,关税缺额。且海船亦有自外国来者,如此琐屑,甚觉非体。著减税额三万二百八十五两。"③

康熙还注意发挥商人的作用。四十八年(1709年)夏,户部议复:浙江巡抚黄秉中等疏言,浙省宁波、绍兴二府人稠地窄,连年薄收,米价腾贵,台州、温州二府上年丰熟,米价颇贱,请给殷实商民印照,将台州、温州之米从内洋贩运入宁波、绍兴,令沿海防汛官兵验照放行,以浙省之米接济浙省之民,实有裨益,应如所请,从之④。

康熙亦竭力禁止兵痞抢勒商民。康熙二十二年(1683年)八月,谕荆州将军葛尔汉曰:"自将领以至兵丁,宜严行禁饬,凡市肆要地,毋得侵占。"⑤康熙三十五年(1696年)十月,谕内大臣等曰:"明日到归化城停止围猎,归化城商贾丛集,恐仆从或行骚

① 《清圣祖实录》卷一百零四,康熙二十一年九月己酉条。
② 《清圣祖实录》卷一百二十六,康熙二十五年六月丁巳条。
③ 《清圣祖实录》卷一百八十八,康熙三十七年四月癸亥条。
④ 《清圣祖实录》卷二百三十八,康熙四十八年七月戊寅条。
⑤ 《清圣祖实录》卷一百十一,康熙二十二年八月戊午条。

扰,……著副都统阿迪严行禁止。"他既不断禁止地方官兵掠夺商人财物,尤其加意禁止自己的亲兵勒啃商人,一旦发现此类事情,应即予以严厉惩处,毫不宽容。

康熙还严厉禁止关津故意延误商人过关时间。二十八年(1689 年)二月,康熙南巡时,沿途咨访商人并谕随从大臣说:各处榷关,原有则例,朕舟行所至,咨访过关商民,每不难于输纳额税,而以稽留关次,不能速过为苦。榷关官员,理宜遵奉屡颁谕旨,恤商惠民,岂可反贻之累!自今应力除积弊,只征正额,不许旁收,否则延误了商人过关时间,将予以"从重处分"。他要求:"凡商民抵关,交纳正税,即与放行,毋得稽留苛勒,以致苦累,违者定行从重处分。朕早夜孜孜,惟冀官吏军民士农商贾无一人不获其所,故于民生吏治,图维区画,务极周详。"①

正因为有上述的一系列政策,才使康熙前后期的社会经济有了一个较大的发展。农业和商业彼此相互促进,共同发展。如苏州在康熙初"六门紧闭,城中死者相枕藉"②,"机工星散,机户凋零。"③松江"布号纷纷歇业"④。到康熙中叶,苏州已经面貌一新:"郡城之户,十万烟火。"⑤"阊门内外居货山堆,行人流水。"汉口"舟车辐辏,百货所聚,商贾云屯。"⑥即使在边远地区的东北宁古塔亦"商贾大集","街肆充溢"⑦,"货物商贾络绎不绝"⑧。

---

① 《清圣祖实录》卷一百三十九,康熙二十八年二月己酉条。
② 顾公燮:《消夏闲记摘抄·平定姑苏始末·芙蓉塘》。
③ 《明清以来江苏省碑刻资料选集》第 2 页。
④ 《明清以来江苏省碑刻资料选集》第 2 页。
⑤ 《清经世文编》卷二十三,《吏政守令下》。
⑥ 孙嘉淦:《南游记》卷一,《小方壶舆地丛钞》第 3 帙。
⑦ 谢国桢:《清初流人开发东北史》第 98 页。
⑧ 吴振臣:《宁古塔纪略》第 1 页。

我们知道,康熙曾在晚年有海禁和矿禁政策,但是这些政策都是为了他的王朝的稳定,在政权与经济发展之间,作为封建统治者的康熙必然选择前者,这是毫无疑义的。即使如此,康熙恤民思想仍有所体现,在对待闽广的海洋政策上,康熙亦较多地从商民的利益出发,他说:"沿海居住,原因海上可以贸易捕鱼,尔等明知其故,前此为何不准议行?"大臣席柱等人则说:"自明季以来,原未曾开,故议不准行。"康熙说:"原因海寇,故海禁不开为是。今海氛廓清,更何所待?"席柱又说:"据彼处总督巡抚云,台湾、金门、厦门等处虽设官兵防守,但是新得之地,应俟一二年后相其机宜,然后再开。"康熙说:"边疆大臣当以国计民生为念,向虽严海禁,其私自贸易,亦何尝断绝?"他得出结论:"凡议海上贸易不行者,皆总督巡抚自图射利故也。"① 如康熙五十二年五月辛巳日,大学士九卿等遵旨议复开矿一事,除云南督抚雇本地人开矿及商人王纲明等于湖广、山西地方各雇本地人开矿不议外,他省所有之矿向未经开采者,仍严行禁止。其本地穷民,现在开采者姑免禁止,地方官查明姓名记册,听其自开,若别省之人往开及本处殷实之民有霸占者即行重处。康熙说:"有矿地方初开时即行禁止乃可,若久经开采,贫民勉办赀本争趋觅利,藉为衣食之计,而忽然禁止,则已聚之民毫无所得,恐生事端,总之,大地间自然之利,当与民共之,不当以无用弃之,要在地方官处之得宜,不至生事耳。"② 可见,康熙考虑得较多的主要还是他的政权的稳固,人民生活的稳定则是政权稳定的前提。

康熙在他的为政生涯中,确是在安商恤民方面做了大量的工

① 《清圣祖实录》卷一百十六,康熙二十三年七月乙亥条。
② 《清圣祖实录》卷二百五十五,康熙五十二年五月辛巳条。

作,也正因为如此,才开创了"康乾盛世"的新局面。

五、移风易俗

康熙认为:"自古帝王治定功成,尤加意于人心风俗之所尚,以图万世治安之本。维时礼教明于上,仁让兴于下,俗重敦庞,人多谨悫,国计丰裕,而比屋盈宁,四方清晏,而川岳效顺。"①良好的社会风气的树立是保证民生安定的重要前提,他说:"夫淳厚以立德,节俭以足用,厉俗之良规也。而民心日偷,浇漓益甚,何以使孝友之行笃于门内,奢淫之习绝于里闬钦?"②

康熙曾致力于对明代沿袭下来的奢侈社会风气进行根治。大臣熊赐履说:"臣观今日风俗奢侈凌越,不可殚述。一裘而费中人之产,一宴而靡终岁之需,舆隶披贵介之衣,娼优拟命妇之饰,此饥之本,寒之源,而盗贼狱讼所由起也。"③康熙一方面从整顿吏治着手,做了大量积极有效的工作,另方面积极在民间倡导节俭的社会风气。他对江南风俗之奢靡表示不满。如康熙二十三年(1684年),康熙自江宁回銮,御舟泊仪凤门外,督抚、提镇以下大小文武官员及地方缙绅士民数十万,于两岸跪送,康熙停舟谕曰:"朕向闻江南财赋之地。今观市镇通衢,似觉充盈。乡村之饶,人情之朴不及北方,皆因粉饰奢华所致。尔等大小有司,当洁己爱民,奉公守法,激浊扬清,体恤民隐,以副朕老安少怀之至意。"④要求"务使敦本兴让,崇俭黜浮,兵民日益协和,风俗日益淳朴,词讼日益减

---

① 《清圣祖实录》卷一百零四,康熙二十一年九月乙巳条。
② 《清圣祖实录》卷一百零四,康熙二十一年九月乙巳条。
③ 《清圣祖实录》卷二十二,康熙六年六月甲戌条。
④ 《康熙政要》卷十五,《论奢纵第十五》。

少,积储日益丰盈,则教治化行。"康熙认为:"帝王致治,首在维持风化,辨别等威,崇尚节俭,禁止奢侈,故能使人心淳朴,治化休隆。近见内外官员军民人等服用奢靡,僭越无度,富者趋尚华丽,贫者互相效尤,以致窘乏为非,盗窃诈伪,由此而起,人心嚣凌,风俗颓坏,其于治化所关非细。"①因而必须对奢纵之风严加禁止。他看到奢靡之风在汉官中颇为流行,二十六年(1687年),对大学士们说:"朕观今时之人,不敦本务实,轻浮奢侈者甚多,汉人为甚。今满官田舍俱在畿辅之地,人皆知之。汉官内或有自称道学,粉饰名节,而本乡房舍几至半城者有之,或多置田园者有之,且群众宴集,流于邪僻嬉戏。若不禁止,则渐至于放纵。或身为大臣,沉湎之色形于颜面者,实非人类矣。著严行禁止。"令康熙不解的还有汉军居父母之丧,经常引朋聚会,呼卢饮酒,毫无居丧之礼。汉军外官赴任时,亦竭尽风光之能事,"每借京债饰置行装,且多带家人,为伊等谋及衣食,势必苛取于民,以资用度,亲朋债主往往在任所请托需索,是官虽一人,实数人为之,以致逌削小民,民何以堪?"

康熙认为:"致治安民之道,首在惩戒贪蠹,严禁科派,而后积弊可清,闾阎不扰。"②他把惩贪定例公之民间,使民家喻户晓,"以副朕安民生之至意"。与此同时竭力惩治害民敛财者,漕运总督恭顺侯吴维华密疏请征各州县镇市房号银及江南三十余州,令民纳价领种,"上恶其害民敛财,交刑部议罪。"③整饬官风是整饬民风的前提。像奢侈之风、相互请托之风、馈送之风、苛索民生之风、断狱不公之风等等都与官场腐败密切相关。到康熙四十二年四月,他总结自己的所为时说:"朕临御天下四十余年,宵旰不惶,勤

---

① 《清圣祖实录》卷三十九,康熙十一年七月癸丑条。
② 《圣祖仁皇帝御制文》第一集,卷十,《敕谕》。
③ 《清圣祖实录》卷二十六,康熙七年七月戊午条。

求化理,凡吏治之淑慝,民生之休戚,无晷刻之顷不切于怀。比年以来,利兴弊革,随事剔厘,蒸蒸然有治平之象、康乐之风矣。然而官方犹未尽饬,习俗犹未尽醇,讼狱犹未衰止。"①

　　康熙竭力倡导节俭的社会风气,一方面是为了保证官风的清廉,另外,亦可通过节俭扩大对灾民的赈恤。亲政伊始,康熙住在又名清宁宫的保和殿,到八年(1669年)正月,祖母孝庄太皇太后认为作为皇帝,"以殿为宫,于心不安",应该住在乾清宫。当时乾清宫交泰殿因年久失修,栋梁朽坏十分严重,太皇太后令拆掉重建,以作为康熙寝宫,年轻的康熙不能违背太皇太后旨意,但他要求工部官员修乾清宫"毋事华丽,只令朴质坚固。"②十六年(1677年)七月,修造仁孝皇后的陵墓景陵的时候,按例陵殿所用木料必须是上好楠木。康熙看到"因采取楠木致拆毁包衣佐领下人等所居房屋,又令江浙解送,劳苦人民。"于心颇为不安。指示工部、总管内务府:"修造地宫,但当敬慎坚固为之。"不过"殿门虽用楠木,年久仍至毁坏","著将沙河殿楼楠木取用,如不足,应否添用松木修造及减损尺寸。"③在修造皇后陵墓的大事上,康熙都能既不忘减轻下人和百姓负担,又贯彻节约实用的原则,可见他如何崇尚节俭了。二十五年(1686年)二月,四川松威道王骘奏请从四川酌量停减运送楠木,大学士们不同意,康熙说:"川民鲜少,移运楠木最属艰难,朕所深知。"再次征求大臣的意见。明珠等大学士回奏:"楠木生于深山穷谷之中,山路崎岖,移运实难。"他们理解康熙体恤民众的苦心,说:"若停其采取,岂独川民被泽,即薄海内外无不感戴矣。但殿工关系重大,臣子义不敢言,只听上裁。"他们哪里

① 《清圣祖实录》卷二百十二,康熙四十二年四月己卯条。
② 《圣祖仁皇帝圣训》卷二,《圣德一》。
③ 《康熙起居注》,康熙十六年七月初三日戊寅。

敢提出降低修建皇宫专用材料的规格呢？于是康熙从既养民，又解决建筑所需出发，明确表态："蜀中屡遭兵燹，百姓穷苦已极，朕甚悯之，岂宜重困？且今塞外松木大而可用者甚多，若充取殿材，即数百年可支，何必楠木？"大臣们见康熙以松木代楠木，如此厉行节约，由衷表示："皇上仁慈节俭，远超前代，虽茅茨土阶亦所安然。"①康熙对光禄寺、工部的财政支出管得很严，对承办工程不作预算、浮支肥己造成巨大浪费的积弊只要发现就严肃查处。二十一年（1682 年）六月，工部奏报制造六宫宝座脚踏、屏风、线毯及皇太子宫宝座脚踏，实用银一万三千七百余两，其中飞金、颜料交与户部采办，其他材料及匠役工食银两由工部支出。康熙说："前修盖内中数处价值，朕明知之，屡行减估，所省颇多。"质问工部："今观工部所估价值，较朕所估浮银六千余两，朕屡经驳减，竟无节裁，是何意见？"一针见血地指出："无非上下通同欲侵蚀余剩耳。"②后来因按康熙估价，另差官制造，比原估价节省过半，工部冒估情弊显然可见。遂将工部尚书萨穆哈、朱之弼及侍郎等降级处分。与此同时，盛京（今辽宁沈阳）修造八门城楼工程，康熙让工部复核盛京的预算，经过侍郎党古里带领工匠确估，共需银八千七百余两，比原估价值竟减三万一千六百余两，当都察院要将盛京工部侍郎廖旦革职惩办时，洞悉实情的康熙作了公平处理。他说："廖旦所估尽行拆去重修，党古里等所估不拆毁，量行修理，故致工价悬绝。然廖旦等所估亦属太浮。"令给予廖旦降级处分。后来严格检查开支制度，命户部、工部所用钱粮"十日一次奏闻"。四十八年（1709 年），明确规定工部、光禄寺每十五天一次将所委官员姓

①　《康熙起居注》，康熙二十五年二月二十七日辛亥。
②　《康熙起居注》，康熙二十一年六月初一日丁丑。

名及支给银两具折奏闻,工竣后一年内销算,逾年者即罢斥。康熙严格管理政府各部门开支收到明显效果。四十五年(1706年)十月,他说:"国家钱粮理当节省,否则一遇灾荒蠲免,其军饷、河工等项经费必致不敷。前光禄寺一年用银一百万两,工部一年用银二百万两,因朕力崇节俭,今光禄寺一年止用银十万两,工部一年用银二、三十万两矣。"①其他开支大的部门,如"理藩院向来每年赏赐、供应外藩宾客,用银八十万两,今裁减浮费,一年只需八万两矣。"②

亡明奢侈腐化的教训也时刻提醒着康熙倍加注意节约宫中开支。二十九年(1690年)初,康熙让大学士们察明代宫中开支费用,与当时相比:明代光禄寺每年用木柴二千六百八十六万斤,红螺等炭一千二百零八万斤,今分别只用六七百万斤和百余万斤;明代各宫的床帐、舆轿、花毯等项,每年共用二万八千二百两,现俱不用;明代宫殿楼亭门数共七百八十六座,今不及十分之一。四十九年(1710年),御史屠沂专门条奏节俭之事,康熙给予肯定:"朕近查宫中人数,皇太后宫及朕所居正宫不过数百人,较之明代宫人则减省多矣。"③

圣祖《讲筵绪论》曰:"国家财赋出于民,民力有限,当思撙节爱养,则国家常见其有余,每见明季诸君,奢侈无度,宫中服食及创造寺观,动至数十万。我朝崇尚朴质,较之当时仅百之一二耳。"④

康熙希望倡导节俭、杜绝奢风能形成一种社会风气。他劝导百姓平时要注意节约,尤其是在丰收之年,更不要忘记备荒。他

---

① 《圣祖圣训》卷四,《圣德三》。
② 《圣祖圣训》卷四,《圣德三》。
③ 《圣祖圣训》卷四,《圣德三》。
④ 《圣祖仁皇帝御制文集》初集卷二十七,《杂著·讲筵绪论》。

说:"若岁丰用奢,则荒年必致溃乏。"①他还说:"国家要务,莫如贵粟重农。朕宵旰图治,念切民生,惟期年谷顺成,积贮饶裕,于以休养黎元咸登乐行。今闻直隶各省雨泽以时,秋成大熟,当比丰收之时,正当以饥馑为念,诚恐岁稔谷贱,小民无知爱惜,粒米狼戾,以致家无储蓄,一遇岁歉遂致仳离。"他要各省督抚"严饬地方有司,劝谕民间,撙节烦费,加意积贮,务使盖藏有裕",这才符合他"重农敦本"、"爱养元元"的"至意"。康熙又十分关注制止官僚中的奢风,因为奢风是官僚政治的巨大腐蚀力量。他认为"若夫为官者俭,则可以养廉,为官居乡,只缘不俭,宅舍欲美,妻妾欲奉,仆隶欲多,交游欲广,不贪何以给之。"康熙把厉行节俭看成是培育官吏清廉的重要一环。

康熙自身也很注重节俭,处处爱惜人力物力。他每次出巡时,对随从人员都提出严格要求,如不得践踏庄稼禾苗,如道路狭窄,就要求"扈从卫士鱼贯而行"②,如秋收之时出巡,还要求"禁擅放马匹蹂践禾苗",不遵守者将"严缉以闻"。对经过的地方,还恐怕"随屡经严谕,未必无碍田禾,著知州亲行细察所伤地亩若干,应纳钱粮若干,俟回銮日转奏。"以便蠲免予以补偿。四十四年(1705 年),第五次南巡,从江宁到苏州途中,当地百姓"扶老携幼,日计数万,随船拥道",欢迎康熙。康熙深受感动,说:"此皆由衷而发,非假饰也。"他谆谆告诫督抚,此时"人多路隘,菜蔬麦苗弥漫田野,不无践伤,朕甚惜焉","即出示晓谕,万勿踏坏田禾"③。三十六年(1697 年)西巡时,不许山西为此大修道路,让向导官负

---

① 《清圣祖实录》卷二百一十三,康熙四十二年十月戊戌条。
② 《清圣祖实录》卷二百,康熙三十九年七月丙辰条。
③ 《圣祖仁皇帝圣训》卷二十二,《恤民二》。

责"修一车可行之道足矣","渡黄河后陕西路阔,无庸大修","若修路太过,劳及百姓",就追究向导官责任。后来巡边到陕甘地区,见"其经过城堡衢市辄多结彩",康熙"殊觉扰累",于是通令禁止,他说:"乘舆巡幸本为安民,岂可反劳民力?"①作为封建君主,康熙能够事无巨细地不忘节俭,原因在于他时刻不忘"安民"、"养民"、"恤民",可以说,这是难能可贵的。

三十六年(1697年),当时在宫中供职的法国传教士白晋给法王路易十四写了一份奏折,详细地介绍了他所见的康熙皇帝。从这部著名的《康熙皇帝》中可以看到康熙个人日常生活的简朴和一个外国人的感受:

> 中国皇帝,或者因为他拥有的无穷财富,或者因为他疆土的广阔富饶,说他是世界上一位最有势力的君主也许是没有人会反对的。尽管这样,他真正用于自己身上的一切远远谈不上奢侈。……就其个人有关的方面看,那种恬淡素朴简直是没有先例的。……除了循例供奉的东西外,他毫无奢求,他满足于最普通的菜肴,从未有过丝毫的过度,他的淡泊超过了人们所能想象的程度……即使是皇帝所居住的,也只是几幅书画,几件描金饰物和一些相当简朴的绸缎,而绸缎在中国是十分普遍,不在奢侈品之列,简单朴素就几乎是那里的全部装饰了。……康熙皇帝在北京近郊三里远的地方造了一座他很喜欢的苑囿(指畅春园),每年要在那里度过相当一段时间。里面除了他命人开凿的两个大水池和几条河道外,再也没有什么使人感到与一个既富有又强盛的君主所应有的豪华气派相称的东西了。……他的衣着,除了几件宫廷里极为常见的

---

① 《圣祖仁皇帝圣训》卷二十二,《恤民二》。

过冬的黑貂、银鼠皮袄外,还有一些在中国算是最普通、最常见,只有小百姓才穿不起的丝绸服装。逢到雨天,人们有时看到他穿一件毡制外套,这在中国被视为一种粗制的衣服。夏天,我们看见他穿一件普通的麻布短褂,这也是一般人家常穿的衣服。除了节日大典的日子,我们从他身上发现的华丽物品就是一颗大珠子,那珠子在夏天便照满族人的风俗佩在他的帽沿上。……他在皇城内外不骑马时用的那顶轿子,只是一件类似担架的东西而已,木质平常,涂漆,有几处包有铜片或者点缀一些镀金的木雕。……总之,在他周围的一切,人们丝毫感觉不到那种其他亚洲君主处处都要摆出来的穷奢极侈的排场。……他不为个人妄费分文完全是出于贤明的节约,以便把金钱用于帝国真正的需要。康熙深信君主的威信和真正伟大应当较少地借助于外在的豪华,而更多地是在于他道德的光辉①。

康熙尊崇古人所说:"以一人治天下,不以天下奉一人。"他一直"常思此言而不敢过也",综观他的一生,大体实现了自己的诺言。

康熙认为移风易俗的关键在于教化。他说:"朕惟至治之日,不以法令为尚,而以教化为先。其时人心醇良,风俗朴厚;刑措不用,比屋可封;长治久安,茂登上理。盖法令禁于一时,而教化维于永久。若徒恃法令,而教化不兴,是舍本而务末也。近见风俗日敝,人心不古,嚣陵成习,僭滥多端。狙诈之术日上,讼狱之端靡已。或豪富凌轹孤寒,或劣绅武断乡曲,或恶衿出入衙署,或蠹棍诈害良民。萑苻之劫掠时闻,仇忿之杀伤累见,陷罹法网,刑所必加。诛之则无知可悯,宥之则宪典难宽。念兹刑辟之日繁,良由化

① 白晋:《康熙皇帝》,见《清史资料》第一辑,第211—212页。

导之未善。朕今欲法古帝王尚德缓刑,化民成俗。"①他曾发布《圣谕十六条》,即"敦孝悌以重人伦,笃宗族以昭雍睦,和乡党以息争讼,重农桑以足衣食,尚节俭以惜财用,隆学校以端士民,黜异端以崇正学,讲法律以警愚顽,明礼让以厚风俗,务本业以定民志,训子弟以禁非为,息诬告以全良善,诫窝逃以免株连,完钱粮以省催科,联保甲以弭盗贼,解仇忿以重生命。"②这十六条不只讲了阶级道德,也讲了社会公德;既讲了德治,又讲了法治;讲了伦理,也讲了政治。康熙将其作为社会道德用行政命令颁发到省、府、州、县至穷乡僻壤的集会之所,每逢月吉由官府宣讲。这种道德宣传也有不可忽视的导向作用。通过宣讲,一方面使社会成员沿着他的道德规范所指引的轨道前进,使人们接受特定的道德价值观,另方面这种官方宣传可以转化为群众的口头传播。道德的口头传播既能传播道德意识,又能造成广泛的道德评价,使众多的社会个体在人们的道德评价中,在自己内心构筑起和所宣传的道德一致的行为规范和道德价值尺度,从而动摇人们的非道德观念及其内在构筑,使社会个体因之发生自我更新,这便是统治阶级道德对被统治阶级的改造作用,也是一个时代占统治地位的社会道德的裁判作用的体现。

必须指出的是,康熙并非不要法治,反而非常注重立法和执法,并强调保持法律的严肃性、稳定性和长期性,康熙五十二年(1713年)四月甲寅日,大学士等以左都御史赵申乔奏农忙之时京城地方亦应遵例停讼疏请旨,康熙答复说:农忙停讼之言,听之似乎有理,而细究之实无裨益,赵申乔总未知事之本原耳,天下之民

---

① 《康熙政要》卷二,《论政体第二》。
② 《康熙政要》卷二,《论政体第二》。

非独农人商贾涉讼即废生理，百工涉讼即废手艺，地方官不滥准词状，于应准者准之，即行结案，则不失农时，讼亦少矣。若但四月至七月停讼，而平时滥收民词，案牍堆积，冬季词讼，迟至次年五六月而后审理，虽停讼何益？① 康熙认为制度应随时势的变化而有所损益，但不可以损益制度来夸矜自己的作为，应尽量保持制度的稳定性。他说："自古帝王治天下之道，因革损益，期于尽善。原无数百年不敝之法，果属不可行者，自应参酌时宜，归于可久。至于制度既定，事可遵行，不宜议论纷纭，朝更夕改。近阅奏章，亦有不思事之可否，但欲徒为更张，或粗识数字，即为大言，准之事理，殊属茫昧，如逞空言，无补实用，其谁不能。且明末一切事例，游离不定，上无道揆，下无法守，以致沦亡，此皆尔等所亲见，亦众所共知。今后凡条奏本章，尔大学士等务加详酌。"② 在用刑时，一定要使正义得到伸张，康熙十三年（1674年）十二月，康熙谕礼部说："古帝王抚御天下，莫不以礼制为先务，然厘定章程，必文质适中，方可昭垂永久。前见风俗近奢，恐渐流于僭滥，故令更定条例，一切服饰，力崇俭朴，冀返敦庞，讵意有司奉行过当，专事苛细，借端纷扰，以致商贾壅滞，物力匮诎，小民深为未便，以后著仍照康熙九年定例遵行，见今一应禁约俱行停止，尔部即遵谕行。"③ 康熙二十年（1681年）正月戊寅日，康熙谕三法司："帝王以德化民，以刑弼教，莫不敬慎庶狱，刑期无刑，故谳决之司，所关最重，必听断明允，拟议持平，乃能使民无冤抑，可几刑措之风。近览法司章奏，议决重犯甚多，愚民无知，身陷法网，或由教化未孚，或为饥寒所迫，以致习俗日偷，恣不畏法。每念及此，深为悯恻，在外督抚臬司及问刑

---

① 《清圣祖实录》卷二百五十四，康熙五十二年四月甲寅条。
② 《清圣祖实录》卷八十三，康熙十八年八月己丑条。
③ 《清圣祖实录》卷五十一，康熙十三年十二月壬寅条。

各官审理重案,有律例未谙,定拟失当,草率完结者,有胶执成见,改审供招,深文罗织者,有偏私索诈,受嘱徇情,颠倒是非者。有一于此,民枉何由得伸。以后著严加申饬,内外大小问刑各衙门,洗心涤虑,持廉秉公,务期原情准法,协于至当,不得故纵市恩,亦不得苛刻失入,痛改积习,加意详刑,以副朕尚德好生,钦恤民命至意。"①执法的好坏对社会风气的影响甚大,保证执法的公正才能从根本上保证社会风气的好转。

康熙尽力倡导一种务实的作风,他说:"朕孜孜图治,亦皆崇尚实政,不贵空言,督抚系地方大吏,凡关系民生,兴利除弊,有裨风化,鼓舞士子,果有真知灼见者,即应竭虑殚心,见诸躬行,以利地方。"②此外,康熙亦反对在巡行中前呼后拥,反对大操大办迎送仪式,反对官吏在辞任时搞众多民人的送行仪式,亦反对搜刮民力以树碑立传。

康熙还积极倡导家族制度的发展,提倡其他各类社会组织的发展,包括乡约、会社、会馆等组织的发展,以便通过集体的力量和彼此的相互制约来实现社会的有效整合,减少社会动荡,维护社会安定。

康熙从儒家经典与浩瀚的历史典籍中,通过实践,认识到作为最高的封建统治者必须树立起"以民为本"的思想,有效地处理和协调社会各群体之间的利害关系。他一贯坚持"有益于民者即行之"的标准,来处理一切事务。上述垦荒、轻赋、蠲赈、恤商和移风易俗等各项工作,都是与民生紧密相联的。因此,凡是与民生相关的事情,他都要细加筹划,凡是有害于民生的事情,他都要反对。

---

① 《清圣祖实录》卷九十四,康熙二十年正月辛巳条。
② 《清圣祖实录》卷二百六十六,康熙五十四年十一月庚子条。

康熙二十三年(1684年)工部要求他敕令直隶、河南巡抚塞卫济运,漕船过后,才许分流灌田。他批评工部官员不顾民生,说:"朕听理诸事,必于民生关系之处,详加筹度,而后施行。该部所议,但期不误漕运,初未尝计及民生关系处也。"①他把民生是否得遂作为他政治得失的尺度。他时常出巡也包含着勤求民瘼的企求,"是以风俗民情靡不洞悉"。在南巡时,他发现浙江百姓因"府、州、县官私派侵取,馈送上司","微小易结案件牵连多人,迟延索诈者甚多。"②人民生计大不如前,于是严敕督抚查参,否则事发,督抚与贪蠹一并从重治罪。正因为康熙竭力把"保民"、"安民"、"恤民"、"重民"等思想付诸实施,使清初的政治局面、社会经济状况有了很大的改观,从而为康、雍、乾盛世奠定了坚实的物质基础与社会基础。

---

① 《清圣祖实录》卷一百十五,康熙二十三年四月丙辰条。
② 《清圣祖实录》卷一百九十三,康熙三十八年五月丙戌条。

第八章　严吏治　辨赏罚
源清则流洁

一、清初吏治积弊

康熙曾怀着"察吏安民"的宏大计划登上金銮殿,他亲政以后,消除了以鳌拜为首的辅政大臣的影响,日渐重建起了以皇帝为中心的从中央到地方的政治体系。

首先,他通过各种途径逐渐认识了清初吏治的积弊。譬如:"部臣议事,不肯直辞决断,或请下督抚,或请移他郡,一案之处分,经年未结,一事之行止,重复咨询,民间利病所关,惮于厘正。辄以往例为词,是惟知推诿卸责,而无任事之实心也。督抚知百姓苦于私派浮征,而不为建长策以除积痼,见有司贪暴掊克,间有特纠者,又复摘微罪引轻条,是惟以蒙蔽养奸,而无澄清之实政也。"①许多官吏为官不求有所作为,却得过且过,这实际上也是怠政的表现。官僚队伍中充塞着这类怠政者,革新政治必成空话。康熙认为:"天下善事俱是分所当为,近见寸长片善,便自矜夸,是好名也。"②本来,设立言官是要执行弹劾贪酷之责,可事实上,"近见言官条奏,于事理之外,牵引比拟,多用浮饰之言,或有将已结之

①　《康熙政要》卷七,《论勤学第八》。
②　《康熙政要》卷九,《论择官第十》。

事,剿袭充数者,或有挟私纷更国家已定之良法者,且本章原令不得逾三百字,今逾额浮词甚多。"①正因为如此,"国家设法定例,原期章程尽善,垂之久远,上裨军国,下益民生,必借内外臣工精白乃心,恪其详慎,实心奉行,方克永遵而无弊。近见各处章奏,凡于见行之例,或借端营私,巧为掩饰,或推诿卸过,冀免处分,或徇庇情面,曲为弥缝。凡行一事,每滋弊端,以致良法美意,泽未下究,而累已及民,揆诸立法初意,殊为未符。"②譬如蠲免政策颁布下来,到了地方,"旧逋未与停止,故官吏追呼不辍,不肖者或缘旧逋,以罔新额",使恤政反成苛政,这些都是贪吏为患,"国家日言生聚,而凋敝愈甚;日言轸恤,而疮痍不起,日言招集,言蠲免,而流离琐尾之状,不可胜言。""一旦水旱频仍,饥馑见告,蠲赋则吏收其实,而民受其名,赈济则官增其肥,而民重其瘠,此不独守令之过也"③。康熙说:"向因地方官员滥征私派,苦累小民,屡经严饬而积习未改,每于正项钱粮外,加增火耗,或持易知由单不行晓示,设立名色,恣意科敛,或入私囊,或贿上官,致小民脂膏竭尽,困苦已极"④。有的官吏在地方"钱粮新旧并征,参罚叠出"⑤;有的官吏为了博得上司的欢心,求取升迁,常常置百姓安危于不顾,以致"鞭笞敲剥",无所不为。

康熙还发现"在外文武官员,尚有因循陋习,借名令节生辰,剥削兵民,馈送督抚、提镇、司道等官,督抚、提镇、司道等官,复苛索属员,馈送在京部院大臣、科道等官,在京官员亦交馈送"⑥。康

① 《康熙政要》卷六,《论求谏第六》。
② 《康熙政要》卷九,《论择官第十》。
③ 《康熙政要》卷一,《论君道第一》。
④ 《清圣祖实录》卷二十六,康熙七年六月戊子条。
⑤ 《清圣祖实录》卷九,康熙二年二月辛丑条。
⑥ 《康熙政要》卷八,《论君臣鉴戒》。

熙深深意识到:"今人沿于明季陋习,积渐日深,清操洁己,难言之矣。职守移至旷怠,罕能恪勤,朝廷良法美意,往往施行未久,即为丛弊之地,常欲化导转移,每患积习之难去也"①。因而在康熙执政以后很长一段时间内,吏治问题仍很严重。康熙二十年(1681年)初,康熙与直隶巡抚格尔古德谈话中坦言:"但为总督、巡抚者,贪婪居多。"②后来,他又和礼部尚书汤斌谈到:"天下官有才者不少,操守清廉者不多见。"③康熙所言并非无中生有,十八年(1679 年)七月,京师地震,康熙命部院三品以上官及科道、在外督抚等官,言政治得失,并亲自修省,总结了六大问题,其中第一条即为"民生困苦已极,大臣长吏之家日益富饶。民间情形虽未昭著,近因家无衣食,将子女入京贱鬻者不可胜数",其原因在于"地方官吏诣媚上官,苛派百姓,总督、巡抚、司道又转而馈送在京大臣,以天生有限之物力,民间易尽之脂膏,尽归贪吏私囊。"④

在京大吏亦巧立名目中饱私囊。譬如各省地丁税课各项钱粮,在本地支销兵饷、驿站、俸工、漕项等件,每年共约用银二千余万两,由皇帝将督抚奏请报销的题本交户部审核,办理报销。但履行报销手续时,户部往往挑剔不已,往返多次,难以通过。督抚只好向户部行贿,时谓"内外使费",其后,哪怕报销有弊,也能顺利地"以咨文完结"。外省向中央解送钱粮时,若不足量,户部有权令其补解,曰挂平,户部大员利用职权,不分青红皂白,硬以不足量为借口,强令补解,其数每年大约占解送钱粮总数的百分之三、四。如果解官事先与库上讲明,每十万两使费四千两,便可免去挂平。

① 《康熙政要》卷一,《论君道第一》。
② 《康熙起居注》,康熙二十一年二月十四日壬辰。
③ 《清史列传》卷八,《汤斌传》。
④ 《清圣祖实录》卷八十二,康熙十八年七月癸巳条。

仅此一项,户部每年可非法收入三四十万两,这是结伙贪赃的极端事例。漕运总督以每石多一两一钱题销漕船月粮钱,户部审核认为应六钱五分,冒销近一倍。皇帝批复漕督,令其"将给过银两严追交报",但漕督贿赂户部大员后,仍能以一两一钱"暗销",漕督、户部大吏互相勾结侵吞国家财富①。这些事例均系在办理公事过程中,以公事"公办"的形式出现,彼此勾结,行贿受贿,贪污钱粮,它比官员个人交往中行贿受贿要高明得多,危害也更大。

经济上结伙贪污必然导致政治上的拉帮结派,曲应故事。九卿会推官员,亦不能至公至正,或草率苟且,或立议争胜,极力推荐自己的亲朋、同乡以及门生。官员间多结为党援,互相包庇,徇私舞弊。康熙发现山西巡抚穆尔赛贪酷无比,秽迹昭著,但当康熙向大学士、九卿等问其居官善否时,满大学士勒德洪等竟企图包庇而不据实陈奏。康熙还了解到自工部尚书至侍郎以及各分司官员,充塞着一大批互相容隐的贪污分子,而这是治河工程连年兴工却不仅全无效果,反而殃害更烈的重要祸端。

因为吏治不修,危害百姓,势必危及封建政权的统治。在清初,已有不少官员针对当时的实际情况提出了尖锐的意见。有的说:"天下之治安在民,民之治安在吏,亲民莫如守令,则守令者天下治乱之源也。"②魏象枢在《申明宪纲恭请严饬以致治本源事疏》中,把整饬各省督抚放在首要位置。他说:"窃念国家之根本在百姓,百姓之安危在督抚,故督抚廉则物阜民安,督抚贪则民穷财尽。"③康熙在与熊赐履的讨论中更加明确了从来"民生不遂,由于

① 王鸿绪密缮小折:《稽核各省冒销钱粮办法》,《文献丛编》第二辑。
② 孙廷铨:《沚亭文集》卷上,《秦闻发策五问》。
③ 《寒松堂全集》卷四。

吏治不清。长吏贤,则百姓自安"①的道理。康熙认为:"夫国赋出于民,有一民斯有一民之赋,若不抚辑招徕,地方何由底定。"②康熙十七年(1678年),康熙与明珠交谈时说:"明朝末世,君臣隔越,以致四方疾苦,生民利弊,无由上闻。"③后来他又说到明朝后期"一切事例游移不定,上无道揆,下无守法,以致沦亡。"④从明朝的败亡中,康熙看到若不严吏治,必然要重蹈亡明之覆辙。因为官吏的贪残,当时社会已乱事纷呈。在三十六年(1697年)四、五月间,康熙因追歼噶尔丹巡视山西、陕西、甘肃等省,亲睹各级官员"不能子爱小民,更恣横索",官贪酿成民反。三十六年正月,山西便"因科派草豆激变民心",愤怒的百姓先后围攻了安邑、翼城、曲沃、闻喜、襄陵、太平、稷山等县。其他如蒲州、解州、绛州以及河津、荣河、万泉、芮城等地,亦"纷起变乱"。次年"复有宁乡、汾阳、孝义之变"。据有人向朝廷上书说,此次"晋省各邑民变,皆由前任巡抚温保持乙亥、丙子两年需用草豆车骡等项,官价未给,又行令州县摊派"所至⑤。三十八年(1699年),湖南茶陵州又发生了因知州赵国瑄"私派激变"事,起事的群众在陈丹的领导下,围攻城池,阻击官兵,夺取信印、仓库,朝廷派郎中刚五达等前往查议,刚五达不认真查办赵国瑄,反而与地方官互为勾结,"恣肆横行,扰害地方",结果使矛盾更加激化⑥。就在湖南发生变乱的同时,

① 《康熙起居注》,康熙十二年三月初三日癸酉。
② 《清圣祖实录》卷六十六,康熙十六年四月辛未条。
③ 《清圣祖实录》卷七十三,康熙十七年五月甲寅条。
④ 《清圣祖实录》卷八十五,康熙十八年八月己丑条。
⑤ 刘继祖:《舆地随记》卷二。
⑥ 《清圣祖实录》卷一九四,康熙三十八年闰七月癸丑条;卷一百九十六,康熙三十八年十二月戊辰条;卷一百九十七,康熙三十九年二月壬辰条。

山东安邱县的千余名农民,因不堪赋役重压而发生暴动①。不久之后,江西永新县百姓也因为"官府横加赋银米石"而"聚众抗官"②。在盛京义州,佃甲们"迫于所司侵渔","亡命"于山中"自保"以"图活命"③。如此等等,几乎连年都有,其中还有相当一部分因为动乱的规模较小,"有司畏考成惧参罚","竞相讳盗,隐瞒不报,朝廷无由得知。"④又如在山西省,"地方巡抚以下及有司各官,平时不能抚养,督劝力田","猝遇凶年,小民失业",使"地亩荒芜,人丁逃亡"⑤。或像湖南,"有司征收钱粮,加取火耗又视别省为独重,百姓穷蹙不支,致多流离迁徙"⑥。所有这一切,都驱使康熙必须对地方吏治有所改革。恰好历史提供给了康熙这样的机会,三藩之乱的平定使康熙可以从容地把主要精力集中到修明内政方面。

二、康熙严饬吏治举措种种

康熙多次在公开场合表明了自己严饬吏治的意向,这可以说是定下了政策的基调。譬如二十七年(1688 年),他曾说:"每念民生之休戚,由于吏治之贪廉。"⑦三十三年(1694 年)又说:"朕以统御寰区,莫不以国计民生为首务,其时人材蔚起,吏治澄清,府事修和。"三十六年(1697 年)又谈到:"朕惟治天下之道,必期柔远能

---

① 咸丰《青州府志》卷三十七,《名宦传·张连登》。
② 李绂:《穆堂初稿》卷二十六,《故永新县张君墓志铭》。
③ 吴熊光:《伊江笔录》下编。
④ 范承谟:《范忠贞公文集》卷二《上封事疏》。
⑤ 《清圣祖实录》卷一○九,康熙二十二年四月庚子条。
⑥ 乾隆:《长沙府志》卷首《皇言》。
⑦ 《清圣祖实录》卷一百三十四,康熙二十七年三月乙亥条。

迹,察吏安民。"①他对大学士等说:"当今凡事皆可缓图,惟吏治民生最难刻缓"②。

整饬吏治的第一步便是有关制度的建立,首先是充实和严格官吏的考核制度。清初承明制,对文职官员实行"京察"、"大计"等法。京察考核在朝京官和督抚,大计则考核外任官员。但在顺治、康熙之际,不但考核流于形式,而且时间也无保证,还常常借故停罢。

康熙元年(1662年),颁谕:"内外官员历俸三年考满,即可分别去留。此外又有京察大计,实属繁文,仍停京察大计,专用考满,以五年分别勤惩。一二等称职,加级记录,平常者留任,不及者降调,不称职革职,以后升转,一等者先用。"三年(1664年),御史张冲翼注意到考满结果定一等者甚多,无法显示差等,反而激发了官吏们的奔竞钻营之心,他请"申严卓荐名额,皆以详核事迹,使名实相符"。对此,康熙马上告谕吏部说:"都察院近日内外文武各官,考满一等二等甚多,岂无一才力不及不称职者?此后各部直隶各省文武官员考满,将三年之内,某官所办某事,察明保奏。若考过一等二等官员,不能称职者,事发之日,将考核时具保之官,一并治罪"③。但是四年(1665年),御史季振宜又发现"自行考满以来,大臣上疏自陈,不过铺张功绩,博朝廷表里羊酒之赐。至堂官考核司属,朝夕同事,孰肯破情面秉至公? 其中钻营奔竞,弊不胜言。"考满制度亦成虚设。到康熙二十三年(1684年)以后,康熙认真整顿过去的制度,开始严格考核官吏,到康熙晚期的三十多年

① 《清圣祖实录》卷一百八十四,康熙三十六年七月壬辰条。
② 《康熙政要》卷十四,《杜奸邪第二十四》。
③ 《康熙政要》卷九,《论择官第十》。

里,大批不称职的官吏及时受到处理,有一千五百多人因"才力不及"和"浮躁"被降职调用,还有一千五百多人因"不谨"和"罢软无为"而被革职。此外因廉洁能干受到表彰的有七百多人,因贪酷被惩处的有五百多人,因老病而休致的达两千六百多人。康熙按制度定期考察官吏,严格实行奖惩,对防止官吏腐败,提高官吏素质起到了积极作用。

在其他制度方面,康熙也作了不少充实和调整。清代入仕有"正途"和"杂途"之分,正途是指由科举或贡监而做官的,构成当时官员队伍的主体。在此之外,诸凡捐纳、荫袭、吏胥迁秩而进入官场的,统称杂途。比较而言杂途人员来源复杂,素质参差不齐。康熙认为要澄清吏治,重视选拔,就必须对杂途人选作适当限制,便于十九年(1680年)议准:汉官非正途者,虽经保举,亦不准参与吏部考选。次年又规定:捐纳、贡生不得与正途出身等同考选。为了避免在考选中徇私隐情,对京官三品以上及总督、巡抚子弟,规定不准考选。康熙还针对上级官员在推荐保举属官中的请托、结党,指示吏部议定:凡督抚滥将属官保题留任补用,或在京九卿等官保举人员"有贪婪事发"者,均得将原保举官纠察处分。又规定,凡大计定为"卓异"者,必须确实符合"无加派、无滥刑、无盗案、无钱粮拖欠、无仓库亏空银米,境内民生得所,地方有起色"等条件①。此外,对任官回避制度以及对招徕民户、劝垦荒地、钱粮赋税、民刑盗案等一套传统考成办法,也有所充实调整。

其次,康熙深受儒家思想影响,坚信"有至人,无至法"的规条。他说:"国家设法是例,原期章程尽善,垂之久远,上裨军国,下益民生。必借内外臣工,精白乃心,恪共详慎,实心奉行,方克永

---

① 乾隆《大清会典事例》卷一一,《吏部》。

遵而无弊。"①他多次苦口婆心对臣下说："朕惟致治雍熙,在于大小臣工,悉尚廉洁,使民生得遂。内外满汉文武官员,各守职责,必律己洁清,屏绝馈遗,乃能恪共职业,副朕任使"②。"人臣服官,着重廉耻之节"③。"人臣服官,惟当靖共匪懈,一意奉公"。"从来有治人无治法,为政全在得人……若诸臣肯洗心涤虑,公尔忘私,国尔忘家,和衷协恭,实尽职业,庶务何患不就理? 国家何患不治平哉?"④康熙之言之谆谆,而多数官员却听之邈邈,就在他反复告诫官员时,苟索肥己者有之,"或因不得升迁,或因不得差遣,辄称冤抑,纷纷控告"者有之,"分立门户,私植党与"者有之。时天灾频仍,康熙曾力图借灾修省,借灾兴革,他曾说:"顷者,地震示警,实因一切政事,不协天心,故召此灾变"。他说:"大臣朋比徇私者甚多,每遇会推选用时,皆举其平素往来交好之人。但云办事有能,并不问其操守清正,如此而谓不上干天和者,未之有也。"⑤他说官吏中"徇私利己者多,公忠为国者少。"⑥又说:"朕数年来,屡下严旨,加意剔厘。今虽较前差善,而弊尚未除。且部院堂官,止图己身安逸,办事不勤。堂官推诿司官,司官推诿笔帖式,早归私家,诡称终日在署"⑦。显然,靠劝谕不可能对吏治的澄清发挥太大的作用。

康熙考察鞭策官员的办法还有引见、陛辞、出巡、密奏等。

康熙对于委任的一般州县官员、题补武官、被参官员保举人员

① 《康熙政要》卷九,《论择官第十》。
② 《康熙政要》卷八,《论君臣鉴戒第九》。
③ 《康熙政要》卷八,《论君臣鉴戒第九》。
④ 《康熙政要》卷八,《论君臣鉴戒第九》。
⑤ 《康熙政要》卷八,《论君臣鉴戒第九》。
⑥ 《康熙政要》卷八,《论君臣鉴戒第九》。
⑦ 《康熙政要》卷八,《论君臣鉴戒第九》。

等都予引见,亲自提问,"亲验补授",并给予指示,如果发现庸劣者,便予以罢斥,相反的,则予以肯定,态度明确。十年(1671年)十二月的一天通政使司官员出班启奏,康熙询问左通政使任克溥:"你是什么地方人?"任克溥跪答说是山东人。康熙又问:"你曾经做过御史吗? 条陈弹劾过几次?"任克溥回答:"臣向承乏科员,条陈三十二事,弹劾一总督、一侍郎,又发科场大弊。"此人退出后,康熙对旁边侍臣们称赞说:"以前听说他很强干,果然是这样"。二十年(1681年)二月,一次在乾清门听政时,都察院左都御史折尔肯为一批内升外转御史引见,康熙问:"御史中最贤能的是谁?"折尔肯回奏是汉军御史郭维藩、祝钟灵,另外有二人也很好,只是历任还不久,对他们还不太了解。大臣徐元文等又奏赵之鼎资俸最深,人也敦厚;谢兆昌才品都优。康熙接着问:"品行不端的有谁?"徐元文答:"御史中亦无甚不肖者,惟唐朝彝办事平常。"康熙说:"唐朝彝才能虽然一般,但是个敦厚本份的人。"又指名问道:"蒋伊这人怎么样?"徐元文等肯定地说:"他办事有才,而且工作勤勤恳恳。"康熙因早有了解,便说:"朕闻此人各处奔竞,巡城时声名亦不佳。"对于臣下的议论,康熙并不偏信,常能细加咀嚼,辨其贤否。二十五年(1686年)十二月,掌管宗庙祭祀的太常寺空缺两个寺丞职位,大臣明珠、学士葛思泰等不同意别人举荐的人选,向康熙举荐现任太常寺赞理郎的法山、华善二人,说他们"为人颇优,礼仪娴熟可用",请康熙引见。赞礼郎是太常寺中最低官职,正九品,寺丞是佐贰主官寺卿的事务官,正六品,当时属正官。这次题补是不小的升迁,康熙很慎重,他仔细地问葛思泰,法山和华善"历俸几年",回答说法山四年、华善二年。康熙反问难道再没有比他们"俸深"的人了吗? 表示这方面不太合乎要求。赞礼郎的职务是祭祀时指导皇帝行礼,所以康熙又问他们声音如何,并说声音好坏至关重要。葛思泰承认声音平常,强调"寺丞职在引礼办事,此二人老成,可以任事,所以选择。"康熙问到法山的出身,在旁的大臣勒德洪答说:"由乌林人笔帖式升赞礼郎",也强调"为人颇优,且年已老成"。康熙又问他们与降调的原寺丞西宝相比如何,葛思泰极力说:"此二人比西宝为优。西宝但因办事熟练选择,其为人甚属狂妄。此二人比西宝果优。"康熙思虑再三,反复权衡之后表态说:"此二人未必可用。"又问:"其他俸深者为谁?"答说俸深的是雅奇和张达。康熙说:"寺丞员缺,甚属紧要,必须历俸年久,声音洪亮,礼仪娴熟者,方可补用"。两天后,奉旨引见任太常寺读视官的张达和赞礼郎萨木哈。康熙问二人历任几年了,葛思泰奏曰:"张达历任十一年,萨木哈历任八年"。康熙又问:"张达为人若何?"葛思泰不假思索地说:"张达为人堪用"。康熙这才说:"这员缺着张达补授。"①这件事表明康熙考察任用官吏是很注重贤能标准的。

康熙还让被任命的督、抚和各省其他文武大吏离京赴任前,向他告别,叫陛辞。这是康熙考察官员的另一有效措施。十八年(1679年)八月二十六日,山东巡抚施维翰陛辞,康熙问道:"尔有所陈奏否?"维翰奏言:"臣一介庸愚,蒙皇上特恩简拔,荷此重任,自奉命以来,日夜悚惧,敢不尽心力以图报称。"康熙说:"总督、巡抚赴任,朕皆有谕旨,勉其尽职,及到地方,鲜能遵行"。维翰奏言:"臣历官日久,悉知民间利病,今到地方,誓不敢有败检之事。倘居官不职,惟皇上置之重法。"康熙乘势进言说:"近日山东兵丁鼓噪,极为可恶,尔到地方,宜严行禁戢"。维翰奏答:"兵民皆朝廷赤子,止因巡抚、提督文武不和,遂致兵丁生变,臣当与提督臣同心

---

① 《康熙起居注》,康熙二十五年十二月初七日丁巳条。

341

协力。调剂兵民。"康熙欣然地说:"文武协和,自然地方安辑。"维翰又奏言:"山东盗贼未清,连年荒歉,兼以吏治贪污,臣当尽力料理,次第入告。"既而康熙又劝勉施维翰勤奋工作,体恤民生①。二十四年(1685年)二月十三日,漕运总督徐旭龄于乾清门陛辞,康熙召徐至榻前,徐旭龄对康熙的信任和重用深表感激,并虔诚地向康熙讨教治漕的方略,因为二十三年时,康熙刚南巡过。康熙叮嘱说:"源洁则流清,尔为大吏,务正己率属,官吏自不为奸。""尔可益励勤恪,安辑军民,以副朕委任至意"。徐旭龄向康熙提出一套禁止陋规、节约不必要开支的方案,他说:"凡官吏营私莫如钱粮火耗,臣在山东曾行严禁,今者漕运陋规,巧立名色,积习相因,不可枚举。即如漕船过淮,例应盘验,乃经管官吏专事需索,以致旗丁穷困,盗卖漕粮,亏损国课。臣到任后,务彻底清厘,以苏军民之困。至额设标兵六千,臣衙门非有防守之责,似应量裁,以节冗费。前任漕督原系满官,故一应本章皆用笔帖式翻译,臣是汉人,奏疏止用汉字,所设笔帖式亦应裁撤。官省则弊亦省,似于地方有益。"康熙激励说:"此等应行事宜,尔到任后即具本来奏,朕自允行。漕河事务原属一体,凡河工有关漕务者,尔便宜行事,不必推诿。其属官贤否,宜从容细访,廉察得真,方可入告。举一人,务使千万人知劝;劾一人,务使千万人知惩。至于待属吏,勿致过刻,伊等各有难处,尔若平心待之,则下吏皆悦服矣。"旭龄奏说:"圣谕明见万里,臣谨仰体遵行。臣今日即出都门,去天日远,犬马之情不胜依恋"②。同日,又召新任广东提督许贞到御座前,颁谕说:"尔在江西著有战功,朕嘉尔劳,故简任提督,近闻广东盗贼未靖,

---

① 《康熙起居注》,康熙十八年八月二十五日条。
② 《康熙起居注》,康熙二十四年二月十三日癸卯条。

尔宜加意缉捕,以安民生"。许贞奏答说:"广东地方多有溪水,盗贼出没其中,最难捕治。臣今设法打造小船,或三里或五里安设水路塘兵,昼夜巡哨,庶盗贼可息"①。康熙颇为满意。

由于康熙较多接触实际,所以他经常能从官员的奏本中发现问题,及时处理,这是整饬吏治,提高行政效率的有效办法。原任偏远巡抚韩世琦,奉命采办楠木,先是说四川酉阳土产楠木合乎要求,奏请让四川官员办理,等到他改任四川巡抚,又奏酉阳楠木因路远察看不便,请令湖广督抚就近察看。康熙见所奏前后"参差不合",便令吏部将其革职。二十六年(1687年)九月十五日,工部批准御史噶萨理题请议叙挑浚串场河官员的奏本,康熙看后说:"凡官员料理事务,必公事告成,后察其所任之事果有成效,方可酌量应否议叙。今串场河始行修理,噶萨理等即请议叙监修官员,显系瞻徇。工部将此等情由并不议及,皆殊属不合!着一并严饬行"②。奏章是康熙了解官吏、了解下情的重要途径,因而康熙对之十分重视,他说:"奏章关系国政最为紧要"。他要求奏章切忌浮饰之言,"本章原令不得逾三百字"。对"辄用称颂套语"繁文缛礼深表义愤,过火者要"严加治罪"。他甚至还能发现奏章中的差误字句,并加以改正。康熙力图以此倡导求实务实的工作作风。

康熙还利用出巡的机会考察官吏。不仅有南巡,亦有北巡、西巡。二十三年(1684年)九月,康熙第一次南巡,其目的是"体察民情,周知吏治。"十一月十一日,在淮河沿岸的宿迁,发现漕运总督邵甘"莅任以来,并无善状,且多不谨处。"邵甘辩解说自己是满人,"不免为众所忌。"康熙了解到邵甘怠政确实,给予撤职处分③。

① 《康熙起居注》,康熙二十四年二月十三日癸卯条。
② 《康熙起居注》,康熙二十六年九月十五日庚午条。
③ 《康熙起居注》,康熙二十三年十一月十一日壬申条。

二十八年(1689年)正月初四至三月十九日,康熙第二次南巡,回京之后,据所掌握情况,任免一批高级官吏。如杭州"副都统朱山庸劣且老,着解任。"总漕"马世济有疾,且才具庸常,不能胜任,可以原品休致,随旗上朝,其总漕员缺,着将董讷补授"。靳辅"于河工似有成效,实心任事,克著勤劳,前革职属过,可照原品致仕官例,复其从前衔级"。同时对奉天府牧马头目吴达禅率马厂人驱马入民田内之恶行,给予处罚①。康熙通过巡视了解到地方上的实际情况,对做得有偏颇的事,亦不惮改正。

康熙在亲察过程中还经常把他发现的案例加以剖析,总结经验教训,从而有针对性地教育官吏,给众官吏打预防针。就在第二次南巡返京不久,康熙申饬地方官员:"今见直隶各省文武各官,多有虚糜廪禄,怠玩因循,事务废弛,行武虚冒。船只仍其朽坏,器械全不整理,且有无多寡,茫然不知。总因分内职业视为具文,漫不经心,殊属不合。著各该督抚提镇通行所属官员严加申饬,令其痛改积习,力图振刷,恪勤职守。如仍前玩忽,是行从重治罪。"②

康熙出巡视察既面见各级官吏,了解政务情况,尤其注重察访实情乃至与民众接触。康熙曾说:"凡居官贤否,惟舆论不爽,果其贤也,问之于民,民自极口颂之;如其不贤,问之于民,民必含糊应之。官之贤否,于此立辨矣。"③当然有时他也注意到了解民情也并不一定就能得到准确的信息,因为所了解的对象有的是与被了解者有隙的等等。

为了全面准确地把握世情,康熙曾对官职并不甚高的部院司

①　《康熙起居注》,康熙二十八年三月二十日丁亥条。
②　《康熙起居注》,康熙二十三年十一月初四日乙丑条。
③　《清圣祖实录》卷二百零一,康熙三十九年十月丙寅条。

官委以察治僚属的重任,后来甚至规定"汉官每遇奏事,派六员引见"①。康熙希望有一批贴心之人帮助他执行察吏之责,这个办法渐渐演变为一种密奏制度。他说:"朕令大臣皆奏密折,最有关系,此即明目达聪之意也。其所奏之事,或公或私,朕无不洞悉;凡一切奏折,皆朕亲批。"他认为允许密奏本身即可对官吏产生约束之意,"诸王文武大臣等,知有密折,莫测其所言何事,自然各加惊惧修省矣。"②由史料看,密折的来源是多方面的,有差遣到各地办事官员回朝复命时,受皇帝之命,将所见所闻密报;有的钦差可专折密奏;因派出钦差等人有在外地为非作歹者,康熙四十一年(1702年)十月,给督抚密奏并擒拿歹徒之权;大臣、总督、巡抚、提督、总兵官皆许密奏。密奏收到了一定效果,皇帝增加了一个掌握官员情况的渠道,有些通过公开途径无法弄清的问题,经密奏便可迎刃而解。五十年(1711年),江南科场(指围绕江南乡试发生的团伙作弊案)案被公开揭发后,发生督抚互讦事件。江苏巡抚张伯行疏参两江总督噶礼与考官通同作弊,揽卖举人,胁索银两。噶礼则疏劾张伯行挟嫌诬陷,监毙人命等七十罪状。康熙接到这个互参案后便知情况一定较为复杂,他曾谕九卿说:"噶礼、张伯行互参一案:噶礼有办事之才,又多不为人所容"③。还有由谁来审理此案,又遇到是派满大臣还是汉大臣的问题,这表明康熙竭力谋求满汉之间的平衡与协调。后来,康熙从苏州织造李煦和江宁织造曹寅的密折中很快掌握了案件的内幕实情、江南群众对此案的态度以及互参之后张、噶的动态。经张鹏翮审结,拟"将张伯行革

① 《清圣祖实录》卷二百六十六,康熙五十四年十一月辛未条。
② 《清圣祖实录》卷二百七十,康熙五十五年十月甲午条。
③ 《清圣祖实录》卷二百四十九,康熙五十一年正月丁巳条。

职,拟徒准赎,噶礼降一级留用"①。康熙看了案宗时说:"张伯行参噶礼索银五十万两,审属情虚,江南一省举人能有几何,纵尽行贿买,亦不能至此数,噶礼若受赃即五万,亦当置之重典。噶礼原非清廉之官,但在地方亦有效力之处。张鹏翮等审噶礼参张伯行,并未审出一款。张伯行原参噶礼内有干系国家之语,亦未讯明审出,似为两边掩饰和解,瞻徇定议。大臣互相参劾,岂可不彻底审明,乃两面调停,草率完结。况督抚等,凡遇事故初参之时,率张大其事,以极重之词参奏,及至审时,务必开脱消释者甚多,此亦陋习,断不可行"②。又说,"噶礼有办事之才,用心缉拿贼盗,然其操守则不可保;张伯行为人老成,操守廉洁,然盗劫伊衙门附近人家,尚不能查拿。噶礼曾参原任知府陈鹏年,陈鹏年居官虽善,乃一胆大强悍之人,噶礼、张伯行互相不睦者,皆陈鹏年怂恿所致。据张伯行参疏云:噶礼得银五十万两,未必全实,亦未必全虚,即噶礼所参张伯行之事,亦必有两三款是实。至海贼一案,命江南浙江福建三省督抚前往,乃皆畏惧推委。惟噶礼至尽山花岛缉拿贼盗,因此各省督抚甚怨噶礼。此案察审实难。若命满大臣审,则以为徇庇满洲,若命汉大臣审,则以为徇庇汉人。至张伯行题参疏内连及张鹏翮者,意欲审理此事时,使张鹏翮回避,故朕仍令张鹏翮前往,从公审理。"③从这段话中我们可看出:康熙认识到这一案件本身至为复杂,从客观实际看,张、噶矛盾由陈鹏年挑起,噶礼作为满官功勋颇著,又颇不见容于群臣,这很难保证审理的公正。最后,康熙批示:"此案发回,著大学士九卿等详看会议具奏"④。该年十月乙

---

① 《清圣祖实录》卷二百五十,康熙五十一年五月丁巳条。
② 《清圣祖实录》卷二百五十,康熙五十一年五月丁巳条。
③ 《清圣祖实录》卷二百四十九,康熙五十一年正月丁巳条。
④ 《清圣祖实录》卷二百五十,康熙五十一年五月丁巳条。

卯日,吏部尚书穆和伦等经详审后证明:"张伯行所参噶礼各款……皆虚,……至噶礼所参张伯行各款……得旨俱系从前旧案,……但所参张伯行不能出洋等处俱实……张伯行居官清正,天下之人无不尽知,允称廉吏,但才不如守,果系无能,噶礼虽才具有余,办事敏练,而性喜生事,并未闻有清正之名。伊等互参之案,皆起于私隙,听信人言所致,诚为可耻"①。康熙从保全清官、平衡满汉关系着眼,给噶礼革职,张伯行革职留任的处分。

五十五年(1716年),康熙还曾命李煦密查"风闻李陈常大改操守"的内情。李煦密奏说:"李陈常居住之地,经秘密打听,在李陈常家有好田四五千亩,市房数十处,又有三处当铺,皆有其本。陈常买产开当,并非自己出名,多借他人名色,行迹奇诡,瞒人耳目,巧饰清官,而家道已富足,大改操守。"再经核查,李陈常还另立礼规,向盐商额外索取银三万二千两,李陈常表面乔装清廉,以致官至两淮巡盐御史,暗中却敲诈勒索,广殖田产。康熙正是通过密奏查出了这个贪官。

康熙用密奏考察官吏,取得了许多积极的成果。三十九年(1700年),他对大学士等说:"臣下之贤否,朕处深宫,何由得知?"②即使有经常的出巡,亦实在无法深入准确地了解下情,所以在许多场合,他还是力求健全制度,让吏部、都察院负起选拔与考核官吏的责任来。他曾说:"国家设立都御史及科道官员,以建白为专责,可以达下情而祛壅蔽,职任至重。使言官果能奉法秉公,实心尽职,则间阎疾苦,咸得上闻,官吏贪邪,皆可厘剔。故广开言路,为图治第一要务。近时言官条奏参劾章疏寥寥,虽间有入告,

① 《清圣祖实录》卷二百五十一,康熙五十一年十月乙卯条。
② 《康熙政要》卷六,《论求谏》。

而深切时政,从实直陈者甚少。此岂委任言路之初旨乎?"他号召言官"自今以后,凡事关国计民生,吏治臧否,但有确见,即应直陈,其所言可行与否,裁酌自在朝廷。虽言有不当,言官亦不坐罪。自皇子诸王及内外大臣官员,有所为贪虐不法,并交相比附,倾轧党援,理应纠举之事,务必大破情面,据实指参,勿得畏惧贵要,瞻徇容隐。""其有怀挟偏私,借端倾陷者,朕因言察情,隐微自能洞悉。"①康熙为了求得吏治的好转,动员起各种可能的办法,其用心之良苦是不难洞见的。

值得着重提到的办法还有"重开风闻言事之例。"康熙认为科道官的设置并不能切实履行起他们应履行的责任,客观地说,对于权大势重的贪恶之官,科道官也很不易取得切实的证据,但这些贪恶之官却对政治构成极坏的影响,为了加强对这些贪恶之官的打击,康熙援引明时"风闻言事之例",以推动对重大案例的查处。但是因为"风闻言事"可以不必有实据,因而也时常酿成冤案、错案,对此康熙也知悉,其始,康熙曾限制科道官的"风闻言事"。康熙十年(1671年)五月,都察院左都御史艾元征上疏:"世祖章皇帝时,于出位妄言及风闻失实者,皆立加严处。以风闻言事,伐异党同,挟诈报复故也。嗣后果有确见,关系政治及大奸隐弊,仍无论有无言责,悉听其指实陈奏外,余并不许以风闻浮词擅行入告。"康熙览奏,极为欣赏,未经有关部门复议,即命下部议行②。其后多次发布谕旨,阐明禁止风闻言事之重要。康熙十八年(1679年)八月十二日,增开处罚条例,规定:"科道条奏有嘱托挟制等弊者,革职提问"③,重者判刑。八月二十九日,康熙组织了一场同主张

① 《康熙政要》卷六,《论求谏》。
② 《清圣祖实录》卷三十六,康熙十年五月庚午条。
③ 《清圣祖实录》卷八十三,康熙十八年八月癸丑条。

允许风闻言事的代表人物、吏科给事中姚缔虞的辩论。姚认为，自禁止风闻言事以来，"言官气靡，中外无顾忌"，主张"嗣后如有矢志忠诚指斥奸佞者，即少差谬，亦赐矜全；如或快己恩仇，受人指使者，纵弹劾得实，亦难免于徇私之罪。如此，则言官有所顾忌而不敢妄言，中外诸臣有所顾忌而不敢妄为"①。其见解颇确，但康熙仍疑而不决，因为他认为风闻言事有损政权的形象，指责科道官"直言谠论者不过几人，徇私好名者不可胜数。"禁止风闻言事之策仍未显示出一些松动。

然而，无风闻言事客观上助长了贪官的大贪大恶之风，最后对政权的危害更大。康熙在二十五年冬审议湖广总督蔡毓荣利用大兵攻陷昆明之机侵吞吴氏逆产，并向部院大臣行贿之事后，形成清晰认识，他觉得，要查明底细，不允风闻言事便很难着手。

康熙二十六年（1687年）十一月二十日，康熙在乾清门处理政事完毕，向大学士等宣布：重新恢复"风闻纠弹之例。"他说："凡参劾贪官，其受贿作弊之处，因未曾亲睹，无所凭据，畏缩而不行参劾者甚多，今间有弹章，亦止据风闻参劾耳。苟非通同受贿，何以深知？天下岂有通同受贿，而尚肯题参者乎？自来原有风闻之例，世祖皇帝时及辅政大臣停止，今再行此例，贪官似有畏惧，若有挟仇参劾者，必须审明，果系挟仇，自有反坐之例"②。

此例一经实行，马上显示出效果，刚一个月，山西道御史陈紫芝就参奏上任刚满一年的湖广巡抚张汧"莅任未久，黩货多端，凡所属地方盐引、钱局、船埠等无不搜刮，甚至汉口市肆招牌亦按数派钱。当日保举之人，必有贿嘱情弊，请一并敕部议处。"康熙向

① 《清圣祖实录》卷八十三，康熙十八年八月丙戌条。
② 《康熙起居注》，康熙二十六年十一月二十日乙未。

周围人询问,有的说张汧"任事未久,名声甚是贪劣";有的说:"久闻张汧劣状,因无实迹,不敢入告";甚至说:"张汧五月到任,臣于七八月间即闻其秽声昭著"。康熙断然说:"似此贪恶,岂可一日姑容民上?贪劣之状,天下人共知,若不严加处分,贪官何所惩戒?"谕大学士等说:"科道职在纠参,张汧贪婪,无人敢言,陈紫芝独能弹劾,甚为可嘉,著传谕吏部,即令内陞,以示鼓励"①。后张汧革职,陈紫芝超擢为四品大理寺少卿。

后经了解,此案与大学士明珠有关,与此同时,科道官又提出河务问题也涉及明珠,明珠的劣迹逐渐败露。二十七年(1689年)二月初六日,御史郭琇上奏纠劾大学士明珠、余国柱背公结党,纳贿营私。其中要点为:凡阁中票拟,俱由明珠指麾,轻重任意;凡奉谕旨,任意增添,以市恩立威,因而结党群心,挟取货贿;结连党羽,满洲有尚书佛伦、葛思泰及其族侄侍郎傅腊塔、席珠等,汉人之总揽者为余国柱;凡督抚藩臬缺出,余国柱等无不展转贩鬻,必索及满欲而后止;应升学道之人,率往请价,由是学道皆多方取贿,士风文教,因之大坏;靳辅与明珠、与国柱交相固结,每年糜费河银,大半分肥,所题用河官,多出指授,是以极力庇护;考选科道,即与之订约,凡有本章,必须先行请问,由此言官多受其牵制;最忌言官,恐发其奸状,借事横加排陷,闻者骇惧②。二月初九日,康熙即宣布对涉及此案的部分人员的处分:革勒德洪、明珠大学士,交与领侍卫内大臣酌用;革大学士余国柱职;令大学士李之芳休致回籍。当时内阁共五名大学士,除王熙外,全部撤换。另外,满吏部尚书科尔坤以原品解任,满户部尚书佛伦及汉工部尚书熊一潇亦解任。

---

① 《清圣祖实录》卷一百三十二,康熙二十六年十二月乙丑条。
② 蒋良骐:《东华录》卷十四,中华标点本,康熙二十七年二月条。

由明珠之案又顺藤查清张汧因勒索属员及派收盐商银共九万余两,罪行严重,拟绞监候;保举张汧升任巡抚的户部侍郎王遵训、内阁学士卢琦、大理寺寺丞任辰旦俱被革职;湖广总督徐国相以不行参奏,亦予革职。至于上述所说的河银案中,牵涉到大臣靳辅,说靳辅"治河多年,迄无成效。皇上爱民,开浚下河,欲拯淮、扬七州、县百姓,而靳辅听信幕客陈潢,百计阻挠,宜加惩处。"这是靳辅抗旨之罪,又一罪则是指靳辅的屯田之策有累民之害。实际上前者是治河不同方略之争辩,后来证明靳辅的意见是正确的,后者也是靳辅为增加国家收入,缓解国家财政困难而进的权宜之计,只因触动了沿河地主的既得利益,故多被反对。好在康熙一向并不盲目轻信上言,对以上两条罪状都再次进行了认真分析,关于第一条罪状,他认为不宜早下轻下结论,对于第二条罪状,康熙充分肯定其良苦用心,因而决定不置之重典,暂予革职处分,这表明了康熙的求实与豁达(关于靳辅治河事,本书第九章有详述)。

为鼓励科道官纠参,广开言路,康熙允许"如有条陈,令至畅春园面奏。"针对陈廷敬"言官建白不得摭拾小事"的看法,康熙表示所言不限事之大小,"设立科道原欲其建言也,若必大事始言,则言官难分事之大小,以致进言者少,非所以集众思,广忠益也"①。三十六年(1697年)二月,鉴于"近时参劾章疏寥寥"的现状,康熙要求言官积极进言,同时严禁被参之人报复。四十年(1701年)十二月,广东巡抚彭鹏被云南道御史王度昭参劾,心怀不满,在遵旨回奏时对王度昭进行个人攻击。对此,康熙严厉斥责说:"朕于科道官员许其风闻入告者,专为广开言路,使督抚以下各官,有一切事务任意妄为及贪劣害民者,皆知所顾忌而警戒

① 《康熙政要》卷六,《论纳谏第七》。

也。……至于被参之人具疏回奏，止应辨晰是非，不应支离牵引。因彼一身被参，而举原参之父子兄弟亲戚皆受指摘，以逼报复，则自此以后，孰敢更纠一人？"①"彭鹏身为言官时亦曾参人，兹为王度昭所劾，理应止以切己之事剖晰奏明，乃今讦奏王度昭，谓其曲庇亲戚，而其间所有夙怨，又未举出实据。彭鹏虽操守清廉，居官亦善，这回奏反复渎陈，辞气不胜忿激，凡在君上之前不应陈奏之言辄形于章疏，粗戾已极，著严饬行"②。三十九年（1700 年），康熙颁布御制《台省箴》，"以儆言事诸臣。"同年十月，他再次表示对待科道官的风闻题参，"即行察核督抚，贤者留之，不贤者去之。"他认为"如此则贪暴敛迹，循良竞劝，于民大有裨益。嗣后各省督、抚、将军、提镇以下，教官、典史、千把总以上，官吏贤否，若有关系民生者，许科道以风闻入奏"③。自此，科道官纠劾官吏便逐渐经常化和制度化。实践证明，允许风闻言事有利于集思广益，开阔视听，是考察高级官员的一种有效措施，对澄清吏治发挥了积极作用。

但是这一制度在实践中也不免出现一些偏差。康熙紧握黜陟大权，对官员"应否准行补授，恩出自朕"，不允许都察院科道官参与人事，认为这是"明末恶习，断不可长"④。他虽曾许诺"言有不当，言官亦不坐罪"，并基本实行，但也有时言官因所奏"无凭据"而受处罚。康熙四十七年（1708 年）二月，御史袁桥因"以无凭据之事"疏参山西巡抚噶礼，被革职；御史蔡珍以"无凭据"参山西学

① 《清圣祖实录》卷二百零六，康熙四十年十二月甲子条。
② 《清圣祖实录》卷二百零六，康熙四十年十二月甲子条。
③ 《清圣祖实录》卷二百零一，康熙三十九年十月丙寅条。
④ 《清圣祖实录》卷二百五十三，康熙五十二年二月癸酉条。

臣邹士聪受托题留噶礼,被降一级,罚俸一年①。本来,风闻言事中有些事就有待进一步查实,噶礼在康熙的眼中是好官,故轻易地否定了蔡珍等的疏参,其后因无人敢再疏参噶礼,噶礼变得更加肆无忌惮,作恶更烈,这当与康熙有时仅凭个人好恶主观行事有关。

三、清官宜扶　贪官宜惩

在康熙整饬吏治中,费力最多且最具特色的,当数他表彰扶植清官的措施。他觉得"世风浇漓,人皆不能洁己自爱,故今日求操守廉介之人甚难,或仅能自守,而其才不克有为,当理繁治剧之时,又苦于不能肆应,可见人才之难也。"②康熙认为加强纠察、惩处贪官固然重要,但毕竟属于消极的防堵措施,因为即使惩办了贪官,危害已经造成,消除影响,平息民愤,亦要花费很多的时间。积极的做法是培养扶植一批正直清廉的官吏,以稳固封建统治。陆陇其就说:"察吏考成之法,向惟重乎钱谷盗案,今则兼重乎兴廉。夫使天下皆廉吏,则自能抚宁以原民生,而钱粮可以无缺,敷教以善民俗,而盗案可以永清,故兴奖廉吏,即所以为钱粮盗案计,法诚善也。"③陆陇其认为扶植清官抚绥民生,不但可以稳定封建秩序,而且还可保证赋税足额征收,比单纯追求"钱谷盗案"更加高明。

二十年(1681年)二月,康熙召见直隶巡抚于成龙,"赐坐,赐茶,面谕曰:'尔为今时清官第一,朕所深知。'"勉励他要"始终一节",并赐食御书房。过了几天,康熙对学士库勒纳等人说:于成

---

① 《清圣祖实录》卷二百三十二,康熙四十七年二月庚寅条。
② 《圣祖仁皇帝御制文集》初集,卷二十六,《杂著·讲筵绪论》。
③ 陆陇其:《三鱼堂外集》卷二,《察吏》。

龙"自起家外吏,即有廉名著闻。历升巡抚,益励清操,自始终,迄无改辙。凡在亲戚交游相请托者,概行峻拒,绝不允从。顷来,沙河所属人员并戚友间有馈遗,一介不取。"命他们送去赐给于成龙的内帑白金一千两、康熙亲乘鞍马一匹,还有一章御制诗,正在装帧,等以后再予颁赐,以示嘉奖。二十三年(1684年)春四月,于成龙病故,康熙因他"清操始终一辙,非寻常廉吏可比,破格优恤,以为廉吏劝"①,加赠太子太保,谥清端,荫一子入监读书,并御书"高行清粹"四字为祠额,书楹联赐之。康熙力求通过扶植清廉之吏以激劝众吏,克服"贪墨之风。"

于成龙的事迹逐渐在社会上被广泛流传。于氏为山西永宁人,顺治十三年(1656年)以副贡任广西罗城知县,当时他已四十五岁,临上任时给朋友写信表达心迹:"某此行,绝不以温饱为念。所自信者,天理良心四字而已。"罗城处在万山之中,县衙设在树丛中,于成龙"插棘为门",虎白昼行庭中,"成龙累土为案,旁置爨釜一、盂一,召吏民从容问疾苦,皆感至诚,益乐就,争输田赋。初邻瑶岁率三四至,杀掠人畜,成龙严保伍,勒乡兵,将捣其巢。瑶惧自投,不敢复犯界,数遣子女问安。每春时,命两瑶舁竹舆,行田野中,见力耕者,辄呼与语,相劳苦。民率妇子罗拜,或坐树下与饮食,笑语欢如家人。奖勤扶惰,民大劝。"②由于他"悉除诸禁","民益得尽力耕耘"。于成龙"诚意恻恻感人",民众也非常关心他。到罗城不久,仆人或死或散,百姓见于成龙生活太苦,就凑钱给他说:"知阿爷苦,聊供盐米资。"他笑着谢绝说:"我一人何须此?可持归,市甘旨,奉若父母,一如我受也。"一次人们听说他家

① 《康熙起居注》,康熙二十三年十二月初一日壬辰条。
② 《康熙政要》卷四,《任贤第三下》。

里来了人，"罗人则大喜，又进金钱如初。"于成龙仍"笑谢曰：'此去吾家六千里，单人携货，适为累耳'"。百姓感动得哭了起来，他也掉下眼泪，到底没有收下。于成龙在罗城七年，"招流亡，建学宫，创设救济院，县大治"。被总督荐为卓异，升迁四川合州知州，离罗城时，百姓"遮道呼号，追送数百里"。康熙初年，四川正值乱后，合州剩下的百姓才数百人，可是"供役繁重"。于成龙"请革宿弊"，"一仆一羸马自随，贷牛、种，招集流亡，旬月间得户千计"。后任黄州知府时，吴三桂煽动湖北数处叛乱，叛军号称十万，逼趋黄州，"时援军皆赴湖南，黄州吏民才数百"，有人建议退守麻城。于成龙说：黄州是七郡的咽喉之地，"弃之则荆、岳瓦解"，表示誓死不去。他采取先破贼首何士荣的战术，集中了五千乡兵，分路御敌，率兵拼杀，"贼斗益急，火燎成龙须，或劝少避，公叱之曰：'今吾死日也！敢言退者斩！'"他曾"驰谕有能擒贼献者重赏，投诚者待以不死，胁从归者但闭门坐，家无军器，即从贼概不追问，藏兵仗者即良民亦诛死。"于是擒住了贼首何士荣，焚毁贼众名籍，瓦解了贼众，仅用二十余天，"以乡民数千破贼数万，不费公家丝粟。"①有力地支援了平叛战争。第二年秋天，黄州大饥，于成龙"发廪赈恤，全活数万人"，受到人民的爱戴。后他又任江防道员，旋升福建按察使，在赴按察使任时，"民遮送至九江，凡数万人，哭声与江潮相乱"，表达了人民对清官的无限依恋。在按察使任上，他多为民众着想，协调任内的官民矛盾，被巡抚吴兴祚荐为"廉能第一"，任布政使。他力减民夫劳役，对"满兵掠浙东子女，役为奴者数万，为赎归之。"他要求征收赋税一定要按时按量进行，不增铢黍。他自己则节俭为怀，"署中薪米不给，至无衣可典，日或不再食。

---

① 《康熙政要》卷四，《任贤第三下》。

随征满汉大臣朝使者有时来过,经入卧内,或绕署周行几案间,蛛丝鼠迹,文卷书册外无长物。咸叹曰:'于公清苦,天下一人而已!'"遇有海外进贡使者送给礼品,"悉屏之,或呈样香,一嗅即持去。贡使啮指作礼曰:'天朝有此清官,吾侪未闻见也。'"十九年(1680年),于成龙迁直隶巡抚,二十年(1681年)升为两江总督。于成龙病逝后,将军、都统暨寮吏入其寝室,"见周身布被,袍一袭,靴带各一。堂后瓦瓮米数斛,盐豉数盎而已。"市民闻之"罢市聚哭,家争绘像祀之。"江宁、苏州和黄州纷纷建成于成龙的祠堂。康熙闻讯,亦感慨万端,他说:"于成龙因在直隶居官甚善,朕特简任江南总督。闻补授后,成龙居官不及前任,变更素行。至病故后,始知居官廉洁,甚为百姓所称。或成龙素行梗直,与之不合者挟仇谗害,造作属下欺罔等语亦未可定。是不肖之徒有嫉之者耳,居官如于成龙者有几?"[1]

由于康熙奖掖廉洁,为社会树立了良好的榜样,清官逐渐形成一支较大的力量,接连出现了两江总督傅腊塔、直隶巡抚格尔古德、继傅腊塔之后的两江总督范承勋及闽浙总督王骘等一批清官。傅腊塔是满洲镶黄旗人,姓伊尔根觉罗氏,历任内阁中书、内阁侍读、御史、陕西布政使、副都御史、工部侍郎、吏部侍郎,后升任两江总督。临行时,康熙叮嘱他:"尔此去当洁己行事。前任江南总督数人无过于成龙者,尔如其所行可矣。"[2]傅遵旨上任后,清弊政,斥贪墨,处理刑狱尤为明慎。康熙对他所采取的这些措施予以支持。赣县知县刘瀚芳私征银米十余万,并蠹役不法。其上司赣南道、布政使、按察使等曲为庇护。傅腊塔奏请康熙批准,将他们一

① 《康熙起居注》康熙二十三年七月十一日乙亥。
② 《清圣祖实录》卷一百三十六,康熙二十七年四月甲申条。

并罢免。大学士、昆山徐元文及其兄、原任尚书徐乾学,纵子弟争利害民;沭阳降调侍郎胡简敬居乡不法,巡抚洪之杰徇私袒庇。傅腊塔先后疏劾,分别予以惩治。傅腊塔请蠲江宁房屋税及淮、扬荒赋,请将历年积欠逋赋量为带征,开仓赈济贫民,扩大科举名额等,皆一一获准。他于三十三年(1694年)闰五月卒于任所。康熙说傅腊塔"和而不流,不畏权势,仰体朝廷委用之意,爱恤军民","两江总督居官善者,于成龙以后,唯傅腊塔。"①破例派人赴江宁致祭,赠太子太保,谥清端,予骑都尉世职,令其子承袭。四十四年(1705年),康熙第五次南巡,经雨花台,赐御书"两江遗爱"匾额,令悬傅腊塔之祠堂②。

曾经于成龙举荐的通州知州也叫于成龙,人称"小于成龙",在补为江宁知府后,"居官廉洁",康熙亲赐他御书手卷一轴,并说:"所书字非尔等职官应得者,特因嘉尔清操,以示旌扬"。勉励说:"但观凡人靡不有初,鲜克有终。尔必自始至终,毋有改操,务效前总督于成龙正直洁清,无负朕优眷之意。"这位小于成龙表示:自己出身微贱,蒙于成龙举荐与皇帝信用,"自后有生之日,惟有捐躯致身,图效犬马,仰报高深于万一尔"。二十五年(1686年),小于成龙被提升为直隶总督,他针对长期存在的严重盗匪问题,制定了一套周密可行的方案,得到康熙的支持和赞赏。第二年加太子少保,赐鞍马、银两等,特旨嘉奖。后来小于成龙犯有荐人偏私、治河中结伙攻诬靳辅等错误,康熙给予必要的处分,但考虑到他毕竟廉能,后仍予重用。三十九年(1700年)小于成龙病卒,康熙赐祭葬,谥襄勤。

---

① 《清史稿》卷二百七十五,《傅腊塔传》。
② 《清圣祖实录》卷二百二十,康熙四十四年四月乙丑条。

早在二十三年(1684年)于成龙去世时,康熙就曾问九卿、詹事、科道:"今天下清廉官如于成龙者有几?"廷臣奏以直隶巡抚格尔古德、部郎范承勋、苏赫、江南学道赵仑、扬州知府崔华、兖州知府张鹏翮、灵寿知县陆陇其。后来又发现和培养了彭鹏、郭琇、陈璸等。康熙在扶植清官方面已有意识地把亲察与众臣荐举结合起来。四十六年(1707年),康熙第六次南巡时让督抚举贤,江宁按察使张伯行随督抚入对,康熙一见面就说:"到江南,即知尔为清官,今朕自保之,他日居官好,天下以朕为明主,否则笑朕不知人"。马上提升其为福建巡抚,赐御书"廉惠宣猷"四字。康熙后调他到江南。在江南,张伯行"举劾属僚,无所阿徇,豪猾皆望风远遁。"江南科场案发生后,总督噶礼"苛劾"张伯行。康熙出面"以公为天下清官第一,责诸臣变乱是非",为张伯行解围。康熙还说:"如此清官,不为保全,则读书数十年何益? 而凡为清官者,何所赖以自安?"张伯行曾一度被解职,可结果是"百姓罢市,哭声殷扬城","苏州等郡相继报罢市,士民扶老携幼,具果蔬来献。伯行辞,皆泣曰:'公在任,止饮吴江一杯水。今将去,子民一片心不可却也'。"等到康熙纠正了错判时,"士民欢忭,拜龙亭、呼万岁者至数十万人。"与此同时,全闽士民亦"奔号呼吁,既而颂恩祝圣,亦与江苏不约而同"①。康熙看到扶植清官如此得民心,非常高兴。

　　康熙知道廉吏经常受到别人排斥、构陷,因此非常注重切实地了解下情。譬如康熙第五次南巡时,江宁知府陈鹏年因力阻总督阿山增加钱粮赋税,被派主办龙潭行宫差。康熙的近侍按惯例索贿,陈鹏年不理,有人暗中在康熙卧榻上放置蚯蚓粪,以此陷害负

---

　　① 《康熙政要》卷四,《任贤第三下》。

责接驾的陈鹏年。但是康熙早在织造府时就曾询问织造的幼子：
"知江宁有好官乎？"孩子毫不犹豫地回答出陈鹏年的名字。康熙
再作调查确认了陈鹏年是好官，识破了对陈鹏年的陷害。有一次，
陈鹏年又被陷害下狱，江宁人痛哭罢市，揭帛鸣钲，包围制府，质问
他为何弹劾陈鹏年，他们愿"入狱与太守（陈鹏年）同命"。正在参
加考试的句容八邑生童焚毁考卷离开考场以示抗议。还有一次，
陈鹏年谒见噶礼没有下跪，噶礼怒道："知府生死我手，何敢尔！"
陈鹏年凛然回答："果有罪，虽幸赐宽假，寸心具有铁钺。如其不
然，君主之，百姓安之，生死不在公也。"说完从容不迫地走出去。
在署霸昌道时，"畿辅肃然"。曾往热河献瓜，康熙谕家僮："汝主
官清，不必以常例进奉，可将瓜带归，以赐汝主。"

康熙看到张鹏翮"居官甚善"，累迁其为浙江巡抚、兵部侍郎、
左都御史、两江总督、河道总督、吏部尚书等职。康熙晚年，有一位
清官陈璸，广东海康人，康熙四十八年（1709 年）任四川提学道，
"莅官之日，止以一力自随，袱被萧然。衡校至夜分不辍，杜请托
一意甄拔人才。"康熙发现后，便将陈璸操守廉洁事绩向四川全省
官吏公开表彰。陈璸后任台厦道，曾将应得银三万两，全用于公
事；署总督印务，应得银两，也分毫未取。后又被超擢偏沅巡抚，单
骑袱被赴任，僚属竟没有认出他就是新来上任的巡抚。陈璸认为：
"贪取一钱即与千百万金无异"，人之所以贪取，"皆因限于用度"，
所以不义之财一钱不取，衣食住行以俭朴为是。莅事后，屏苞苴，
革火耗，劾罢累民之横役、贪官。五十四年（1715 年）十一月入觐，
康熙在众臣面前喟叹他是"苦行老僧。"十二月，调升福建巡抚。
康熙对各臣说："朕昨召见陈璸，细察其言论，实系清官。以海滨
务农之人，非世家大族，又无门生故旧，而天下莫不共赞其清，非有
实行，岂能得此？而其才复能任事，国家得此等臣实为祥瑞，宜从

优表异,以励清操。"陈璸于康熙五十七年(1718年)十月病故。康熙给予很高的评价:"朕亦见有清官,然如陈璸者实罕见","诚清廉中之卓绝者,不加表扬,何以亦劝?"令追授礼部尚书,照尚书例议恤,荫一子入监读书,"以亦优礼清廉大臣之意。"①

康熙不仅积极扶植清官,而且经常激励官吏们争当好官。他说:"人能做好官,不惟一身显荣,且能光宗耀祖,否则丧身辱亲,何益之有?"②把当好官、清官与个人和家族的荣辱连在一起。他在和山东省各级官员的一次谈话中说得更有意思:"尔等为官,以清廉为第一,为清官甚乐,不但一时百姓感仰,即离任之后,百姓追思,建祠尸祝,岂非盛事。从来百姓最愚而实难欺,官员是非,贤与不肖,人人有口不能强之使加毁誉,尔等各宜自勉"③。他在巡视陕西时,甚至还说:"尔等州县官不可贪爱地方银钱,要存良心"④。真可谓苦口婆心。

从上举清官事例中,不难看出:生性俭朴,勤政廉政是清官的共同特点。康熙注重法律规章的建设,同时更重视官吏们本身的品质,显然是有可取之处的。他长期致力于发现清官、扶植清官、奖掖清官,都是力图以良吏来实现政治的清廉,以巩固封建统治。

康熙在积极称颂廉洁之吏的同时,也很重视惩治恶吏。他说:"举贤退不肖,正百官也,二者不可偏废,如但举贤而不退不肖,则贤者知所勉,而不肖者不知所惩,终非劝众之道,惟黜退不肖之员,则众方知所戒,俱勉为好官矣"⑤。

---

① 《清朝先正事略》卷十二,《陈清端公事略》。
② 张鹏翮:《张文端公全集》卷七,《杂记》。
③ 《清圣祖实录》卷二百一十,康熙四十一年十月庚寅条。
④ 光绪《绥德州志》卷六,《秩官志·政绩》。
⑤ 《康熙政要》卷九,《论择官第十》。

康熙在肃清鳌拜之党的流毒之后，就把惩治贪官污吏作为与扶植清官同样重要的任务。在平定"三藩之乱"后，康熙便发动了审理以宜昌阿、金儁贪污逆产案为突破口的严治侵蚀兵饷及入官财物等案件的运动。侍郎宜昌阿被派往广东查看尚之信家产，伙同广东巡抚金儁，侵蚀兵饷及入官财物；又收受尚之信商人沈上达贿赂共白银八十九万余两，并财帛等物，恐沈事后告发，将其谋害灭口。案破后，经半年多审理、讨论，于二十三年（1684年）五月十八日结案，宜昌阿、金儁及有关人员郎中宋俄托、员外郎卓尔图，另尚之璋、宁天祚、王瑜等，依拟应斩，王永祚依拟应绞，俱监候秋后处决①。

又一个大案是蔡毓荣贪污逆产案。蔡毓荣是汉军正白旗人，吴三桂叛乱时任湖广总督，后被授绥远将军，统领绿旗兵，同定远平寇将军贝子章泰一同率军进取云南，一同攻克昆明，二十一年（1682年）调任云贵总督。二十三年（1684年）康熙了解到蔡毓荣有经济问题："前用兵之时，蔡毓荣每于销算估计营造等事，多行浮冒侵渔入己，云南军前官员孰有不得其财者。今尚不知足，于修造铁索桥多估价值，此事不难知。今遣一官前往确估，其弊自显然矣。着九卿、詹事、科道一并严加察议具奏。"②二十五年（1686年）年底，蔡毓荣改任兵部侍郎不久，侍卫纳尔泰向内大臣、康熙的舅舅佟国维揭发蔡毓荣及其子蔡琳在云南时"侵没逆藩吴三桂入官家财人口……恐致发露，送银八百余两，蔡毓荣之子蔡琳在京时亦曾送银一百两。"正黄旗人文定国也告蔡毓荣攻下昆明后隐匿吴三桂孙女（吴将郭壮图的儿媳），占据为妾，并受逆党胡永宾

---

① 《清圣祖实录》卷一百十五，康熙二十三年五月癸未条。

② 《康熙起居注》，康熙二十三年二月二十九日乙丑条。

重贿,将他释放回籍等事。康熙谕旨:"蔡毓荣居官贪酷,品行污秽,伊恃财势笼络人心,内外无不周到。"①要求尽行察出情弊,加以惩创。最后决定:"蔡毓荣且着交三法司议"。康熙还惩处了其他有关人员及处理此案不力的大臣:"纳尔泰非系情愿首告者,迫于不得已,方行首告,着革职。"②"原任刑部尚书禧佛审蔡毓荣一案,不秉公研讯,律拟失当,显系徇庇,禧佛已经别案革职,应枷号两月,鞭一百;刑部尚书胡昇猷、侍郎张鹏、赵之鼎、敦多礼不严加审讯,俱系徇庇,应各降二级调用。敦多礼已经别案革职,应将佐领降二级调用。"③经过这一案例的审理,康熙清醒地认识到官僚队伍中贪污贿赂之风的盛行,为此他才决定重开风闻言事之例。

康熙发现官吏贪污多以苛索民财与隐匿公产的形式出现,便较早就注意上述事项的清理与核查。康熙二十三年(1684 年),他派人清察各省钱粮,解决和防止督抚侵欺挪移库存银两,以完作欠,蒙混销算诸弊④。这样做虽然对在外高级官员"不无被罪,实于国家有益。"他在巡视京畿途中对大学士明珠说:"财赋出于闾阎,凡查核钱粮,必彻底澄清,不致以完作欠,额外科派,方于小民实有利益。"结果查出广西巡抚施天裔把康熙二十年(1681 年)、二十一年(1682 年)贮存的仓库银米"捏称民欠具题",加上"在山东居官二十余年,居官殊无善状,乃善为营私之人",按蒙隐例被革职⑤。

二十四年(1685 年)对穆尔赛贪污案的清查,揭露了贪赃枉法

①　《康熙起居注》,康熙二十五年十二月初五日乙卯条。
②　《康熙起居注》,康熙二十五年十二月十八日戊辰条。
③　《清圣祖实录》卷一百二十九,康熙二十六年正月庚申条。
④　《清圣祖实录》卷一百十四,康熙二十三年三月癸酉条。
⑤　《康熙起居注》,康熙二十四年二月十四日甲辰条。

的犯罪网络。这年六月庚寅日，广西道御史钱钰奏言山西省加派火耗的陋习十分严重，太原地区"每经征钱粮，有司既收入己之耗，司道府厅又复多方需索，有司不得不加派于民，以致各州县收银，每两有加至三钱、四钱不等者。"所谓火耗，就是税户向官府交纳税银，额外加成，交归州县官吏，多数入于私囊，或馈送上司。火耗是从明朝田赋制度沿袭下来的，一般衍为一种公开加赋。名义上是借收入的赋银倾销有耗折而加征，实际上多被官吏作为侵吞肥己的好办法。钱钰道："近闻晋抚穆尔赛曾经刊示传谕禁止，是知火耗之重而申饬也，然露章纠劾者寂然无闻，又何怪州县之视为具文，而贪饕成习耶？臣欲指名入告，则在在皆然"①。康熙早已听说山西穆尔赛"居官不善"，"品行最贪"，便让内阁九卿首先对穆尔赛的居官表现"从公会议"，九卿会议的结果是穆尔赛并无劣迹。康熙批评说："凡居官不善者，应以所坐请罪，明白纠举严加惩治。穆尔赛居官不善，犹言其不生事，岂其余皆生事之人耶？"康熙命原参之人钱钰把穆尔赛劣迹当着内阁、九卿逐一指实陈奏。康熙对大学士等说："监察御史钱钰题参巡抚穆尔赛加征火耗甚重一案，令内阁九卿、詹事、科道官员持正详议，备列公论具奏。内阁、九卿官员以穆尔赛为人朴实，不生事端奏闻。穆尔赛居官不善，朕所闻甚明，故命原参钱钰明白指实具奏。今钱钰将加征火耗甚重并受礼物款项已经指陈。凡事令九卿官员会议，原期公正得实。今所议穆尔赛事，朕意以为不公。夫诸臣不从公详议，如此徇庇具议，嗣后九卿诸臣何以倚任，事务何以得理，即如温待、达尔布等，最为大贪大恶之流，朕特加惩治，发往黑龙江。前问九卿官员，以穆尔赛为人朴实、不生事端，系谁所议，尚书科尔坤奏，系陈廷

① 《清圣祖实录》卷一百二十一，康熙二十四年六月庚寅条。

敬、蒋弘道之言,及问陈廷敬等,皆奏称臣等不曾如此说,原说平常,且朕又闻此事初议时原有穆尔赛无劣迹之语,后散讫。内阁复追回九卿,欲将无有劣迹之语删去,尚书科尔坤说若将此语删去,我不肯与议,遂未竟而去。首先立议穆尔赛为人朴实不生事端者,即系庇护穆尔赛之人,何官辄敢专擅杀人? 何官辄敢专擅救人,此事断不可仍前,但称系臣等公议,务须各陈所见,著随朕行在之尚书、都御史、侍郎、学士等往听之"①。对于官吏间互相包庇现象,康熙知难而进,反复重申严惩贪吏的决心,他说:"凡别项人犯,尚可宽恕,贪官之罪,断不可宽。此等人藐视法纪,贪污而不悛者,只以缓决故耳。今若法不加严,不肖之徒何以知警?"②最后决定"将大学士勒德洪等降二级调用,九卿科尔坤等各降三级调用,加级纪录俱不准抵销"③。

三十六年(1697 年),康熙第三次亲征噶尔丹西行时,又发现"山陕民生甚是艰难,交纳钱粮,其火耗有每两加至二三钱不等者。至于山西,特一小省,闻科派竟至百万。"慨叹"民何以堪"。于是先以年老力衰、不能胜任为由,解除了陕西巡抚和按察使的职务。康熙又将山西百姓极为痛恨的巡抚温保及布政使甘度革职,严拿至京,交与刑部。可继任的新巡抚倭伦一上任就兴土木,"请建龙亭"。康熙斥道:"何事建立龙亭? 若果善,民自感颂。大同田薄民穷,其建立龙亭著停止"④。七月二十三日,康熙至宁夏,以"不赴行在朝觐"为由,将甘肃巡抚郭洪革职问罪,交刑部"拟枷

①　《清圣祖实录》卷一百二十二,康熙二十四年九月戊寅条。
②　《清圣祖实录》卷一百二十二,康熙二十四年九月辛巳条。
③　《清圣祖实录》卷一百二十二,康熙二十四年十月丙申条。
④　《清圣祖实录》卷一百八十四,康熙三十六年六月戊寅条。

责,命发黑龙江当差"①。康熙认为"州县之私派,皆由督、抚、布、按科派所致。若止在州县官,则所害者不过一州一县。巡抚与布政使通同妄行,则合省俱受其害矣。此等人朕断不姑容,尔等识之"②。康熙力图通过发现一案处理一案的办法,达到澄清吏治的目的。

三十九年(1700年)九月,康熙告谕工部尚书萨穆哈说:"尔部之事,弊端甚多。修筑河工堤岸钱粮及给发诸工钱两,尔部官员笔帖式侵蚀一半入己。尔在部年久,诸弊得诿为不知乎?尔当自为身计"③。此时萨穆哈递上乞休之呈,康熙当即指出:"萨穆哈在部办事四十余年,事务岂有不知,弊端岂有不悉,乃历年碌碌,河工积弊,至于敝坏。各项工程钱粮皆致虚糜。今奉严旨,遂欲卸责离任,虚伪巧诈已极。萨穆哈著革职,仍令将工部事务弊端明白稽察,若仍前执谬,将弊端不行举出,决不宽宥"④。对怠政、荒政者追究责任,也是康熙整饬吏治的重要方面。

有的官吏因为责任心差而出现失误,也被追究责任。如二十六年(1687年)十月,商人杨国清等捐送给朝廷一批楠木,工部主管官员"日久未收,"事情败露,工部堂、司官中阿兰泰和傅腊塔在位未久,傅腊塔居外任时颇优,也未留情,二人俱免调用,降级留任。另外二人,"沙赖饮酒呼卢,陈一炳尸位无知",俱被革职。

二十六年(1687年)十二月,侍郎额星格等只因在喂养蒙古官马的时候,把自己的马私同喂养,影响较坏,被刑部查处,额星格等被革职。另一个司官色黑臣因私折草料银两肥私,被处以绞监候。

① 《清圣祖实录》卷一百八十四,康熙三十六年七月辛丑条。
② 《清圣祖实录》卷一百八十七,康熙三十七年正月壬寅条。
③ 《清圣祖实录》卷二〇一,康熙三十九年九月戊申条。
④ 《清圣祖实录》卷二〇一,康熙三十九年九月戊申条。

对此，康熙是这样说的："伊等所行，朕愈思之愈觉可耻，鄙秽至此极矣！从来此等贪利之夫，只一时侥幸，子孙必不久享富贵。"①

五十四年（1715 年），山西巡抚苏克济参劾太原知府赵凤诏"由知县超陞知府，不思报答皇恩，肆行贪滥，甚属可恶，应将赵凤诏即行处斩"。康熙说："赵凤诏前者自谓清廉，一文不取，若要钱无异妇女失身。奏噶礼为第一清官，甚为欺君。伊父赵申乔居官尚廉，赵凤诏如此贪滥不忠不孝之人，应当处斩，……但伊赃银甚多不可不追，著该部派出满汉司官各一员，将伊赃银照数速行比追，交存彼此库内，以备军需。本暂着收贮"②。到五十七年（1718年）二月，依法判处赵凤诏死刑。

康熙一朝，吏治始终被放在重要地位上，从奖廉与惩贪两个方面着手。在惩治贪吏的过程中，有时参者一方是清官，被参者一方是贪官，有时也可能参者与被参者都是贪官，贪大者还可能隐蔽甚深，更善于蒙蔽视听，再加上在政体中还交渗着满汉矛盾，康熙不能彻底摒弃固有的民族情绪，但是他能从王朝的长远利益出发，并吸收历史上的某些经验，在扶植清官与惩治贪官方面做了很多积极有益的工作，其功绩是值得肯定的。

四、熙朝吏治的成效与缺失

康熙整饬吏治，尽管在具体做法上并没有超出传统的封建统治者所倡导的范围，但在付诸实践方面还是花费了很大的心血。他坚持不懈地按照"源清流洁"的思想，在慎选人才、加强对高级

---

① 《康熙起居注》，康熙二十六年十二月十八日壬戌条。
② 《康熙起居注》，康熙五十五年四月初三日壬辰条。

官吏的监督与考核及提倡清官政治方面都做了许多具体而细微的工作,因而取得了明显的成效。

由于康熙坚持长期不懈,并采取制度建设、亲自巡察与扶植清官、打击贪官等多管齐下的办法,及时准确地掌握了下情,并能明辨是非功过,施以奖惩,以正抑邪,使官吏受到激励与约束,遏制了吏治的腐化趋势。他多方选才,培植清官,使整个吏治队伍的素质也大为提高,国家财政收入有了依赖,大量的赈济、蠲免亦得以实施。康熙还把民生好坏作为考察官吏优劣的标准,从而使一些地区的民生状况有所好转。乾隆盛赞乃祖时说:"如汤斌、陆陇其辈学术纯正,言行相符,陈瑸、彭鹏辈操守清廉,治行卓越"①。《清史稿·循吏传》前言中说:"圣祖平定三藩之后,与民休息,拔擢廉吏,如于成龙、彭鹏、陈瑸、郭琇、赵申乔、陈鹏年等,皆由县令洊历部院封疆,治理蒸蒸,于斯为盛"②。由于吏治相对澄清,正气得以抬头,社会相对安定,经济日见复苏,可以说康熙朝吏治的成效为清代康雍乾盛世的出现奠定了一个良好的基础。

但是我们也应看到康熙朝吏治的好转因传统封建政治体制的许多积弊而大打了折扣。康熙曾想禁革私派、苛索之弊,但事实上因州县与督抚、督抚与京官办公事都必须使费疏通,故私派之禁令到了基层却不见执行,总督、巡抚等地方高级官吏"每因部费繁多,以致不能洁己"③。他们讲排场,重门面,对小民便苛索不止。康熙四十年(1701年),福建道监察御史李发甲在《请澄清吏治疏》中说:当时各省督抚常常借着各种名义向州县官进行勒取,造成"督抚仗有司之胜,有司藉督抚之庇,公然私派,略无忌惮,即刀

① 王庆云:《石渠余记》卷二,《纪行取旧制》。
② 《清史稿》卷四百七十六,《循吏列传》。
③ 《清圣祖实录》卷二百三十九,康熙四十八年九月乙未条。

锯在前,鼎镬在后,举相习为牢不可破之虐政",以致"每岁民间正项钱粮,一两有派至三两、四两、五两、六两以至十四,是何名也!"①在朝各官则常常借着向外差遣的机会,公开收受好处。"钦差大人岁或一至或再至、三至,来有供亿,或去有馈馐,此公中之私也"②。一个侍卫外出,一次就可以从督抚手中得到六千多两银子的馈赠③。而此种情况越到后来则越加严重,文官加派火耗,武官侵冒兵饷成为普遍现象,即使有些被称为清官的也"或分内不取而巧取别项,或本地不取而取偿他省"④。"所谓廉吏者,亦非一文不取之谓。若纤毫无所资给,则居官日用及家人胥役何以为生,如州县官止取一分火耗,此外不取便称好官。"⑤

康熙容忍清官亦可稍有私派、加征,这当与清初官吏的低俸制有关。一个正七品知县,年俸只四十五两,四品知府一百零五两,总督从一品,俸银一百八十两。如此低微的俸禄是与清初国力的微薄相适应的,康熙迟迟未对这种制度作出调整,想以放宽私派、加征来缓解,这无疑为贪官开了方便之门。矢志为清官的人只好勉强维持素食粗衣的生活,有的还得从家里挪银子作帮衬。如陆陇其任嘉定县令,"薪水取给于家,夫人率婢妾以下纺织给鱼菜,……粗粝共食"⑥。又如张伯行,"日用之物,皆取诸其家"。显然,这样当清官,实难让人效仿。

康熙为了维护其政权的权威,对各级官吏的形象也提出要求,而这往往必须取给于私派或加征。譬如他说:"巡抚管理事务,一

---

① 《李中丞遗集》卷三,《请澄清吏治疏》。
② 陈璸:《陈清端公文集》卷四,《全川六要》。
③ 《清圣祖实录》卷二百十五,康熙四十三年正月辛酉条。
④ 《清圣祖实录》卷二百十五,康熙四十三年正月辛酉条。
⑤ 《清圣祖实录》卷二百三十九,康熙四十八年九月乙未条。
⑥ 刘献廷:《广阳杂记》卷二,第十页。

应兵丁宜鼓舞作兴,常加恩恤。今以己为清官,独市饼铒而食,赏赉不及兵丁,岂合于理?"因此他认为:"可为官之人,不取非义之财,一心为国效力,即为好官"①。"巡抚要节礼乃寻常之事,只须不遇事生风,恐吓属官,索诈乡绅富民,以司道为耳目,择州县之殷实者苛索财物,致亏空库帑,便是好巡抚"②。他还针对那些被表彰为清官的人说:"夫官之清廉,止可论其大者。"今张鹏翮自谓居官甚清廉,"一介不取,一介不与,若谓一介不与尔则有之,一介不取则未必然,取与不取,惟尔自知之"③。他又说:"彭鹏、李光地、赵申乔皆称清吏,岂皆一物不受"?④ "即如大学士萧永藻之清廉,中外皆知,前任广东、广西巡抚时果一尘不染乎? 假令萧永藻自谓清官亦效人布衣蔬食,朕亦将薄其为人矣"⑤。把维护政府门面形象奠定于私派、加征之上,在制度上就存在着明显的漏洞,而且势必越来越大,以致无法抑制。

康熙竭力超擢社会上的有才之士,曾于三十八年(1699年)始行保举制,但徇私保举之弊迅速掩盖该制度的良好立意,数月之间,旗下大臣纷纷将子弟送进部院衙门,大臣之间"彼此相托","交相顾庇","一应升迁、出差,全不论俸之浅深,人之优劣,擅徇情面,选择保奏,其间揽事恣行者亦有之"⑥。康熙曾当着众人之面说张鹏翮"所保举者十之七八皆徇情面"⑦。清官尚且如此,一般官吏更自不必说。

① 张鹏翮:《张文端公文集》卷七,《杂记》。
② 《康熙起居注》,康熙五十三年十二月二十四日壬辰条。
③ 《清圣祖实录》卷二百十九,康熙四十四年三月壬子条。
④ 《清圣祖实录》卷二百零八,康熙四十一年闰六月戊戌条。
⑤ 《清史列传》卷八,《宋宜德》。
⑥ 《清圣祖实录》卷二百零一,康熙三十九年九月丙午条。
⑦ 《清圣祖实录》卷二百十四,康熙四十二年十一月辛亥条。

康熙注重考察高级官吏,但多以教诲与训示为主。如有的督抚索取节礼,康熙则以"系年老大臣,著从宽免。"广西巡抚郝浴侵欺库银九万余两,又以其向来"洁己奉公","清廉爱民","从宽悉免追取"①。户部官员受买办草豆人贿赂,得银两者一百七十六人,侵银六十四万余两,康熙闻奏,一怒之下,令将得银者一律革职;但彻夜不寐,反复思之,又改变主意,最后只处罚户部尚书希福纳一人,亦仅革职而已。其余受贿者,限期退赔,不予议处②。

看康熙二十二年(1683年)至六十一年(1722年)的十四次大计,明显地存在前紧后弛的趋势。按照清朝政府的规定,凡考注卓异者例得升迁,老病者休致,浮躁、才力不及者降级调用,罢软无能及素行不谨者俱革职,贪酷者革职提问。根据这个原则,我们看到,二十二年和二十五年的两次大计,进行得比较严格,这也正是康熙整饬吏治最雷厉风行的时候,因而对贪酷官员的打击也较为严厉。其后打击力度趋弱,大计中罢斥的官员不仅数量渐少,而且多是小吏,仅是替死鬼而罢,这当与康熙在长期的吏治实践中锐气渐减,"多一事不如少一事"的求安心理密切相关。早年的康熙曾鼓励清官安抚民生,抑强扶弱,以巩固封建统治的根基,可越往后,他却越站到地主阶级的立场上,对清官的抑强扶弱也逐渐心生不快。他曾批评张伯行"为巡抚时,每苛刻富民,如富民家堆积米粟,张伯行必勒行贱卖,否则治罪",认为"此事虽穷民一时感激,要非正道"③。康熙还说:"清官每多残酷,清而能宽斯为尽善"。又责备赵申乔"居官诚清,但性喜多事,所以小民反致受累"④。这

① 《清圣祖实录》卷二百五十二,康熙五十一年十二月丙寅条。
② 《清圣祖实录》卷二百四十三,康熙四十九年九月辛亥条。
③ 《清圣祖实录》卷二百六十六,康熙五十四年十一月辛丑条。
④ 《清圣祖实录》卷二百十一,康熙四十二年二月丁酉条。

些话都表现了较明显的地主阶级倾向性。

康熙曾竭力以清廉之士立朝,以整肃宦纪,澄清吏治。但当这些清官真的纠章弹劾,并触动到自身统治时,康熙又退却下来。譬如彭鹏曾几次上疏参劾大学士李光地,而李光地是康熙的宠臣,他的许多行事都出于康熙的授意,李光地被参劾,康熙是无法接受的,他一再下谕指责彭鹏"题参多沽名取誉,使人惧怕,你自作威势"。还说:"彭鹏你久在给事中就有祸了,着你往外地去,所以保全你。"①彭鹏终于被赶出京师。又如陆陇其上疏反对捐纳,认为无益吏治,结果也被斥为"其居官未久,懵愦不知事情,妄昧陈奏。"也落职外调②。康熙推行捐纳制度,这固然与当时内忧外患、国家财政匮乏有关,但这与澄清吏治的目标是背道而驰的。

在外任官中,因触及当地绅衿豪强遭到忌恨而丢官的,亦不在少数。邵嗣尧在栢乡,"耿介廉白,不畏强御",栢乡是当朝大学士魏裔介的老家,而魏又是邵的"座主",恰巧裔介的一个家人犯法,邵"即以法治之,无所假",由此得罪了魏,魏"私使直隶巡抚借他事劾去之"③。陆陇其说邵"清直有余,而以酷败",即是指此。陈璸在《古田县谘访利弊示》中称:"照得作宰偏隅,原有兴除之责。……然欲事之周知,必须人人谘访。……谋及庶人而孰利孰弊始得真,公论出学校,谋及绅士而议兴议除始得当"④。有人劝告陆陇其,说处事"须参酌众论,问之左右,问之疏远,问之乡绅,问之诸生,庶无蒙蔽之患"⑤。这与《红楼梦》中所说的"护官符"

---

①　《中藏集》卷二,《圣恩再纪》。

②　陆陇其:《三鱼堂文集》卷五,《陆清献公本传》。

③　陆陇其:《三鱼堂日记》卷八。

④　陈璸:《陈清端公文集》卷五。

⑤　陆陇其:《三鱼堂日记》卷二。

几乎是一码事儿。康熙不可能从根本上整饬吏治,他把维持现状当作至为重要的事情,希望清官们不要刻薄生事。

康熙时,曾经常出现百姓为挽留去任官员而发生民众上书请愿事。这种挽留行动本身可能表明人民对某官的拥戴与景仰,也可能是当地乡绅地主意志的体现,还可能出自去任官员的授意,在许多地方乃至变为俗例。对于百姓上书请愿,康熙多表示反感,他曾说过:"凡有百姓纠党保留地方官者,若准留任,则必为民挟制,实非美事,且今民不畏官,官不畏其上司,关系匪轻,故宜留意"。他还说:"国家有上下贵贱之体,虽清官可不畏上司乎!"①若官员为百姓"挟制",造成上下贵贱之体的混乱,这就大大违反了他整饬吏治、倡导清官政治的本意。康熙四十年(1701 年),湖北黄梅县知县李锦,因巡抚弹劾他"亏空地丁银三千余两",受到革职。为此,黄梅县民"会集万人,闭城留锦,不容去任"。后经总督郭琇查实,说李"并无亏空,百姓因锦平日清廉,闻其解任,一时围聚"②。康熙即以"官员去留之权,岂可令百姓干预,聚众肆行之风亦渐不可长","李锦居官虽优,不可仍留黄梅之任",坚决把他调走。郭琇和巡抚年遐龄都因此受到降级的处罚。由此可见,康熙所提倡的清官政治存在着许多局限性,有的是封建传统政治体制的痼疾,有的是康熙本身整饬吏治的不彻底性,其整个整饬过程中或前紧后弛,或多有摇摆,政策措施也不配套乃至相互矛盾。

---

① 《清圣祖实录》卷二百五十六,康熙五十二年十月庚辰条。
② 《清史列传》卷十二,《年遐龄》。

第九章　选专才　亲指挥　潜心治黄淮

一、治河必得股肱心膂之臣

治河是贯穿康熙执政始终的一件大事,而漕运与治河密切相连,为此他倾注了大量精力。他在繁忙的政务中,时刻关注着淮黄治理,又在实践中不断总结治理淮黄的经验,终于在治河方面取得了显著成绩。

民间早有这样的民谣:"天下事,三大虞,一河二路三官吏"。元明清三朝定都北京,这表明联系政治中心与经济重心的大运河必然要在漕粮的运输中发挥作用。纵贯南北的大运河与蜿蜒东西的黄河相交汇,洪泽湖以东的清口不仅是黄淮交汇合流之处,而且也是大运河出入的咽喉与南北交通的枢纽。黄河自青海流经我国西北的黄土高原,简直像一匹桀骜不驯的野马,挟着大量泥沙向下流奔泻而来,显然黄河势强而淮水势弱,淮不敌黄,必然导致黄河倒灌入淮河,黄淮二河再一起涌进大运河的结局。

清初,河患频仍。史载:"自顺治十六年(1659年)归仁堤(在江苏宿迁东南三十五里的白洋河口)冲溃之后,睢、湖诸水患由决口侵淮,不复入黄刷沙,以致黄水反从小河口、白洋河二处逆灌,停沙积渐,淤成陆地,至康熙六、七年间,各处大水,黄淮并涨。……淮河之水由高、宝诸湖直射运河,冲决清水潭,下淹高、江等七州县

（高邮、江都、山阳、盐城、宝应、泰州、兴化）之田者多，而赴清口会黄入海者少。海口淤，而云梯关亦淤，而清江浦、清口亦淤矣[①]。根据彭雨新先生统计，清代从顺治初年至康熙十五年，黄河水患日趋严重。顺治朝十八年（1644—1661年）内决口十五次，康熙元年至十五年（1662—1676年）决口四十六次，仅元年即达六次之多。

严重的河患不仅使广大人民的生命财产遭殃，农业生产受到破坏，国家的税收无着，而且黄淮溃决，运堤崩溃，漕粮无法按期运往京师，这都直接关乎着清朝的统治。所以康熙于亲政之初，便意识到治河乃立国之本。他把治理黄淮作为整治熙朝朝政的纲领之一。

康熙把挑选治河专才放在至为重要的地位上。他说："河道关系重大，必得才能熟练之员，始能胜任厥职。"[②]

清军入关以后，为了确保粮运，设置了河道总督，简称"总河"，是为治理黄河的最高行政长官。总河辖有军队，叫做"河标"，负责河工调遣、守汛和防险之事。除了河道总督外，又设有漕运总督（简称"总漕"），这是从明沿袭而来。总漕也有自己的军队，叫做"漕标"。这样，清朝政府除了八名地方总督以外，还有两名专业性质的总督，一管河，一管粮，都是正二品大员，在清代都是"肥缺"。

康熙十六年（1677年）二月，经吏部议定："嗣后凡河工道员缺出，内而部属，外而知府、同知，果有曾任河职，尽心河务者，令总河保题；其未任河职，才品优长，该督所深悉者，亦许题请。至现任河员，果能尽心河务，俸深升授他职者，许以升衔题留原任；升转时，

---

① 靳辅：《靳文襄公奏疏》卷一，《河道败坏已极疏》。
② 《清圣祖实录》卷六十五，康熙十六年二月癸丑条。

仍照所升之职升用"①。确立了唯才是用的基本政策。康熙十七年(1678年),经奉差勘验河工工部尚书冀如锡等检查核实,在任河道总督王光裕原报正在抢修的项目,实际并未兴工;题报已经"堵塞完固"的项目,质量极差,"新堤高宽不及旧堤之半",是个极不称职的治河官员,于是,康熙便首先解除了王光裕之职。经慎重选择,升任安徽巡抚靳辅为河道总督,并遣吏部侍郎折尔肯,副都御史金儁,前往会同新任总河察审河务②。

靳辅,字紫垣,汉军镶黄旗人,顺治九年(1652年),以官学生考授为国史院编修,担任过纂修顺治皇帝实录的副总裁,十五年(1658年)改内阁中书,康熙初年,迁至内阁学士。在旗人中间,这样的"出身"(即学历)是很难得的。十年(1671年),授安徽巡抚,治绩优著。当然,他也像清代许多官员那样,历读经史而入仕途,水利之书并不是一开始就深通的,但作为一个积极进取的政治家,他办事踏实稳健,又能博采众长,知人善任。就在安徽巡抚任上,靳辅途经邯郸县郊的吕翁祠,看到墙壁上有一首七言绝句:"四十年中公与侯,虽然是梦也风流;我今落魄邯郸道,欲与先生借枕头。"诗中抒发了作者的怀才不遇,借唐人传奇里卢生邯郸道上遇吕翁,梦中发迹四十年的故事,表述了自己的愤懑与不平。靳辅欣赏作者的奇情豪志,同情他壮志未伸的苦闷,猜想诗人离此不至太远,便派人寻找,终于见到作者。此人乃浙江钱塘人陈潢,人称奇士,有胆有识,虽屡屡困于场屋,却天生酷爱天文地理、水利河渠之书,对河道的整治颇多识见,靳辅即与陈潢结为知己。靳辅的勤政与陈潢的业精相互配合,必能有益于河务,正是在这样的情况下,

① 《清圣祖实录》卷六十五,康熙十六年二月癸丑条。
② 《清史列传》卷八,《靳辅传》。

康熙授职靳辅为河道总督,陈潢为靳辅之幕宾,揭开了康熙选专才以治河的新篇章。康熙委任靳辅之后,曾对日讲官说:"近简命河臣董理(河务),辨其水势,疏其故道,严察下吏,重其考成,果能实心行之,庶或一劳永逸。"①康熙对靳辅寄予了厚望。

靳辅感激皇帝知遇之恩,唯思力报。十六年(1677年)四月即赶赴宿迁河工署就任,到清江浦时,正值黄河泛滥,河堤溃决,运河道路阻塞。靳辅、陈潢两人在黄淮堤上察看了水情,访问了田夫农人。陈潢还冒着险风恶浪,驾着轻舟,在黄河上独来独往,上下数百里,获取河患的第一手材料。之后,他们又遍寻历代治河之论述,从中总结先人治河的经验教训,主张继承明代河臣潘季驯"筑堤束水,以水攻沙"的治河策略,把治沙作为治河的关键问题。靳辅还在《河道敝坏已极疏》中批驳了只知"保运"不求治黄的错误做法,提出了统筹全局、"将河道运道一体,彻首尾而合治之"的指导方针,并将治河应行事宜分拟《经理河工八疏》,同日呈交康熙。

靳辅《八疏》提出了周密的计划,包括五项工程和三项保证措施。五项工程是:"挑清江浦以下,历云梯关,至海口一带河身之土,以筑两岸之堤",堤高束水、刷沙,引导黄、淮入海之功能;挑洪泽湖下流,高家堰以西,至清口引水河二道,"俾其分头冲洗,庶可渐渐刷开"②;加高帮阔七里墩、武家墩、高家堰、高良涧、至周家桥闸,残缺单薄堤工,构筑坦坡,他认为坦坡能缓和水的激怒,"水之来也,不过平漫而上,其退也,亦不过顺缩而下",他还用土代木草把"全土堵决";筑古沟、翟家坝一带堤工,并堵塞黄淮各处决口;闭通济闸坝,深挑运河,堵塞清水潭等处决口,以通漕艘。其三项

① 《圣祖仁皇帝御制文集》初集,卷二十六,《杂著·讲筵绪论》。
② 靳辅:《靳文襄公奏疏》卷一,《经理河工第二疏、第三疏》。

保证措施是:钱粮浩繁,须预为筹划,以济军需;请裁并河工冗员,以调贤员,赴工襄事;请设巡河官兵,共六营五千八百六十名,配置浚船二百九十六只,以经常维修、保护堤坝①。他提出首期工程需用时二百天,河工十二万三千人。至于经费,靳辅核算一下,需费银二百一十四万八千两②。他建议向直隶、河南、江南、浙江、山东、江西、湖北等省预征康熙二十年田赋银十分之一,待到工程完成以后,利用黄河两岸涸出的田亩,让民间屯田,屯田不纳赋银,充作过去的征银。

这显然是一个牵筋动骨、影响很大的宏大计划,其中也贯穿了康熙"务为一劳永逸之计"的治河思想。但是,一者因为清朝政府财政尚属匮乏,再者,十余万民工聚集黄河两岸,又不免令清统治者眼前浮现元朝末年"石人一只眼,挑动黄河天下反"的景象。因而,当靳辅的奏疏于十六年七月十九日被拿到有议政王、大臣、九卿、科道等官参加的会奏桌上时,议政王等都不同意大修,并提出"先将紧要之处酌量修筑,俟事平之日再照该督所题,大为修治"的建议。

康熙不同意议政王等人暂缓实行的主张,劝令靳辅继续论证,他说:"河道关系重大,应否缓修,并会议各本内事情,著总河靳辅再行确议具奏。"③靳辅于十六年(1677年)九月奉旨,经"反复筹维,再三勘阅",于同年十二月遵旨再上《敬陈经理河工八疏》。此疏对前一方案做了调整,如挑浚黄河人夫,因以"仵车(独轮车)代挑",并将工期从二百日宽限至四百日,河工也减至原定的四分之一。再如,洪泽湖下流、高家堰以西至清口之引水河,原拟二道,因

---

① 靳辅:《治河方略》卷五,《奏疏上·经理河工第六疏、第七疏、第八疏》。

② 靳辅:《治河方略》卷五,《奏疏上·经理河工第六疏》。

③ 《清圣祖实录》卷六十八,康熙十六年七月甲午条。

年内已经挑浚一道，故再挑一道即可。原二、三、四疏所列各项工程仍坚持原案，靳辅称："急宜修筑，断难议缓。"个别工程还有所补充。如清江浦以下历云梯关至海口挑浚黄河工程，于原定遥堤之内，加筑缕堤和格堤，以缕堤束水，以遥堤、格堤防冲决，并以同样方法修筑清江浦以上至徐州黄河两岸之堤工[①]。

十七年（1678年）正月，在康熙的敦促之下，议政王大臣议复是奏，由此，靳辅、陈潢开始根据自己的理论，实施整治黄、淮的方略。在黄、淮、运三条河干上，靳辅亲自指挥施工，发现问题，随时修正施工方案，采取补救措施。

在黄河干线上，他一面将河工岁修工程，请命责成河南抚臣料理，一面动工疏筑黄河下流。自清江浦历云梯关至海口，于河身两旁各疏引河一道，以所挑之土筑两岸之堤，共长九万五千四百丈。下流疏通后，就把主要力量放在堵塞决口上。先堵塞一些小口，后堵塞大口，最后筑塞杨家庄决口。下流疏浚工程及塞清河、安东等县决口各工，均于康熙十七年（1678年）十一月告竣[②]。康熙十八年（1679年）初春，又开始动工增筑宿迁、虹县两县黄河南岸归仁堤，长六千三百二十五丈。由于康熙十九年（1680年）曾受洪水之阻，难于施工，故至康熙二十年（1681年）三月才告完工。至康熙二十二年（1683年），黄河两岸大决口二十一处全部筑堵，河归故道。此外，还把黄河堤工自徐州再向上历萧县、砀山而扩展至虞城县境内，并于堤岸增建减水坝三十座，涵洞四十九座，以防异涨泄洪保运堤之计。

在淮河临湖一带，康熙十七年（1678年）九月以前，先后修筑

---

① 《治河方略》卷七，《敬陈经理第一疏至第五疏》。
② 光绪：《清河县志》卷五，《川渎中》。

378

高家堰堤工并帮修坦坡,将高家堰三十四处决口尽行堵塞。随后,堵塞翟家坝成河九道大工,于十一月全面动工,历时半年,至康熙十八年(1679年)五月初先后竣工。与此同时,在淮河下流烂泥浅上,除已挑引河外,又挑引河二:一自新庄闸西南至太平坝,一自文华寺永济河头,南经七里闸转而西南至太平坝。两渠并行,互为月河,具达烂泥浅。然后分水十之二佐运,十之八射黄刷沙,并把南运口移至七里闸。运艘北上由文华寺出七里闸,绕武家墩入新挑烂泥浅引河上游,下达清口转入黄河。这样,南运口与淮黄交会之处的距离就从原来的二百丈增至十有余里,并且河身曲折,从而免除黄河内灌淤运之患,而"重运过淮,扬帆直下,如履坦途"①。

在运河干线上,大挑山阳(今江苏省淮安县)、清河(今江苏省清江市)、高邮、宝应、江都五州县运河,修筑两岸河堤,塞运堤决口三十二处。以上各工均于康熙十七年(1678年)十一月告竣。此外,在南、北运河共建闸坝二十六座,涵洞五十四座。其中,修筑清水潭决口工程最为艰难。清水潭上受高、宝诸湖之水,由于黄淮并涨之水冲决高家堰,怒奔清水潭,于是冲开大决口南北宽三百余丈,水深至七八丈,而东西则与湖水相连,汪洋无际。其势汹涌,"旋澜飞沫,如雷如电",莫能抵御。在此之前,曾历杨茂勋、罗多、王光裕三河臣相继经营堵塞十有余年,前后费帑金五十余万,随筑随圮,终无抵绩,"大为漕艘患"。工部尚书冀如锡等勘阅河工,估帑金达五十七万两,仍不敢保证必能成功。靳辅"周行阅视"后,决定必先堵塞高家堰各处决口,令全淮尽出清口,杀其上流水势,然后才能动工堵塞清水潭决口,高家堰诸决口堵塞后,靳辅便"身宿工次,调度董率",专力以图清水潭之工。他吸取以前在决口直

---

① 《清史稿》卷一百二十七,《河渠志·运河》。

接下埽填土失败的教训,采用"避深就浅,于决口上下退离五、六十丈为偃月形,抱决口两端而筑之"的方法①,筑成西堤一道,长九百二十一丈五尺,东堤一道长六百零五丈,又挑绕西越河一道,长八百四十丈。自康熙十七年(1678年)九月初八日动工,凡一百八十五日而大工告成,仅用费九万两有奇,比部原估省帑四十八万余两。"上(康熙)嘉之,名河曰永安,新河堤曰永安堤"②。于是,运艘及商民船只往来无复漂溺之险,商民交口称颂。

康熙初年,运艘入黄河,因董口淤塞须反复逆行、绕道,特别是船只行走湖上,既不便纤缆,又多遇泥泞,极不方便。靳辅查得宿迁西北四十里皂河集有旧淤河形一道,便挑新浚旧,创开皂河四十里,上接泇河,下达黄河。又自皂河迤东历龙冈岔路口至张家庄二十里,挑新河三千余丈,并移运口于张家庄。此项工程,自康熙十九年(1680年)初开始动工,中经大水冲淤,历时二载始告成功。自此,"飞挽迅利,而地方宁息,军民实庆永赖云"③。

但是,因为康熙十九年(1680年)、二十年(1681年)连年大水,以及许多临时出现的险段,使靳辅三年大修计划无法如期完成,他主动疏请下部议处,得旨:"靳辅著革职,令戴罪督修"④。靳辅更加兢兢业业,竭力塞筑完杨家庄决口,可康熙二十一年(1682年)正月却又被冲溃,经月余才得以再度堵塞。但一处刚补好,另一处宿迁徐家湾险段又漫决百余丈,他又即刻督夫抢救,于三月中旬筑塞。此时,他一面自行勘查各工,督令各官善修堤防,一面疏请钦差阅工。可是其疏刚奏入,又有萧家渡民堤坐陷,决口九十

① 靳辅:《治河方略》卷二,《治纪中·永安河》。
② 《清史稿》卷一百二十七,《河渠志·运河》。
③ 傅泽洪:《行水金鉴》卷一百三十五,《运河水》。
④ 《清圣祖实录》卷九十六,康熙二十年五月癸丑条。

余丈。

靳辅遇到如上的窘境表明了治河确有较大的难度,可在与靳辅治水政见不同的吏员那儿,这些都成为否定靳辅方略的口实。候补布政使崔维雅奏呈"言辅所建减水坝无功当毁"[1],"请尽变辅前法"[2]。其他诸臣亦莫衷一是。

二十一年(1682年)五月,康熙遣户部尚书伊桑阿、工部侍郎宋文运、给事中王曰温、御史伊喇喀勘工,并以崔维雅随往。伊桑阿等带领崔维雅等将黄河两岸堤工,并归仁堤、高家堰、运河、皂河等处工程,一一详细勘查后,回到徐州,连同崔维雅两书及条陈二十四款与靳辅共同会议。在会议上,靳、崔二人展开激烈争辩,靳辅"逐款登答",把崔维雅驳斥得体无完肤,狼狈不堪。例如崔维雅说:"一个减水坝将来就是一个决口。"靳辅辩白:因为设置减水坝,才保全了黄、运两河,而这减水坝的设置实际上也是当时国家财政状况尚不充裕情况下采用的权宜之计。崔维雅的质难不见收效。十月,伊桑阿等又奏说今限已逾,黄河未归故道,应将靳辅及监修各官从重治罪,责令赔修。又说,如果照崔维雅所议另行修筑,也难保必能成功。其二人所议悬绝,臣等难以定议,请皇帝裁决。正在此时,靳辅驳辩崔维雅的奏疏也呈上,大略疏言:臣治河于今五年,原估续估各工,均已次第告竣,不意萧家渡民堤坐陷,以致黄河仍未归故道,但是,海口已大辟,下流疏通,河道腹心之患已除,堵塞此口也很容易,崔维雅将所建筑的各项工程纷纷议拆议毁,以堕成功而酿后患,断然不可。伊桑阿等奏疏与靳辅奏疏并下廷议。康熙对大臣说:"崔维雅条奏二十四款,朕初览时,似有可

---

① 光绪《清河县志》卷五《川渎中》。
② 《清史稿》卷一百二十六,《河渠志·黄河》。

取,及览靳辅回奏,崔维雅所奏诚无可行者。"①并召靳辅来京面奏,详加询问。十一月,靳辅至京,面奏萧家渡决口明年正月(康熙二十二年正月)可塞,其余堤工须银一百二十万两,可以全完。康熙当即严厉指责他说:"尔从前所筑决口,杨家庄报完,复有徐家沟(即徐家湾),徐家沟报完,复有萧家渡。河道冲决,尔总不能预料。今萧家渡既筑之后,他处尔能保其不决乎? 前此既不足凭,将来岂复可信! 河工事理重大,乃民生运道所关,自当始终酌算,备收成效,不可恃一己之见。"②并问崔维雅条奏事。靳辅毅然回答说,崔维雅所议"断不可行"。"上是之"。靳辅即退离京,赶回江南工所。康熙既以崔维雅所议毫无可取,又怀疑靳辅治河未必成功,便提出海运之议。伊桑阿等议奏海运难行,黄河运道在所必治。又议奏以靳辅已经革职及疏称海口大辟等因,暂停处分,限令六个月修浚萧家渡决口。而将监修各官俱行革职,戴罪赔修。康熙从其请,并宽免赔修,仍给帑堵筑,限期完工。而崔维雅条奏各款"无庸议",结束了这场争论。

康熙二十二年(1683年)四月,靳辅疏报萧家渡工成,河归故道,因大溜直下,七里沟等四十余处险汛日加,请修七里沟等处险汛,并天妃坝、王公堤及运河等闸座,又疏请饬河南抚臣修筑开封、归德两府境内河堤,以防上流壅滞。以上各工,均从其请。康熙还谕勉他说:"河道关系国计民生,最为紧要。今闻河流得归故道,深为可喜。以后益宜严愍,勿致疏防。"③十二月,康熙诏复靳辅原职。

---

① 《清史列传》卷八,《靳辅传》;《清圣祖实录》卷一〇五,康熙二十一年十月庚寅条。
② 《清圣祖实录》卷一〇六,康熙二十一年十一月丙辰条。
③ 《清史列传》卷八,《靳辅传》。

黄、淮两河尽复故道,河务整顿一新,河淮湖运堤岸均已增设河兵,"凡采柳运料、下埽打桩、增卑修薄诸务,画地分疆,日稽月考,著为令甲,而诿卸中饱诸弊悉绝"①。靳辅治河的大修计划,至此才真正告成。

康熙二十三年(1684年)七月,内阁学士席柱奉差福建、广东展界事毕复命,在回答康熙询问靳辅及其治河情形时说:"曾见靳辅,颜色憔悴,河道颇好,漕运无阻。臣来时,见宿迁地方将水分排筑堤,共计五堤,其二堤已完,三堤正在修筑。水盛时,开闸以杀其势,令其循堤四散分流,无冲决之患。"于是康熙说:"河道关系漕运,甚为紧要。前召靳辅来京时,众议皆以为宜更换。朕思若另用一人,则旧官离任,新官推诿,必致坏事,所以严饬靳辅,令其留任,限期修筑。今河工已成,水归故道,有裨漕运商民。使轻易他人,必至贻悔矣。"②靳辅为治河尽了心力,故堪称康熙帝在治水事业上的股肱之才。

然而,靳辅作为治水专家,却不精通于权谋与人情世故,正当他被康熙信用之时,另一位治水名臣(即前述清官)于成龙继崔维雅之后又开始了与靳辅的"治河方略"之争。

康熙二十三年(1684年),三藩之乱已被平定,台湾郑氏亦已归附,中原安定。康熙怀着对治河虽"时加探讨,虽知险工修筑之难,(但)未曾身历河工,(致)其河势之汹涌澎漫,堤岸之远近高下,不能了然"③的心情,开始了第一次南巡。他看到高邮、宝应诸州县"虽水涸,民择高阜栖息,但庐舍田畴,仍被水淹,未复生业"④。

---

① 《清史稿》卷二百七十九,《靳辅传》。
② 《清圣祖实录》卷一百十六,康熙二十三年七月乙亥条。
③ 《清圣祖实录》卷一百十七,康熙二十三年十月辛亥条。
④ 《清圣祖实录》卷一百十七,康熙二十三年十月癸丑条。

心中非常忧虑，因而他认为应重视下河和海口工程。

康熙二十四年（1685年），因靳辅正在进行善后帮筑高家堰及黄河两岸堤工，无暇管理下河工程事宜，便命安徽按察使于成龙经理其事，"仍受辅节制，奏事由辅疏报"①。可是，一者由于康熙在南巡阅河经过江宁时，对于成龙多有赞词，如"清廉爱民"，曾召入行宫面加奖励，并亲书手卷赐之，"超迁为安徽按察使"。康熙回銮京都后，又特召于成龙之父参预于得水，以其"教子有方"，赏赐貂裘披领。还谕之曰："尔其最勉尔子，殚心竭虑，始终如一，朕不难频加显擢。"②又召谕八旗诸大臣"视得水之教成龙"，寄书劝勉在外为官子弟。再者于成龙亦颇能心领神会康熙帝的心意。譬如康熙曾说过："高、宝等处，湖水下流，原有海口，以年久沙淤，遂至壅塞。今将入海故道，浚治疏通，可免水患"。还表示只要能除患济民，"纵有经费，在所不惜"③。因此，于成龙受命经理海口及下河事宜后，立即按照康熙帝的旨意，疏请开通海口，挑浚下河水道，以排泄下河地区积水。

靳辅则坚决反对于成龙开浚海口的意见。他说："下河其形尚卑于沿海之地"，"开浚下河，臣恐有海水倒灌之患。"而于成龙则说："今高家堰修筑重堤，停开海口，纵上流之水不来而秋霖暴涨，天长（在今安徽）、六合（在今江苏）等处奔赴之水泄归何处？臣愚以为海口仍应开浚。"靳辅则主张筑长堤束水敌潮，并请将堤内涸出的民田丈量还民，其余招民屯垦，取佃价以补偿河工之费。为此，康熙召靳、于二人至京师，廷议河工事务。这年十一月，靳、

---

① 《清史稿》卷二百七十九，《靳辅传》；《清圣祖实录》卷一一八，康熙二十三年十二月戊申条。
② 《大清圣祖仁皇帝圣训》卷三十六，《澄叙一》。
③ 《清圣祖实录》卷一百十七，康熙二十三年十一月丁卯条。

于皆至京师。在廷议上，靳辅仍主筑长堤以敌海潮，于成龙则坚持开浚海口故道。大学士、九卿俱从靳辅之议，而通政使司参议成其范、给事中王又旦、御史钱珏从于成龙议，俨成对垒，事不能决。而起居注官宝应人乔莱等下河诸州县京官也谓靳辅之议有累于民，力主从于成龙议。康熙"颇右成龙"。

为了进一步验证问题的是非，康熙以"乡绅之议如此，但未知百姓如何"，遂命工部尚书萨穆哈、学士穆称额到淮安、高邮等处，会同漕督徐旭龄、江宁巡抚汤斌，"详问地方父老，期于两旬内回奏"。康熙二十五年（1686年）正月，萨穆哈等还奏：下河百姓皆谓挑浚海口无益，应行停止，九卿从议。但康熙对此议疑虑重重，认为海口不行开浚，则泛滥之水究无去路；若行开浚，使水有所泄，高邮等处城市一带，淹浸田亩可以涸出，这样才有裨益。不过，"众议如是"，也就不得不暂停挑浚海口工程。

同年四月，由江苏巡抚升任礼部尚书的汤斌至京陛见时，趁着康熙询问下河开海口之事的机会，极言浚疏海口必有益于民。于是下河之议又起。康熙也极抱感情色彩，怒责萨穆哈、穆称额奏报不实，夺其官职。又召大学士、九卿及乔莱等议挑海口，发币二十万，命工部侍郎孙在丰往董其役，并铸监修下河工部印授之，以重威权。

康熙二十七年（1688年）春，给事中刘楷、御史郭琇等上疏参劾靳辅糜费钱粮，治河无效。孙在丰状告靳辅阻挠开浚下河的罪状。廷臣对靳辅之治河又多有非议。三月，康熙召靳辅与于成龙和郭琇等廷辩。靳辅提出了修滚水坝、重提以防止河水外溢，通过截湾取直，使水急涮沙，顺流入海的方针。而于成龙则坚持"下河当挑"、"海口当浚"的计划。靳辅说于成龙的做法必致"海水倒灌"，而于成龙则说靳辅的做法"必伤民生"。于成龙更以道听途说的言论为据,肆意攻击靳辅"河道尽为其所坏"。靳辅则反驳说:"臣为朝廷效力,将富豪隐占之地察出甚多,所以豪强怀恨,与百姓何干?"而退一步说:"向者河道大坏,处处冲决,民田已尽被水淹,自臣任总河,将决口堵闭,两旁筑堤,仰赖皇上福庇,比年以来,河流故道,无有冲决之患。是以数年水没之民田,尽皆涸出。臣意将民间原纳租税之额田给与本主,而以余出之由作为屯田,抵补河工所用钱粮。因属吏奉行不善,民怨是实,此处臣无可置辩"①。康熙认为"辅为总河,挑河筑堤,不可谓无功。但屯田、下河两事,亦难逃罪"②。康熙断言:海口必无倒注之理,下河海口应行挑浚;屯田害民,断无行理,无可复议;至于筑重堤也无益处。于是给靳辅以罢官处分,任命王新民代总河。于成龙虽不熟悉河务,但康熙以其为直隶巡抚颇优,所以对他道听途说的论调未予责难和追究。

为了进一步治好河,弄清靳辅治河的事实真相,康熙又遣尚书张玉书、图纳,左都御史马齐,侍郎成其范、徐廷玺等前去检阅河工。临行前,康熙反复交代,靳辅所修之处,几处是,几处不是;于成龙之言,几款是真,几款是虚。"是曰是,非曰非,从公而言"③。同年九月,五大臣回奏:黄河两堤皆高,而河底亦刷深,巡抚于成龙陈奏失实。康熙二十八年(1689 年)春,康熙又亲自南巡阅视河工,了解到江南淮安诸地方,自民人船夫,都称誉前任河道总督靳辅,思念不忘,且见靳辅浚治河道,上河堤岸修筑坚固。返京后,康熙随即"谕奖辅所缮治河深堤固,命还旧秩"④。

---

① 《康熙起居注》,康熙二十七年三月壬午条。
② 《清史稿》卷二百七十九,《靳辅传》。
③ 《康熙起居注》,康熙二十七年五月壬申条。
④ 《清史稿》卷二百七十九,《靳辅传》。

三十一年(1692年)二月,康熙撤掉王新民总河之职,仍令靳辅为河道总督。这年冬,靳辅在清河至蒙泽沿线输粮以赈西北之灾,竟死于任上,康熙为之"临轩叹息",赐祭葬,谥文襄,予骑都尉世职。直到康熙四十六年(1707年)第六次南巡时,康熙依然深念靳辅,他十分感慨地总结道:"靳辅自受事以后,斟酌事宜,相度形势,兴建堤坝,广疏引河,排众议而不挠,竭精勤以自救。于是淮、黄故道,次第修复,而漕运大通,其一切经理之法具在,虽嗣后河臣互相损益,而规模措置不能易也。至于创开中河,以避黄河一百八十里波涛之险,因而漕挽安流,商民利济。其有功于运道民生,至远且大。朕每莅河干,偏加谘访,沿淮一带军民感颂靳辅治绩者,众口如一,久而不衰。"①康熙以靳辅"有大建树于国家",特予褒荣,加赠太子太保,仍给骑都尉世职。于此可见,康熙处人处事还是公正的、实事求是的。

二、庙堂时注黄淮事　今日安澜天下知

　　康熙说:"继靳辅而治河者,须不用减水坝,不保题官员,不派民夫,而河又较胜于今日,如此则朕方心许矣。"②这就是说,继靳辅治河的人,须不依藉减水坝,既能保护上河的漕运,又能沟通下河海口,使下河诸州县不被水淹,以达到保运与安民的双重目的。只有这样,才是符合康熙心愿的治河人才,也是康熙力求实现的治河目标。但人才难得啊!

　　靳辅之后,于成龙继任总河,康熙对他信任有加,但他却自恃

---

　　① 《清圣祖实录》卷二百二十九,康熙四十六年五月戊寅条。

　　② 《康熙起居注》,康熙二十七年三月壬午条。

清廉,对康熙的谕旨多不执行。康熙还曾用董安国,董安国却不谙河务,极不称职,以致"黄淮为患,冲决时闻。下河地方,田庐漂没。""历年已久,迄无成功"。

三十八年(1699年)二月,康熙第三次南巡。他沿途详细视察了河工败坏情况,根据靳辅的治河经验,结合自己实地调查和多年研究,提出了导河稍北、浚深河道、挑挖引河、弯处引直和拆除拦黄坝等一系列治河办法。康熙说:"今岁南巡,见黄河逼近清口,黄水倒灌,以致淤塞,洪泽湖水不出,自高家堰减水坝流入高、宝诸湖,自高、宝诸湖流入运河,以致下河田地,尽被淹没。"①认为工程要点是排浚清口,"如不将清口排浚,(洪泽)湖水不出,高家堰并运河堤工虽加高厚,均属无益"。他向于成龙作了具体部署:首先深浚黄河河底。他说:"治河上策惟以深浚河身为要。……诚能深浚河底,则洪泽湖水直达黄河,七州县无泛滥之患,民间田亩自然涸出。若不治其源,徒治下流,终无裨益。"②他又反复嘱咐于成龙:"黄河弯曲之处,俱应引河,乘势取直,高邮等处运河越堤弯曲,亦著取直","河直则溜自急,溜急则沙自刷,而河自深。"③其次,改修清口,康熙回銮时亲自登上清口附近黄河南岸,钉下木桩,命从此向东,修排水坝。此坝后被称为御坝,起到"挑令黄溜北趋,俾黄、淮顺利而交会",防止黄河水倒灌入淮的作用。再次是拆毁云梯关附近的拦黄坝,这道坝是河臣董安国于康熙三十五年(1696年)错误修筑的,造成下流不畅,上流河道淤塞。康熙还谕示于成龙:"朕自淮南一路,详阅河道,测算高邮以上,河水比湖水高四尺八寸,自高邮至邵伯,河水湖水始见平等,应将高邮以上当

①　《清圣祖实录》卷一百九十五,康熙三十八年九月戊申条。
②　《清圣祖实录》卷一百九十二,康熙三十八年三月庚午条。
③　《清圣祖实录》卷一百九十二,康熙三十八年三月庚午条。

湖堤岸,高邮以下河之东堤,俱修筑坚固。有月堤处,照旧存留,有应修堤岸,仍照旧堤坚筑,至于邵伯地方,因无当湖堤岸、河湖合而为一,不必修筑堤岸,听其流行。高邮东岸之滚水坝、涵洞俱不必用,将湖水河水俱由芒稻河、人字河引出归江,入江之河口如有浅处,责令挑深,如此修治,则湖水河水俱归大江。"①康熙通过实地的调查研究,对海道的概况已知之深多,因而康熙能在靳辅治河经验的基础上,提出"上流既理,则下流自治"和"导河稍北"的新观点与新方法。康熙说:"靳辅、董安国、于成龙但知筑堤御水,至于改河身使北,俾清水通流并未言及,若不令清水通流,虽修筑堤岸,黄水终致倒灌,焉能御之。"②

康熙对于成龙言之谆谆,而于氏却多有牴牾,很不得力。如康熙令于成龙拆除拦河坝,于成龙没有照办,康熙面谕于成龙,清口宜筑挑水坝,挑黄河使趋北岸,方可免倒灌清水之患,要于成龙挑浚芒稻、人字两河,并取直修减水坝等,于成龙多不付诸实施。南巡时,康熙曾遣侍卫海青召于成龙至江天寺,训谕他留心河工为务,但于成龙不言及如何治河,如何救民,惟以捐纳执奏。康熙"以此知于成龙之不能有成于河工也"③。康熙十分感慨地说:"于成龙不遵朕旨,致无成功。"④

不久,于成龙病故,康熙遂立即把当时任江南江西的总督张鹏翮调补为河道总督。

张鹏翮英俊潇洒,为人极通人情,颇能事奉上司,在康熙面前,他当然显得极端谦恭,唯命是从。陛辞时,康熙面授机宜:"高家

① 《清圣祖实录》卷一百九十二,康熙三十八年三月庚辰条。
② 《清圣祖实录》卷一百九十五,康熙三十八年九月戊申条。
③ 《清圣祖实录》卷一百九十八,康熙三十九年三月己亥条。
④ 《清圣祖实录》卷二百十三,康熙四十二年十月戊寅条。

堰见差大臣督修,尔无与焉。海口至清口,相隔辽远,今所急者清黄两会之处,最为紧要,黄水高,故清水不得通泄,以致泛滥。曩者高家堰去水尚远,今与培筑堤岸相平。但今清水何以得出,河身何以得深,此系尔当图划效力者;更楼口亦属紧要,所宜速为修竣,水老鹳等物,靳辅当时亦曾用之,毫无裨益,此数事,尔到任详察。宜作何举,再为奏闻。朕以尔清廉,因特简任,所发钱粮,仍于河工支用,分厘不致空费,堤岸自能坚固,事无不济,尔善行努力。"①"古人治河之法,与今河势不同,其最紧要者,黄河何以使之深,清水何以使之出,宜详加筹划。"②嘱咐张鹏翮:"引湖水使入人字河、芒稻河入江,朕所见最真,尔必须力行不可忽也;黄河曲处挑挖使直,则水流通畅泥沙不淤,尔宜留心。"要求"必毁拦黄坝"。张鹏翮三月上任,四月就动工拆除拦黄坝,到五月初,"完工开放,水势畅流,冲刷淤沙,旬日之间深至三丈,宽达百余丈,滔滔入海"③。康熙赐名"大通口"。康熙见张鹏翮能大致依他的旨意行事,十分高兴地说:"今毁去拦黄坝而清水遂出,浚通海口而河势亦稍减,观此则河工大有希望也。"④此后,张鹏翮按照康熙的治河方略,提出在黄河缕题出水处造石闸,在临河处造草坝,防止黄水倒灌,在归仁堤造矶心石闸。这些都得到康熙的支持。康熙批示:"所奏甚为合理,此事所关至要,著九卿詹事科道会同速行详议具奏"。九卿等议:"不拘动支何项钱粮,迅作兴工。"⑤这样,到康熙四十年(1701年)底,张鹏翮完成了一批水利工程:加固了高家堰,堵闭了唐梗

① 《清圣祖实录》卷一百九十八,康熙三十九年三月丁未条。
② 《清圣祖实录》卷一百九十八,康熙三十九年三月丁未条。
③ 《清圣祖实录》卷一百九十九,康熙三十九年六月甲子条。
④ 《清圣祖实录》卷一百九十九,康熙三十九年六月乙丑条。
⑤ 《清圣祖实录》卷二〇一,康熙三十九年九月癸丑条。

六坝,让淮水赴清口;又开引河,引淮水归故道,黄、淮合流而下,为防中河离黄河太近出现倒灌,改北岸为南岸,另筑北堤,截旧中河水入流,称作"新中河"。从此,康熙对张鹏翮益加信赖。

康熙认识到治河决非一劳永逸之事。他时时关注河务,常把河图置于左右,苦心思虑,凡前代有关河务之书,无不披阅,悉心钻研,深感"泛论则易,而实行则难。河性无定,岂可执一法以治之,惟委任得人,相其机宜而变通行之,方有益耳!"当时"河工虽渐有成绪",但"尚未底绩",张鹏翮想把"上谕治河事宜"纂集成书,康熙却持保留态度。康熙认为有关治河的"所言所行,后果有效与否",还没有得到实际的最后检验,就想动手编纂成书,这"不但后人难以效行,揆之己心,亦难自信"。由是,康熙反问道:"今河工尚未告竣,遽纂成书,可乎?"①这充分表明康熙注重实际的心迹和再接再厉完成治河的决心。张鹏翮还满怀信心地向康熙汇报:"皇上指授疏通海口,水有归路,黄河刷深,坚筑高家堰,广辟清口,乃得引淮畅流,筑归仁堤,导泗州上源之水入于河,疏人字、芒稻等河、引运河之水注之江,筑挑水坝,疏陶庄引河,通黄水而畅清流,使永无倒灌之虞,挑虾须等河,引下河积水入于海,其余各处工程指授周悉,但河工甫就,保固为要。恭请圣驾于来春二月桃汛未发之前,亲临河工指授"②。张鹏翮大有向康熙邀功之意。可康熙却很务实,他说:"高家堰等处堤工虽竣,然未遇大水,俟来年经过水汛之后,方可验其成功。若烂泥浅一带水出不畅,则高家堰究属可忧。向意欲从武家墩出水,此事尚须斟酌,前日问张玉书,奏称淮水尚大,高堰旧堤俱为湖水所浸。据此则泗州、盱眙安得不被水

① 《清圣祖实录》卷二〇三,康熙四十年三月丁酉条。
② 《清圣祖实录》卷二〇六,康熙四十年十二月庚午条。

灾,河身之浅深,以洪泽湖水之高下为验,湖水低得一尺,河身方深得一尺。今洪泽湖之水比甲子年高有数尺,可见河身未曾刷深,高家堰之堤,恐过此以往,尚未可知也"。①

四十一年(1702年)夏季,河工真的遇到巨大的考验,从徐州以下多处河堤出现险情②。康熙为高家堰"日夜焦思",因为"洪泽湖之水较运河高八尺,运河之水较淮安高一丈二尺,今闭唐埂六坝,目前虽有裨益,设高家堰一决,扬州、淮安、宿迁等处百姓俱不可问矣。惟俟入秋水过之时,堤岸依然坚固,方可无虞耳。"③张鹏翮在康熙的直接关照下继续进行了一系列的浚深与加筑堤坝的工作,到九月丁卯,张鹏翮向康熙奏报好消息,按康熙方案在清口附近所筑的排水坝(御坝)在这年防汛中发挥了巨大作用。康熙看奏后得知,"挑水坝筑成,逼黄河大溜直趋陶庄引河,循北岸以行,黄水从大通口畅出,海口极其深通,淮水从清口畅流敌黄,绝无黄水倒灌之患,高家堰堤工完固,加谨防守,经伏秋大涨,俱获无虞。运河水由泾河、涧河、人字、芒稻等河分泄,各处工程亦皆保无虞。观此河工大有望矣。"④康熙以自己的成功与过去治河的屡败进行比较,他发现:"今所开陶庄引河甚善,朕前巡视南河时,曾令员外郎赫硕滋将引河之桩加意深筑,其疏浚人字、芒稻二河亦佳,得此二河,运河甚为有益。朕观明朝治河,俱自徐州以上,在河南地方修筑。我朝自康熙元年以来俱在徐州以下修筑,然治下流须预防上流,若上流溃决,下流必至壅滞,嗣后徐州以上地方河臣亦当留意。再黄河之水迁徙无定,朕前在宁夏时,见黄河大溜,每年更移,

① 《清圣祖实录》卷二〇六,康熙四十年十二月庚午条。
② 《清圣祖实录》卷二〇九,康熙四十一年七月庚申条。
③ 《清圣祖实录》卷二〇九,康熙四十一年七月乙丑条。
④ 《清圣祖实录》卷二〇九,康熙四十一年九月丁卯条。

今年行在此,来年又移他处,其性如此,况九河故道,原在河间地方,后渐移向南。历代以来,果能每年防御,相机修理,则河道何至如此大坏,皆因时当多事,或十年,或五年不修筑,不开浚,所以渐难治矣。明朝三百年间,尝讲求河工治法,彼时措置,亦得其宜,如山东微山湖将水蓄聚。山中涝则蓄之,旱则泄之,皆深有益于治河者也"①。康熙于治河有成之后,一方面积极总结成功的经验,另一方面又深刻地认识到治河事业不能一下成功,亦不能墨守成规,过去治河中并非一无是处,但常因没有一以贯之地去进行,故成效不显,或弊掩盖了利。

四十二年(1703年)正月,康熙第四次南巡,是时他恰是知天命之年,一路巡行,细查周访,巡至海道,更是与河臣深入交换继续改进工作的方略。并对那些地方应挑浚引河,那些地方应加固、加长堤防,那些闸座应放、应闭,应修,康熙都一一向张鹏翮作了具体指示。回京后,康熙对大学士、九卿宣布说:"朕此番南巡,遍阅河工大约已成功矣!"其成功之因在治河已得水性,"向来黄河水高六尺,淮河水低六尺,不能敌黄,所以常患淤垫,今将六坝堵闭,洪泽湖水高,力能敌黄,则运河不致有倒灌之患。此河工之所以能告成也。"②据河臣奏报,此时"海口大通,河底日深,去路甚速,淮水畅出,黄水绝无倒灌之虞,下河等处洼下之区,俱得田禾丰收,居民安晏"③。

对于张鹏翮取得的成绩,康熙给予充分肯定。康熙指出董安国、于成龙不遵其旨,致无成功,而张鹏翮能执行他的谕旨,河工有所告成。他说:"(张鹏翮)遵奉朕言,坝工(清口挑水坝)筑成,黄

① 《清圣祖实录》卷二○九,康熙四十一年九月丁卯条。
② 《清圣祖实录》卷二百十一,康熙四十二年三月辛酉条。
③ 《圣祖仁皇帝御制文集》第二集,卷五,《敕谕·谕工部》。

溜遂直趋陶庄，清水因以直出，叠经伏秋大涨，并无倒灌之事，其浚张福口等引河，筑归仁堤，疏人字、芒稻、泾涧等河，开大通口，皆遵朕旨，一一告竣。今年春，朕阅河至桃源，见龙窝等处预冲危险，命增筑挑水坝，此坝工刻日讫事，河势遂平。中河仲庄闸口以与清口相对，特命改由杨家庄，漕挽安流，商民利济，曩时黄水泛涨，或与岸平，或漫溢四出，今黄河深通，河岸距水面丈余，纵遇大涨，亦可无虞矣。张鹏翮所修工程虽悉经朕裁断，而在河数载，殚心宣力，不辞艰瘁，又清洁自持，一应钱粮俱实用于河工，无纤毫浮耗，朕心深为喜悦，所属大小河员并皆勉力赴工，共襄河务，亦属可嘉。"①康熙四十三年(1704年)十一月，"以河工告成"，加河道总督张鹏翮太子太保。

康熙四十四年(1705)年第五次南巡，康熙发现张鹏翮有恃功自傲的苗头，指示张鹏翮："河工已经告成，善后方略更为紧要。"他又警示张鹏翮说："康熙四十二年，朕临阅高家堰时，尔奏石堤可于八九月间告成。今已三年，尚未完工，万一大水奄至，恃此草埽，讵能御之？"张鹏翮奏曰："必能保固，断然无害。"语气中充满盲目乐观情绪。康熙谕示说："草埽俱经二三年矣，腐烂深塌者多，猝遇大水，事难预料，如不谨慎修筑，被水冲决，枉费钱粮，姑置勿论，但去年已奏河工告成，今年又奏冲决，其谓之何？尔须日夜谨守保护。夫治河莫要于得人，观尔所用之人，每多有失，岂可倚任此辈分守此堤耶？尔等惟见清口之水流出，即以为功成，不思防御。倘高家堰六坝之水泛滥，则清水力弱而黄水必复致倒灌矣。高家堰所关紧要，宜谨志之，毋忽！"②

---

① 《清圣祖实录》卷二百十三，康熙四十二年十月戊寅条。
② 《清圣祖实录》卷二百二十，康熙四十四年闰四月癸卯条。

之后,康熙又上惠济祠,坐于河堤上,对诸臣说:"朕每至河上,必到惠济祠以观水势,康熙三十八年以前黄水泛滥,凡尔等所立之地皆黄水也。彼时自舟中望之,水与岸平,岸之四围皆可遥见,其后水渐归槽,岸高于水。今则岸之去水又高有丈余。清水畅流逼黄,竟抵北岸,黄流仅成一线,观此形势,朕之河工大成矣。朕心甚为快然"①。康熙为自己取得的成绩感到无限的欣慰。他继续鼓励张鹏翮勤修河务,谕示张鹏翮在"惠济祠前植标杆处可建挑水坝,祠后埽湾处亦宜建挑水坝,以保淤滩,但此二处挑水坝,俱不宜太长,恐逼水尽向北岸,有碍杨家庄口门。至卞家汪旧坝修建甚佳,再略加宽长更善。"②同时他授赐御制诗扇给张鹏翮以示淬励。

康熙北行回京,即得到洪泽湖溃缺的消息,经调查知"今年伏汛水涨,冲决古沟等处堤工皆由河道总督张鹏翮平日徇庇延缓,自执己见之所致也。"③吏部题河道总督张鹏翮于河工事务并不尽心预为筹画,以致堤岸冲决,殊属溺职,应将张鹏翮革职。康熙考虑到张鹏翮过去的业绩,给其革职留任的处分。

康熙四十五年(1706年)正月,江南江西总督阿山请奏"于泗州之西溜淮套开河,使淮水分流,两旁筑堤,至黄家堰,与张福口水合,使出清口,此工开成,则淮河之水势既分,不但泗州、盱眙积水稍减,而洪泽湖之水不致泛滥,亦可有利于高家堰,而漕粮商民船只可免洪泽湖风波之险矣"④。此河完工,约需银一百八十余万两,请求皇上亲临指示。康熙因五次南巡,对河道"应分应合,应

① 《清圣祖实录》卷二百二十,康熙四十四年闰四月癸卯条。
② 《清圣祖实录》卷二百二十,康熙四十四年闰四月乙巳条。
③ 《清圣祖实录》卷二百二十一,康熙四十四年七月辛卯条。
④ 《清圣祖实录》卷二百二十四,康熙四十五年正月丁卯条。

挑应筑之处,知之甚明",故不愿再亲往阅视。但在张鹏翮、阿山、桑额及九卿等反复疏请下,康熙考虑到溜淮套开河,事关创建,终于同意南巡。

康熙四十六年(1707年)正月,康熙踏上了第六次南巡的征程。在清口,康熙登陆详看地方形势,召集扈从文武臣工及地方大小官员、河道总督及河工官员等,康熙问张鹏翮:"尔何所见奏开溜淮套?"张鹏翮奏曰:"我皇上爱民如子,不惜百万帑金,拯救群生黎民皆颂圣恩。"康熙当即打断他的话说:"尔所言皆无用闲文。朕所问者,乃河工事务……尔可将此河当开与否,一一明奏。"张鹏翮奏曰:"先因降调通判徐光启呈开溜淮套图样,臣与阿山、桑额会同具奏,奉旨命臣等阅看,臣等因事关重大,所以再四恳请皇上躬临阅视,指授定夺。"康熙说:"今日沿途阅看,见所立标竿错杂,问尔时全然不知,问河官,亦皆不知。河工系尔专责,此事不留心,何事方留心乎?"张鹏翮无法应答。康熙又问别人,亦多支支吾吾。其中看验水平、估料之人皆为名声恶极之人。康熙很为气愤,他说:"昨日阅武家墩,朕尚谓果如阿山等所奏,溜淮套可以开成。今日乘骑从清口至曹家庙地方,详看见地势甚高,虽开凿成河,亦不能直达清口,与伊等进呈图样迥乎不同,且所立标竿多有在坟上者。若依所立标竿开河,不独坏民田庐,且致毁民坟冢。……今欲开溜淮套,必至凿山穿岭,不惟断难成功,即或成功,将来汛水泛滥,不漫入洪泽湖,必致冲决运河矣。"康熙还问张鹏翮能否保证开此河就永保河道无事,张鹏翮却一无所知。因此康熙便得出结论:"今奏溜淮套开河,非地方官希图射利,即河工官员妄冀升迁。至河工效力人员无一方正者,何故留置河上。"①康

---

① 《清圣祖实录》卷二百二十八,康熙四十六年二月癸卯条。

熙权衡古今之利弊说："明代淮黄与今时迥别,明代黄水势强,淮水势弱,故有倒灌之患。朕自甲子年南巡阅视两河形势,记忆甚明,渐次修治,今则淮强黄弱矣。然善后之策,尤宜亟讲,与其开溜淮套无益之河,不若将洪泽湖出水之处再行挑浚,令其宽深,使清水愈加畅流,至蒋家坝、天然坝一带,旧有河形宜更加挑浚,使通运料,小河俾商民船只皆可通行,即漕船亦可挽运,为利不浅矣"①。康熙的态度是实事求是的,谋求"治河"、"民生"、"利商"等的统一。最后康熙对张鹏翮怠于政事、任用非人提出了批评,并说:"加筑高家堰堤岸,闭塞减水六坝,使淮水尽出清口,非尔之功;修治挑水坝,逼黄水流向北岸,非尔之功;堵塞仲庄闸,改建杨家闸,令黄水不致倒灌清口,非尔之功。此数大工程,皆与尔无涉,更有何勤劳?"②不过,康熙对张鹏翮前此有关河务的"一一指授,皆能遵行",从而使"年来河工渐次底绩"的功劳,还是肯定的。③ 但张鹏翮作为治河的主要负责者,对开溜淮套这样重大的工程没有经过实地考察,"以不可开浚者,题请开浚,殊为溺职"④。九卿等议定,将张鹏翮革职。康熙因开溜淮套之议以阿山为主,非张鹏翮意,著革去其所加太子太保,夺官,仍留任。至康熙四十七年(1708年)十月,以黄、运、湖、河修防平稳,命复官,仍任总河,并免应追币银。

康熙从六次南巡中认识到:"河形一年异于一年,治河之道当看何处关系紧要,便保守何处,不可执一自古治河皆顺水性,为今之计,但当商酌使淮水稍泄其流,乘水未长时预为绸缪,将来水虽

---

① 《清圣祖实录》卷二百二十八,康熙四十六年二月癸卯条。
② 《清圣祖实录》卷二百二十八,康熙四十六年二月乙巳条。
③ 《清圣祖实录》卷二百二十八,康熙四十六年二月乙巳条。
④ 《清圣祖实录》卷二百二十九,康熙四十六年五月丙子条。

397

大长必不致于危险。天然坝一带旧有河形,当挑浚此河,酌量可容粮艘,建立闸座,水小则闭闸蓄湖水以敌黄,水大则开闸使之畅流,一面由武家殿通至运河,一面通至高邮湖,则商民船只皆得长行,似为永久利益。"①九月,康熙又谕示张鹏翮应力保沿河百姓免受水灾,生民田庐亦须谨加保护。

在张鹏翮之后,赵世显继任河道总督。赵世显悉心防务黄河、淮河各段堤岸。从康熙四十九年(1710 年)到五十二年(1713 年),他兴工修筑御坝西坝的加长工程,以利清水畅流,防止黄水倒流;高家堰临湖柴工朽腐,补筑子堤,以资捍御;在黄林庄至猫儿窝一带积沙淤浅处,筑坎挑浚;清河县南岸清口西坝的上流水险处,加筑雁翅堤一道,以挑黄溜;拆造清邑中河盐河老闸,以资启闭;又高邮以下闸座的河身弯曲处,舟行维艰,给予取直。

之后,赵世显又在淮安府城外南角楼一带、宝应县之运河东堤朱马湾以及张家直、卢家直、五里浅、龙王庙等处工程,用高粱秆、麦秆、芦苇秆做梢料,用土填压,一层料,一层土,一层一层地砌成埽工,并全都"钉埽加帮,以保运道";拆砌高邮城北永安西堤石工,以固堤防;萧县之李家庄、张家庄,宿迁县之老堤头、卓家庄、刘家庄,桃源县之谈家庄、九里冈,山阳县之童家营、范家庄,安东县之佃湖、窑湾等"逼溜顶冲"的险段地处,各建挑水坝,并加帮缕堤,以资抵御急流冲击。②

以上一系列工程都是在康熙的指示与支持下完成的,多有成效,从而使河道处于正常运行状态。五十一年(1712 年)十一月,康熙满怀喜悦而自豪地说:"今年河道平稳,所报黄水、清水势力

① 《清圣祖实录》卷二百二十八,康熙四十六年二月乙巳条。
② 《清圣祖实录》卷二百五十六,康熙五十二年八月戊子条。

相当。其先清水不能抵黄，每每倒灌。自朕指示作堤，引清水由北岸流去之后，黄水始不倒灌。又将杨家闸处修理，所以大得利益。朕以河道关系甚要，故将河图置于座右，不时详阅，即小处地名亦皆留意也。"①康熙倾注于河工的巨大心血于此可见。

康熙五十八年(1719年)夏天，洪水盛涨，萧县顺河集，睢宁县王家集，桃源县半路刘下坝、颜家庄，宿迁县谈家道口、夏家桥等"顶冲大溜"处，都遭大水冲击，赵世显组织人力建坝帮堤，谨遵圣谕"加谨防护，开放洪泽湖蒋家坝等各闸坝，以资宣泄"②，终于使堤坝得以保持平衡。由此，赵世显也认识到：河性时有变幻，"加谨防守防护，务使堤坝完固"，仍是一项长期的工作。

康熙在治理黄淮的实践中，愈来愈深刻地认识到治河的长期性。他认为黄河水势之汹涌与内地相同，其性迁徙不定，东岸稳定了则西岸淤沙积成陆地；西岸稳定了则东岸淤沙积成陆地。他曾让漕运总督施世纶由河南孟津反溯上探黄河，以求从根本上解决黄河泛滥致灾问题。

六十年(1721年)四月，康熙还说："黄河关系最大，自元至明，岁有冲决，未有安澜二十余年如今日者，然图治于已治，保安于已安。河工虽已告成，尤当时加巡视，不可疏忽"③。八月辛卯，康熙总结说："黄河迁徙无常，每有冲决堤岸、淹没田庐之患。……朕留心河务，屡行亲阅，动数千万帑金，指示河臣，将高家堰石堤及凡应修筑之处，悉行修筑，奏安澜者几四十年，于运道民生，均有裨益。前巡幸至湖滩河朔、保德州、横城、潼关、孟津、徐州、宿迁、邳州、桃源、清口等处，俱曾渡河。自横城舟行，顺黄河下流，历人所

---

① 《清圣祖实录》卷二百五十二，康熙五十一年十一月癸巳条。

② 《清圣祖实录》卷二百八十四，康熙五十八年六月丁卯条。

③ 《清圣祖实录》卷二百九十二，康熙六十年四月庚子条。

未经行之河套,直达数千里,所至之处,无不详视。惟孟津渡河时,因淤沙不能直渡,纤道而行,彼时朕即虑沙淤则流滞,堤岸必致冲决,今据报黄河冲决,流入沁河,泛滥至直隶长垣县等处。若今冬将决口堵筑坚固,可保无虞。否则,自决处以下,势分沙壅,河水陡长,堤岸之危,非一所矣。"①他让总河赵世显将熟练河务官员工役派出,并将修筑物料多行备办,以堵筑河南境内的黄河决口,指示:"河南地方,河底不冻,今冬宜作速修筑,其建挑水坝之时,应挑引河,黄河有曲折之处,即成洲渚,务详勘酌量取直,挑成引河,俟黄河决口堵塞报浚后,再引沁济运,分水龙王庙之中八闸、北八闸。春时水浅,船行有阻,应将沁河之水于此处引入运河,如不能容纳,由盐河泻其水势,自于运道有益;分水龙王庙南八闸水多,不需济以他水,再徐州下流,黄河无虞,独徐州上流黄河多有沙淤,不可不防冲决,将此旨宣谕该管各官,预先防备。"②表明康熙对河务既非常熟悉,又坚持不懈。经过署理河道总督陈鹏年的悉心经营,水灾得以缓解,此时是康熙六十一年。

三、从"无定"走向"永定"

康熙治水,治黄、淮、运固然是重中之重,但泱泱中华,绝不是仅仅治理黄、淮、运就能万事大吉。康熙心思全国,除了竭力使无定的黄、淮趋于"永定"之外,还努力使浑河这样的"无定河"变为相对的"永定河"。

浑河,发源于山西太行山,上游叫桑乾河,北京一段叫卢沟河,

---

① 《清圣祖实录》卷二百九十四,康熙六十年九月甲午条。
② 《清圣祖实录》卷二百九十四,康熙六十年九月丙辰条。

河不大却湍急而多带泥沙,淤塞严重,类似黄河,所以人称"小黄河",下游经常改道迁徙,故又被称作"无定河",它既威胁着北京的对外交通,又给沿河各县带来严重灾难。康熙三十七年(1698年)二月庚午日,康熙便谕大学士等:"霸州、新安等处,此数年来水发时,浑河之水与保定府南之河水常有泛涨,旗下及民人庄田皆被淹没。详询其故,盖因保定府南之河水与浑河之水汇流一处,势不能容,以致泛滥。浑河,著原任河道总督于成龙往察,保定府南河,著原任河道总督王新命往察,作何修治,令其水自分流,详勘绘图议奏。今值农事方兴,不可用百姓之力,遣旗下丁壮,备器械,给以银米,令其修筑。"①从此开始了整治浑河的工程建设。

康熙令于成龙在六月雨水之前完成挑浚与筑堤任务,以保证"田亩得耕,百姓生计得遂"②。三十七年(1698年),于成龙修筑河堤,开辟河道,引导浑河从天津西沽入海。这项工程共疏浚河道一百四十五里,筑南北堤一百八十里,七月,"于成龙疏言霸州等处挑浚新河已竣,乞赐河名,并敕建河神庙。得旨照该抚所请,赐名永定河,建庙立碑"③。

三十八年(1699年)二月壬子日,康熙又谕直隶巡抚李光地等:"漳河与滹沱河故道,原各自入海,今两水合流,所以其势泛滥,尔等往视,如漳河故道可寻,即可开通,引入运河,如虑运河难容,即于运道之东别挑一河,使之赴海"④。八月,李光地疏言:"直隶滹沱河、漳河迁徙不常,臣遵旨饬治河州县官,相视故漫淤浅处,速行疏浚,今大名、广平、真定、河间四府属州县,凡滹沱河、漳河经

---

① 《清圣祖实录》卷一百八十七,康熙三十七年二月庚午条。
② 《清圣祖实录》卷一百八十七,康熙三十七年三月辛卯条。
③ 《清圣祖实录》卷一百八十九,康熙三十七年七月辛卯条。
④ 《清圣祖实录》卷一百九十二,康熙三十八年二月壬子条。

流之处,开浚疏通,由馆陶入运,老漳河与单家桥支流,合至鲍家嘴归运,又分子牙河之势"①。十月,康熙阅视卢沟桥以南河工,谕王新命等说:"此河性本无定,溜急易淤,沙既淤,则河身垫高,必致浅隘,因此泛滥横决,沿河州县居民常罹其灾,今欲治之,务使河身深而且狭,束水使流,藉其奔注迅下之势,则河身自然刷深,顺道安流,不致泛滥,今朕遍观两岸紧要,应修处逐一详审,尔等务期次第修筑,遵谕而行"②。在阅视北蔡村、夏庄村、南蔡村三处时又谕王新命说:"于此三处,从上流作挑水坝,不必过长,长则大溜为其所逼,对岸淤处略加挑浚,水即泻入直流矣。著俟明春兴工"③。又谕曰:"官不清则为民害,水不清亦无利于民。天下之浊者皆如此也。不清之官,朕有法以正之,不清之水朕有策以治之"④。在阅视南格驿、曹家务、郭家务等处时,又谕王新命等说:"此旧河口,著修一长钉头坝堵塞之,若留此口,水得灌入,则河即为其所夺矣。旧河近堤汕塌者,著加帮增筑。"在郭家务村南大堤时,康熙以豹尾枪立表于冰上,亲用仪器测验,发现"此处河内淤垫,较堤外略高,是以冰冻直至堤边,以此观之,下流出口之处,其淤高必甚于此,如此壅滞,安能畅流,此等堤工,卑矮可虞。若不预行修筑,明春水发,难以堵御,必自冬下埽,加帮增高,不可取近堤之土,若取土成沟,水流沟内,有伤堤根。"在冰窖地方,康熙还告谕直隶巡抚李光地等:"永定河自郭家务以下河身淤高,若挑淤作河,恐虚费钱粮,无益于事。且堤内之地,较河身最洼,若将南岸之堤作北岸

---

① 《清圣祖实录》卷一百九十四,康熙三十八年八月甲午条。
② 《清圣祖实录》卷一百九十五,康熙三十八年十月甲戌条。
③ 《清圣祖实录》卷一百九十五,康熙三十八年九月乙亥条。
④ 《清圣祖实录》卷一百九十五,康熙三十八年九月乙亥条。

之堤,前挑窄河,筑高大之堤,逼河南移,方属有益"①。他让李光地等估算挑浚之费,以便迅速付诸实施。他又阅视张家庄北格驿、石佛寺及庄户村、求贤庄等处,对修治工程都作了切实而详密的指导,纠正了王新命等的偏误之处。

三十九年(1700年)正月,康熙阅视李光地等所修河务,他说,"修筑方略,皆朕亲行指授","及至阅看,工程甚易,并无难处,因朕指示周详,河工诸臣方悟而大悦"②。他不断激励李光地、王新命等,让他们克服畏缩情绪,只需尽心修理。三十九年(1700年)三月,王新命以修理永定河绘图呈览,康熙一看便知是"意度为之"③,使王新命的怠惰一下子就被揭穿。九月,康熙再问王新命治河事,王新命依然没有全遵康熙旨令,这使康熙颇为不快。十月癸酉,康熙亲自巡视永定河堤岸,对堤岸的缺漏之处再次作了具体指示。譬如他说:"南岸须钉排桩,使水永不外溢,则尔等防守甚易矣。""自郭家务以上,南岸旧堤甚薄,著交与原任河南巡抚李国亮务将排桩作速于堤外深钉,此堤卑狭处亦交与彼加宽增高,酌量补筑。堤内田中浮土可铲取用之,堤边柳树,不可轻伐。所塞之口,令先动工,其地势高阜处,水既不能漫溢,可酌量节减,不必修筑,所用排桩苇草,向原任总河王新命等取之。"④在葛家坞永定河南岸,查看桩木时发现"俱短小不如式"。马上召来王新命等训谕说:"自委尔等河工以来,并未陈奏一事,即桩木丈尺,亦未如式深下。尔等果实心修筑,自正月至今,亲身监修,即每日里许,亦修筑竣工矣。密迩京师,相去仅一日之程,其能欺朕耶? 若再三年无

① 《清圣祖实录》卷一百九十五,康熙三十八年十月丙子条。
② 《清圣祖实录》卷一百九十七,康熙三十九年二月乙亥条。
③ 《清圣祖实录》卷一百九十八,康熙三十九年三月甲午条。
④ 《清圣祖实录》卷二百零一,康熙三十九年十月丙子条。

成,朕岂肯轻恕,必将诛之。"又谕巡抚李光地曰:"永定河工程及物料,尔等不时稽查,其桩木合式者收贮,用于葛家坞之西,其短小不如式者,交李国亮用于葛家坞之东,芦苇务收贮于干燥之地,毋致朽烂,有看守不谨者,即令赔偿,其河工未完处,仍交王新命等修筑,令保三年,尔所查工程物料需用钱粮,奏请时毋致浮冒,河工效力人员内诸色混杂,尔亦务确查题参"①。对每一细节都有交代,以求把事儿落到实处。

三十九年(1700年)十一月辛卯,康熙发现修理永定河河工员外郎赫硕滋"人甚轻浮",为推诿责任竟上疏题参王新命与工部侍郎白硕色,说王新命、白硕色贻误河工,事实上当时已是严冬,土已冻结,须待春暖后方可兴工。康熙当即识破了赫硕滋的阴谋,同时也重申要王新命、白硕色务必于春雨来前修竣的命令。康熙四十年(1701年)正月,康熙阅视永定河至清凉寺决口,谕李光地"此河今岁务必完工"②。在柳岔口新筑堤上,康熙对李光地说:"永定河每年当水涸之时,河道既枯,必至淤平,此甚难治,朕思得一善策,倘得引入清水以冲刷浊水之河底,则水自深矣。"③后康熙又谕大学士等说:"莽牛河之水著引入永定河。"④四月,康熙巡视永定河,并谕示李光地等说:"莽牛河出水之口亦宜下埽防之,隆冬冰结之时,莽牛河口著照常开泄,清水流于冰下,则水为冰所逼,向下冲刷,河底自然愈深。"在阅新修石堤时,重申:"朕修此石堤,特欲其坚而更坚之意,如此则河水断不复归旧河,此地黎民亦可安枕矣。"在结束这次阅视时他总结说:"观新挑河道,水流既直,出柳

① 《清圣祖实录》卷二百零一,康熙三十九年十月丙子条。
② 《清圣祖实录》卷二百零三,康熙四十年二月辛酉条。
③ 《清圣祖实录》卷二百零三,康熙四十年二月丙子条。
④ 《清圣祖实录》卷二百零三,康熙四十年三月己酉条。

岔口亦顺,河岸较前甚高,而河亦深,此皆被莽牛河水冲刷之故。阅其地势,南岸最为紧要,故将应行坚修诸处,详行指示,尔等勿谓已成而遂忽之。"①对治河诸臣提出了殷殷的期望。

五月,李光地上疏说:"承修永定河自郭家务至柳岔口开河筑堤钉桩下埽七十余里,大城县西堤桩埽工七十余里,又子牙河广福楼新河至贾口等处两岸堤工五十余里,雄县水占民堤未完工程二十余里今俱已完工,又接修永定河石堤之下桩工一百余丈及大城南堤并河间献县之工,俱可告竣"②。

康熙曾力图把一些治河措施先在治浑河上试行,然后再应用到黄、淮工程上去。譬如四十一年(1702年)五月,康熙说:"朕令永定河修理石堤,特欲于此处试之,如有成效,再于南河兴工。若此工无成,则大工亦不能兴。间者运送工料银两所费不过二十万,即已底绩。今户部之帑,见存五千万,朕意欲于黄河自徐州至清口两岸悉筑石堤,度其费不过千万,若获成功,则永远无患,但运石稍难耳。"③康熙抱着实事求是的态度竭力想寻求切实可行又经济的办法。四十一年(1702年)九月,康熙又说:"朕观永定河修筑之法甚善,河身直,河底深,所以淤沙尽皆冲刷,今治黄河,亦用此法,方为有益。此工多费,不过十万两,试照永定河法修治之。"④康熙在永定河上的治理之法显然是颇有成效的。到康熙五十五年(1716年)时,永定河仍"堤岸坚固,并无泛滥",沿河"泥村水乡,捕鱼虾而度生者,今起为高屋新宇,种谷黍而有食矣。"治河的成效延续多年,给广大民众带来了很大的福利。

---

① 《清圣祖实录》卷二百零四,康熙四十年四月戊寅条。
② 《清圣祖实录》卷二百零四,康熙四十年五月壬子条。
③ 《清圣祖实录》卷二百零八,康熙四十一年五月庚戌条。
④ 《清圣祖实录》卷二百零九,康熙四十一年九月甲子条。

总观康熙治河,功盖前世。首先是他树立了正确的、积极的战略思想,不但要求制止水患,而且要变害为利,既安定漕运,又保证民生。康熙把治水当作立国之本,在戎马倥偬之际,仍心系河务,战事稍闲即亲自阅视,在国家统一之后,更亲自指挥,具体指导,直至成效大显。为了确保治河有方,康熙矢志钻研治河古籍;南巡阅河过程中,曾亲登堤岸,以水平仪测量水位,显得十分内行。他总结的"治河上策,惟以深浚河身为要"是切合治理黄、淮的专家之言。他还形成了一整套的治河方略,如少设减水坝,多设滚水坝,以便达到"水长,听其缓漫而保堤工;水小,资其涵蓄以济运道"的目的。如康熙认为治水不仅在避害,同时亦可兴利,明朝山东微山湖一带将水蓄在山中,涝则蓄为水库,旱则泄作灌溉的作法就颇为成功,值得借鉴。康熙认为治理水患必须根据实际情况,以定对策,因为"河道实难尽知",只有"知者言之,不知者不轻言",才是科学的态度。"若不深究地形水性,随时权变,惟执纸上陈言,或徇一时成说,则河工必致溃坏。"立足于此,康熙并不固执己见,有些做法都先试点,可行则推广,不可行则不惮改。因而,康熙在治河中尝到了成功的甘甜,也对治河的成功越来越充满信心。

可以说,康熙治河的成功是胆识、毅力与勤政等多种因素共同作用的结果。

第十章　理学治国

一、尊孔重儒　推崇程朱

在康熙的执政生涯中,理学是康熙念念不忘的思想根基和决策指南,他努力钻研儒家经典,并求得融会贯通。他深深地谙服朱熹对儒学的注释和阐发,亦厌弃和揭露那些伪道学,还坚持不懈地把理学的理想原则一步步地化为现实的存在。显然这些努力并不能解决各种问题,但我们也看到了这对他的王朝的维持和社会的发展都曾起到过一些积极作用。

康熙接受汉文化是从幼年时候开始的,他从小养在宫外福佑寺,接触到了大量汉族传统文化知识,平时与康熙朝夕相处的乳母孙氏乃正白旗汉人包衣曹玺之妻;太监张某、林某为明廷所遗,他们向康熙灌输的多为世世相传的掌故,传说这两个粗通文墨的太监,对康熙接受传统文化的影响很大。康熙自五岁开始读书,十三岁即能下笔成文。他自幼苦读,祖母孝庄文皇后恐有伤其身体,曾加劝止说:"贵为天子,岂欲应主司试而勤苦乃尔!"①。但他依然嗜读不辍,亲政后,"听政之暇,即在宫中披阅典籍,殊觉义理无穷,乐此不疲。"②他说:"一刻不亲书册,此心未免旁骛",因此终日

---

① 《康熙起居注》康熙二十三年十一月十七日戊寅。
② 《清圣祖实录》卷四十一,康熙十二年二月丁未条。

手不释卷①。康熙学习的范围十分广泛,举凡史乘、诸子百家、吕律、佛教经论、道书无不涉猎,他对经学史乘尤有兴趣,他说:"(儒家经籍)记载帝王道法,关切治理。"而史乘则是"事关前代得失,甚有裨于治道"。康熙自己曾回忆说:"朕八岁登极,即知黾勉学问,彼时教我句读者,有张、林二内侍,俱系明时多读书人,其教书惟以经书为要,至于诗文,则在所后,……有翰林沈荃,素学明时董其昌字体,曾教我书法。张、林二内侍俱见及明时善于书法之人,亦常指示。"②又说:"朕自八龄,雅好典籍,无论细旃广厦,讽咏古训,日与讲臣共之。即至銮车帐殿之间,罔废图史,寻味讨论,弗敢畏其艰深而阻焉,弗敢骛于外物而迁焉,盖初始为一日也。"③这表明,康熙勤学不辍,遇艰深处有钻研之精神,遇外物亦不为所迁。康熙从小就以尊孔崇儒、读史论经视为帝王的本分,这为他后来制定、实践其文化政策打下了坚实的基础。

在康熙周围,有一群儒学知识分子如张英、高士奇、杜讷、李光地等,他们通过与康熙的讲读与研讨,使康熙更加坚定了对儒学的笃信,开始执行了全面接受儒家治国学说的路线。康熙二十三年(1684年),他路过曲阜孔庙,亲行拜诣之大礼,"由甬道旁行至大成殿,行三跪九叩首礼。四配十哲两庑,从官分献,乐舞间作。礼毕,圣祖幸诗礼堂,衍圣公孔毓圻等行礼毕。监生孔尚任进讲《大学》圣经首节,举人孔尚立进讲《易经·系辞》首节。讲毕,圣祖命大学士王熙宣谕衍圣公孔毓圻等曰:'至圣之道,与日月并行,与天地同运。万世帝王,咸所师法,下逮公卿士庶,罔不率由。尔等

---

① 《康熙起居注》康熙十二年十月初二日戊戌。
② 《康熙政要》卷七,《论勤学第八》。
③ 《康熙政要》卷七,《论勤学第八》。

远承圣泽,世守家传,务期型仁讲义,履中蹈和,存忠恕以立心,敷孝悌以修行,斯须弗去,以奉先训,以称朕怀,其祗遵弗替。'"又谕大学士等曰:"至圣之德,与天地日月同其高明广大,无可指称。朕向来研求经义,体思至道,欲加赞颂,莫能明言。特书'万世师表'四字,悬额殿中。非云阐扬圣教,亦以垂示将来。"又谕曰:"历代帝王致祭阙里,或留金银器皿,朕今亲诣行礼,务尊崇至圣,异于前代。所有曲柄黄盖,留供庙停,四时飨祀陈之,以示朕尊圣之意。"他不仅御制《过阙里诗》,而且又制《至圣先师孔子庙碑》。碑中说:"朕惟道原于天,宏之者圣。自庖牺氏观图画象,阐乾坤之秘。尧舜理析危微,阙中允执,禹亲受其传。汤与文武周公,递承其统。靡不奉若天道,建极绥猷,迥乎尚矣!孔子生周之季,韦布以老,非若伏羲、尧舜之圣焉而帝,禹汤文武之圣焉而王,周公之圣快而相也。岿然以师道作则,与及门贤哲,绍明绝业,教思所及,陶成万世。伏羲尧舜禹汤文武周公之统,惟孔子继续而光大之矣。闲尝诵习《书》《诗》之所删述大《易》之所演系,《春秋》之所笔削,《礼》《乐》之所修明,本末一贯,根柢万有,殆与覆载合其德,日月并其明,四时寒暑协其序焉。故曰:'仲尼之道,一天道也'。朕敬法至圣,景仰宫墙,向往之诚,弗释寤寐。岁甲子十有一月,时迈东鲁,躬诣曲阜,展修祀事,复谒圣墓。循抚松栝,仪型在望,援乎至德之亲仁也。朕忝作君,启沃下民。深惟夫子师道所建,百王治理备焉,舍是而图郅隆,曷所依据哉?因勒文于石,彰朕尊崇圣教,以承天治民之意。……"是日,他还谕大学士明珠说:"周公,大圣人,制礼作乐。垂示万世。今庙在曲阜,应行致祭。此系重大典礼,其遣恭亲王常宁及礼部尚书介山偕往,以示朕尊崇元圣之意。"①

① 《康熙政要》卷十六,《崇儒学第二十七》。

康熙二十六年（1687年），颁《孟子庙碑》把孟子放到了亚圣的地位。

二十八年（1689年），康熙又颁御制《孔子赞序》及颜、曾、思、孟《赞》，命翰林官缮写，国子监摹勒，分发直隶各省。三十二年（1693年），康熙以阙里圣庙落成，命皇三子、皇四子前往致祭，御制重修阙里孔子庙碑文曰："朕惟大道昭垂，尧舜启中天之圣，禹汤、文武绍危微精一之传，治功以成，道法斯著。至孔子虽不得位，而赞修删定，阐精义于六经，祖述宪章，会众理于一贯，为往圣继绝学，为万世正人心。使尧舜、禹汤、文武之道灿然丕著于宇宙，与天地无终极焉。"对孔子再次给予了无上的地位。

五十一年（1712年），康熙对大学士等下谕说："朕自冲龄，笃好读书，诸书无不览诵。每见历代文士著述给一字一句于义理稍有未安者，辄为后人指摘。惟宋儒朱子注释群经，阐发道理，凡所著作及编纂之书，皆明白精确，归于大中至正。经今五百余年，知学之人，无敢疵议。朕以为孔孟之后有裨斯文者，朱子之功最为宏巨。"为此把朱熹升配大成殿东序之第十一哲①。之后，各省府、孔庙都照此办理。第二年，康熙便颁布命令把刻成的《朱子全书》、《四书注解》发行全国，同时下令九卿各官把"有真实留心性理正学之人"推荐上来。等《朱子全书》纂集完成之时，康熙欣然作序，再次给予朱熹以较高的评价，序中说："至于朱夫子，集大成而继千百年绝传之学，开愚蒙而立亿万世一定之规。穷理以致其知，反躬以践其实。释《大学》则有次第，由致知而平天下，自明德而止于至善，无不开发后人而教来者也。五章补之于断简残篇之中，而一旦豁然贯通之为要，虽圣人复起，必不能逾此。问《中庸》名篇

---

① 《康熙政要》卷十六，《崇儒学第二十七》。

410

之义,则不偏不倚,无过不及之名,未发已发之中,本之于时中之中,皆先贤所不能及也。若《语》、《孟》则逐篇讨论,皆内圣外王之心传,于世道人心之所关匪细。如五经则因经取义,理正言顺,和平宽宏,非后世浅见而轻义者同日而语也。至于忠君爱国之诚,动敬语默之敬,文章言谈之中,全是天地之正气,宇宙之大道。朕读其书、察其理,非此不能知天人相与之奥,非此不能治万邦于衽席,非此不能仁心仁政施于天下,非此不能内外为一家。读书五十载,只认得朱子一生居心行事,故不能粗鄙无文,而集各书中凡属朱子之一句一字,命大学士熊赐履、李光地素日留心于理学者汇而成书,名之曰《朱子全书》,以备乙夜勤学。"①康熙对朱熹的言论力求全面加以收集,并深深地为朱熹对儒学的解释所折服。他说:"朕一生所学者为治天下,非书生坐视立论之易。"对于孔子学说之后的各种注释,康熙表示了许多鄙视,而对朱熹却推崇备至。因此,清政府明令朱熹所注四书五经为科举考试的必备内容。

在把理学确立为官方统治哲学之后,社会中出现了许多假道学,他们背离了朱熹学说的本义,而拘泥于片断的话语并加以教条化,大大歪曲了朱子学说。有的人表面上大讲理学,实际上却又另行一套。这些都是康熙所深深痛恨的。他希望人们能以朱子学说作为行动指南,经常对照自己,完善自己。二十五年(1686年),康熙就对大学士等说:"世间全才未易得,但能于《性理》一书稍加观览,则愧怍之处甚多。虽不能全依此书以行,亦宜勉强研求,明晰义理。若只拘泥辞章字句,有何裨益?"②康熙认为信奉理学关键在付诸行动,有的人"以理学自任,必致执滞己见,所累者多。宋、

---

① 《康熙政要》卷十六,《崇儒学第二十七》。
② 《康熙政要》卷十六,《崇儒学第二十七》。

明季世人好讲理学，有流入于刑名者，有流入于佛老者。昔熊赐履自谓得道统之传，其殁未久，即有人从而议其后矣。今又有自谓得道统之传者，彼此纷争，与市井之人何异？"他得出结论："凡人读书，宜身体力行，空言无益也。"①

　　康熙对朱熹理学的理解进入了哲学的层次，他对明永乐时编纂的《性理大全》的评价是："朕尝加翻阅，见其穷天地阴阳之蕴，明性命仁义之旨，揭主敬存仁之要。微而理数之精意，显而道统之源流，以致君德圣学，政教纪纲，靡不大小兼该而表里咸贯，洵道学之渊薮，致治之准绳也。岁月既久，版籍残缺，特命礼臣重加补订，以备观览，爰制序于卷端。朕方精思格言，探讨绪论，以遐稽乎古帝王心法道法之微，亦欲天下臣民究心兹编，思降衷之理，安物则之恒，庶几咸尽其性，以复臻乎唐虞三代熙皞之治云尔。"②在他的《理学论》中说："夫理，语大乾坤莫能载，语小乾坤莫能破。散之万物，归于一中，无过不及。日用平常见于事物者，谓之理。天命而有性，率性而有道，此性命之自然也。圣人修之明之，推之教之，不齐者齐之，太过者抑之，皆循乎天道而尽己之性。非格物致知穷其理之至当者，即理在前而不识也。自宋儒起而有理学之名，至于朱熹能扩而充之，方为理明道备。后人虽杂出议论，总不能破万古之正理。所以学者当于致知格物中循序渐进，不可躐等。有一事必有一事之理，有一物必有一物之理。从此推去，自有所得。求之而失于过，不得其理也；求之而失于不及，亦不得其理也。惟一中即是无私，无私而后得其理之正也。"③在《性理精义·序》中，他又说："朕自冲龄至今，六十年来，未尝少辍经书。唐虞三代以来，

　　① 《清圣祖实录》卷二百六十六，康熙五十四年十一月乙酉条。
　　② 《康熙政要》卷十六，《崇儒学第二十七》。
　　③ 《康熙政要》卷十六，《崇儒学第二十七》。

圣贤相传授受,言性而已。宋儒始有性理之名,使人知尽性之学,不外循理也。故敦好典籍,于理道之言,尤所加意。临莅日久,玩味愈深,体之身心,验之政事,而确然知之不可易。前明纂修《性理大全》一书,颇谓广备矣。但取者太繁,相类者居多。凡性理诸书之行世者,不下数百,朕实病其矛盾也。爰命大学士李光地诠释进览,授以意指,省其品目,撮其体要。既使诸儒之阐发不杂于支芜,复使学者之披寻不苦于繁重。至于图象、律历、性命、理气之源,前人所未畅发者,朕亦时以己圣祖意折中其间,名曰:《性理精义》。颁示天下,读是书者,自有所知也已。"①在《性理奥》一书后,康熙又写道:"圣人之道,始于明明德,极于位天地,育万物。造端于宥密,而弥纶于两间。百姓昭明,协和万邦。飞潜动植,咸若其天者,非从外求也,尽性而已。《中庸》曰:'惟天下至诚,为能尽其性,则能尽人物之性。能尽人物之性,则能赞天地之化育。'盖人物之性,乃性分之能事。故曰:'民,吾同胞;物,吾与也。'然则天地万物,岂在性外哉!《性理》一书,阐于周、程、邵、张,集成于朱子,孔孟之旨,昭然若揭日月之中天。其递相发明者,百有余家,而后斯道大著,为书可谓博矣。是编节录精义,由博而约,诚能反复研极,可以见性体之大,而识尽性参赞为一理。古昔圣贤心传之妙,由诸子说进求之,因流溯源,得其意而致力焉,修齐治平而无余事矣。"②

康熙对人之志也有自己的阐释,他说:"夫志者,心之用也。性无不善,故心无不正。而其用有正、不正之分,此不可不察也。"必须培养人之心走在正确的轨道上,以致达到圣贤之域。不然,若

---

① 《康熙政要》卷十六,《崇儒学第二十七》。
② 《康熙政要》卷十六,《崇儒学第二十七》。

人耽于酒色财气之中，世道就是不可挽救的了。因而要特别注意人心的引导。使人能用心正，必须加强学习，他说"学问无他，惟在存天理去人欲而已。天理乃本然之善，有生之初，天之所赋畀也。人欲是有生之后，因气禀之偏，动于物，纵于情，乃人之所为，非人之固有也。是故闲邪存诚，所以持养天理，堤防人欲。省察克治，所以辨明天理，决去人欲。若能操存涵养，愈精愈密，则天理常存，而物欲尽去矣。"他还说："人心一念之微，不在天理，便在人欲。是故心存私，便是放，不必逐物驰骛，然后为放也。心一放，便是私，不待纵情肆欲，然后为私也。惟心不为耳目口鼻所役，始得泰然。故《孟子》曰：'耳目之官不思而蔽于物'。物交物，则引之而已矣。心之官则思，思则得之，不思则不得也。此天之所以与我者。先立乎其大者，则其小者不能夺也。此为大人而已矣。"①康熙对朱子学说确实有了一个切实的认识，并且多能见诸其为政的实际行动中。

康熙竭力宣扬孔孟之道所提倡的三纲五常等封建伦理道德教条，千方百计替封建统治阶级的统治提供理论依据，达到维护封建统治的目的。

朱熹强调君臣父子之矩，他说："君臣父子，定位不易，事之常也。君令臣行，父传子继，道之经也。""三纲五常，礼之大体，三代相继皆因之而不能变。"②又说"三纲五常终变不得，君臣依旧是君臣，父子依旧是父子。"③君仁、臣忠、父慈、子孝，朋友有信，各有定矩。朱熹学说进一步为统治阶级提供了思想武器，"和之时君世

---

① 《康熙政要》卷十六，《崇儒学第二十七》。
② 《晦庵先生文集》卷十四，《甲寅行宫便殿奏札》一。
③ 《朱子语类》卷二十四。

主,欲复天道王道之治,必来此取法矣。"①康熙深爱读书,自然为朱熹之学所吸引。康熙二十五年,他为二程、朱熹、张载、周敦颐等宋代大儒各设专祠,并亲"赐御书匾额"②,对他们的后裔都先后一一授以五经博士世职③。他曾与当时一些理学大师朝夕相处,并与李光地、熊赐履等结为深挚的伙伴,他延请张英、熊赐履教授性理诸书。在他当政的六十一年中,精心培植了一批心腹官僚,除了李光地、汤斌、熊赐履等外还有"力崇程、朱为己任"的张伯行,"笃守程朱"的陆陇其,还有魏象枢、张廷玉、蔡世远等,都是显赫一时的理学"名臣",是理学化解了满汉统治者之间的芥蒂,推崇理学成为满汉统治者的共同语言。

二、经筵日讲 资治辅政

康熙九年(1670年),康熙接受熊赐履的建议,开始举行历代帝王例行的经筵和日讲,即命讲官为皇帝进讲经史文学,讲课时以经书为本,以前代为鉴,学习治国安邦之道。

康熙对待日讲与经筵态度非常严肃认真,反对流于形式。自开经筵后,康熙一早就在乾清门御门听政;辰时,至弘德殿听讲官进讲,非有特殊情况,从不间断。酷暑季节,有人奏请暂停日讲,康熙却说:"学问之道,必无间断,方有裨益,以后寒暑,不必辍讲。"④即使在出巡、狩猎甚至平定三藩之乱的紧张繁忙之际,他仍令讲官"每日进讲如常"。他读书持之以恒,兴趣也越来越浓,他说:"朕

---

① 《宋史》卷四百二十七,《道学列传》。
② 《东华录》康熙朝卷十、卷三十五、卷三十七、卷三十九、卷四十五。
③ 《康熙政要》卷十六,《崇儒学第二十七》。
④ 《清圣祖实录》卷四十二,康熙十二年五月壬申条。

自八岁即笃好读书,至今更觉旨趣无穷。甚矣,书之不可不读也。"讲官张英也为康熙孜孜求学的精神所感动,由衷地说:"前代帝王读书经筵日讲间时举行,仅成故事。皇上圣学勤敏极意精研,经筵日讲既已寒暑无间;深宫之中,手不释卷,诵读讨论,每至夜分,求之史书,诚所罕睹。臣得侍左右,曷胜忻幸。"一次康熙又对讲官张英说:"读书以有恒为主,积累滋灌,则义蕴日新,每见人期效于旦夕,常致精神误用,究归无益也。"张英进一步回答:"固人之学,日计不足,月计有余,盖无旦夕猝见之效。因贞恒不息,其益自大易,所谓日进无疆也。"康熙在学习中培养了为政持之以恒的作风。

康熙很重视实学。他要求经筵讲官在教学内容上要以帝王之道及其治世之大法和修身养心的儒家经典为主。他认为"《尚书》记载帝统道法,关切治理";"思帝王之政之要,必本经史";"朕惟以《春秋》者,帝王治世之大法,史外传心之要典也";"天德王道之全,修己治人之要,具在《论语》一书"①。他又要讲官进讲时,"对称颂之处,不得过为滥词,但取切要有裨实学"。他一再强调"文章以发挥义理,关系世道为贵"。② 在教学方法上,他一反过去只由讲官敷陈,"拘泥章句,株守一隅"的讲课方法,提倡讨论式的启发性教学。他说:"日讲原期有益身心,增长学问。今止讲官进讲,朕不复讲,但循例,日久将成故事,不惟学问之道无益,亦非所以为法于后世也"。嗣后进讲时,"讲官讲毕,朕乃复讲,互相研讨,庶有发明"③。后来,他又进一步阐发教学相长的道理。他说:"帝王之学,以明理为先,格物致知,必资讲论,向来日讲,惟讲官

① 《康熙起居注》,康熙十二年九月初六壬申条。
② 《清圣祖实录》卷四十三,康熙十二年八月辛酉条。
③ 《清圣祖实录》卷五十四,康熙十四年四月辛亥条。

敷陈讲章,于经史讲义,未能研究印证,朕心终有未慊,……今思讲学,必互相阐发,方能融会义理,有裨身心。以后日讲,或应朕躬自讲朱注,或解释讲章,仍令讲官照常进讲"①。这样以便真正理解和阐发儒家经典内容的精神实质。

从儒家经典中体会古帝王孜孜求治之道,是康熙好学敏求的动力,他与讲官在弘德殿讲论儒家经典,常常就是讨论帝王治国之道,并竭力吸收其中的可用成分,力求付诸实行。如讲官熊赐履、孙在丰、喇沙里进讲"子言其言之不诈一章,陈成子弑简公一章"后,康熙即发表感受说:"人主势位崇高,何求不得,但需有一段敬畏之意,自然不致差错,便有差错,也会省改。若任意奉行,略不加勤,鲜有不失之纵佚者。朕每念及此,未尝敢一刻暇逸也"②。十七年(1678年)二月初二日,康熙召张英至懋勤殿,他亲复诵"帝曰:畴咨若时登庸"四节,他说:"《书经》曾于往年讲读,今非不可多诵,因欲细阅讲章,期于通晓未可率略看过耳。"张英对答说:"诚如圣谕,《尚书》乃二帝三皇传心之要典,皇上诵读,必期精熟讲论,必字字辨析,真足见圣学之大矣。"初八日,他亲复诵"二十有八载"五节,又阅讲章至"询于四岳",有"好问好察,乃大知之本"语,康熙便说:"咨询固宜广揽,而众好之必察焉,众恶之必察焉,又不可不详加审辨也。"张英说:"诚如圣谕。"康熙在研习儒家经典时,确乎从古圣先贤的教诲中学到了如何为君之道。他总结自己的学习心得说:"朕自五龄,即知读书,八岁践阼,辄以学庸、训诂,询之左右,求得大意,而后愉快。日所读书,必使字字成诵,从来不肯自欺。及四子之书,既已通贯,乃读《尚书》,于典、谟、

---

① 《清圣祖实录》卷六十七,康熙十六年五月己卯条。
② 《康熙政要》卷七,《论勤学第八》。

训、诰之中，体会古帝王孜孜求治之意，期见之施行。及读《大易》，观象玩占，于数圣人扶阳抑阴，防微杜渐，垂世立教之精心，朕皆反复探索，必心与理会，不使纤毫扞格，实觉义理悦心，故乐此不疲耳。"①儒家经典中揭橥的诸般道理充实了康熙的头脑，使他更加自信地端坐紫禁城而胸怀韬略。他在学习中深深地掌握了儒家学说的思想精华，亦保证了他执政能有一个一贯的指导方向，不致有大的起伏。

康熙还与讲官讨论了人与法的问题，他说："古来任人而不任法，故常原情轻重，未尝胶于一定，所以宥过无大，后世人情巧伪，日滋轻重大小，不得不断之一定之法，此亦势之不得已也。"张英亦发表议论说："后世法有一定，所以使人不得任情高下，以防法吏之私，但亦须人与法相辅而行，然后能施法中之仁，而得古帝王钦恤之意也。"这正是康熙在执法过程中的一贯思想。他读至《论慎刑》篇时说："国家刑法之制，原非得已，然惩警奸匿，又不可无。朕每于刑法，必反复详慎，期于至当，未尝一事有所轻忽。"高士奇说："皇上秉天地好生之心，民知慕化，年来秋决不过数人，几致刑措，近复特命更定律例，斟酌损益，诚为万世成宪。"康熙说："现行律例尚虑过研，全在临时审察得宜也。"表现出较为宽松的执法倾向。康熙还主张罪刑教相结合的治理思想。他说："与其绳以刑罚，使人怵惕文网，苟幸无罪，不如感以德意，俾民蒸蒸相喜，不忍为非。"他希望以德化民，以刑弼教。这完全出自以教为先、不教而诛的儒家思想。

康熙读到《论守令》篇时发表意见说："廉吏之风，何近代之难也？"张英奏说："廉生于俭，人于居处服饰，事事侈靡，用于无节，

① 《圣祖仁皇帝圣训》卷五，《圣学》。

则取之安能有道，虽欲廉而势有所不能。古人云：'其惟廉士寡欲易足。'由此观之，则寡欲正廉之本也。然欲人崇俭，又以风俗为本，俗尚既侈，则转相效慕，中才之人罕年自立，虽欲俭而势有所不能也。"康熙说："俭以成廉，侈以致贪，此诚理势之必然耳。"八月初五日，康熙正在复诵"惟戊午，王次于河朔"五节，亲讲"受有亿兆夷人"四节时，"西洋贡师（狮）子至，臣陈廷敬、臣叶方蔼奉旨在内编纂，因同臣（张）英、臣（高）士奇、臣（宋）讷各赋'西洋贡师（狮）子歌'"，进呈御览。康熙召高士奇至懋勤殿说："异兽珍禽，虽古人所不尚，但西洋远贡来京，跋涉艰阻，多历岁月，诚心慕化，良为可嘉，却之非柔远之德，故留畜上林，非侈苑囿之观也。"高士奇婉转地说："皇上盛德所被，化及遐荒，海外之人通尽阙下，诚为希觏，恭闻天语，仰瞻皇上心在怀柔，不以异物为宝，超越前代远矣。"臣下的衷心辅佐和规劝为康熙勤敏和俭朴的执政提供了保证①。

康熙读经多求明其旨。康熙十七年五月初十日，他复诵"简贤附势"三节，亲讲"佑贤辅德"三节，讲至"推亡固存"句，他说："此正中庸所云'因材而笃，栽培倾覆'之意，王者，体天心以为赏罚，正宜如是。"讲至"能自得师者王"二句，他又说："孔子所谓'三人行，必有我师'，但在于能自得耳。谓人之莫己若，正孟子所谓'驰驰之声音颜色'"也。讲至"好问则裕"二句，他说："人君以天下之耳目为耳目，以天下之心思为心思，何患闻见之不广。观舜以好问好察而称大智，则知自用则小者，正与之相反矣。""书中义理，原自完备，惟在诠解明白，加以反复玩味，自然旨趣无穷。若多

① 《康熙十七年南书房记注》，《历史档案》1995年第3期。

为援引,反致书理不能豁然也。"①他说:"讲书以明理为要,理既明,则与古人之说无往不合,此所谓一本散为万殊,万殊归于一本,博约兼资之道也。"张英说:"古人载籍繁多,而其理则一。六经者,四书之渊源;四书者,六经之门户。无非反复申明此理而已。故博以收之,尤贵约以贯之,圣言真可立为学之准。"②

康熙在读书中培养了自己的价值观,也确立了自己执政的基本思想。他在读到"盘庚既迁"七节,亲讲"邦伯师长"六节,因论"无总于货宝"句时说:"世风浇漓,人皆不能洁己自爱,故今日求操守廉介之人甚难,或仅能自守,而其才不克有为。当理繁治剧之时,又苦于不能肆应。"张英对答说:"古人尝有言,惟廉生公,惟公生明。国家固欲得才守兼全之人,然后可以应事,二者难兼,二守为最要。若操守不足而小有才,更足为百姓累也。"这就确立了选人重德的基本思想。

康熙读到"太康尸位"五节,亲讲"其二曰:训有之"时说:"临民以主敬为本。昔人有言,一念不敬,或贻四海之忧;一日不敬,或以致千百年之患。《礼记》首言,毋不敬,《五子之歌》,始终皆言敬慎,大抵诚与敬,千古相传之学,不越乎此。"③康熙正是以这种诚敬之心来面对他的治国之业的。一次他上石景山幸戒坛,道经村落,山民扶老挈幼,观于道左,康熙下令不要禁止,当时有老百姓进鲜李一盘,康熙亦下马接受下来。高士奇不胜感慨地说:"穷乡愚氓,享皇上太平之福,鼓腹含脯,浑忘帝力。臣幸叨扈跸,得睹唐虞三代之风,不甚欢忭。"康熙因对大学士明珠、侍卫等及高士奇说:

① 《康熙十七年南书房记注》,《历史档案》1995年第3期。
② 《康熙十七年南书房记注》,《历史档案》1995年第3期。
③ 《康熙十七年南书房记注》,《历史档案》1995年第3期。

"人君出入警跸,固宜研肃。朕见明朝之君,高居深宫,过于安逸,凡郊祀偶出,所乘之辇,皆铁丝作帏,以防不测。人君临御天下,以四海为一家,当使遐迩上下,倾心归慕,若刀矢可加以辇帏之中,则人心离二,虽铁壁何益!故古来贤圣之君,尚德不尚威也。"大学士明珠等奏曰:"皇上推心置腹以待臣民,海澨山陬,尽仰王化,因时顺动,无非省问民间疾苦,圣谕所云,真可为万世人君法也。"①

康熙也深深地期盼着他的王朝能君臣融洽,臣谏君听。他说:"朕观古来帝王,如唐虞之都俞吁咈,唐太宗之听言纳谏,君臣上下如家人父子,情谊浃洽。故能陈善闭邪,各尽其怀,登于至治。"这是其能多听各方意见,不固执己见的思想基础。他读至《论纳谏》时说:"人臣进言,固当直切无隐;人君纳谏,尤当虚怀悦从。若勉听其言,后复厌弃其人,则人怀顾忌,不敢尽言矣。朕每阅唐太宗、魏徵之事,叹君臣遇合之际,千古为难。魏徵对唐太宗之言:'臣愿为良臣,毋为忠臣。'朕尝思忠良原无二理,惟在人君善处之,以成其始终耳。"②康熙积极参与治河实践,亦多能听取各方面的意见。康熙力求做到像盘庚那样"其诰诫臣民,如父之于子,反复不厌,必使其心开悟而后止。"以达到其统治的稳定。

康熙推崇理学,同时也挽救了理学。他发扬了"经世致用"的学说,给理学注入新的生机。

自朱熹之后,理学经历了五个世纪的发展已经衰落下来,具体体现在:1. 理学成为护官符,实际行动经常与之相悖,这便是社会上颇为流行的"伪道学",人们多深恶痛绝之。康熙认为:"凡所贵道学者,必在身体力行,见诸实事,非徒托之空言。"可他发现"汉

---

① 《康熙十七年南书房记注》,《历史档案》1995 年第 3 期。
② 《康熙政要》卷十六,《论理学第二十八》。

官内有道学之名者甚多,考其究竟,言行皆背。"①有的人"终日讲理学,而所行之事全与其言悖谬"②。有的道学先生实际上是"居乡不善"的大恶霸③。有的则是自称道学,粉饰名声,而本乡房舍几至半城者有之;或多置田园者有之④。2.阿谀逢迎、吹牛拍马之风炽烈。即使在康熙面前,他们亦多极尽谄媚奉承之能事,把康熙时代吹捧为封建统治阶级最向往、最赞赏的尧舜文武时代,说什么东汉之建武、大唐之贞观都不能与之相提并论⑤。各官僚之间,"钻营奔窟","谄上欺下","互相标榜","结纳声气"⑥,康熙骂他们是"在人主之前说一等语,退后又别作一等语",是不折不扣的两面派⑦。3.墨守成规,寻章摘句,不求甚解,亦不求更新。开口"格物致知"、"心性之学",闭口"格物穷理"、"性即理也",理学变成了空洞无物的清谈之资。晚明实学思潮的兴起即把矛头直指这空疏之学,呼唤人们建立一种"经世之用"的学说。

康熙从"知行合一"的观点出发,竭力主张学以致用,言行一致。他说:"学问无穷,不徒空言,惟当躬行实践。"他提出"读书鉴古"、"读书穷理"、读书要"探索原流,考竟得失"。目的是"要讲求治道,见诸实行,不徒空言"。他结合自己的体会说:"明理最是紧要,朕平日读书穷理,总是要讲究治道,见诸措施。故明理之后,又须实行,不行,徒空谈耳!"⑧又说:"理学之书,为立身根本,不可

---

① 《东华录》康熙朝卷三十三,康熙二十三年六月。
② 《清圣祖实录》卷一百十二,康熙二十二年十月辛酉条。
③ 《康熙政要》卷十五,《论奢纵》。
④ 《康熙政要》卷四,《任贤下》。
⑤ 《东华录》康熙朝卷九十六,康熙五十四年十一月。
⑥ 《康熙政要》卷十五,《论奢纵》。
⑦ 《康熙起居注》,康熙十二年三月初四日甲戌条。
⑧ 《康熙起居注》,康熙十二年八月二十六日癸亥。

不学,不可不行,若以理学自任,必致执滞己见,所累者多。凡人读书,宜身体力行,空言无益也"①。可见康熙所追求的是知和行的统一。在知和行中间,康熙特别强调行的重要性。他说:"凡事言之非难,行之维艰","毕竟行重,若不能行,则知亦空知。"②他甚至把行作为判断真假理学的标准,他说:"朕见言行不相符者甚多,终日讲理学,而所行之事全与其言悖缪,岂可谓之理学? 若口虽不讲,而行事皆与道理符合,此即是真理学也。"③他强调阅读古书要与实际结合,反对读书脱离实际的倾向。他指出:有些人"不能以其所学见之于事";有些人一谈起古人的事情口若悬河,滔滔不绝,可是要问他现实的一些情况,"一字不能相答",这样的人"平时读书,至临大事,竟归无用"④,他指责这种人"所读何书? 所学何事耶。"⑤对于社会上存在的伪道学,甚为反感,即使是理学名臣,只要被他发现有虚伪表现、名不副实的地方,便加以无情揭露。江苏巡抚张伯行平时大谈理学,享有清官之名,康熙指责他"其刻书甚多,刻一书,非千金不得成,此皆从何处来者?"他挖苦河道总督张鹏翮:"从来大儒持身接物,当如风光霁月,尔平时亦讲理学,乃一味苛刻严厉,岂可谓风光霁月乎?"⑥他举熊赐履以前"自谓得道统之传,其没未久,即有人从而议其后也"。对熊赐履不实的作风,康熙早就批评过,指出熊赐履所著《道统》一书,王鸿绪奏请刊刻,颁行学宫,高士奇亦为作序,乞将此书刊布,"朕观此书过当之处甚多。凡书果好,虽不刻子然流布,否则,虽刻何益? 道学之人,

①　《康熙政要》卷十二,《论公平第十七》。
②　《康熙起居注》,康熙十二年八月二十六日癸亥。
③　《康熙起居注》,康熙十二年十月二十四日辛酉条。
④　《清圣祖实录》卷二百三十六,康熙四十八年正月乙未条。
⑤　《清圣祖实录》卷二百三十六,康熙四十八年正月乙未条。
⑥　《清圣祖实录》卷二百二十,康熙四十四年四月壬辰条。

又如此务虚名,而事干渎乎?"他自己则保持言行一致,他以儒学思想为指导,以身作则,孜孜求治,为有清一代的发展奠定了基础。自从他亲政以来,"夙兴夜寐,有奏必答",凡各处奏折所批朱批谕旨,他都亲自动手,从"无代书之人",有时因"右手有病,不能写字,用左手执笔批旨,断不假手于人"。就是"中夜有机宜奏报,未尝不披衣而起","秉烛裁办"。康熙作为有清一代的杰出帝王为清初的"经世致用"之学的兴起,开辟了道路,并为理学重整旗鼓创造了条件。

三、博学鸿词　罗致耿介

在康熙时期,考试依旧分童试、乡试、会试三级,到康熙三十九年(1700年),又取消了过去对童试(又分为县、府、院考)名额的限制①。乡试在顺治时只有每逢子、午、卯、酉等年三年一次的正科。康熙五十二年(1713年),又增加了"万寿恩科",康熙三年(1664年)和五十一年(1712年)取消了会试的副榜制度,增加了乡贡士的复试②。他甚至还颁布了捐纳制度,为"名落孙山"者提供入仕的机会。

康熙很快发现:无论是科举,还是捐纳,对那些坚持反清的明末遗老并无效用,为此,他又特为这些人开设了带有强制性(或半强制性)的"制科"。

康熙九年,以"孝康皇后升祔礼成"为名"颁诏天下",命有司将才品优长而又自愿出来为官的遗老举为"山林隐逸"之士,"征

---

①　商衍鎏:《清代科举考试述录》第49页。
②　商衍鎏:《清代科举考试述录》第102—107页。

聘来京,以便擢用"①。同时,他又命令各地方官到处张贴告示:"凡山林隐匿有志进取者,一体收录,如有抗节不到,终身不得予试。"企图以"稻粱"之利诱引那些热衷于利禄的"诸生",确也收到了一定的成效。

另外,十七年(1678年),他又再次设置博学鸿词科,谕吏部说:"自古一代之兴,必有博学鸿儒,振起文运,阐发经史,润色词章,以备顾问著作之选。朕万几余暇,游心文翰,思得博学之士,用资典学,……四海之广,岂无硕彦奇才,学问渊通,文藻瑰丽,可以追踪前哲者。凡有学行兼优,文词卓越之士,不论已仕未仕,令在京三品以上及科道官员、在外督抚布按各举所知,朕将亲试录用。其余内外各官,果有真知灼见,在内开送吏部,在外开报督抚,代为题荐。务令虚公延访,期得真才,以副朕求贤右文之至意。"②通过中央及地方各级官吏的交章举奏,在短期内共推荐了一百九十余人,其中有一百四十三人参加了康熙十八年(1679年)三月体仁阁的考试。

在考试之前,太宰掌院学士对这些被推荐之士说:"汝等俱系荐举人员,有才学,原不必考试,但是考试愈显才学,所以皇上十分敬重,特赐宣为会试、殿试、馆试状元、庶吉士所无,汝等须知皇上德意。"在生活上,对他们可以称得上是关怀备至、体贴入微的。除了发给他们往返路费、衣食费、柴炭银、俸禀等不一而足外,还设置了高贵而丰盛的茶点席筵招待。在阅卷时,也是多方迁就,宽大无边。如严绳孙只作了一首小诗,彭孙遹故意把诗写得文词不通,潘耒、李来泰、施闰章等的诗不合韵律等,却都一一加以录用。这表明体仁阁考试仅徒具形式,而所谓博学鸿词科实质上是拉拢汉

---

① 《清史稿》卷一一五,《选举志·荐擢》。

② 《东华录》康熙朝卷二一,康熙十七年正月乙未条。

族士大夫的一种手段。

以康熙十八年的博学鸿词科考试为例，共录取了一等彭孙遹等二十名，二等李来泰等三十人，在这些人士当中，不少的人原来存有严重的反清情绪，一旦他们被清统治者授予翰林院侍讲、侍读、编修、检讨等官职，入史馆纂修明史之后，有了高官厚禄，丰衣足食，享受到了各式各样的特权，就动摇了原有的反清意志，放弃了原来的反清立场，到后来，他们虽对封建文化有一定的贡献，但在政治上，就逐渐变成清统治者的忠实走卒了。

康熙在他漫长的执政生涯中，非常重视到各地巡访，以便使政策的制定更加符合实际。他巡访的目的并不是单一的，每次巡访都可能有一主要目的，但他绝不放弃哪怕是很微小的接触实际的机会，尽量争取解决有碍于政权统治的各种大疾微舋。康熙在每次巡访中几乎都不放弃崇儒重道的具体行动，皇帝的言行几乎是在力图倡导一种风俗。访孝陵、访孔庙、访名士等都贯彻了这样的思想。康熙曾在明孝陵亲书"治隆唐宋"的石碑，在访孔庙时，亦祇回留连，表现了心倾儒学的至诚态度。

博学鸿词科并没有收拢到所有的汉族硕学之士，许多汉儒坚定地打着"反清复明"誓与清朝不共戴天的旗帜，晚明实学大师顾炎武"以死自誓"来拒绝博学鸿词之请，黄宗羲"……戊午诏征博学鸿儒，掌院学士叶方蔼寓以敦促就道，再辞以免。"[1]关中大儒李颙始则以有病拒之，当清统治者用床把他强行抬到西安，"先生遂绝粒，水浆不入口者六日"，最后才不得不放他回去。[2] 太原傅山宁愿过着清贫的生活，也不肯接受推荐，清朝统治者"乃令役夫界

① 《清史稿》卷四八六，《黄宗羲传》。
② 彭绍升：《二升居集》卷十九，《李二曲传》。

其床以行,……既至京师三十里,以死拒入城,于是益都冯公(缚)首过之,公卿毕至,先生卧床不具迎送礼。蔚州魏公(象枢)乃以其老病上闻,诏免试。"①此外,坚决拒绝清统治者博学鸿词科之请的还有钱塘应谦、宁都魏禧、昆山朱执一、如皋冒襄、鄞县万斯大、石门吕留良、华阳王宏撰等。《清史稿》记载:"顺康间,海内大师宿儒,以名节相高,或廷臣交章论荐,疆吏备礼敦促,坚卧不起,如孙奇逢、李颙、黄宗羲辈,天子知不可致,为叹息不止。"②

康熙四十二年(1703年)他到西安,首先问及李颙,希望能见到他,颙装病不出,使命将其著作取来,李颙派他的儿子送来所著书,康熙亲自对他说:"尔父读书守志,可谓完节,朕有亲题'志操高洁'匾额并手书诗帖,以旌尔父之志。"③四十四年(1705年),康熙南巡回銮途中,在德州接见著名历算学家梅文鼎,"命坐赐食,三接,皆弥日,御书'绩学参微'以赐之。"④在南巡中多次接见当地知识分子,广泛地进行联系,企图在文化活动和接触中消除汉满民族之间的隔阂。

康熙把吸收汉族知识分子编定群书作为使其归附、钳制异端的重要手段。他除了充分利用已有的翰林院外,还在宫内外设立了武英殿修书处、蒙养斋、佩文斋、渊鉴斋、《明史》馆、《一统志》局等修史馆所,并尽力设法网罗当时著名的文人学士参与修书。可以说,康熙年间,除顾炎武、黄宗羲、李颙等少数学者坚持拒绝与清政府合作外,绝大部分著名的学士都不同程度地参与了康熙组织的大规模修书工作。突出的有地理学家胡渭、顾祖禹,经学家阎若

---

① 全祖望:《鲒埼亭集》卷二十六,《阳曲傅先生事略》。
② 《清史稿》卷一一五,《选举志》。
③ 刘泗宗作墓表,见《耆献类征·儒行》。
④ 方苞作墓表,见《耆献类征·儒行》。

璩、惠周惕父子、毛奇龄,数学家梅珏成,史学家万斯同,诗人王士祯,画家王原祁等等。面对拒绝合作的黄宗羲等人,康熙仍坚持宽容态度,表示"可召至京,朕不授以事,即欲归,当遣官送之。"当他得知黄至死不从时,也不绳之以法,反"叹息不止,以为人才之难。"①后来,黄宗羲在康熙厚待儒士的政策感召下,还是让儿子黄百家入宫参与纂修《明史》。

由于康熙的倡导和授意,当时所修书籍多达六十余种,其中有价值的如《康熙字典》、《佩文韵府》、《骈字类编》、《分类字锦》、《音韵阐微》、《全唐诗》、《书画谱》、《广群芳谱》、《律历渊源》、《古今图书集成》等,已成为我国文化宝库中的重要财富。

四、文网广织　消弭反侧

在前述那些宿儒的影响之下,清统治者一手培植起来的年轻士大夫分子如戴名世、汪景祺、查斯庭等亦把他们的反清情绪发泄到他们的著述之中。对此,康熙皇帝采取了镇压政策。虽然康熙一向以宽仁著称,可在对待文字上的异端方面却至为果断。

一、庄廷钺《明史》案(康熙元年——康熙二年)

朱国桢,浙江归安(吴兴)人,明末熹宗朝大学士,著有《明史》,除列朝诸臣部分外,已刊行于世。顺治年间,国桢去世,家道中落,后人以千金将稿本出售于富商庄廷钺,廷钺补崇祯时史实,并改用己名出版。朱国桢、庄廷钺都是反清名士,他们的反清思想充满了该书字里行间,如谈到清入关之前、明清战争的时候,把孔有德、耿精忠的降清称为"反叛";在谈到天命元年(丙辰)到崇德

---

① 《清史稿》卷四百八十六,《黄宗羲传》。

八年(癸未)的历史时,避而不用后金年号;相反对南明唐王隆武、桂王等年号却大书特书。他们称后金太祖努尔哈赤为"建州都督",又说:"长山蚋而锐士,饮恨于沙燐;大将还而劲,卒销亡于左衽。"等等,类似于这样的反清的思想意识散见于李如柏、李化龙、熊明遇等各传中①。该书出版后于康熙元年被已卸任的归安县知县吴之荣告发,时庄廷钺已死,遭剖棺戮尸罪,庄氏的家庭、作序的、刻书的、买卖书的、地方官、江楚名士等死者七十余人,判处发边远充军、流放等罪者一百余人,吴之荣因告密有功,擢升右佥都御史官职。

二、戴名世《南山集狱》(康熙五十年——康熙五十二年)

戴名世,号南山,安徽桐城人。康熙四十八年(1709年)进士,授翰林院编修,时康熙设《明史》馆纂修明史多年,"而馆官采录遗书率多忌讳,致屡裁稿而未告成。"②名世对清统治者随意窜改历史颇为愤慨,他访问明末遗老,把明清之际耳闻目睹的历史实地记载下来,编成《南山集》以传后世。

他在编写《南山集》的时候,曾参考过同乡方孝标(曾任吴三桂承旨学士)所著《滇黔纪闻》、《钝斋文集》等书,书中"极多悖逆语",名世在《与弟子倪生书》一文中,主张"本朝当以康熙壬寅年(元年)为定鼎之始",而不是顺治元年,他的理由是:"世祖虽入关十八年,时三藩未平,明祀未绝。若循蜀汉之例,则顺治不得为正统"。他在《与余生书》一文中,进一步发挥了这种思想,并对清统治者歪曲和不重视晚明历史进行了指责③。《南山集》出版后,康熙五十年被左都御史赵申乔告发,赵说戴"恃才放荡,私刻文集",

① 《庄氏史案》痛史本第四种;徐珂:《清稗类钞》第三册,《狱讼类·庄廷钺史案》。
② 黄鸿寿:《清史纪事本末》卷二十,《文字之狱》。
③ 徐珂:《清稗类钞》第三册,《狱讼类·戴名世南山集案》。

"倒置是非,语多狂悖"。康熙在奏本上批示:"这所参事情(命)该部(刑部)严察审明具奏。"刑部审查了《南山集》,回奏皇帝说:"方孝标丧心病狂,倡作《滇黔纪闻》,戴名世摭饰其间,刊书流布,多属悖乱之语,罔识君亲大义,为国法之所不宥,文理之所不容。"次年五月,清统治者下令:戴名世凌迟处死,戴氏、方氏家族男子十六岁以上者立斩,女子及十五岁以下者给功臣家为奴。同族中有职衔者,一律革退。作序人汪灏、方苞、王源等立斩,捐款刊书之方正玉、尤云鹏等及其妻子发宁古塔流放。① 康熙五十二年结案时,康熙又收回成命,"从宽处理",因为他得知为《南山集》作序的方苞擅长古文,可与韩愈、欧阳修相比,是个难得的人才,遂下令将方苞从宁古塔召回,赦免其罪,经面试后又命方苞参与南书房蒙养斋的纂修工作,方后来备受康熙赏识,被任命为武英殿总裁,参与纂修《律历渊源》、《分类字锦》等多种图书。戴名世处斩,免遭凌迟,受株连者三百余人,俱宽免治罪②。

此外,康熙朝的文字狱还有康熙四年的邹流骑刊刻《鹿樵纪闻》(吴梅村著)案、康熙五年"黄培逆诗案"、康熙五年"沈天甫案"、康熙二十一年"朱方旦案"等③。

从康熙朝的文字狱案中看,康熙的主导思想是为了统一思想。在这一过程中,一方面也竭力拉拢汉族名儒,以入其幕下,另一方面又深恶痛绝那些誓死不与清朝合作的汉儒,甚至不惜施以血腥的镇压,但其中也表现了较多的灵活性,其赦免反清名臣导致了反清名臣们的回心转意,更多地争取了人心。

---

① 《东华录》康熙朝卷八十九,康熙五十一年正月。
② 《东华录》康熙朝卷九十一,康熙五十二年二月。
③ 参考陈怀《清史要略》、李岳瑞《春冰室野乘》、陈登元《古今典籍聚散考》、《东华录》康熙朝卷二十九,康熙二十一年二月。

第十一章　尊教徒　学西方　重国格

一、唯是是从

众所周知,中西文化交流是在康熙执政之前早就开始了的历史现象。晚明时期,就是中西文化交流的高峰期之一,西方传教士在其中扮演了重要的角色。因为他们来中国的直接任务是传播天主教,力图把中国变成一个受天主教濡化的国家。为了在中国这样一个有着悠久历史和丰富人文资源的国家打开缺口,让天主教取得一席之地乃至扎下根来,意大利传教士利玛窦表现出对中国文化的充分尊重和包容,对于愿意入教的中国人,允许参加"敬孔"和"祭祖"活动,他甚至还把天主教的信仰对象——天主说成就是儒家经典中的"上帝",利玛窦这些适应中国当时国情的做法,后被康熙称许为"利玛窦的规矩"。由此利玛窦成为了身着儒服的天主教徒,他也由此拥有了大量的追随者。从中国方面来看,明末清初,一批儒家知识分子亦渐渐热衷于在科技方面有所建树,传教士具有的近代科技知识,恰好成了他们渴望学到的东西,徐光启、李之藻等人在与传教士的科技交流中日益形成了"会通"的见识,他们把这种文化交流看成是缩短中西科技差距的好途径,并积极地把学来的科技知识运用于制定历法,用于军事,用于灾异治理,用于安定国家。当然对于这种渐演成势的文化交流,中国政界并没有也不可能形成一致的看法,在朝廷内部就已形成了容教派与反教派之间的分野,体现在政策上便极具不稳定性。有时是相处和谐的,有时则形成激烈的交锋。在康熙时期这种交锋至为尖锐。

当容教派占据上风的时候,传教士多得到重用。如明朝崇祯帝时,就重视德国传教士汤若望的修历与铸炮工作。到清代顺治元年(1644年)八月朔出现日蚀,顺治帝便命大学士冯铨同内大臣等督率汤若望暨钦天监监正戈承科等各带自推之日食图表,登台凭验,验得西洋新法密合天行,而旧法大统历差二刻,回回历差四刻。新皇朝乃决定"行用新法"①,摄政王多尔衮便命令汤若望掌管钦天监。顺治二年(1645年)冬,汤若望"以修补新历全书告成,恭敬御览。"②他作出了贡献,在朝廷的地位步步升高,任钦天监监正一年多后,加太常寺少卿衔。顺治八年(1651年)多尔衮去世后,顺治亲政,诰奉汤若望为通政大夫,顺治十年(1653年),"上赐汤若望号通微教师"。③ 并尊称汤若望为"玛法"(满语意即"爷爷")。因为正处在兴起和发展阶段的满族封建地主统治集团怀着积极开拓进取的精神,他们既大量地吸收汉文化的精华,同样也对西洋文化抱有浓厚的兴趣,他们较少"夷夏之防"的陈腐观念,多有极强的求实精神。

到顺治、康熙交替之际,反教势力却极为猖獗。在康熙亲政之前,他便亲历了杨光先抗拒汤若望的极端行动。在顺治时,汤若望因备受恩宠,以杨光先为首的一群士大夫就心怀不满,待顺治帝一死,康熙的辅政大臣鳌拜便代表了这一群士大夫的意愿,群起向汤若望发难。鳌拜专权欲望特强,对当时传入的西方文化采取了敌

---

① 黄伯禄:《正教奉褒》第1册,第23页。
② 《清世祖实录》卷七,顺治元年八月丙辰条。
③ 黄伯禄:《正教奉褒》第1册,第25页。

对的态度。首先便把顺治时期的各项政策废弃,并拉拢守旧派杨光先,开始了对中国行西洋历法的全面攻击。康熙三年(1664 年)七月,杨光先上书参劾汤若望,控告西教士三条罪状:一、潜谋造反;二、邪说惑众;三、历法荒谬。① 要求将汤若望"依律正法"。接着,礼部提审汤若望,可汤当时已过七十三岁,"猝患瘘痹,口舌结塞。"②因此由其后继者南怀仁(比利时传教士)代为答辩。十一月十二日礼部将汤若望、南怀仁、安文思(葡萄牙传教士)、利类思(意大利传教士)四神甫逮捕下狱,礼部于十二月二十七日宣布剥夺汤若望的一切公职和头衔,交刑部议处,其他三位神甫也一并交刑部议处。这次判决于次年一月四日经辅政大臣们批准后,四人便被戴上锁链,引渡到刑部的大狱,一月十五日刑部宣布汤若望为图谋不轨的首犯判处死刑;南怀仁、利类思、安文思三人各应杖一百,然后驱逐出境。

康熙四年(1665 年)四月中旬,当辅政大臣们最后审核刑部的判决时,竟认为汤若望大逆不道,处以绞刑还太轻,应代之以最残酷的凌迟处分,至于其他三位神甫以及应该押送京师的传教士均应处以杖百、拘禁与流徙。可是四月十三日,天空出现一颗彗星,四月十六日上午十一时,正当判处汤若望死刑的公文送到皇帝与太皇太后手中时,北京突然发生地震,皇宫与全城都为之震动,许多房屋倒塌,"南堂"屋顶上的十字架也被震倒在地,同时,地面上又卷起了一阵风暴,灰土满天,北京成了黑暗世界,这次地震持续了三天,不同的人们怀着不同的猜度,顺治的母亲孝庄后认为:"汤若望向为先帝所信任,礼待极隆,尔等欲置之死地,毋乃太

① 刘准:《天主教传行中国考》第 293 页,中国河北献县,1937 年。
② 林建:《西方近代科学传入中国后的一场斗争》,《历史研究》1980 年第 2 期。

过。"着令开释①。四月十九日,汤若望等四位神甫全部被赦免,无罪释放。但鳌拜却改派杨光先代汤若望就任钦天监的职务。

反教派并不因此有所收敛,当五月二十三日汤若望蒙赦回到南堂后,辅政大臣们又唆使一些暴徒窜入教堂,将顺治帝亲赐刻有"通微教师"字样的石板击碎,又将汤若望逐出南堂,汤若望只好迁至东堂,与其他三位神甫合住在一起,一年后,汤若望死于老病。

对于这样的结局,两宫皇太后曾多次向康熙帝辩白,认为汤若望的西洋历法二十年来并无错误,汤之受迫害纯系受人诬陷等等。

康熙亲政之年,他便决定从此事入手,开展正本清源工作,并确立了"唯是是从"的文化政策。他自己便如此总结说:"朕幼时,钦天监汉官与西洋人不睦,互相参劾,几致大辟。杨光先、汤若望于午门外九卿前当面眺测日影,奈九卿中无一知其法者。朕思己不知焉能断人之是非,因自奋而学焉。"②

在这一点上,汉族士大夫的境界就受到大大的抑制。杨光先作为中国一代知识分子的代表在历法上固然显示出自己的无知,但因为他头脑中存在着严重的"惧洋"以至"仇洋"的思想,从而使他把汤若望的历法看作是"窃取正朔之权,……毁我国圣教"的邪恶之说,认为传教士们"借历法以藏身金门,窥伺朝廷机密。""内勾外连,谋为不轨。"③正是出于这种惧怕,他发表了"宁可使中国无好历法,不可使中国有西洋人"的极端观点。

固然,杨光先的盲目排外的思想和偏激的言论是片面的、错误的。但他的担心确实也是在朝一批士大夫的共同想法。杨光先的

---

① 杨森富:《中国基督教史》,台湾商务印书馆1978年版,第122页。

② 肖敬孚:《杨公神道表》。

③ 杨光先:《请诛邪教状》,《不得已》上卷第5页,1929年中社影本。

《不得已集》坚持认为洋人来中国就是"不至破坏人之天下不已"。故大声疾呼"大清国卧榻之旁,岂容他人鼾睡?"并预言:"宁使今日罝予为妒妇,不可他日神予为前知也。"[①]由于明中叶以来,西方殖民者对我国东南沿海地区的不断侵犯,以及一些传教士暗中搜集情报,偷窃机密,欺凌善良的中国人民,已开始引起中国人民的反感甚至愤慨。不可否认,杨光先的上述言论后来竟至于言中,这并不是全无根据的、偶然的。

不过,把康熙与杨光先为代表的一批士大夫的想法比较,倒是康熙的态度更可取,更显出智谋与策略。康熙在保持民族气节的同时,对待传教士并不采取全盘否定和一概排斥的态度,他尊重西方科学,肯定传教士曾经为中国做出过贡献,并允许有意服务于中国的传教士们继续活动,甚至给予永久居住权。

在教廷与清政权尚能在"利玛窦规矩"的前提下,康熙帝充分表现了他对自然科学的浓厚兴趣,并且在他的为政生涯中发挥了重要作用。

后人每每指责康熙没有接受当时世界上最先进的科技知识,这有失公允。我们说,首先,传教士们毕竟不是当时的一流科学家,他们本身就不具备当时最先进的科技知识,他们被派往中国来的首要宗旨是发展教徒,扩大影响,为西方资本主义的殖民活动开辟道路。因而他们的主要心力用于对教义的阐释上,科技知识的传播只是其手段。其次,从康熙帝本人看,虽然他还没有完全摆脱"闭关自守"思想的束缚,尚看不到西方科技对发展经济的巨大作用,但他实际上已经夙兴夜寐,竭其所能,尽量从传教士那儿学习所能学到的知识,能够做到这样,对一个封建皇帝来说,已是不可

---

① 杨光先:《请诛邪教状》,《不得已》上卷第 32 页。

多得的了。

可是继任钦天监监正的杨光先并非历法方面的专家,以外行来任这一专业职务,显然是无法胜任的。他先是说自己"但知历理,不知历数",继而又要延访"博学有心计之人,与之制器测候",要求礼部派人去宜阳的金门山采竹管,到上党的羊头山采柜黍,到河内(河南境内黄河以北地区)采葭莱,说是要用这些东西制作测候仪器,东西采来了,他又说不出什么具体用法,后来又称病休息,把制历事推给了监副吴明烜。康熙七年(1668年)秋末,他们献上了第二年(康熙八年)的历书《七政民历》,并颁行天下①。

出于求真的心理要求,康熙帝把《历书》拿去征求传教士南怀仁的意见,南怀仁当即指出了其中的许多错误,如在一年中有两个春分,两个秋分,康熙八年(1669年)置闰的十二月应为九年(1670年)正月等等。康熙帝立即诏谕天下不置闰月。

由此,康熙帝已渐渐看出杨光先的不胜其任,他请来了南怀仁、利类思、安文思和钦天监官员马祜、杨光先、吴明烜等,让李蔚传他的口谕:"授时乃国家要政,尔等勾挟宿仇,以己为是,以彼为非,是者当尊用,非者当更改,务期归于至善。"②经过辩论,彼此互不相让。康熙又令大学士图海、李蔚等人在康熙八年(1669年)正月和二月到观象台做了立春、雨水、月亮、火星、木星五项观测,命令南怀仁与杨光先、吴明烜等人同到观象台"预推正年日影所止之处",经过三天实地测验,南怀仁的推测无误,而杨光先、吴明烜则有误差,后又命他们对星象和气象进行推测,南怀仁仍是"逐款皆符",而杨光先、吴明烜则"逐款不合",谁是谁非,顿时水落石

① 《清史稿》卷二百七十二,《杨光先传》。
② 《清史稿》卷四十七,《时宪志》三。

出。康熙帝以实验方法来判断是非,体现了自己实事求是的科学精神。择善而从是康熙处理政务的一贯方针,他的这一举动首先就建立在科学的基础上,排除了夷夏之防的痼念。于是康熙八年(1669年)四月康熙下令发还宣武门内天主教堂房屋,恢复汤若望"通微教师"的封号,为汤若望平反昭雪。同年十二月八日,一批王公大臣来到汤若望的墓前,一位大员宣读了皇帝所撰写的祭文:

> 皇帝谕祭原任通政使司通政使加二级又加一级掌钦天监印务事、故汤若望之灵曰:鞠躬尽瘁,臣子之芳踪;恤死报勤,国家之盛典。尔汤若望来自西域,晓习天文,特畀象历之司,爰赐通微教师之号,遽尔长逝,朕用悼焉。特加恩恤,遣官致祭。呜呼!聿垂不朽之荣,庶享非躬之报。尔有所知,尚克歆享①。

从这件事中,康熙确立了"唯是是从"的思想。十五年(1676年)八月,康熙下令叫钦天监官员学习新法,其上谕曰:"钦天监专事天文历法,任是职者必当学习精熟。向者,新法、旧法是非争论。今既知新法为是,满汉官员务令加意精勤。此后习熟之人,方准升用;未习熟者,不准升用。"②康熙时期天主教徒的境遇亦因此而有所改善,康熙曾亲书"奉旨加堂"四个大字表明王朝对传教士的容纳。康熙二十六年(1687年),他又曾两次亲临天主教堂,回朝后御题"万有真原"之匾,命悬挂于天主教堂内,此外又御题"敬天"二字之匾,标明敬天即敬天主。

同时,议政王会议认为"杨光先职司监正,历日差错,不能修

---

① 魏特著、杨丙辰译:《汤若望传》,第1期,第220页。
② 《清文献通考》卷二百五十六,《象纬》。

理,左袒吴明烜,妄以九十六刻推算乃西洋之历法必不可用,应革职交刑部从重议罪。"康熙鉴于他年老功高,仅将其革职而不议罪,放归故乡安徽歙县。杨光先却在归乡途中,因背疽突发,死于山东。可是这对于基督教徒来讲,他们都认为这时是实施其传教战略的最好时候,要是让康熙皇帝皈依基督教,然后以专制君王之威颁令全国,何愁中国不彻底基督教化,但是他们又何尝不知道康熙并非一个庸碌之主,而且颇具中国传统文化的修养。但是康熙对自然科学的兴趣调动起了传教士们不断濡化这位皇帝的信心,同时在与康熙的交往中,他们也意识到这绝非一个短时期就能毕其功的,有的传教士甚至为康熙的勤奋好学所感动,反而成了康熙治国、定国、强国的参谋和智囊,以至罗马教皇竟认为南怀仁在康熙周围在传教事业上毫无建树,责令要调回罗马。

二、心倾科技

康熙产生了对当时科技的浓厚兴趣后,一方面积极向传教士学习各门科技知识,另一方面积极钻研,开掘祖国科技遗产,培养科技人才,鼓励科技人才脱颖而出。

法人传教士白晋说:"因为他本来就对新奇东西感兴趣,所以,自从他有了某些欧洲的科学知识之后,就表现出了学习这些科学的强烈欲望。"康熙在亲历了杨光先与南怀仁的争斗后,便宣布他赞成欧洲的天文学及其他一切科学的学说,从此,他就热衷于学习西方科技。他"连续两年如此专心致志,以致把处理其他事务以外剩下的几乎全部时间都花在学数学上了,同时他把这种学习当作他最大的乐趣。"南怀仁也记述道:"每日破晓,我就进宫,立即被引入康熙的内殿,并经常到午后三四点钟才告退。我单独与

438

皇帝一起,为他读书和讲解各种问题。"①在那两年时间里,南怀仁神父给他讲解了一些主要数学仪器的应用,并讲解几何学、静力学、天文学中最有趣的、最容易理解的东西,还专门编写了一些最通俗易懂的书籍。为了遵照康熙要把《几何原本》译成满文的嘱托,南怀仁还特地花时间学了满文。其他葡萄牙人闵明我、徐日升也都进过宫为康熙讲学。在平定三藩之后,康熙更勤奋地学习欧洲科学,他让传教士住在京师,后来让他们住到顺治皇帝曾经住过的地方,他要比利时的安多神父用汉语讲解数学仪器的应用、几何和算术的应用,他刻苦学习欧几里德几何学,还不耻下问,"以令人钦佩的耐心和注意来听讲。"他表白这种耐心是从童年时代便逐渐养成的。学完几何学,又要学习哲学,后又学习生理学(人体解剖学),甚至让传教士在宫廷里建立了实验室,制造了许多种丸、散、膏、丹,他用金银器盛放这些药物,并"乐于把某些药物恩赐给皇子、宫廷大臣,甚至侍从。"

康熙致力于科技事业,若干年来,无论在北京皇宫,京外御苑、鞑靼地区,或者在其他地方,都经常可以看到皇帝让侍从带着仪器随侍左右,当着朝臣的面专心致志于天体观测与几何学的研究。有时用四分象限仪观测太阳子午线的高度;有时用天文环测定时刻,而后从这些观察中推测出当地极点的高度;有时计算一座宝塔、一座山峰的高度;有时测量两个地点间的距离。另外,他经常让人携带着日晷,并通过亲自计算,在日晷处找到某日正午日晷针影子的长度,皇帝计算的结果和经常跟随他旅行的张诚神父所观察的结果往往非常一致,使满族大臣惊叹不已。此事激起王公贵族竞相让他们的子弟学习这种他们极为欣赏、但自己又学不会的

①　《俄国·蒙古·中国》,第 1614—1616 页。

学问。康熙还向法国传教士洪约翰、刘应两神父学习为观察天体用的秒钟、水平仪和其他一些仪器的使用方法。一次他得疟疾，御医束手无策，满城张贴皇榜求医问药，有患此病的人也被召到宫中作试验用，恰巧洪约翰和刘应两位神父也于此时来到北京，他们携带有一英磅金鸡纳，经介绍后先在一般病人身上试过，很快见到了效果，最后给皇帝服用，把他从"打摆子"的折磨中解脱出来，这更坚定了康熙对西洋科技的迷恋。

康熙曾命人翻译《人体解剖学》，他明确表示："身体上虽任何微小部分，必须详加多译，不可有缺。朕所以不惮麻烦，命卿等详译此书者，缘此书一出，必大有造于社会，人之生命，或可挽救不少。"①他甚至还曾说过："世上无论何物，当利用之。盖上帝既以万物赐我，则善为利用，理亦宜也。"②

康熙迷恋西洋科学很大程度上更在于它可服务于自己的统治。在中国历代封建王朝中，律历是体现皇家权威的重要标志。运用当时已经掌握的西方科学知识修正古代典籍上的有关差错，弥补其不足，是有为君主的重要文治内容，康熙认为"取一代大典，以淑天下而范万世。"③从康熙五十二年（1713年）开始，历时八年，终于修成《律历渊源》一书，把律、历、数包含其中，即以《律吕正义》、《历象考成》、《数理精蕴》三个部分汇合成书。

《律历渊源》的第一部分是《历象考成》，分上编、下编和表，共四十二卷。上编《揆天察纪》十六卷，讲述西方天文学基础，包括天文计算的基本知识及其应用、天文常数观测结果的处理方法、观测应用实例。下编《明时正度》十卷，依中国正史《历志》的体例，

---

① 后藤末雄：《康熙大帝与路易十四》。
② 后藤末雄：《康熙大帝与路易十四》。
③ 《清史稿》卷二百二十，《诚隐郡王允祉传》。

按天体分别记述具体的推算方法,后有附表十六卷。全书的基本内容来自汤若望所撰的《西洋历法新书》,并根据南怀仁的《灵台仪象志》和《康熙永年历法》以及康熙年间的许多实测数据做了修正和补充。

第二部分是《律吕正义》分为三编。上编《正律审言》和下编《和声定乐》各两卷,详记康熙所定十二律及管弦、乐器制造等,续编《协韵度曲》一卷,记述西洋乐理,解释五线谱(“五线界声”)的编造和用法,“取波尔都哈儿国(葡萄牙)人徐日升及意大里亚国(意大利)人德里格所讲声律节度。”①徐日升和德里格都是康熙九年(1670 年)于广州开释后到北京的传教士,为康熙进讲欧洲音乐,德里格曾培养中国乐工习西乐,徐日升可能撰写过《律吕纂要》②后由德里格删节,编入《律吕正义》,即为“协韵度曲”,徐日升是耶稣会士,编《律吕正义》之前已经去世,德里格不是耶稣会士,属遣使会教派。

第三部分是《数理精蕴》,分上、下编和表,共五十三卷。上编五卷为《立纲明体》部分,卷一是《数理本源》、《周髀算经》,卷二——四是《几何原本》,卷五是《算法原本》。下编四十卷为《分条致用》,卷一——三十为《实用算术》,卷三十一——三十六是《借根方比例》,介绍西方代数学知识,卷三十七——三十八是《对数比例》,卷三十九——四十为《比例规解》,讲比例尺,附表八卷,有素因数表,对数表,三角函数对数表。

从篇幅上看,《律历渊源》的内容是以西学为主的,对后世影响最大的是《数理精蕴》,在康熙四十四年(1705 年)康熙第五次

---

① 《清史稿》卷九十四,《乐志一》。
② 《中西交通史》,第 903—904 页。

南巡时,曾在御舟中召见民间数学家梅文鼎,赐之以"绩学参微"的四字匾额,当时感叹"此学今鲜知者。"[1]然而到乾嘉时期,竟出现了学者多治算的局面。阮元在《畴人传》一书中开头即说:"我圣祖仁皇帝,圣学先知,聪明天纵,御制《数理精蕴》契合道原,范围乾象,以故天下勤学之士蒸然向化。"[2]话中恭维有加,但就康熙及《数理精蕴》对带动清代数学发展的作用而言,并无太过。

康熙时期另一项重要科学工作是测绘《皇舆全图》,此项工作自四十六年(1707 年)正式开始,至五十六年(1717 年)结束,历时十一年。五十七年(1718 年),全图完成,由马国贤制成铜板刊印。这集地图前有总图一幅,后为各省分图,共内十五省及关外满蒙之地,皆经准确测定。东抵大海,西至藏、回,"关门塞口、海汛江防、村堡戍台、驿亭津镇,其间扼冲据险、环卫交通,荒远不遗,纤细毕载。"[3]这部地图集以当时的世界水平而言,也堪称地理学方面的最高成就,李约瑟说,该图"不但是亚洲当时所有的地图中最好的一幅,而且比当时所有的欧洲地图都更好、更精确。"[4]康熙自称他为此花费了三十多年的艰辛努力。他自小留心地理,博览图籍。边疆官员回京复命,他都要对照舆图,详询形势。他对全国的山川道路,尤其西南、东北的地形、气候、物产和民族状况了如指掌。部署战争,常常亲定行军路线;边防驻军筑城,他根据战略需要具体指定位置。一次,他对臣下讲述自己详察天下山川地理的情况时说:"凡古今山川名号,无论边徼遐荒,必详考图籍,广询方言,务得其正",故"遣使至昆仑、西番诸处,凡大江、黄河、黑水、金沙、澜

① 钱宝琮:《梅勿庵先生年谱》,《钱宝琮科学史论文选集》第 632 页。
② 阮元:《畴人传·凡例》。
③ 《清圣祖实录》卷二八三,康熙五十八年二月己巳条。
④ 李约瑟:《中国科学技术史》第 5 卷,第 234 页。

沧之水发源之地,皆目击详求,载入舆图。"①他派图理琛远使土尔扈特部时,同时也赋以地理考察的使命。中国自古论列山川,只据禹贡四脉之说,北不逾塞垣,南不逾岭徼,连五岳之首的泰山的脉络也不清楚。经过勘察,康熙第一次揭示了泰山与长白山的地脉关系。康熙在绘制《皇舆全图》过程中,大胆使用外国科技人员和外国设备,准确地确定地理位置,科学地进行测量。康熙于每次巡幸之时,都让西士携带仪器陪从,随时测量纬度。康熙二十年(1681年),他巡视辽东时,就指定南怀仁随行,还专门委派一个官员负责仪器的安全运输。因而得以完成这次地理大测量和全图绘制。另外南怀仁于康熙十三年(1674年)绘制了《坤舆全图》,此图是对利玛窦世界地图的改进和补充,是在中国第一次把世界地图绘成两个半球图。为了解说这幅图,他还撰写了《坤舆图说》,书分上、下卷,上卷相当于地球概述,包括十五部分,涉及地球形状、南北极、地震、山岳、海水运动、潮汐、江河、风雨云转化及人类等等,下卷分别介绍五大洲和各国地理、物产、风情,书后附录记载各种奇异动物和世界七大奇观,书中谈到"热尔玛尼亚"(日耳曼)时,说这个国家的人善于发明,"工作精巧,制器匪夷所思,能于戒指内纳一自鸣钟","有一大铳,制作极巧,二刻间连发四十次。"②这些都反映了西方技术的发展,同时亦纠正了过去较长时间内存在的"中国为天下之中,其他地方皆小夷,它们的面积之总和尚不及中国之零头"的错误认识。

康熙积极地注意培养和发现国内的科技人才,融合中西学说。像宣城的梅氏祖孙、泰州的陈厚耀、大兴的何国宗和蒙古族的明安

①《清圣祖实录》卷二九〇,康熙五十九年十一月辛巳条。
②《坤舆图说》,商务印书馆 1937 年版,第 101、102 页。

图等就是康熙竭力罗致的杰出人物。

梅文鼎是清代最有名的数学家之一。他学识渊博,研究深邃,一生著述八十余种,是一个不可多得的人才。康熙四十一年(1702年),康熙南巡驻跸德州。大学士李光地给康熙看了梅文鼎的《历学疑问》一书。两天之后,康熙对李光地说:"昨所呈书甚细心,……此人用心深矣。朕带回宫中仔细看阅。"四十二年(1703年)康熙再度南巡,于行在将《历学疑问》发还李光地,告诉他"朕已细细看过",并在书中作了若干圈点涂改及签贴批语。李光地问康熙"此书疵谬所在",康熙说:"无疵谬,但算法未备"。事实确是如此,此书是梅文鼎的一部未完成的作品,因而康熙才说"算法未备"。康熙四十四年(1705年),他在南巡中特意召见了梅文鼎,"从容垂问,至于移时,如是者三日。……连日赐御书、扇幅,颁赐珍馔",谈得十分投机。临别之际,康熙还特意写了"积学参微"四字相赠①,此已见上述。康熙对李光地说:"历象算法,朕最关心,此学今鲜知者。如文鼎,真仅见也。"只因梅文鼎已七十多之高龄,故康熙深深地感慨说"惜乎老矣!"他马上想到应注意培养一批中青年人才。五十一年(1712年),他为编纂大型的数学、天文、乐律百科全书《律历渊源》,特下诏江西巡抚,叫梅文鼎的孙子梅谷成到北京入侍。这年阴历六月初,大学士李光地向江西巡抚郎廷极的儿子郎文杰转达了康熙的意旨:"朕近日闻得梅文鼎之孙算法颇好,虽不知学问深浅,命他来京看看。钦此。"②就这样,梅谷成于当年被送到北京。五十二年(1713年)是康熙六十大寿之年,这一年,他下令成立算学馆,地点就设在畅春园的蒙养斋③。

---

① 《清史稿》卷五百六,《梅文鼎传》。
② 《宫中档康熙朝奏折》第3辑,第822页。
③ 吴振棫:《养吉斋丛录》卷三。

这里除了精选部分八旗世家子弟,由钦天监洋人教授之外,实际上是康熙与学者研究科学和编纂书籍的场所。梅谷成在这样的环境中实现了中西方数学知识的融合,他自己后来回忆说:"供奉内殿,蒙圣祖仁皇帝授以借根之法,且谕曰:'西人名此书为阿尔日八达,译言东来法也。'敬受而读之,其法神妙,诚算法之指南,而窃疑天元一之术颇与相似。"①所谓"借根法",就是当时传入中国的西方代数学。康熙认为,西人称此为"东来法",应是中国固有的东西。中国古代的天元术也是建立高次方程的方法,宋元以后近于失传。梅谷成从康熙学习"借根法"后,认为"借根法"很可能就是天元术。从此,中国数学史上失传了的天元术,又因康熙的"借根法"而被梅谷成所复活。英国李约瑟对梅谷成做了较高的评价,他说:"明代数学家没有一个通晓宋元的代数学。宋元的代数学完全被废弃不用了,直到耶稣会传教士及其他人引入欧洲代数学以后很久,梅谷成等人才认识到隐藏在不习见语言下的中世纪中国代数学,并重新对它进行研究。"②李氏还说:梅谷成"把这个发现记在他的《弃水遗珍》中。"③应该说,这个重要的发现实际上是由康熙开始,而由梅谷成来完成的。

康熙四十五年(1706年),李光地又向康熙帝推荐了泰州的陈厚耀,被康熙授为"内阁中书"。四十八年(1709年)五月,康熙驾幸热河,陈氏被命扈行。行至密云,康熙给他出了一道算题,自己则用简便方法同时计算,然后把计算稿给陈厚耀看,问他:"知此法否?"陈氏说:"皇上此法精妙,极为简便。臣法臆撰,不可用。"康熙说:"朕将教汝,汝其细心贯想,以待朕问。"一路上,康熙还同

① 《清史稿》卷五百六,《梅谷成传》。

② 李约瑟:《中国科学技术史》第3卷,第113页。

③ 李约瑟:《中国科学技术史》第3卷,第118页。

他讨论了仪器用法、地理学的数学方法等等。此外陈厚耀还从康熙那儿学会了"西洋定位法、虚拟法"。君臣之间对于数学、天文、地理各方面的讨论,时而在蒙养斋,时而在渊鉴斋,时而在西暖阁进行,"问难反复,并及天象、乐律、山川形势"①。由此,陈氏得以有机会遍览宫中所储的天文、数学仪器。当时就年岁言,陈氏比康熙还长六岁,但康熙与他在政治上是君臣,在学术上是师友。陈氏早年曾从宣城梅文鼎学习,对梅氏家族的学业颇为了解,所以他也曾向康熙推荐过梅谷成。康熙又对谷成说:"汝知陈厚耀否?他算法近日精进,向曾受教于汝祖,今汝祖若在,尚将就正于彼矣。"②从此,陈、梅两人就在蒙养斋参与《律历渊源》等书的编纂工作。

康熙召到蒙养斋编书的数学家还有大兴人何国宗。何氏字翰如,世代业天文。他入仕后曾"以算学受知"于康熙,不但参加了《律历渊源》的编纂,由于在康熙时学习了欧洲的数学和测绘方法,乾隆二十年(1755年)以后还"奉命出塞测定东西南北里差",然后载入时宪书。著有《割圆密率捷法》的蒙古族数学家明安图年轻时也"受数学于圣祖(康熙)"③。

在康熙的亲自主持下,以梅谷成、陈厚耀、何国宗等人为主要成员,经过近十年的努力,编纂的上述集当时的乐律、天文、数学之大成的巨著《律历渊源》,为传播科技做出了积极的贡献。

康熙本人在科技方面也取得了杰出的成就。《康熙格物几暇篇》就是他科技成果的结晶之一。在这部书中,记述了许多康熙自己或其他人了解到的自然现象,主要涉及地理和生物方面:

---

① 阮元:《畴人传》卷四十一。

② 阮元:《畴人传》卷四十一。

③ 《清史稿》卷五百六,《明安图传》。

1. 地理方面:在"冰厚数尺"条里记载了北极附近长年结冰的现象,这是符合事实的。地磁偏角现象在中国古籍上虽屡有记载,但提到同一地点不同年代磁偏角有变化的记载则不多见,而在"定南针"条记录了这一事实:"定南针所指,必微有偏向,不能确指正南,且其偏向,各处不同,而其偏之多少,亦不一定。如京师二十年前测得偏三度,至今偏二度半。各省或偏西,或偏东,皆不一。惟盛京地方得正南,今不知改易否。"①对于地形地貌也多有记述,例如康熙根据古书的记载和自己的亲身观察,对内蒙古地区某些沙丘滚动形成的"白龙堆",作了生动的描述,他说:"朕时北巡,亲履其地,见所谓龙堆者,长者十数丈,短者亦三四丈,形蜿蜒如龙,非可以高卑论也。土人云:龙形皆头向东南,尾朝西北,验之信然。又,其形无定处,今日隆然而起者,明日已为平沙,而或左或右之间,又隐隐聚成龙形矣。"②所谓"龙头"、"龙尾"的朝向是由当地的风向决定的,中国北方常年多为西北风,"头"向东南符合实际。这种"白龙堆"因风的大小经常滚动,滚走之后,在原处还留有"龙"的痕迹。

2. 古生物方面:书中有四条讲述古生物化石问题,动物的和植物的各两条。在"石鱼"条中说:"喀尔沁地方有青白色石,开发一片,辄有鱼形,如涂雌黄,或三或四,鳞鳍首尾形体具备,各长数寸,与今所谓马口鱼者无异。扬腮振鬣,犹作鼓浪游泳状。"③刘昭民先生认为这很可能是中生代狼鳍鱼化石。这见解是可取的,因为狼鳍主要分布于我国北部,是已灭绝的原始真骨鱼类,与马口鱼的大小和特征基本一致。"鼢鼠"条所记载的兽无疑是已灭绝的猛

---

① 《康熙几暇格物编》卷下之上,《定南针》。
② 《康熙几暇格物编》卷上之下,《白龙堆》。
③ 《康熙几暇格物编》卷上之上,《石鱼》。

玛象遗骸,这种动物"形似鼠,而体大如象",有的死后变成了化石,有的死后立即被冰雪所覆盖,成为冻肉保存下来。康熙将它与南北朝时的《神异经》所记作比较,认为是同一种动物。关于植物化石,他提到一种未记名称的"木化石"以及"落叶松"化石。值得一提的是,他在前一条中记有"或有化石未全,犹存木之半者",这是指还在石化过程中的事实。

3. 生物方面:关于生物方面的记述较多,例如在"达发哈鱼"条中讲到达发哈鱼(即大玛哈鱼)洄游现象,在黑龙江下游一带,这种鱼"每秋间从海而来,衔尾前进,不知旋退,充积河渠,莫可胜计,土人竟有履鱼背而过者。"[①]在"沙蓬米"条中记述了一种内蒙古鄂尔多斯地区野生的植物,"枝叶丛生如蓬,米似胡麻而小"[②],可食用。以前很少有人记载。在"堪达罕"条中记述的是现在所称的四不像。在"果单"条中则详细记述了一种用水果制作的食品——果丹皮,亦名果煅皮。这也是有价值的史料。在"食气"条中记述了熊的冬眠现象:"冬时入蛰"。

康熙还比较注重科学实验,在"蒙气"条中叙述了他证实蒙气差的原理的工程,即"日在地平之下,光映蒙气而浮上也,正如置钱碗底,远视如无,及盛满水时,则钱随水光而显现矣。"[③]蒙气差的产生是由于大气对日光的折射而产生的,康熙对这一点说得不清楚,但通过上述观察证实蒙气差的形成,做法还是正确的。

在"雷声不过百里"条中,康熙讲述了他利用声速对距离的测定。他先用单摆测定声速,并校准单位时间内(他规定一秒)声音传播之距离,然后再测电声的距离。这种方法最初为比利时传教

---

① 《康熙几暇格物编》卷上之上,《达发哈鱼》。

② 《康熙几暇格物编》卷上之中,《沙蓬米》。

③ 《康熙几暇格物编》卷上之上,《蒙气》。

士南怀仁所作,康熙虽非首创,但从记载来看,"朕以算法较之","朕每测量,过百里,虽有雷而声不至","朕为河工至天津驻跸"等可以证明他确实做过实验。在"潮汐"条中记述了康熙对沿海各地发生潮汐时刻不同的调查、验证:"朕到海边,如山海(关)、天津、大江(长江)、钱塘(江)等处,每察(潮汐)来去之时,与本土人询问,大约皆不同。所以将各处令人记时刻,而亦不同。后知泉、井皆有微潮,亦不准时候。问及西洋人与海中行船者,皆不同。"①

在"御稻米"条中记载了单穗选择而获得优良稻种的实验经过,康熙在中南海丰泽园中"一日循行阡陌,时方六月下旬,谷穗方颖,忽见一科高出众稻之上,实已坚好,因收藏其种,待来年验其成熟之早否。明岁六月时,此种果先熟。从此生生不已,岁取千百,四十余年以来,内膳所进,皆此米也。"②实验获得了成功。康熙在"风随地殊"和"风无正方"中都讲到了验证风向的问题,特别是在前条中验证的是不连续风向,甚为重要。

康熙对其他实用科技的兴趣也很浓厚,涉猎甚广。他在宫中设有天象观测台,还有化学实验室。我们从盛昱辑录的《康熙几暇格物编》中可以看到,康熙对多种树木、药材,对全国各地的物产资源、居民风俗,对风云雷电、潮汐、地震等,都留心探究。他注意到黑龙江西部察哈延山喷焰吐火、气息如煤的奇特现象;根据瀚海的螺蚌甲,推知远古的蒙古戈壁是泽国。为了解大红颜料的制作,他不仅查考了段成式的《酉阳杂俎》、苏恭的《唐本草》、周达观的《真腊风土记》和张彦远的《名画记》,还参考了有关的西洋著述。

---

① 《康熙几暇格物编》卷上之中,《潮汐》。
② 《康熙几暇格物编》卷下之下,《御稻米》。

在《康熙几暇格物编》中还有不少其他有价值的见解,如在"瀚海螺蚌甲"条中,康熙根据古书记载推断原来那种地方都是水地,后来水退成为沙漠。这说的是瀚海型地貌的成因。在"泰山山脉自长白山来"条中,康熙认为山东的泰山是长白山脉通过辽东半岛和渤海进入山东而形成的,他说:"接而为山东登州之福山、丹崖山。海中伏龙于是乎陆起,西南行八百余里,结而为泰山,穷崇盘屈为五岳首。"他指出:"此论虽古人所未及,而形理有确然可据者。"①在"温泉"条中他讲述了温泉疗法要注意年龄的差别,"温泉可以疗疾蠲痼,人尽知之,而不知尤宜于年长之人。"所谓年长,他指的是四十岁以上者。他在"熬水"条中认识到根据泉水的气味和沉淀物辨别泉下所藏之矿物,而且他"每遇温泉,即以银碗盛(泉)水,隔汤用文火收炼,俟碗水干,观水脚所积或为礬石,或为碱卤,或为硫黄等,皆判然分晓。"②还指出:要根据水质轻重、清浊等来看是否对浴人有好处。

　　在"地震"条中,有康熙对地震的一些看法。在"鸟舌"中对鸟舌的长短和鸟叫声的关系等等都是可取的说法。

　　正因为如此,康熙较少迷信观念,多能以求实精神解决施政中的具体问题,亦以较为开明的态度处理外交问题。当然,康熙过于追求个人兴趣,亦有较大的局限性,传教士在宫廷进讲的内容完全是以皇帝的兴趣为转移,因此他始终对西学缺乏系统的了解,经常在朝臣面前卖弄自己的博学,借以加强他的君主权威,一时还要故意出几道天文、测算方面的题目考难臣下,甚至在接见外交使节时也很不得体地这样做。不过,康熙亦较注重科技的实际作用,并且力求

---

① 《康熙几暇格物编》卷上之中,《泰山山脉自长白山来》。
② 《康熙几暇格物编》卷上之下,《熬水》。

在实践中开拓科研之路,所取得的科研成果也不同程度地得到应用。

三、用其所长

由于康熙在与西洋传教士的接触已渐渐形成了吸收其西洋文化却不包括宗教的思想。他对臣民说:天主教与中国教化"原不相容","唯西教士能通晓科学,故国家起用彼等。"①既然南怀仁"于修历诸事,异常费心","制造观象台各种仪器,精工合用","又作永年历书,共三十二卷,预推至两千年"②,那么用其所长,为王朝的维持和发展服务,就构成了康熙尊教徒政策的一个重要方面。

"历法之争"后,康熙让南怀仁再度入钦天监任右监副,受命编订康熙九年(1670年)"时宪历书",又负责制造新的天文仪器,事成后授官"治理历法"(相当于监正),历太常寺卿,康熙十七年(1678年)负责预测"康熙永年历法",加封通政使衔。

南怀仁在康熙朝中不断显示出他在科学技术方面的学识优势,因而很为康熙皇帝所赏识,官也越当越大,其活动领域也越来越广。在康熙发兵平定三藩和反击沙俄侵略的过程中,南怀仁又再显身手,为清政府制造各种类型的新炮。康熙十九年(1680年)十一月初四日,南怀仁奉旨铸造战炮三百二十三位,到"二十八年八月十八日,炮位告成","十月十九日,上率领王公及内大臣等,幸临试放炮场,谕八旗官员各位炮手放验,俱适中本鹄,天颜喜悦","上释御服貂裘赐南怀仁。"③南怀仁为此又写了一部《神威图说》,介绍用法。这些新炮在征讨三藩、抗击沙俄侵略以及平定

---

① 后藤末雄:《康熙大帝与路易十四》,中译本载《人文月刊》第7卷第5期。
② 肖若瑟:《圣教史略》第2册,第156页。
③ 黄伯禄:《正教奉褒》第2册,第77—78页。

噶尔丹的叛乱中发挥了很大的作用。

康熙十二年(1673 年),南怀仁完成了对北京观象台的基建和经营,为了解说新仪器的结构、原理以及安装、使用方法,南怀仁还写出了《灵台仪象志》一书。仪:指测量天体在天球面上坐标的仪器,象:是表演天体在天球面上作视运动的仪器。《灵台仪象志》亦称《新制灵台仪象志》或《仪象志》,全书十六卷,基本内容有:卷首有南怀仁的自序和奏表,讲述制器、编书的缘起和困难,介绍基于地心位的七政运行结构。卷一讲元明旧仪器的落后和损坏情况,新制六仪的坐标体系构思、结构和使用方法。卷二结合六仪的用途讲解力学知识,涉及杠杆、滑轮、螺旋、比重、重心等。卷三结合仪器安装介绍地学知识,涉及确定安装地南北线的方法,测地球半径法,不同方向上距离与经纬度差的换算表,度、分、秒的换算表。卷四涉及四元素说,气温计和湿度计的原理和结构,颜色合成、光折射、单摆、自由落体定律等等。卷五至卷十四包括天体仪恒星出入表、赤道变时表、地平仪表等各种换算表。卷十五、卷十六是全书的附图,共 117 幅。

在南怀仁领导下新制的六件大型天文仪器是黄道经纬仪、赤道经纬仪、地平经仪、地平纬仪、纪限仪和天体仪[1]。这些仪器全凭肉眼观察,设计思想与第谷的仪器体系相同,与当时欧洲飞速发展的仪器水平相比,它们是落后的,但又比传统中国的仪器进步许多,南怀仁能在较短时间内完成制器、编书的任务,也实在不易,新制六仪为新历法的实施打下了坚实的基础,为观象台的工作建立了成套的规范。

《仪象志》结合仪器的安装和使用,介绍了不少物理学、地学

---

[1] 《清史稿》卷二百七十二,《南怀仁传》。

方面的知识,其中包括伽利略的力学研究成果和当时西方的光学研究成果,尤其应指出在建设观象台的过程中,南怀仁还最早向中国介绍了作为定量仪器的早期温度计和湿度计,并已制成使用,他为此专门写了一篇《验气图说》,附有《验气图》,刊印于康熙十年(1671年),后经修改,编入《仪象志》①中。

南怀仁致力于通过科学知识的传播确立他在中国立足之基,康熙十七年(1678年)八月十五日他写给欧洲耶稣会士的信中说:

中国人所重视的科学中有天文学、光学、力学,最感兴趣的是数学……当我把这种数学带进宫廷内室时,我常常是居于御座之旁,而最高贵的大臣们则远远就须下跪。看来,在这个国家,用天文学装饰起了的基督教易于接近高官们②。

南怀仁于康熙二十七年(1688年)一月二十八日在北京因病去世,终年六十六岁,他在中国活动了十九年,其历史地位可以和利玛窦与汤若望相提并论。在他病重期间,康熙多次派人探问并派御医诊治。南怀仁死后,康熙赐予谥号"勤敏"。他是来华所有传教士中唯一获得谥号的一位法籍传教士。康熙重视西教士带来的科技知识,前面已介绍不少,兹不赘述。

总之,康熙排除封建守旧势力的阻挠和封建传统观念的干扰,吸收西方先进的科学文化,促进了中西文化交流和中国科学文化的发展。他既不盲目排外,也不盲目崇外,在学习西方先进的科学文化的同时,对西方荒诞不经的哲学和宗教理论弃而不取,一方面与西方人进行文化友好往来,一方面保持自己国家的政治独立不受干扰。日本后藤末雄对康熙这一政策作了很有说服力的概括:

---

① 王冰:《南怀仁介绍的温度计和湿度计试析》,《自然科学史研究》第5卷第1期。

② 数内清:《明清时代的科学技术史》,第16页。

"（法国）路易十四所遣至中国之耶教士，因康熙帝之殊遇，乃一变而为中国文化之宣扬者，中国皇帝之讴歌者，而路易十四所抱侵略中国政治之野心卒归泡影。天主教之价值盖为康熙帝所否认，而在中国之传教事业大受挫折，几有功败垂成之慨。更因法教士将中国之政治思想陆续介绍于祖国，于是国内一般德治主义之哲学者竟利用之以为攻击基督教及专制政治之材料，卒为法国波旁王朝衰替没落之一因，故康熙帝之笼络耶教士，不仅能吸取西方文化，排斥路易十四之野心，反予法国专制政治被打倒之一大助力，此实路易十四遣派教士之初所不及料者也。"[①]

四、重　国　格

康熙帝是有清一代皇帝中少有的英才，他没有乃父的宗教狂热，在对教方的态度上表现得相当理智。他对传教士带来的科技由衷地感兴趣，虚心学习和利用。即使对西教，在文化意义上的了解也稍显多一些，当然也谈不上对基督教特质的真正了解，他也只能立足于利玛窦建立的"中西相通"说的基础上来认识问题。当他体察到西教有悖"真儒"甚至公开对抗"真儒"、以至蔑视中国的法律和风俗习惯时，为了维护国家和民族的尊严，他便会毫不客气地运用他的权力进行防卫和回击，这在"礼仪之争"的事情上表现得十分明显。

起初，由于"利玛窦的规矩"尚被传教士遵奉，天主教与中国传统文化习俗没有发生冲突，康熙承认传教士信仰宗教的自由，出巡时曾亲临教堂赏赐。康熙八年（1669年），公布天主教禁令，禁

---

① 后藤末雄：《康熙大帝与路易十四》。

止其在各省建立天主教堂和传教。处理历法之争时,他曾下谕旨:"其天主教,除南怀仁等照常自行外,恐直隶各省复立堂入教,仍着严行晓谕严止"。① 但因为康熙与传教士的频繁交往,对天主教的戒心逐渐消除,到三十一年(1692年),谕令允许中国人信天主教,天主教发展的大好时光便到来了,到康熙四十四年(1705年)罗马教皇十一世派遣使节多罗到达中国,竟干涉天主教中国教民尊孔祭祖的传统习俗。对此,康熙意识到开放天主教信仰可能产生的危害,采取了有理有利的稳妥策略,先晓之以理,"将定例先明白晓谕,命后来之人谨守法度,不能少违方好。以后自西洋来者再不回去的人许他内地居住,若今年来明年去的人,不可叫他许住,此等人譬如立于大门之内,论人屋内之事,众人何以服之,况且多事。"②警告传教士不要干涉中国内政。多罗碰了一鼻子灰,于次年灰溜溜地回法国。康熙再次下令规定:凡来华传教士需领票(执照),并表示永住中国,才许留住,不遵守利玛窦规矩者驱逐出境,领过票长住中国的,和中国人一样受到保护③。康熙下谕说:"自今以后,若不遵利玛窦的规矩,断不准在中国居住,必逐回去。若教化王因此不准尔等传教,尔等既是出家人,就在中国住着修道,教化王若再怪你们遵利玛窦,不遵教化王的话,叫你们回西洋去,朕不叫你们回去。倘教化王听了多罗的话,说你们不遵教化王的话,得罪天主,必定叫你们回去,那时候自然有话说,说你们在中国年久,服朕水土就如中国人一样,必不肯打发回去。教化王若说你们有罪,必定叫你们回去,朕带信与他说,徐日升等在中国服朕水土,出力年久,你必定叫他们回去,朕断不肯将他们活打发回去,

① 《清圣祖实录》卷三十一,康熙八年二月辛酉条。
② 《康熙与罗马使节关系文书影印本》2。
③ 《康熙与罗马使节关系文书影印本》4。

将西洋人等头割回去。朕着人带此信去,尔教化王万一再说,尔等得罪天主,杀了罢,朕就将中国所有西洋人等都查出来尽行杀了,将头带与西洋去。设若如此,你们的教化王也就成个教化王了。你们领过票的就如中国人一样,尔等放心,不要害怕领票,俟朕回銮时,在宝塔湾同江宁府方西满等十一人一同赐票,钦此。”信票是发给西方耶稣会士在中国长期居住和传教的凭证,票上填写系西洋何国籍、姓名、年龄、会别、来中国多少年,永不返回西洋及发票年月日等内容,系用满汉两种文字缮写,满文在左,汉文在右。信票顺序用千字文编号,从“天”字开始,按千字文每个字的顺序编记,在满汉文中,盖有一方“总管内务府”印记。自四十五年(1706 年)十二月起发票,西洋人争先恐后来京领票,四十六年(1707 年)明确实行禁教政策,四十七年(1708 年)进行核查,凡不领票的解送澳门,驱逐出境。高振田先生据中国第一历史档案馆所藏“总管内务府”满文档案材料中有关西洋耶稣会士领票者和被驱逐出国的人员的国籍、姓名、年龄、会别及居住中国何地等情况,按国籍分述如下[①]:

一、葡萄牙人

高尚德,年四十二岁,系耶稣会人,住直隶正定府。

聂若望,年三十五岁,系耶稣会人,住湖广长沙府。

林安年,年五十三岁,系耶稣会人,住江苏江宁府。

孟敖义,年五十二岁,系耶稣会人,住江苏上海县。

毕　安,年四十六岁,系耶稣会人,住江苏上海县。

马安农,年三十七岁,系耶稣会人,住江苏嘉定县。

杨若望,年三十六岁,系耶稣会人,住江苏苏州府。

---

① 《康熙皇帝与西洋传教士》,见《明清档案与历史研究》,中华书局 1988 年版。

张安多,年二十九岁,系耶稣会人,住江苏上海县。

金　辰,年四十三岁,系耶稣会人,住广东廉州府。

德启善,年三十三岁,系耶稣会人,住广东雷州府。

穆达贲,年三十二岁,系耶稣会人,住江西南昌府。

毕　勇,年三十三岁,系耶稣会人,(未写明住处)。

二、意大利人

康和子,年三十八岁,系耶稣会人,住山东临青州。

伊大任,年六十三岁,系方济格会人,住山东临青州。

芦保罗,年四十七岁,系耶稣会人,住河南开封府。

方全济,年三十九岁,系耶稣会人,住山东济南府。

艾若瑟,年四十八岁,系耶稣会人,住山西绛州府,此人于康熙四十六年十月被派住罗马,五十八年复航来东,因患病死在路上。

艾斯汀,年五十二岁,系耶稣会人,住浙江杭州府。

利国安,年四十一岁,系耶稣会人,住江苏松江府(耶稣会会长)。

梅树生,年三十九岁,系方济格会人,住陕西西安府。

雅宗贤,年三十七岁,系方济格会人,住陕西西安府。

杨若汉,年四十岁,系方济格会人,住江西吉安府。

三、法国人

郭忠川,年四十三岁,系耶稣会人,住浙江宁波府。

龚当信,年三十七岁,系耶稣会人,住浙江绍兴府。

方西满,年四十六岁,系耶稣会人,住湖广武昌府。

殷弘绪,年四十岁,系耶稣会人,住江西饶州府。

马若瑟,年四十四岁,系耶稣会人,住湖广汉阳府。

庞克修,年四十四岁,系耶稣会人,住江西建昌府。

戈维礼,年三十九岁,系耶稣会人,住江西抚州府。

聂若汉,年三十八岁,系耶稣会人,住湖广黄州府。

沙守信，年三十七岁，系耶稣会人，住江西抚州府。

贺苍弼，年三十六岁，系耶稣会人，住湖广黄州府。

冯秉正，年三十六岁，系耶稣会人，住江苏无锡县。

顾多哲，年四十岁，系耶稣会人，住贵州贵阳府。

彭觉玺，年三十八岁，系耶稣会人，住江苏崇明县。

布嘉年，年四十三岁，系耶稣会人，住陕西汉中府。

孟正奇，年四十一岁，系耶稣会人，住陕西西安府。

富升哲，年四十二岁，系耶稣会人，住江西临江府。

德马诺，年三十九岁，系耶稣会人，（未写明住地）。

四、西班牙人

郭纳弼，年七十七岁，系方济格会人，住山东泰安府。

卞苏机，年四十五岁，系方济格会人，住山东济宁州。

景明亮，年四十一岁，系方济格会人，住山东青州府。

南怀德，年三十九岁，系方济格会人，住山东济南府。

巴廉仁，年三十九岁，系方济格会人，住山东临邑县。

五、德国人

王义仁，年五十，系耶稣会人，原住湖广武昌府，后住京城。

六、罗达聆日亚国人

汤尚贤，年三十八岁，系耶稣会人，住山西太原府。

七、波罗尼亚国人

薄维汉，年三十五岁，系耶稣会人，（未写明地址）。

除以上四十六人领票者外，尚有葡萄牙人穆德我、安怀德、利若瑟、鞠亮实、苏诺等五人，同住广东一个天主教堂，当时未发票，也不准传教，须俟龙国安、薄贤士回来时一同去北京，到时再定是否发给信票。

此外，还有一些西洋人不发信票，将其驱逐出境，仅康熙四十六年（1707 年）三月至五月间,被驱逐出境的有法国人孟尼、董莫教、贺宣;西班牙人巴鲁茂、万多谋、方济国、利明远、罗森多、单若来、安玉汉、单若古;意大利人施达仁、劳宏纳等人,限期起程遣送澳门,均不发给信票。

仅据上述康熙四十七年（1708 年）"总管内务府"档案所载当时在中国居住的西洋传教士共有六十四人,分别居住在我国陕西、山西、直隶、山东、湖广、江西、贵州、浙江、江苏、广东等省的府州县,他们搜集中国社会的政治、经济、军事、文化、外交及官场的各种材料,为西方国家了解中国的虚实提供了大量材料。同时从上述还可知道,在康熙四十六年（1707 年）明确实行禁教政策之后,仍有许多西洋传教士居留在中国,不再返回西洋,为以后东西方文化交流起着一定作用。的确,康熙在禁教与驱逐"乱法"传教士时,仍留用"会技艺"的西洋人,对在中国从事科技工作或安分居住的传教士们仍保持友好关系。

针对教廷关于禁止中国教徒祀孔祭祖等内容的公文,康熙怒斥教方"不通文理"、"知识偏浅",无资格批评中国礼仪,而竭力阐扬"中国之神主,乃是人子思念父母养育";"圣人以五常百行之大道,君臣父子之大伦,垂教万世","此至圣先师之所应尊应敬"的道理。针对西洋人对此表现出的隔膜,他说:"中国道理无穷,文义深奥,非尔西洋所可妄论。""尔欲议中国道理,必须深通中国文理,读尽中国书,方可辩论。朕不识西洋之字,所以西洋之事,朕皆不论。"既然教方不容中国的圣人之道,就不要在中国传教了,这样"诸事平稳,亦无竞争,良法莫过于此。"

此时清廷与教廷的冲突,已并非单纯文化观念上的冲突,而明显具有政治冲突的性质,教廷对中国教徒"礼仪"的限制已经包含了对中国内政的干涉,康熙对教廷的抵制也就不仅仅是文化观念上的防卫,而且也是对国家主权的维护,这无疑是正当的。

康熙对问题的实际处理也显得比较明智和富有谋略,在坚持原则抵制教廷的同时,对利玛窦规矩仍然表示肯定和赞赏,明确谕示利玛窦辈"并无贪邪淫乱,无非修道,平安无事,未犯中国法度。"对这样的教士,中国朝廷是轸念矜恤的,表示对愿意谨守中国法度而又身怀技艺的传教士可以继续容留和利用,使其各献其长,还可以给予永久居留权,以免回去遭受教廷迫害[①]。

当然,放眼世界,我们得知,康熙与俄国的沙皇彼得大帝是同时代人,康熙的事业是在满族文化的一张白纸上临摹传统的儒家文化,当他神怡志满地俯视文治武功的一统江山时,似乎是已把中国历史推进了一大步,实际上却是沿着圆形的轨道陷进了不可自拔的历史旧辙。

在那个时代,世界近代史上的第一次科学革命已经完成,彼得大帝于1717年出访法国时了解了皇家科学院的情况,回国后就积极仿效,1724年,他宣布成立彼得堡科学院,该院初时多聘西欧科学家来任院士,后由本国成长起来的科学家逐渐取代。康熙死于1722年,彼得大帝死于1725年,他们在历史上平行走过,彼得大帝留下的科学院成为后来俄国科学事业发展的大本营,康熙留下的是如意馆,还又迅速地拆掉了与世界科学仅有一线可通的桥板。

从更广泛的意义上讲,粗鄙而勇于开放、创新的彼得抓住了有利的历史机遇,为俄国找到了走向近代社会的起跑线;聪慧、勤学而太受传统束缚的康熙则失去了良机,他自己开启了一个盛世,登上了中国历史上的一个巅峰,他的后代却在那康雍乾的盛世过后跌入了世界历史的低谷。

---

① 《康熙与罗马使节关系文书影印本》4。

第十二章　多嗣的家庭和康熙离世

一、康熙的成长环境与嗜好

作为一个游牧民族的后代,康熙决不愿意放弃世代流传下来的骑射本领,顺治帝也有过这样的谕旨:"我朝原以武功开国,历年征讨不臣,所至克捷,皆资骑射。今仰荷天休,得成大业。虽天下一统,勿以太平而忘武备。尚其益习弓马,务造精良,嗣后满洲官民不得沉湎嬉戏,耽误丝竹,违者即拿送法司治罪。"①康熙四年(1665年)、五年(1666年),年刚十二、三岁的康熙即两度前往南苑校射行围②,但是,贪图安逸的八旗子弟却日渐怠于骑射,以致对三藩之乱全无招架之力。为扭转八旗官兵临战而惧、好逸恶劳之习,更为建设一支能征善战、勇于骑射之剽悍军旅,康熙便"用都统赵景处,以安不忘危,每岁秋冬校猎于塞上"③。

康熙二十年(1681年),开辟木兰围场,校猎行围,频岁举行。在木兰围猎之准备、行猎、宴赏过程中,训练八旗官兵长途跋涉、吃苦耐劳、娴习弓马、严守纪律的素质,培养八旗官兵行军野战、摧锋挫锐、协同配合、攻击取胜的能力。经过严格训练的八旗军,在雅克萨、乌兰布通与昭莫多等役中长途远击,克敌制胜。康熙在训练

---

① 《清世宗实录》卷四十八,顺治七年三月戊寅条。
② 《清史稿》卷六,《圣祖本纪》。
③ 金德纯:《旗军志》,辽海丛书本1933年版,第3页。

过程中，练就了一手好武艺，亦培养了坚韧不拔的毅力。

在康熙办事和休息的宫殿里，经常陈列着鸟枪、弓矢和各种健身器具，他能够左右开弓。无论骑马还是徒步，立定射击，或是快跑射击，射飞禽逐走兽，箭无虚发。他用的强弓，宫中很少有人能拉开，他的骑术高超，姿势优美，无论缓行还是奔驰，都能上下自如。他对皇室子弟要求亦很严格，要他们勿忘满语和满族人的风尚。要他们都能弯弓善射，驰骋自如，并经常亲自参加和观看他们的练武活动。对于卫戍京城的八旗禁旅，特别是在他近前的各级侍卫，他规定春秋两季进行武术操练。届时，康熙亲自出席检阅，并给武术和射击优胜者以物质奖励。在出巡的时候，康熙经常带领着文武官员和近前侍卫策马前进，往往他一人奔驰如飞在前，而臣下随后却汗流浃背，气喘吁吁地尾随其后。有一回，内阁学士范承谟、陈敱永随从他在京城郊外南海子狩猎，两位学士跟不上队伍，康熙让他们换上坐骑，亲自教他们驾驭马匹的方法，在灼热的阳光下整整活动了一天。到了晚间，康熙让队伍在杂草深及马腹的乱石丛中安营，大家都疲惫不堪，康熙却命令侍从举火夜读奏章，让两位学士批答，直到夜深。

满族历来有一种围猎制度，即集体行猎。康熙中叶，蒙古翁牛特部落藩王将承德府东北一处广延千里的土地进献康熙，作为皇家行围处所，这就是清代著名的木兰围场。木兰是满文的音译，翻成汉文就是"哨鹿的场所"，这里林木葱郁，水草丰盛，虎、豹、麋鹿、黄羊等各种各样的飞禽走兽出没其间。当然，有些禽兽是宫廷人员一意豢养在这里的。例如康熙喜欢猎虎，木兰围场和京师苑囿中便饲养了不少乳虎，每年秋天，康熙都要戎服盛装地来到这里，举行盛大的"秋狝大典"（秋天农地收获以后的狩猎），并把它定为制度，让后世永远遵行。围猎分行围、合围两种，行围时，蒙古翁牛特、科尔沁诸部落派出一支一千二百五十人的骑卒队伍,谓之"围墙",由王公大臣和蒙古台吉(贵族)统领。统围大臣建黄旗,任中军指挥,其余两翼建红、白二旗,两翼之下又有蓝旗骑卒,分股进入山林,边行边猎,捕射野兽。合围的规模更壮观,统围大臣从八旗禁旅、虎枪营士卒和蒙古诸部落生射手(优秀射手)中选出精锐参加,常常要从三五十里以至七八十里以外将围场的山川团团围住,齐头并进,逐渐收缩,到达中心地点(称作"着城")时,马并耳,人并肩,围中的野兽狂奔乱呼,但是没有命令谁也不准射击,待到日出之后,康熙在左右扈从大臣以及虎枪手、生射手的簇拥下进入围中,周览围内形势,然后指挥射击。围内的野兽只能由康熙和他携带的皇子或侍卫射击,四围官兵只能捕射逃逸出围外的野兽。如果围内的野兽过多,康熙就会命令围开一面,让禽兽逃逸,围外官兵始可追捕。这是一种既紧张又有意义的活动。此外,哨鹿也是康熙喜爱的活动,木兰麋鹿最多。康熙命令侍卫将鹿群赶到深山之中,并让他们身披鹿皮,手举假鹿头,发出嗷嗷声以吸引牡鹿靠近,然后带弓发射,鹿随箭殪,随即取鹿血饮用。据说这样可以延年益寿。康熙是一名成绩优异的猎手,晚年他曾统计过,他一生中用鸟枪弓矢捕获的动物,计有虎一百三十五头,熊二十头,豹二十五头,野猪一百三十二头,猞猁狲十只,鹿十四只和狼九十六只,哨获之鹿也有数百。他曾经一天内射兔三百一十八只,这在历代皇帝中实属罕见。不过,这许多动物有不少是事先准备好让他射杀的。

上有好者,下必甚焉。康熙这种近乎狂热的狩猎嗜好,使得他的近臣投其所好,谄媚邀宠,内阁中书高士奇经常随皇帝巡狩。有一次康熙的坐骑顽劣,几次险些使他摔下马来,康熙很不高兴。高士奇暗中故意扯坏自己的衣冠,用污泥沾湿衣服,装着狼狈不堪的样子走近康熙跟前。康熙问他,高士奇便说自己刚才让坐骑摔倒在地上,康熙见他这模样,笑着说:"你们这些南方汉人,生性懦弱,一遇险恶,便不能自制,今天我的坐骑也很顽劣,屡蹶屡踬,我却能不让它将我摔下。"虽然康熙的自尊心得到了满足,但实际上是受骗了。

康熙多次下江南,这其中既有为稳定清朝统治、访求南方风俗的目的,又有乘机游览江南各地名胜的目的。康熙自己就坦言:"朕每至南方,览景物雅趣,川泽秀丽者,靡不玩赏移时也。虽身居九五,而乐佳山水之情与众何异?"①在第二次南巡时,他亲祭明孝陵,又游览了秦淮河。他看到了江南生活的靡费,嘱咐官员们说:"朕向闻江南财赋之地,今观市镇通衢,似觉充盈。其乡村之饶,人情之朴,不如北方,皆因粉饰奢华所至。尔等大小有司,当洁己爱民,奉公守法,激浊扬清,体恤民隐,以副朕老安少怀之至意。"但是,康熙有时也不免为物所牵,雅好搜集一些民间珍玩,这无疑对他所倡导的节俭政策产生消极的作用。

二、康熙教子

在清代京师西郊海淀西边的丹陵片,康熙帝曾经建过一座"避喧听政"的畅春园。园里的无逸斋,雕梁画栋,典雅恬静,这是皇太子胤礽读书的地方。

康熙有三十五个儿子和二十个女儿。皇长子胤禔,为惠妃纳喇氏所生,康熙不大喜欢他。康熙异常钟爱的是孝诚皇后赫舍里氏生的次子胤礽。胤礽生于康熙十五年(1676年),出生时母亲就

---

① 《圣驾五幸江南恭录》。

去世,一岁时被太皇太后和皇太后命立为皇太子。四岁时,康熙便亲自教他读书、写字。六岁时,康熙请了大学士张英和李光地为皇太子的师傅,延馆在宫,孜孜教诲。在皇位世袭的封建时代,皇太子的臧否直接关系到清朝的宗庙社稷。康熙认为:"自古帝王莫不豫教储贰为国家根本。"他唯恐皇太子不精通学问,所以对胤礽孜孜在念,面命耳提,督以礼节,勤加训诲。

胤礽长到十四岁时,应该出阁读书了。一天,康熙在畅春园对皇太子老师尚书达哈塔、汤斌和耿介等说:"古昔圣贤训储不得其道,以致颠覆,往往有之。"又援引李世民的教训说:"唐太宗亦称英明之祖,而不能保全储副,朕深意其故。"于是康熙特委任诸臣,教导他的储贰胤礽。康熙戒谕胤礽读书写字要勤奋,不许有一日暇逸,所以赐名胤礽读书的学堂为"无逸斋"。

胤礽在无逸斋的读书生活按当时干支计时为序,以某一天为例,是这样安排的:

卯时(上午五——七时)满文师傅达哈塔、汉文师傅汤斌和少詹事耿介进入无逸斋,向皇太子恭行臣子礼之后,侍立在东侧;管记载皇太子言行的起居注官库勒纳、田喜觐侍立在西侧。皇太子胤礽伏案诵读《礼记》中的章节,讽咏不停。胤礽遵照皇父"书必背足一百二十遍"的规定,背足数后,令汤斌靠近案前,听他背书,年近六十岁的汤斌跪着按皇太子的书,听完胤礽的背诵,就用朱笔点上记号,重画一段,捧还经书,退回原来地方站立。

辰时(上午七——九时)康熙上完早朝,向皇太后请安之后,来到无逸斋,皇太子率领诸臣到阶下恭迎康熙升座后,康熙问汤斌:"皇太子背熟否?"汤斌奏道:"很熟。"康熙接过书后,胤礽朗朗背诵,一字不错,康熙又问起居注官:"你等看皇太子读书如何?"奏道:"皇太子睿质岐嶷,学问渊通,实在是宗庙万年之庆。"康熙嘱咐他们对皇太子不要过分夸奖,而应严格要求。检查完胤礽的功课,康熙才回到宫殿。

巳时(上午九——十一时)时值秋伏,骄阳似火。皇太子不挥羽扇,不解衣冠,凝神端坐,伏案写字。这时他的师傅汤斌和耿介因为年迈暑热,晨起过早,伫立时久,体力不支,余粒昏旽,几乎颠仆。胤礽写好汉字数百,满文一章,让师傅传观。师傅们看后,汤斌奏道:"端严秀劲,真佳书也!"库勒纳也奏道:"笔法精妙,结构纯熟。"

午时(上午十一——下午一时)侍卫给皇太子进午膳。皇太子命赐诸师傅饭食。诸臣叩头谢恩后,就座吃饭。膳后,皇太子没有休息,接着正襟危坐,又读《礼记》,读过一百二十遍,再由汤斌等跪着按书,胤礽背诵。

未时(下午一——三时)侍卫端进点心,胤礽吃完点心后,侍卫在庭苑中张候——安上箭靶。皇太子步出门外,站在阶下,运力挽弓,扣弦射箭。这既是一节体育课,又是一节军事课,是教育皇太子"崇文善武"。"胤礽射完箭,回屋入座,开始疏讲。汤斌和耿介跪在书案前面,翻书出题,胤礽依书讲解。"

申时(下午三——五时)康熙又来到无逸斋,皇长子胤禔、三子胤祉、四子胤禛、五子胤祺、(六子早殇)、七子胤祐、八子胤禩同来侍读。汤斌依旨从书案上信手取下经书,随意翻开经书命题,诸皇子依次鱼贯进前背诵、疏讲。皇五子胤祺因学满文,因此只读写满文一篇,圈点清楚。

酉时(下午五——七时)侍卫在院中张候——安置箭靶之后,康熙令诸皇子依序弯射,各皇子成绩不等,随后康熙亲射,连发皆中。

天色已暮,诸臣退出。胤礽在无逸斋一天的功课完毕。

康熙对诸皇子亦倾注了较大的热情,但是一者由于康熙本人政务繁忙,再者由于康熙皇子众多,所以,"朕之诸子,多令人视养,大阿哥养于内务府总管噶禄处,三阿哥养于内大臣绰尔济处,惟四阿哥,朕亲抚育,幼年时微觉喜怒不定,至其能体朕意,爱朕之心,殷勤恳切,可谓诚孝。五阿哥养于皇太后宫中,心性甚善,为人纯厚,七阿哥心好举世,蔼然可观。"①康熙积极地让他们学习各种技艺和知识,学习的课程包括满文、汉文、蒙文和经史等文化课,还有骑射、游泳等军事、体育课目。法国传教士白晋在康熙三十六年(1679 年)的见闻中写道:

这些皇子的教师都是翰林院中最博学的人,他们的师傅都是青年时期起就在宫廷里培养的第一流人物。然而,这并不妨碍皇帝还要亲自去检查皇子们的一切活动,了解他们的学习情况,直到审阅他们的文章,并要他们当面解释功课。

皇帝特别重视皇子们道德的培养以及适合他们身份的锻炼。从他们懂事时起,就训练他们骑马、射箭与使用各种火器,以此作为他们的娱乐和消遣。他不希望皇子们过分娇生惯养;恰恰相反,他希望他们能吃苦耐劳,尽早地坚强起来,并习惯于简朴的生活。这些就是我从神父张诚那里听说的,是他在六年前随同皇帝在鞑靼山区旅行回来后讲的。起初,君王只把他的长子、第三个和第四个儿子带在身边;到打猎时,他还叫另外四个儿子随同前往,其中年龄最大的只十二岁,最小的才九岁。整整一个月,这些年幼的皇子同皇帝一起终日在马上,任凭风吹日晒。他们身背箭筒,手挽弓弩,时而奔驰,时而勒马,显得格外矫健。他们之中的每个人,几乎没有一天

---

① 《清圣祖实录》卷二百三十五,康熙四十七年十二月戊子条。

不捕获几件野味回来。首次出猎，最年幼的皇子就用短箭猎获了两头鹿。

皇子们都能流利地讲满语和汉语。在繁难的汉文字学习中，他们进步很快。那时连最小的皇子也已学习四书的前三部，并开始学习最后一部了。皇帝不愿让他们受到任何细微的不良影响。他让皇子们处在欧洲人无法办到的最谨慎的环境中成长起来。皇子们身边的人，谁都不敢掩饰他们的那怕是一个微小的错误。因为这些人明白，如果这样做，就要受到严厉的惩罚①。

康熙特别注重以四书五经教育儿子们，他常对他们说："凡人养生之道，无过于圣人所留之经书，故朕惟训汝等熟习五经四书性理，诚以其中凡存心养性立命之道无所不具故也。"②康熙保持的这一传统一直延续到乾隆时期，当时的著名史家赵翼就说："本朝家法之严，即皇子读书一事，已迥绝千古。余内直时，属早班之期，率以五鼓入，时部院百官未有至者，惟内府苏拉数人（谓闲散白身人在内府供役者）往来。黑暗中残睡未醒，时复倚柱假寐，然已隐隐望见有白纱灯一点入隆宗门，则皇子进书房也。吾辈穷措大专恃读书为衣食者，尚不能早起，而天家金玉之体乃日日如是。既入书房，作诗文，每日皆有程课，未刻毕，则又有满洲师傅教国书，习国语及骑射等事，薄暮始休。然则文学安得不深？武事安得不娴熟？宜乎皇子孙不惟诗文书画无一不擅其妙。而上下千古成败理乱已了然于胸中。以之临敌，复何事不办？因忆昔人所谓生于深宫之中，长于阿保之手，如前朝宫廷间逸情尤甚，皇子十余岁始请

---

① 《康熙传》，马绪祥译，《清史资料》第一辑，第241页。
② 《庭训格言》卷下。

出阁,不过官僚训讲片刻,其余皆妇侍与居,复安望其明道理、烛事机哉,然则我朝谕教之法,岂惟历代所无,即三代以上,亦所不及矣!"①康熙曾让江南名士何焯为胤禩当侍读,胤禩与之建立了较好的关系,在何回家丁忧期间,胤禩还致书于他,请他帮助在南方购买图书,表现出较强的学习兴趣。胤祉是康熙诸子中的文化人,五十二年(1713年),康熙发挥他的特长,让他负责修辑律吕、算法诸书,在畅春园蒙养斋开馆。他大量吸收著名学者入园参加工作。进馆的有陈梦雷,康熙曾亲书"松高枝叶茂,鹤老羽毛新"联句赐给他。胤祉除了编书外,还奉命重修坛庙、宫殿、乐器。胤祉还提出制历法。对胤祉的文化建设,康熙曾给予积极支持。《律令渊源》和《古今图书集成》都因此名闻遐迩。

康熙教子,可谓煞费苦心,思之长远,但终于事与愿违。这不是康熙帝无能,而是千年封建专制世袭制度结下的恶果。

三、皇太子废立风波

晚年,康熙一直被皇太子的废立问题困扰着,诸子争夺嗣位的激烈斗争,使他心情抑郁,精力耗尽。

康熙四十七年(1708年)八月,康熙带皇太子胤礽、皇长子多罗直郡王胤禔、皇十三子胤祥、皇十四子胤禵、皇十五子胤禑、皇十六子胤禄、皇十七子胤礼、皇十八子胤祄往西巡行围。九月,康熙贵妃王氏所生的皇十八子因病而亡,康熙非常悲痛,众皇子亦很悲哀,可皇太子胤礽却显出对其亲兄弟"毫无友爱之意",康熙对此深加指责,胤礽"忿然发怒"。鉴于皇太子以往的恶行,尤其是胤

---

① 《檐曝杂记》卷一,《皇子读书》。

礽派人窥视康熙在行宫中的动静,使康熙深为愤怒。于是康熙召诸王大臣侍卫文武官员等齐集在行宫前,令皇太子胤礽下跪,然后发布谕旨,宣布拘禁皇太子。谕旨指责皇太子的罪行有以下三点:

一、穷奢极欲,生活放纵。康熙本着"所敬惟天,所重惟民"的宗旨,从"君道在于爱民"这一"帝王之常经,祖宗之家法"出发,自身养成了节俭律己的习性,力求做到可以垂范于世的楷模。他自即位以后,处处节俭,爱惜民物,"身御敝裯,足用布袜"。而胤礽却极尽奢侈,所用一切,远远超过乃父,仍"犹以为不足"。他特命其乳母之夫凌普为内务府总管,以便让自己能任意取用内外库币,挥霍浪费。康熙屡次南巡江浙,西巡秦晋,常常带胤礽随行,希望胤礽能从中"谙习地方风俗,民间疾苦"。每次出巡,康熙或"驻庐舍,或御舟行,未尝跬步妄出,未尝一事扰民。"胤礽则往往强勒督抚大吏及所在官司,索取财贿,还纵容下属恣意诛求,肆行攘夺,甚至"遣使邀截外藩入贡之人,将进御马匹任意攘取,以致蒙古俱不心服"。①

二、专擅威权,肆恶暴戾。康熙认为"得众心者未有不兴,失众心者未有不亡"②。他十分注重君臣关系的和谐。而胤礽却不顾国家法令,"将诸王贝勒大臣官员任意凌虐,恣意捶挞"。如平郡王纳尔素、贝勒海善、公普奇俱被殴打,大臣官员以至兵丁鲜有不遭其荼毒的③。凡是遭受其凌辱的大臣官员还得忍气吞声,倘有人敢于言及他的暴戾行为,被他获悉,"即仇视其人,横加鞭笞"④。以致康熙也"未将伊之行事一询及于诸臣"⑤。

---

① 《清圣祖实录》卷二百三十四,康熙四十七年九月丁丑条。
② 《清圣祖实录》卷二百三十四,康熙四十七年九月辛卯条。
③ 《清圣祖实录》卷二百三十四,康熙四十七年九月丁丑条。
④ 《清圣祖实录》卷二百三十四,康熙四十七年九月丁丑条。
⑤ 《清圣祖实录》卷二百三十四,康熙四十七年九月丁丑条。

三、鸠聚党羽,觊觎皇位。康熙说:"国家唯有一主","大权所在,何得分毫假人"①。他作为封建专制主义清王朝的代表人物,独掌国柄,是绝不允许任何人侵犯皇权,觊觎皇位的。先前,胤礽立为皇太子时,领侍卫内大臣索额图曾怀私倡议,凡皇太子服饰诸物一概用黄色,所定一切仪注,几与皇帝相同。康熙认为"骄纵之渐,实由于此,索额图诚本朝第一罪人也"②。皇太子胤礽已四十余岁,很自然地会产生独立从事政治活动的心意,他周围早已聚集起以索额图为首的一批依附和拥戴他的势力,篡位之心,确实已蓄很久。康熙四十年(1701年),索额图退休后,他深感胤礽和自己的党羽已逐渐失去了康熙的信任,"背后议论国事",甚至"结党妄行",有所图谋。康熙四十二年(1703年)五月,康熙上谕叱责他:"尔背后怨尤之言,不可宣说,尔心内自明","朕将尔行事指出一端,就可在此正法"。又说:"朕若不先发,尔必先发之"③。康熙即将索额图拘禁,不久,就将他处死。至此,康熙讲到胤礽的罪行说:以前"索额图助伊潜谋大事,朕悉知其情,将索额图处死。今胤礽欲为索额图复仇",与索额图之子格尔芬、阿尔吉善等结成党羽,图谋不轨。在此次西巡途中,胤礽"每夜逼近布城裂缝,向内窃视",凡是康熙的"起居动作,无不探听"④。胤礽这种非法活动,使康熙深为担心,生怕"今日被鸩,明日遇害,昼夜戒慎不宁"⑤。

谕旨最后说:凡此种种,"必致败坏我国家,戕贼我万民而后已,若以此不孝不仁之人为君,其如祖业何?"宣谕完毕,康熙痛哭

① 《清圣祖实录》卷二百三十三,康熙四十七年八月甲申条。
② 《清圣祖实录》卷二百五十三,康熙五十二年二月乙酉条。
③ 《清圣祖实录》卷二百十二,康熙四十二年五月壬戌条。
④ 《清圣祖实录》卷二百三十四,康熙四十七年九月丁丑条。
⑤ 《清圣祖实录》卷二百三十四,康熙四十七年九月丁丑条。

仆地,诸大臣急忙扶起。康熙又谕曰:太祖、太宗、世祖所缔造之天下,"断不可以付此人,俟回京昭告于天地宗庙时,将胤礽废斥"①。

康熙回京后,于四十七年(1708年)九月十八日秉奉皇太后的懿旨,祭告天地宗庙、社稷,并诏告天下,正式宣布特废皇太子,加以拘禁。其党羽凡系畏附合的,从宽不究外,将索额图之子格尔芬、阿尔吉善等俱立行正法,"余众不更推求,嗣后虽有人首告,亦不问,毋复疑惧"②。

胤礽受此突如其来的打击,精神失常。"忽起忽坐,言行失常,时见鬼魅,不安寝处,屡迁其居,啖饭七八碗尚不知饱,饮酒二三十觥亦不见醉"③。"昼多沉睡,夜半方醒","每对越神明则惊惧不能成礼,遇阴雨雷电则畏沮不知所措","竟类狂易之疾"④。这使康熙心伤不已。

康熙更没有料到,在废除皇太子后,却出现了皇长子胤禔和皇八子胤禩同舅舅佟国维等相勾结,加紧谋夺皇太子之位的激烈斗争。

在康熙刚刚决定废斥皇太子时,皇长子胤禔就向康熙进奏说:"胤礽所行,卑污失人心,相面人张明德曾相胤禩,后必大贵,今欲诛胤礽,不必自出皇父之手"。康熙听了"为之惊异"。他暗自思忖,"胤禔为人凶顽愚昧,不知义理,倘果同胤禩聚集党羽,杀害胤礽,其时但知逞其凶恶,岂暇计及于朕躬有碍否耶"? 但康熙不动声色,他一面仍令胤禔卫护自己看管胤礽,私下却派侍卫暗地里保护着胤礽,防止胤禔暗害,一面向诸子大臣宣布:"朕命直郡王胤

① 《清圣祖实录》卷二百三十四,康熙四十七年九月丁丑条。
② 《清圣祖实录》卷二百三十四,康熙四十七年九月庚辰条。
③ 《清圣祖实录》卷二百三十四,康熙四十七年九月丁亥条。
④ 《清圣祖实录》卷二百三十四,康熙四十七年九月丁亥条。

褆善护朕躬,并无欲立胤禔为皇太子之意。胤禔秉性躁急愚顽,岂可立为皇太子"。随后,康熙令胤禔擒获相面人张明德,叫刑部尚书巢可托、都察院左都御史穆和伦等审讯。经查讯,胤禔、胤禩串通一气,利用相面人张明德图谋刺杀皇太子胤礽。又据胤祉揭发,胤禔还请蒙古喇嘛咒咀、镇魇胤礽,当场被搜出镇魇物十余处,他们妄图用巫术害死皇太子。至于胤禔所播扬皇太子胤礽杀人害人诸事,"其中多属虚诬"①。由此,胤禔勾结胤禩阴谋夺取皇太子之位的险恶用心,"尽皆显露"。

胤禔生性暴戾。康熙所属不少侍卫执事人等都被他擅自责打过。在他看守胤礽时,把胤礽所属的所有匠人尽行收去,加以苦刑,匠人受不了苦,有的逃遁,有的被逼上吊自杀。特别是胤禔唆使太监三、四人,护卫一、二人,暗探康熙的举动,使得康熙十分疑惧。康熙说:"万一趁朕在外,其(胤禔)挟一不堪太监指称皇太后旨意,或朕密旨,肆行杀人,猖狂妄动,诸阿哥皆兄弟也,谁敢拦阻,关系甚大"②。于是,康熙下令将胤禔严格看守,略有举动,即行奏闻。四十七年(1708年)十一月,康熙又将胤禔王爵革去,幽禁于府内。次年四月,又派遣护军参领八员,护军校八员、护军八十名,仍于胤禔家中轮班看守。

对于胤禩,康熙深知他"柔奸成性,妄蓄大志"。他与胤礽早有结怨。胤禩因听信其乳母之夫雅齐布的挑唆,擅自斥责御史雍泰,受到康熙的严厉批评。其时皇太子胤礽上奏说:"八阿哥责雍泰,皆其乳母之夫谮毁所致"。自此,胤禩与皇太子遂成仇隙③。后来康熙又将雅齐布充发,胤禩愈加怨恨。平时,康熙还觉察到胤

① 《清圣祖实录》卷二百三十五,康熙四十七年十一月戊子条。
② 《清圣祖实录》卷二百三十七,康熙四十八年四月丙辰条。
③ 《清圣祖实录》卷二百三十五,康熙四十七年十月癸卯条。

禩"到处妄博虚名,凡朕所宽宥及施恩泽处,俱归功于己,人皆称之"。对此,康熙十分恼怒,他呵斥胤禩说:"朕何为者?是又出一皇太子矣,如有一人称道汝好,朕即斩之,此权岂肯假诸人乎"?①至于胤禩同胤禔相勾结,谋害胤礽,并通过胤禔和相面人为自己谋取皇太子制造舆论这件事,已有定论。于是康熙召诸皇子入乾清宫,对他们面谕说:"当废胤礽之时,朕已有旨,诸阿哥中如有钻营谋为皇太子者,即国之贼,法断不容。废皇太子后,胤禔曾奏称胤禩好……大宝岂可妄行窥视者耶!"而"胤禩党羽早相要结,谋害胤礽,今其事皆败露,著将胤禩锁拿,交与议政处审理"②。这时,皇十四子胤禵在皇九子胤禟的示意下,急忙出来上奏说:"八阿哥无此心,臣等愿保之"。康熙听了,异常震怒,拔出身上佩刀,要诛杀胤禵。皇五子胤祺迅急跪下,抱住乃父,诸皇子也跟着叩首求饶,康熙才稍解怒气,喝令诸子鞭打胤禵后,将胤祺、胤禵逐出。

由废黜皇太子引来父子之间、兄弟之间更加激烈的斗争,以及胤礽的疯疯颠颠,使得康熙在心理上受到很大创伤,以致病魔缠身,体质虚弱。康熙自思人身难料,付托无人,倘有不虞,那是直接关联着大清的基业安危。康熙召来满汉大臣,面谕他们除皇长子胤禔"所行甚谬,虐戾不堪"外,可从诸阿哥中推举一人为皇太子,康熙还特别提醒大臣:"若议时,互相瞻顾,别有探听,俱属不可"③。这时,领侍卫内大臣阿灵阿(遏必隆子,康熙贵妃之兄),鄂伦岱(内大臣、舅父佟国纲子)、揆叙(武英殿大学士明珠子),及尚书王鸿绪私相机议,暗通消息,最后"书写八阿哥三字于纸",交给内侍梁九功等转奏。康熙得知诸王和满汉大臣一致请立当时"身

①　《清圣祖实录》卷二百三十四,康熙四十七年九月壬寅条。
②　《清圣祖实录》卷二百三十四,康熙四十七年九月壬寅条。
③　《清圣祖实录》卷二百三十五,康熙四十七年十一月丙戌条。

撄缧绁之人"的胤礽为皇太子,完全出乎他的意料,十分忿恚,暗自思虑,果如往时"诸臣奏称其贤"的胤禩为皇太子,势必会出现一个自己所不能控制的权力中心,由此"日后必成乱阶。"①他感到事有蹊跷,深疑其中有鬼,立即令内侍梁九功等向诸王和满汉大臣传谕说:"立皇太子之事,关系甚大,尔等各宜尽心详议。八阿哥未尝更事,近又罹罪,且其母家亦甚微贱,尔等再思之"。诸大臣奏说:"此事甚大,本非臣等所能定,诸皇子天姿俱聪明过人,臣等在外廷不能悉知,……皇上如何指授,臣等无不一意遵行"②。同时康熙随即暗自作出"亟释皇太子"的决定,并为此做了大量准备工作。

十月,康熙召诸皇子及大臣们说:"立皇太子之事,朕心已有成算,但不告知诸大臣,亦不令众人知,彼时尔等只遵朕旨而行。"③

对于胤礽,康熙以废黜慑服他,继以父子之情感知他。自胤礽因废黜致疯以来,尤其是其受害之情大白以后,康熙十分愧悔,"日日不能释然于怀"。他吃不下饭,睡不着觉,甚至"无日不流涕"。一天,他去南苑漫步,孤孤单单,冷冷清清,不禁忆起昔日皇太子和诸阿哥随行时那种热烈和融的情景,十分伤怀。他回宫后,马上召见胤禩和胤礽。他每见一次胤礽,"胸中疏快一次"。他对胤礽表示:"以后不复再提往事"。他又让胤礽安居咸安宫,加意调治。胤礽已知除了自己有过错外,还受人谋害、诬陷,但事情已大白,而皇父对他又亲善起来,长久郁结在心中的石块,自然渐渐消除,心境开始平静舒畅,病也就逐渐好了。随后,他跟四阿哥胤

---

① 《清圣祖实录》卷二百三十五,康熙四十七年十一月戊子条。
② 《清圣祖实录》卷二百三十五,康熙四十七年十一月丙戌条。
③ 《清圣祖实录》卷二百三十五,康熙四十七年十月癸卯条。

禛、三阿哥胤祉等侍候在康熙御榻前,极尽孝道,亲捧汤药,服侍皇父,并对以前所有恶行,表示悔悟,康熙亦因此逐渐恢复了健康。

经过细加体察,康熙已弄清楚皇太子胤礽的过错"有相符合者,有全无风影者。"为了维护自己的尊严和权威,康熙向诸皇子和众大臣解释拘执胤礽及其所犯过错的原因。一是胤礽的诸多错误,是"为鬼魅所凭蔽"。康熙说:"朕从前将其诸恶皆信为实,以今观之,实被魇魅而然。"由于胤礽"为狂疾所致",难以承祀,当时自己虽未尝谋之于人,亦并非听信人言,更绝无纤毫私意,经筹度周详,"应理所应行,遂执而拘系之,举国皆以朕所行为是"①。况今胤礽所感心疾已除,从此胤礽果能遵旨而行,这不但是"朕之福也,亦诸臣之福也"。② 二是胤礽的罪行,有些是胤禔诬陷的。康熙说:"从前诸事凡镇魇皇太子使之不善、播扬恶名者,俱系大阿哥,皇太子虽有恶名,并未杀人,亦无党羽"③。三是胤礽悖乱行事,罪在索额图父子。康熙说:"一切暗中拘煽悖乱行事,俱系索额图父子,顷废皇太子奏亦言,其向时悖乱,皆自伊等为之"④。康熙还指出胤礽已向他表示:"不违朕令,不报旧仇,尽去其奢费虐众种种悖谬之事,改而为善"。由此,康熙向诸皇子和大臣们很有把握地说:"胤礽断不复仇怨,朕可以立保之也"⑤。这样,康熙抹杀了父子之间以争皇权为中心的这一实质性矛盾,并掩盖了自己听信胤禔等诬告皇太子的过错,又为皇太子胤礽的复出制造了舆论。

①　《清圣祖实录》卷二百三十五,康熙四十七年十一月丙戌条。
②　《清圣祖实录》卷二百三十五,康熙四十七年十一月丙戌条。
③　《清圣祖实录》卷二百三十七,康熙四十八年四月戊午条。
④　《清圣祖实录》卷二百三十五,康熙四十七年十一月庚辰条。
⑤　《清圣祖实录》卷二百三十五,康熙四十七年十一月丙戌条。

四十七年十一月戊子日,康熙召废皇太子及科尔沁达尔汉亲王,领侍卫内大臣、都统护军统领等入谕,宣布释放废皇太子胤礽。康熙又令胤礽"于众前剖白之。"废皇太子胤礽奏言:"皇父谕旨,至圣至明,凡事俱我不善,人始从而陷之杀之。若念人之仇,不改诸恶,天亦不容。今予亦不复有希冀,尔等众人若仍望予为皇太子,断断不可"①。最后,康熙警告胤礽:"洗心易行,观性理之书以崇进德业,若仍不悛改,复蹈前愆,是终甘暴弃而自趋于死路矣!"②康熙还特谕胤礽:"善则为皇太子,否则复行禁锢。"③

康熙释放皇太子的同时,复封胤禩为多罗贝勒,以此来缓冲因废立皇太子所引起的激烈矛盾,稳定人心。

然而,康熙对诸臣保举胤禩为皇太子这件事,仍耿耿于怀。他自谓听政四十九年以来,"惟于兹事,忿恚殊甚","务必追其根源。"四十八年(1709年)正月,康熙召来侍卫内大臣、满汉大学士、尚书等人,当场追查"首倡之人"。经康熙一再追问,有人供出由领侍卫内大臣巴浑德先发言保奏胤禩,康熙立即指出:"朕知之矣! 此事必舅舅佟国维、大学士马齐以当举胤禩喻于众,众乃畏惧伊等,依阿立议耳"④。又经追踪查问,才证实是由大学士马齐暗中喻人,互相传递所致。于是,马齐交胤禩拘禁,其兄李荣保照例枷责,听胤禩差使,其弟马武被革职,此外,族中职官及在部院人员都被革退。舅舅佟国维与胤禔、胤禩等结党,谋立胤禩为皇太子,康熙给予严厉斥责,不予追究。

康熙四十八年(1709年)三月初九日,康熙遣官告祭天地、宗

①　《清圣祖实录》卷二百三十五,康熙四十七年十一月戊子条。
②　《清圣祖实录》卷二百三十五,康熙四十七年十一月戊子条。
③　《清圣祖实录》卷二百五十一,康熙五十一年十月辛亥条。
④　《清圣祖实录》卷二百三十六,康熙四十八年正月癸巳条。

庙、社稷,复立胤礽为皇太子。次日,授予册宝。并封皇三子胤祉、皇四子胤禛、皇五子胤祺为亲王;皇七子胤祐、皇十子胤䄉为郡王;皇九子胤禟、皇十二子胤祹、皇十四子胤禵为贝子。

然而胤礽长期养成骄纵暴虐的性格以及迫不及待地抢班的野心,是积重难返,极难改变的。复立皇太子的数年间,对其所属内外人等的种种捶楚,不可胜计;他的侍卫也受尽折磨,溽暑期间,流汗执役,哭泣怨望。胤礽日常的饮食、服饰、陈设等物,都超过康熙。康熙还处处迁就,凡"伊所奏欲责之人,朕无不责;欲处之人,朕无不处;欲逐之人,朕无不逐;惟所奏欲杀之人,朕不曾诛。"①凡此种种,康熙都隐忍下来,不即发露,"因向有望其悛改之言耳!"然而,康熙疑虑皇太子抢班夺权之心绝不轻易放掉的。康熙认为即使胤礽对自己虽没有异心,其属下却不乏奸诈之人,此类奸诈小人,生怕日后被诛,就会干出伤害自己"一世身名"的不测之事来,这是康熙深深担心的。康熙更理解自己与胤礽之间的矛盾是不可调和的,彼此的对立,已给群臣造成莫大的精神压力。他说:"今众人有两处总是一死之言,何则? 或有深受朕恩,倾心向主,不肯从彼,宁甘日后诛戮者;亦有微贱小人,但以目前为计,逢迎结党,被朕知觉,朕即诛之者,此岂非两处俱死之势乎!"②父子之间围绕着以皇权为中心的你死我活的斗争,严重地影响着朝廷内部的安定与团结,使廷臣思想混乱,无所适从。于是康熙五十一年(1712年)十月,康熙御笔硃谕诸王、贝勒、贝子、大臣等说:"胤礽行事乖戾,曾经禁锢……乃自释放之日,乖戾之心,即行显露。数年以来,狂易之疾仍然未除,大失人心,……胤礽秉性凶残,与恶劣小人结

---

① 《清圣祖实录》卷二百五十一,康熙五十一年十月辛亥条。
② 《清圣祖实录》卷二百五十一,康熙五十一年十月辛亥条。

党,胤礽因朕为父,虽无异心,但小人辈惧日后被诛,倘于朕躬有不测之事,则关系朕一世声名","如此狂易成疾,不得众心之人,岂可付托乎!故将胤礽仍行废黜禁锢"。①"后若有奏请皇太子已经改过从善,当释放者,即诛之"。②

树欲静,而风不止。在再废皇太子后,胤禩力图再成气候。他与鄂伦岱、阿灵阿等结成党羽,加紧谋夺皇太子之位。康熙对胤禩的活动十分警惕。康熙说:"胤禩因不得立为皇太子,恨朕切骨,伊之党羽亦皆如此,二阿哥悖逆屡失人心,胤禩则屡结人心,此人之险,实百倍于二阿哥也。"③以前,康熙曾令胤禩的乳母之夫雅齐布充发,胤禩竟违旨将他藏匿在家。康熙怒甚,特命将雅齐布正法,胤禩对皇父更加怀恨在心。胤礽再被废黜后,胤禩益加狂妄骄恣,自以为皇太子非己莫属。他自估"(皇父)年已老迈,岁月无多,及至不讳,伊曾为人所保,谁敢争执,遂自谓可保无虞"。④ 为谋得皇太子之位,他竟采用更为露骨的手段,与康熙对抗。当胤礽刚被废黜时,他就跑到康熙面前密奏说:"我今如何行走?情愿卧病不起。"康熙十分气恼地斥责说:"尔不过一贝勒,何得奏此越分之语"。⑤ 其后的康熙五十三年(1714年)十一月,胤禩又将两只死鹰送致其父,令康熙一时"心悸几危",出于气愤已极,康熙一时想不到合适的语言,竟恶骂胤禩"系辛者库贱妇所生,自幼心高阴险。"胤禩更时时密切关注着康熙的动向,他常常派遣太监冯进朝等在康熙所御帷幄前探听情况。康熙深深担心,"日后必有行若

---

① 《清圣祖实录》卷二百五十一,康熙五十一年十月辛亥条。
② 《清圣祖实录》卷二百五十一,康熙五十一年十月辛亥条。
③ 《清圣祖实录》卷二百六十一,康熙五十三年十一月甲子条。
④ 《清圣祖实录》卷二百六十一,康熙五十三年十一月甲子条。
⑤ 《清圣祖实录》卷二百六十一,康熙五十三年十一月丙寅条。

狗彘之阿哥仰赖其恩,为之兴兵构难,逼朕逊位,而立胤禵者。若果如此,朕惟有含笑而殁已耳!"①凡此种种,康熙深为愤怒,以致表示"自此朕与胤禵父子之恩绝矣!"②后来,康熙命宗人府将贝勒胤禵的俸银、俸米,及他属下护卫官员俸银俸米,执事人等银米,俱著停止。

经过废立皇太子一番激烈的、复杂的斗争,康熙已决意生前不再预立皇太子。康熙五十二年(1713年)二月,当大臣们向他陈奏立皇太子时,康熙深有感触地说:"朕自幼读书,凡事留意,纤悉无遗,况建储大事,朕岂忘怀,但关系甚重,有未可轻立者"。③他追述了皇太子胤礽结党谋权及其骄纵的经历后,就向大臣们表白不复预立皇太子的心意。他说:"宋仁宗三十年未立太子,我太祖皇帝并未预立皇太子,太宗皇帝亦未预立皇太子。汉唐以来,太子幼冲,尚保无事,若太子年长,其左右群小结党营私,鲜有能无事者……众皇子学问见识不后于人,但年俱长成,已经分封,其所属人员,未有不各庇护其主者,即使立之,能保将来无事乎?"④这是康熙在与诸皇子交锋中逐步认识到的。

康熙不预立皇太子,却仍然在选择着合乎自己心愿的继位人。他说:"太子为国本,朕岂不知,立非其人,关系非轻"。又说:"今欲立皇太子,必以朕心为心者,方可立之,岂宜轻举"。这就是说,作为皇位继承者的太子,直接关系着清朝的前途和命运,因此,康熙一直把他放在重要地位。他心目中的继位人,必须是"以朕心为心"的人,即是要按照他的意旨行事,并要像他那样,具有为清

① 《清圣祖实录》卷二百六十一,康熙五十三年十一月甲子条。
② 《清圣祖实录》卷二百六十一,康熙五十三年十一月甲子条。
③ 《清圣祖实录》卷二百五十三,康熙五十二年二月庚戌条。
④ 《清圣祖实录》卷二百五十三,康熙五十二年二月庚戌条。

王朝的绵延不绝,竭尽心力,孜孜求治的人。所以从康熙四十七年(1708 年)废黜胤礽后,他就立意从德才两方面对诸皇子进行长期考察,从中选择合适的继位人。该年十月,他对诸皇子及众大臣说:"朕宁敢不慎重祖宗弘业置诸磐石之安乎? 迨至彼时,众自知有所倚赖也,此意极深,即朕亦不自谕,岂可偏谕众人乎!"①晚年,康熙还曾降过旨:"朕万年后,必择一坚固可托之人与尔等作主,必令尔等倾心悦服,断不至贻累于诸臣也"②。自四十七年(1708 年)开始,康熙就将自己经历的事和他的想法,都一一记载下来,封固保存,尤其是继位大事,康熙绝不会掉以轻心。康熙五十六年(1717 年)十一月,就在向诸子与大臣们剖白自己为巩固清王朝拼搏一生的血诚与苦衷时,康熙曾说:"十年以来,朕将所行之事,所存之心,俱书写封固,仍未告竣,立储大事,朕岂忘耶"③。就这样,康熙"以朕心为心者"为模式,长期默默地遴选着最符合自己心意的继位人。

四、康熙之死与雍正嗣位

康熙晚年,在诸子中,胤禛、胤禵能得到康熙的赏识。

胤禵原名胤祯,与胤禛一母所生,年龄最小。在早期储位斗争中,卷入不深。他和胤禩感情较好。康熙四十七年(1708 年),胤禩因觊觎皇太子之位,被康熙命令拘禁时,胤禵冒死为胤禩辨白,险些送掉性命。康熙五十七年(1718 年),准噶尔部策妄阿拉布坦进兵入藏,并侵犯哈密,严重危及青海、西藏及西北地区的安全和

---

① 《清圣祖实录》卷二百三十五,康熙四十七年十月甲辰条。

② 《清世宗实录》卷十,雍正元年八月甲子条。

③ 《清圣祖实录》卷二百七十五,康熙五十六年十一月辛未条。

清朝的稳定。当时,胤禵还只是贝子的爵位,康熙破例地特任命他为抚远大将军,率军出征,主持西部军务。大将军的权力很大,礼仪规格很高,用正黄旗纛,亲王体制。胤禵得到康熙如此器重,很自然地会使人们把他看成日后皇位的继承人。在胤禵出兵时,胤禟说:"十四爷现今出兵,皇上看的也很重,将来这皇太子一定是他。"①胤禵驻兵青海、甘肃四年,最后打败了策妄阿拉布坦,功勋卓著,表现了杰出才能。康熙确是很有赏识能力的。

胤禛很得康熙的欢心。当康熙因废皇太子劳神抑郁、身患重病之时,是胤禛率先向康熙陈请,自愿冒死择医,并与稍知药性的胤祉、胤祺、胤裪一起,检视方药,日加调治,悉心护理,康熙因而渐好,十分愉悦。在释放皇太子胤礽之际,康熙曾在上谕中对诸子一一评述过,其中对胤禛表现出格外亲切,且赞誉他孝诚。康熙说:"朕之诸子,多令人视养……惟四阿哥朕亲抚育,幼年时,微觉其喜怒不定,至其能体朕意,爱朕之心,殷勤恳切,可谓诚孝"②。胤禛得旨,当即上奏说:"……今臣年逾三十,居心行事,大概已定。喜怒不定四字,关系臣之生平,仰恳圣慈,特谕旨内此四字恩免记载。"康熙即刻同意,传谕曰:"十余年来,实未见四阿哥有喜怒不定之处,……此语不必记载"③。在康熙第一次废胤礽为皇太子时,胤禛也敢于为胤礽申辩,且为"诸阿哥陈奏之处甚多。"康熙称赞他"性量过人,深知大义。"④可见,康熙对胤禛是很有好感的。

在皇太子之位的斗争中,胤禛一向隐于幕后,他对这场斗争知之甚悉,曾竭力站在康熙的立场上,而在背地里,却处心积虑时刻

① 《文献丛编》,《允禩允禟案》秦道善口供。
② 《清圣祖实录》卷二百三十五,康熙四十七年十一月戊子条。
③ 《清圣祖实录》卷二百三十五,康熙四十七年十一月戊子条。
④ 《清圣祖实录》卷二百三十五,康熙四十七年十一月辛卯条。

进行着有纲领有计划的经营。他结纳人才,笼络人心,准备实力,获取信息。然而又竭力不让别人把自己与结党营私联系起来。他的属人戴铎在康熙五十二年(1713 年)写给他的信中道出了他的心声。戴铎写道:

> 当此君臣利害之关,终身荣辱之际,奴才虽一言而死,亦可以报知遇于万一也。谨据奴才之见,为我主子陈之:

> 皇上有天纵之资,诚为不世出之主,诸王当未定之日,各有不并立之心。……我主子天性仁孝,皇上前毫无所疵,其诸王阿哥之中,俱当以大度包容,使有才者不为忌,无才者以为靠。昔者东宫未事之秋,侧目者有云:"此人为君,皇族无噍类矣!"此虽草野之谚,未必不受此二语之大害也……

> 至于左右近御之人,俱求主子破格优礼也。……素为皇上亲信者不必论,即汉官宦侍之流,主子似应于见面之际俱加温语数句,奖语数句……贤声日久日盛,日盛日彰,臣民之公论谁得而逾之。

> 至于各部各处之闲事,似不必多于与闻也。

> …………

> 至于本门之人,岂无一二才智之士……恳求主子加意作养……使本门人由微而显,由小而大,俾在外者为督抚、提镇,在内者为阁部九卿,仰籍天颜,愈当奋勉,虽未必人人得效,而或得一二人才,未尝非东南之半臂也。

> 以上数条,万祈主子采纳……当此紧要之时,诚不容一刻放松也!否则稍为懈怠,使高才捷足者先起,毒念即生,至势难中立之秋,悔无及矣。

胤禛阅后,写下了如下批语:

> 语言虽则金石,与我分中无用。我若有此心,断不如此行

履也。况亦大苦之事,避之不能,尚有希图之举乎?至于君臣利害之关,终身荣辱之际,全不在此,无祸无福,至终保任。汝但为我放心,凡此等居心语言,切不可动,慎之,慎之①。

戴铎的建言,无疑表达了胤禛的心理动向,但胤禛却矢口否认,表明了他在政治斗争中城府之深。

胤禛亦相信道士有未卜先知的本领,实际上这也是一种政治斗争策略。戴铎于康熙五十五年(1716年)秋天到福建赴知府之任,沿途及到任所后均写信报告见闻以及与主子交代事务的情况,在一封信中写道:在武夷山,见一道士"行踪甚怪,与之谈论,语言甚奇,俟奴才另行细细启知。"胤禛见信非常感兴趣,随即在批语中追问:"所遇道人所说之话,你可细细写来。"②就此,戴铎回启禀道:"至所遇道人,奴才暗暗默祝将主子问他,以卜主子,他说乃是一个万字。奴才闻之,不胜欣悦,其余一切,另容回京见主子时再为细启知也。"戴铎很怕事有泄露,语言隐晦,他小心地把信放在装有土产的双层夹底内,显出他们从事秘密活动的谙练。对此胤禛非常欣赏,但他急切地要知道士算命的全部内容,表现出对道士的无限崇奉。就像胤禩命张明德相命,胤禵让张恺算命,胤礽欲向哲布尊巴丹问命运,胤祉罗至杨道升一样,他们都相信自己有登九五之天命,实际上亦是为了树立自己的正当权威。

胤禛秘密地进行着结党营私的活动,千方百计地招揽官员,他命武英殿大学士马尔齐哈联系礼部侍郎蔡廷,召他来见,蔡以身居学士不便往来王府辞谢。六十年(1721年)抚远大将军年羹尧入觐时又向胤禛推荐蔡廷,胤禛令年羹尧亲自往请,蔡仍不就召。次

---

① 《文献丛编》第三辑,《戴铎奏折》。
② 《文献丛编》第三辑,《戴铎奏折一》。

年蔡有川抚之命,到热河行宫陛辞,时胤禛亦住行在,蔡就由年羹尧之子年熙引领晋谒胤禛,并把左副都御史李绂介绍给他①。由此可见,胤禛不惜周折地收罗人才,笼络人心,就在于建立起自己的势力圈子。我们可以看到,在胤禛周围已经形成了一个人员精干的集团势力。这个集团的主要人员有:年羹尧,汉军旗人,为胤禛"多年效力"的"藩邸旧人"②,其妹为胤禛侧福晋。年羹尧于四十八年(1709年)出任川抚,五十七年(1718年)升四川总督,六十年(1721年)晋川陕总督,为康熙所信任。魏经国,康熙末为湖广提督③。常赉,为朱都呐之婿,官副都统。戴铎,在福建由知府升为道员。他初上任,因生活不习惯,想告病回京,就此请示胤禛,胤禛回信说:"为何说这告病没志气的话,将来位至督抚,方可扬眉吐气,若在人宇下,岂能如意乎?"④以谋图升官激励他。康熙末,戴铎官至四川布政使,其兄戴锦由吏部保举出任河南开封道。沈廷正,商州知州、兰州府同知。金昆,武会元出身,在雍邸绘画行走⑤。马尔齐哈,会医术,曾任清江理事同知⑥。博尔多,"藩底旗下人",举人出身,官内阁中书⑦。傅鼐,"待世宗(胤禛)于雍邸,骖乘持盖,不顷刻离"⑧。隆科多,康熙生母孝康章皇后的侄子,康熙孝懿仁皇后的弟弟,他先与胤禔亲近,康熙于四十八年指责他"与大阿哥相善,人皆知之"⑨,不久取得康熙的信任,五十年(1711

① 《上谕内阁》,七年十月初六日谕。
② 《雍正朝起居注》,雍正五年三月十一日条。
③ 《上谕内阁》,五年十二月十五日谕。
④ 《文献丛编》第三辑,《戴铎奏折批语》。
⑤ 《雍正朝起居注》,雍正二年五月二十四日条。
⑥ 《雍正朝起居注》,雍正二年五月二十八日条。
⑦ 《雍正朝起居注》,雍正五年二月初七日条。
⑧ 袁枚:《小仓山房文集》卷二,《刑部尚书富察公神道碑》。
⑨ 《清圣祖实录》卷二百三十六,康熙四十八年八月己巳条。

年）用为步军统领,取代胤礽党人托合齐的职位,五十九年(1720
年)出任理藩院尚书,仍管步军统领事。胤禛说他"深邀皇考知
遇"①,确无事实。他大约在康熙末年同胤禛搭上手。胤祥,与胤
禛关系最密切,即如胤禛时或扈从秋狝,胤祥以诗词、书札寄怀,胤
禛为之收藏,仅诗即达三十二首②。胤禛这个集团,人数不算多,
所居要职也有限,但是拥有步军统领、拥兵前线的川陕总督等职务
的人,对日后胤禛顺利上台起了相当重要的作用。

在这个集团中,胤禛非常强调门下对他的忠诚和服从,即使像
年羹尧只因有在具本时称官职不称奴才,就惹怒了他,大骂年是
"攓桃恶少",并抓住年给自己书启中的话——"今日之不负皇上
(按指康熙),即异日之不负我者(按指胤禛)",说年"以无法无天
之谈而诱余以不安分之举也,岂封疆大臣之所当言者,异日两字足
可以诛年羹尧全家。"还责令年羹尧将从前准许他带赴任所的弟
侄送回京师,十岁以上的儿子不许留在任所,以示惩罚③。胤禛对
戴铎也动辄申斥,戴铎于五十七年(1718年),向胤禛呈送物品,启
本中说他"自到福建以来,甚是穷苦。"胤禛批道:"天下无情无理,
除令兄戴锦,只怕就算你了。一年差一两次人来诉穷告苦,要两镡
荔枝酒草率搪塞,可谓不敬之至。"④再次对臣下提出了竭忠尽力
的要求。

胤禛颇善于用两面派的手段使自己永远处于不败地位,对于
胤禩、胤禟等,他既把他们看成是自己的对手,又表面与他们保持
比较密切的联系。如胤禩于五十三年(1714年)获谴时,胤禛"独

---

① 《雍正朝起居注》,雍正元年四月十八日条。
② 《清世宗诗文集》卷十一,《和硕怡亲王遗稿题辞》。
③ 《文献丛编》第一辑,《雍亲王致年羹尧书》。
④ 《文献丛编》第三辑,《戴铎奏折》。

486

缮折具奏",为他说好话,向胤禩买好①。五十五年(1716年)胤禩得病时,胤禛正在侍从康熙秋狝回京的路上,一天,康熙问他,胤禩的病你差人看望了吗?回说没有,康熙说应该派人去。数日后探视人回说病情严重,胤禛便匆匆地请示先期回京看视,以赢得康熙的夸赞,但转念一想,他发现这实际上已被康熙怀疑有结党之嫌,于是又匆忙地向康熙袒示自己绝无与胤禩结党的预谋。显然,胤禛的目的是很明显的,在当时,只要合康熙心意的事,他都愿意去干,他深深地明白,始终让康熙觉得自己总是从康熙的角度想问题,是接近康熙和早登大统的前提条件。

为了能让康熙对他放心,他又故意以富贵闲人的面目出现,他留给世人这样一些闲适之诗,如:

懒问沉浮事,间娱花柳朝。吴儿调凤曲,越女按莺箫。

道许山僧访,綦将野叟招。漆园非所慕,适志即逍遥。

山居且喜远纷华,俯仰乾坤野兴赊。

千载勋名身外影,百岁荣辱镜中华。

金樽潦倒春将暮,蕙径威蕤日又斜。

闻道五湖烟景好,何缘蓑笠钓汀沙。

俨然一副与世无争的逍遥派。他抄录许多书中的精彩名段与名句而成《悦心集》,其中亦充满了佛道的遁世思想。他这样做颇切合了康熙的期望,也瞒过了康熙,康熙让他留在自己身边,派他代行了许多有关国家大政事务,他亦一丝不苟地去加以完成,因而赢得了康熙的信任,实际上他已悄悄地加快着荣登大位的计划的实施。

从康熙五十一年(1712年)起,胤禛曾奉命参加对胤礽党人步军统领托合齐的审判。五十四年(1715年)西北准噶尔部策妄阿

---

① 《雍正朝起居注》,雍正三年四月初七日条。

拉布坦又起逆心,康熙向胤禛、胤祉征求意见,胤禛说:当初征伐噶尔丹时,就应该把策妄阿拉布坦一并剿灭,今其扰犯哈密,自应用兵,以彰天讨①。五十六年(1717年),康熙又让胤禛和胤祉一起查处偷盗明陵案件,还让他们到各陵祭奠。同年,皇太后丧,康熙让胤禛和胤祉负责办理具体事务。第二年,康熙让胤禛代表自己去陵前读文告祭。康熙六十年(1721年),康熙登极六十年大庆,又把自己认为最重要的往盛京三陵祭祀的使命交给胤禛及其所率的十二阿哥胤祹、世子弘昇等人。回京后,遇三月十八日万寿节,康熙又命胤禛祭祀太庙后殿。同月,会试下第士子以取士不公哄闹于副主考李绂门前,康熙命胤禛、胤祉率领大学士王琐龄、原户部尚书王鸿绪等复查会试中试原卷。同年冬至节,康熙让胤禛祀天于圜丘。六十一年(1722年)十月,康熙以通仓、京仓仓米发放中弊病甚为严重,命胤禛带领世子弘昇、延信、尚书孙渣齐、隆科多、查弼纳、镇国公吴尔台等堪查。胤禛等盘查仓粮存储出纳情况,建议严格出纳制度,增建仓廒,厉行仓上监督人员奖惩制度②。他曾作《冬日潞河视仓》五言律诗:"晓发启明东,金鞭促玉骢。寒郊初喷沫,霜坂乍嘶风。百雉重城壮,三河万舶通。仓储关国计,欣验岁时丰。"③记述了这次查处的过程。同年十一月初九日,因冬至将届,康熙命他南郊祭天,先去斋所斋戒。在康熙的晚年生活中,胤禛确实是康熙诸子中显得特别温顺的一个,康熙乐于把他留在身边,并委以一些重要事务,确确实实为胤禛取得皇位铺平了道路。

---

① 《清圣祖实录》卷二百六十三,康熙五十四年四月乙未条。
② 《清圣祖实录》卷二百九十九,康熙六十一年十月辛酉、庚午条;卷三百,十一月丁亥条。
③ 《清世宗诗文集》卷二十六,《雍邸集》。

四十七年废皇太子之后,康熙"过伤心神,渐不及往时。"①五十四年(1715年)他因病右手都无法写字,五十四年(1715年)秋天,他也没有像往常那样率皇太子们射箭习武,而只是参观了一下诸子的射击。到了冬天,身体每况愈下,心神恍惚,经常头昏目眩,行动亦须有人扶持。五十七年(1718年)二月,他稍微早起,就"手颤肉摇,观瞻不雅;或遇心跳之时,容颜顿改。"②其后虽有些好转,但已大不如前,且时好时坏。

康熙六十一年(1722年)十月二十一日,康熙又往南苑打猎,十一月初七日,身体且安,回到畅春园。初九日,康熙因身体有病,只好让胤禛代行南郊冬至祭天大礼。初十日至十二日,胤禛每日派遣护卫、太监到畅春园问安,都传谕:"朕体稍愈"。十三日病情沉重,急召胤禛至斋所,南郊祀典著派公英尔占恭代。寅刻(三时至五时),召皇三子诚亲王胤祉,皇七子淳郡王胤祐、皇八子贝勒胤禩、皇九子贝子胤禟、皇十子敦郡王胤䄉、皇十二子贝子胤祹、皇十三子胤祥,以及步军统领理藩院尚书隆科多至御榻前,谕曰:"皇四子胤禛人品贵重,深肖朕躬,必能克承大统,著继朕登基,即皇帝位。"③下达这道谕旨时,胤禛并不在场,他赶到畅春园已在巳刻(九时至十一时)。他三次进见问安,这时,康熙还能说话,"告以病势日臻之故"。直到夜间戌刻(十九时至二十一时),康熙死于寝宫。

在康熙死的当天夜里,胤禛命淳郡王胤祐守卫畅春园,固山贝子胤禟至乾清宫,敷设几筵,十六阿哥胤禄、世子弘昇肃护宫禁,十

①　《清圣祖实录》卷二百七十五,康熙五十六年十一月辛未条。
②　《康熙起居注》,康熙五十七年二月二十六日乙巳条。
③　《康熙起居注》,康熙五十七年二月二十六日条。

三阿哥胤祥、尚书隆科多备仪卫、清御道,让人用銮舆运康熙遗体,像往日黄帝日常出行一样,扶回乾清宫。胤禛前导而行,至隆宗门跪接,亲抚銮舆而入,安奉康熙遗体于乾清宫内。次日戌刻大殓。胤禛以乾清宫东庑为倚庐。命贝勒胤裸、十三阿哥胤祥、大学士马齐、尚书隆科多总理事务。所有启奏,除胤禛藩邸事件外,俱交送四大臣,凡有谕旨,必经由四大臣传出,并令记档。召胤禵驰驿来京,其大将军印救暂交平郡王纳尔素署理,另命公延信驰驿速赴甘州,管理大将印务,并同年羹尧一起,管理西路军务、粮饷及地方诸事。关闭京城九门。十六日颁布遗诏,十九日,胤禛便以登极告祭天地、太庙、社稷、奉先殿。京城开禁。二十日,胤禛御太和殿登极,受百官朝贺。颁布即位诏书。宣称"皇考升遐之日,诏朕赞承大统。"宣布继承乃父法规,不作政治变更,并说:"朕之昆弟子侄甚多,惟思一体相关,敦睦罔替,共享升平之福,永图磐石之安。"诏书还公布了恩赐款项三十条,改年号为雍正,依照习惯,自明年开始为雍正元年。二十八日,诸王文武大臣拟上大行皇帝谥号,曰"合天弘运文武睿哲恭俭宽裕孝敬诚信功德大成仁皇帝",庙号"圣祖"。胤禛表示满意,说诸臣如此举动,使"朕之哀思,庶可稍释。"①刺破中指,用血圈出"圣祖"二字。十二月初三日,将康熙遗体移送景山寿皇殿停放。初九日,康熙逝世已过二十七天,胤禛释服,从倚庐乾清宫东庑移居养心殿。雍正元年(1723年)二月,正式确定康熙谥号、庙号。四月初二日,胤禛亲送乃父遗体至遵化山陵,安放享殿,一切按礼仪进行,胤禛很高兴,写了朱谕告诉年羹尧:"山陵入庙大典,诸凡如意,顺遂得十成尽力进(尽)礼。"②十

---

① 《清圣祖实录》卷三百,康熙六十一年十一月壬辰条。
② 清世宗《朱谕》。

一日,诸臣以康熙梓宫奉安山陵大典已成,请求皇帝御门听政,胤禛遂御乾清门处理政务。九月,胤禛再往遵化,将康熙遗体安放地宫,墓名"景陵",完成了康熙的葬礼,胤禛既尽了嗣子的义务,又行施了嗣皇帝的权力。康熙死后,胤禛采取了一些非常措施,"诸王非传令旨不得进"大内,关闭京城九门六天,无论如何,胤禛在康熙死后能如此有条不紊地做了一系列的重要工作,稳定了局势,是功不可没的。

然而,关于康熙之死和雍正继位却是历史上一桩疑案。

关于康熙之死的原因,社会上流传着各种各样的说法,据《永宪录》记载,十一月初七日,康熙由南苑回到畅春园,次日有病,传旨:"偶患风寒,本日即透汗。自初十至十五日静养斋戒,一应奏章,不必启奏。"十三日戌刻死于畅春园。①《皇清通志纲要》则云:十一月初十日"上幸南苑,不豫,回畅春园,十三日甲午戌刻,上升遐。"②《大义觉迷录》中则说:"圣祖皇帝在畅春园病重,皇上(按指新皇帝胤禛)进一碗人参汤,不知何故,圣祖皇帝就崩了驾,皇上就登了位。"最后一种说法把康熙之死归到雍正的毒害上,这种说法因没法找到切实的证据,也无法根本否定它。但根据当时实际情况来看,胤禛不大可能下此毒手。因为康熙之死,不存在暴亡的现象。康熙早已多疾在身,随时都可以病逝。十三日,胤禛闻召疾驰至畅春园,康熙已临近死亡;而胤禛在康熙身边,已在行使着国家大权,而倒向他一边的舅舅隆科多,是康熙病时的唯一顾命大臣,时任步军统领,掌握着拱卫北京和畅春园的兵权,胤禛完全有把握左右朝廷大局,他没有必要去冒天下之大不韪,做出影响一世

---

① 《永宪录》卷一,第四十八、四十九页。
② 弘旺:《皇清通志纲要》。

声名的大逆不道的事来。他可以等待康熙安然地死去,保持自己昔日孝子的形象,而后从容地登上帝位。

关于康熙的遗诏有人怀疑是胤禛伪造的、篡改的。

《大义觉迷录》记载,当时有人传言:"圣祖皇帝原传十四阿哥胤禵天下,皇上将十字改为于字"①,篡了位。后人就此说得更生动:康熙十四子胤禵原名"胤祯",康熙的遗诏是"皇位传十四子胤祯",雍亲王原来的名字也不叫"胤禛",他把遗诏的"十"字,改为"于"字,"祯"字改为"禛"字,使遗诏变为"皇位传于四子胤禛"。这是以汉文书写遗诏作前提的说法。事实上,自明代以来,书写太子时,文前必加"皇"字,其他诸子可以不加,而清代无论哪一个皇子都须加上"皇"字,如"皇三子"、"皇八子"等等。说"传位十四子",十四子前没有"皇"字,不符合清代的通例,故按制度不可作"十"为"于"的篡改。再者传位的"于"应是"於",而不是"于",按理也不适合那样的篡改。说到胤禛的名字,过去康熙文书里有过多次记载,各种官书也是如是记载,这方面不可能有什么文章可做。

康熙遗诏的内容与康熙五十六年(1717 年)康熙在乾清宫东暖阁向诸子、大臣发表的二千余言的谕旨相同。那时,康熙曾说:"此谕已备十年,若有遗诏,无非此言"②。所不同的,也是关键的,即是当时没有讲到自己的继位人。遗诏中说:"雍亲王四子胤禛人品贵重,深肖朕躬,必能克承大统,著继朕登基,即皇帝位,即遵典制,持服二十七日释服,布告天下,咸使闻之"③。这同康熙去世前向七个皇子和隆科多等八人宣谕传位给胤禛的旨意相同。对

---

① 《啸亭杂录》卷四《王太仓上书事》记载同。

② 《清圣祖实录》卷二百七十五,康熙五十六年十一月辛未条。

③ 《清圣祖实录》卷三百,康熙六十一年十一月甲午条。

此，雍正元年（1723年）八月，雍正帝面谕诸大臣时曾说："圣祖仁皇帝……慎选于诸子之中，命朕缵承统绪，于去年十一月十三日仓卒之间，一言而定大计。"①雍正五年（1727年），雍正帝又讲到："皇考升遐之日，召朕之诸兄弟及隆科多入见，面谕谕旨，以大统付朕，是大臣之内，承旨者唯隆科多一人"②。从康熙、雍正两朝的实录记载来看，雍正继位是合法的。

还有人说康熙已作了传位给胤禵的决定，康熙病中"降旨召胤禵来京，其旨为隆科多所隐，先帝宾天之日，胤禵不到，隆科多传旨遂立当今。"康熙降旨召胤禵应由内阁承办，篡写诏书，由兵部所管的驿站发送，隆科多非内阁大学士，又不是兵部主管，他无法一手遮天，阻止康熙召回胤禵。不过，康熙认为胤禵是很有才干的，提拔他率军西征，这里也寓有保护善类的用意。

总之，胤禛自幼贴近康熙，对康熙的性格、心理及其旨意，都有较深的了解，他善于施展各种手法，顺着康熙的心意办事，使康熙对他有个"孝诚"和"性量过人"的印象。他又能在处理国家事务的实际工作中，显示出较强的政治魄力和胆识，获得康熙的信任。因此康熙把他留在身边，让他执行一些本该由康熙自己执行的事务。所以，胤禛在储位斗争中实际上已占据有利的地位，为他取得皇位铺平了道路。由此看来，胤禛被康熙定为自己的继位人，是比较符合实际的。后来，康熙开创的事业在雍正时有的得到继续发扬，有的在康熙时期出现的弊端在雍正时代亦得到匡正。因而雍正时代是清代历史上又一个辉煌时代。

然而，如果说，康熙以皇父的权威和用严厉制裁与训谕的办

---

① 《清世宗实录》卷十，雍正元年八月甲子条。
② 《清世宗实录》卷六十二，雍正五年十月丙戌。

法,曾一度刹住了皇家子弟因嗣位所引起的矛盾和斗争的爆发,那么,康熙死后的雍正初期,昔日延续下来的皇家兄弟之间环绕着皇权的矛盾和斗争却明显地突现出来,而且变得更为激烈、更为残酷,这不是康熙的历史责任,这是封建专制制度的产物,是不以人们意志为转移的。

后　　记

　　本书共十二章,蒋兆成撰写第一、二、三、四、五、十二章,王日根撰写六、七、八、九、十、十一章,最后由蒋兆成总纂修改定稿。

　　在本书撰写过程中,人民出版社乔还田、张维训同志认真地审阅、修改了全稿,并对每章每节从文字到内容都提出了重新修改的许多切实宝贵的意见,我们根据他们的意见进行了修改,使本书增色不少。我们对乔还田、张维训同志的热情帮助,极端负责的工作态度以及一丝不苟的踏实作风,十分钦佩,并致以衷心地感谢。

作　者

1997. 7. 20

责任编辑：于宏雷

图书在版编目（CIP）数据

康熙传/蒋兆成　王日根著. —北京：人民出版社，2010.12
　（2021.3 重印）
（中国历代帝王传记）
ISBN 978－7－01－009433－5

Ⅰ.①康…　Ⅱ.①蒋…②王…　Ⅲ.①康熙帝（1654~1722）－
传记　Ⅳ.①K827＝49

中国版本图书馆 CIP 数据核字（2010）第 219821 号

康　熙　传
KANGXI ZHUAN

蒋兆成　王日根　著

人民出版社 出版发行
（100706　北京市东城区隆福寺街 99 号）

北京新华印刷有限公司印刷　新华书店经销

2010 年 12 月第 1 版　2021 年 3 月北京第 4 次印刷
开本：850 毫米×1168 毫米 1/32　字数：367 千字　印张：15.75

ISBN 978－7－01－009433－5　　定价：62.00 元

邮购地址 100706　北京市东城区隆福寺街 99 号
人民东方图书销售中心　电话（010）65250042　65289539